Publication collective de la Société Académique
et de la Société Historique du Vexin

Joseph DEPOIN et Docteur VERGNET

BORAN

LE VILLAGE — LE PRIEURÉ
par le Dʳ Jean VERGNET

CHARTES ET DOCUMENTS
par M. Joseph DEPOIN

BEAUVAIS
IMPRIMERIE DÉPARTEMENTALE DE L'OISE
20, Rue de Malherbe, 20

1924

BORAN

LE VILLAGE — LE PRIEURÉ

CHARTES ET DOCUMENTS

Publication collective de la Société Académique de l'Oise
et de la Société Historique du Vexin

Joseph **DEPOIN** et Docteur **VERGNET**

BORAN

LE VILLAGE — LE PRIEURÉ
par le Dr Jean VERGNET

CHARTES ET DOCUMENTS
par M. Joseph DEPOIN

BEAUVAIS
IMPRIMERIE DÉPARTEMENTALE DE L'OISE
26, Rue de Malherbe, 26

1924

Publication collective de la Société Académique de l'Oise
et de la Société Historique du Vexin

Joseph **DEPOIN** et Docteur **VERGNET**

BORAN

LE VILLAGE — LE PRIEURÉ
par le Dr Jean VERGNET

CHARTES ET DOCUMENTS
par M. Joseph DEPOIN

BEAUVAIS
IMPRIMERIE DÉPARTEMENTALE DE L'OISE
26, Rue de Malherbe, 26

1924

BORAN

LE VILLAGE — LE PRIEURÉ

I

Aspect général du pays. — Région basse, région haute et colline de Morancy. — L'Oise et ses îles. — La Thève. — Fontaines. — Faune et flore. — Habitants.

> *Bernes, Bruyères, Boran,*
> *Trois clochers tout d'un rang.*
>
> (Vieux dicton local.)

Non loin du beau domaine de Chantilly, à deux lieues de l'antique et fier prieuré de Saint-Leu-d'Esserent, et en cet endroit où l'Oise vient baigner la lisière de la forêt du Lys, à l'ombre des dernières collines du Thelle, la rivière décrit un gracieux contour au pied d'un village aux maisons grises, que domine la silhouette sévère et pure d'un haut clocher.

La commune actuelle, constituée par les anciennes paroisses de Boran et de Morancy réunies à la Révolution, est limitée au nord par Précy, à l'est par

Gouvieux et La Morlaye (1), du sud-est à l'ouest par Asnières-sur-Oise et Bruyères-sur-Oise (2), au nord-ouest par Morangles et Crouy-en-Thelle (3).

Le terroir de Boran, d'une superficie de 1.148 hectares, se présente sensiblement sous la forme d'un triangle, dont la base ouest serait formée par l'Oise, à l'exception d'une petite enclave sur l'autre rive, autrefois donnée par la maison de Montmorency.

On peut y distinguer :

1° Une région basse (sections du Couvent, du Pont, et partie de la section du village) plate et marécageuse à l'ouest de l'Oise, sableuse et assez fertile à l'est de cette rivière, encore que parsemée de quelques marais. Point le plus bas : 22 mètres au-dessus du niveau de la mer un peu au-dessous de l'embouchure de la Thève ; c'est également le point le plus bas de tout le département de l'Oise.

2° Une région haute (sections de la Muette, de Morancy, des Quarante-Arpents, et reste de la section du village) au relief modérément mouvementé, composée en majeure partie de terres labourées où s'éparpillent quelques boqueteaux, derniers vestiges de la grande forêt du Thelle. Niveaux caractéristiques : 44 mètres à l'ancien moulin à vent, 36 mètres à l'église.

L'extrémité est de la région haute s'escarpe pour former la colline de Morancy (82 mètres), dernier contrefort du Bray, d'où l'on prend une vue magnifique sur la vallée d'Oise : rivière dont le ruban d'argent serpente mollement à travers les humides prairies, lignes grêles des peupliers, mouvements souples des terres de labour, éperon hautain du camp de César, cimes ondoyantes des forêts du Lys et de Chantilly,

---

(1) Ces trois communes, du canton de Creil, arrondissement de Senlis (Oise).

(2) Ces deux communes, du département de Seine-et-Oise.

(3) Ces deux communes, du canton de Neuilly-en-Thelle, arrondissement de Senlis (Oise).

croupes boisées des collines du Valois et du Thelle ; ici la tour de Royaumont s'élève du sein des arbres, là le clocher de Notre-Dame de Senlis pointe sa flèche aiguë ; là enfin la collégiale de Saint-Leu-d'Esserent se campe fièrement à flanc de la vallée ; et les plans calmes et harmonieux de ce paysage du Poussin se déploient avec noblesse jusqu'à l'horizon lointain, baignés de cette lumière légère et fine, charme le plus exquis du Beauvaisis et du Valois que la rivière, en cet endroit, sépare.

L'Oise est une belle rivière navigable, au débit régulier, qui, après avoir longé pendant 1.800 mètres le territoire de Boran, y pénètre au-dessous de Morancy, y décrit 2.500 mètres, le quitte vers l'embouchure de la Thève, le longe encore pendant 600 mètres et passe en Seine-et-Oise. Un peu en aval du pont, la rivière atteint sa plus grande largeur dans le territoire de Boran, soit 150 mètres.

Jusqu'au milieu du XIXe siècle, elle enserrait trois îlots, aujourd'hui submergés ou rattachés à la berge. Les deux premiers, l'îlot Lamothe et l'île des Nonettes, étaient situés à hauteur du village. La troisième, l'île Maridet, était formée par un bras de l'Oise, maintenant desséché, mais dont de nombreux actes attestent l'existence passée. Hayaux du Tilly était d'avis que l'île se reformait aux grandes inondations d'hiver et de printemps, mais ce fait n'a pas été constaté à celles des dernières années.

La Thève, petite rivière au cours très sinueux, se jette dans l'Oise, après avoir séparé le territoire de Boran de celui d'Asnières-sur-Oise sur une longueur d'environ un kilomètre à vol d'oiseau.

Il existait anciennement une fontaine Saint-Waast que l'Oise a depuis complètement recouverte. Il ne subsiste que la fontaine Saint-Jean, située à quelques mètres de la rive.

La faune n'offre rien de remarquable. Truites et écrevisses ont disparu de l'Oise et de la Thève depuis **plus de trente ans. Graves a signalé la vipère dans le** parc du château. J'en ai trouvé une près de la Grande-Noue.

La flore est très variée en raison de la diversité des terrains : rive de l'Oise, où, parmi le peuple familier des roseaux, des iris et des joncs, le butôme aux grêles pédoncules, plus rare en nos régions, incline ses ombelles roses ; marais de la Thève, tout bruissants des peupliers et des saules aux feuillages argentés et qu'imprègnent les ardentes odeurs des menthes et des reines des prés ; parcs du château et du couvent, dont les hêtres, les platanes et les tilleuls abritent à leur ombre l'aconit charmant et vénéneux, la dame d'onze heures aux blanches étoiles, la digitale aux cornets mystérieux ; plaines, où juillet brûlant sème parmi les moissons mûres les points vifs des coquelicots et des bleuets, et les taches plus tendres de la nielle et du mélilot ; coteaux de Morancy, au sol pierreux et sec qui nourrit comme à regret le chardon poudreux, le fenouil parfumé, la ronce au fruit savoureux, l'églantine aux fleurs campagnardes (1).

Il y a déjà longtemps que Paris proche exerce son action dissolvante du type local, dans l'ensemble moyen, plus nerveux que musclé, les cheveux foncés.

---

(1) On remarque : Lieux humides : *Thalictrum angustifolium* (L.), *Œnothera biennis* (L.), *Sium latifolium* (L.), *Aristolochia clematitis* (L.), *Butomus umbellatus* (L.), *Hydrocharis morsus ranæ* (L.).

Parcs et bois : *Aconitum Napellus* (L.), *Fumaria Vaillantii* (L.), *Datura stramonium* (L.), *Ornithogalum umbellatum* (L.), *Loroglossum hircinum* (Hirsh), *Cytisus laburnum* (L.).

Champs et décombres : *Xanthium strumarium* (L.), *Hyosciamus niger* (L.), *Amarantus retroflexus* (L.).

A Morancy : *Dianthus arenaria* (L.). Rodin et Graves y ont signalé les espèces suivantes, que je n'ai pas rencontrées personnellement : *Stachys germanica* (L.), *Gentiana germanica* (Wild.), *Helleborus fœtidus* (L.), *Salixrubra* (Hudson) au bord de l'eau, et *Kœleria albescens* (D. C.) aux abords du village.

II

Boran est un des lieux les plus anciennement habités du Beauvaisis. L'histoire de l'abbaye de Saint-Denis parle en 670 de *villa baudrinum in Pago Camliacensi super fluvium Hissera*. Ce *Pagus Camliacensis* (1), mentionné dès 640 dans les actes mérovingiens (Tardif), avait pour limites, selon Graves, le *Pagus Bellovacensis* au nord, le *Pagus Sylvanectensis* à l'est, le *Pagus Parisiensis* au sud, et le *Pagus Vilcassinus* à l'ouest.

Boran, situé à l'est du *Pagus Camliacensis*, a porté les noms de *Baudrinum villa* (670), *Borrangum* (1181), *Borrencum*, *Borrengum*, Borren (1193), *Bellum ramum* (1255), Borrent, Borreng, Borrang, Borang, Borrang lez le Lys, Borreng lès Précy, Bauran, Borancq, Borain, Boram, Baurin, Borrant, Bourrant, Borran lez Beaumont sur Oyze, Borrencq, Borrenc, Borenc, Borranc, Boranc, et Boran, qui a prévalu.

Le pays était très anciennement sillonné par plusieurs voies, que signalent encore de vieux chemins herbus et cahoteux : l'*Achevée*, se dirigeant de Boran vers Morangles par la Garenne et le Grand-Terrier ; le *chemin de Morangles*, par la Croix-Torse ; la *voierie de Balingands*, venant de Royaumont, qui passait l'Oise aux *petites arches*, au-dessous de l'embouchure de la Thève, puis se dirigeait vers Morangles, et dont il ne reste plus qu'un tronçon vis-à-vis du Couvent, sur la limite du territoire de Bruyères ; le *chemin de*

---

(1) **Pays de Chambly.**

Saint-Leu, venant de Bruyères, qui coupe celui de Morangles au carrefour de la Croix-Torse, passe à l'ouest de Morancy, et gagne le bord de la rivière par une descente sur Précy.

Mais le plus intéressant (1) est la chaussée romaine de Morancy. Venant de Beauvais, elle se dirige vers l'Oise. Dès le canton de Noailles, on la nomme le *Chemin de Boran.* Par Moulincourt, elle gagne le bois de Cauche d'où, nommée successivement *Chemin de Beauvais,* puis *Chemin de la Tranchée,* elle sépare les territoires de Neuilly-en-Thelle et d'Ercuis, encore très visible. A Crouy, elle se perd à la sortie du village, dans un ravin où les eaux l'ont détruite ; plus au sud-est, elle réapparaît, mamelonnement dans les cultures, puis admirablement conservée et devenue la *voie romaine :* surélevée d'un mètre à un mètre cinquante, large de six à huit, le dallage en est encore visible par endroits. La chaussée arrive enfin à Morancy-la-Ville, et se continue par le chemin creux qui gagne la rive de l'Oise en dégringolant le flanc du coteau. Une tradition rapportée par Graves, veut qu'elle ait traversé l'Oise en cet endroit. On dit encore à Boran : « *Dans le temps le pont était là, au lieu d'où qu'il est maintenant.* » Les anciens noms de *petit pont, pont d'Ormeaux* ou *d'Oremeaux,* sont aujourd'hui caducs, même au cadastre. J'ai vu, étant gamin, des poteries gallo-romaines trouvées là, vers 1905, par un cultivateur surnommé *le Bosco ;* il y avait une grande amphore très bien conservée ; je crois qu'il l'a vendue à un étranger.

Ce pont a-t-il existé ? Ce n'est pas certain ; ce fut le sujet d'une querelle qui fit couler de l'encre, assavoir si *Morancy* n'est pas la *Litanobriga* de l'itinéraire

---

(1) Il mériterait une étude documentée. Voir ce qu'en dit Graves dans sa *Notice archéologique du département de l'Oise* et dans son *Précis du canton de Neuilly-en-Thelle.* Il décrit fort bien cette voie, presqu'aussi visible aujourd'hui que de son temps.

d'Antonin, et notre chemin vers la grande route d'Amiens à Soissons, par *Caesaromagus* (*Beauvais*) et *Augustomagus* (Senlis).

Philippe Cluvier paraît avoir soulevé ce lièvre, en 1631, dans sa *Germania antiqua* ; et parmi les plus connus des nombreux archéologues qui rompirent des lances pour et contre jusqu'à la Révolution, je citerai Adrien de Valois, Mabillon, d'Anville, Carlier, Dom Germain, et l'abbé Le Bœuf. Les numismates dissertaient sur d'assez mystérieuses pièces effacées — portaient-t-elles ou non *Litanobriga ?* — et se querellaient pour savoir si *Litanobriga* avait battu monnaie.

La Révolution n'éteignit pas l'affaire ; Expilly avait consigné pour la postérité les travaux des combattants ; et, dès la Restauration, la querelle reprit : le baron Walkenaer, Graves (1) appuyé sur Dom Grenier, Voillemier, disputèrent sur le sujet qui séduisit encore M. Houbigant aux jours naissants de notre société.

Ce sont surtout nos confrères de Senlis que la question passionna, et la table des matières de leurs *Mémoires* est une vraie bibliographie de la question. L'abbé Caudel, en 1866, dans le volume du Congrès archéologique de Senlis, ouvrit le feu, et l'année suivante, dans son *Histoire de Royaumont*, l'abbé Duclos fit un modeste écho. On commença par discuter courtoisement aux séances du comité, et le volume de 1868 rapporte les vues de MM. Millescamps, l'abbé Caudel, et Hahn reprenant après Graves l'avis de Dom Grenier. En 1869, l'abbé Caudel est le chef des *pour* et M. Millescamps celui des *contre*. L'abbé eut d'abord le dessus, et, en 1871, lut à la Sorbonne un mémoire où triomphait sa théorie ; M. Hahn vint à la rescousse de M. Millescamps. L'an d'après M. de Caix de Saint-Aymour donna une étude très complète et très importante destinée à concilier les deux points

---

(1) *Bulletin monumental*, VI, Caen, 1840.

de vue ; ce fut l'huile sur le feu : les années
suivantes plurent de nouveaux mémoires et rapports
des intéressés auxquels se joignirent M. de Maricourt
et l'abbé Vattier. En 1875, MM. de Flammermont et
A.-F.-L. Thomas entrent dans la lice ; en 1876,
M. Hayaux du Tilly : avec lui ce fut bref en
ce sens qu'il commença par nier purement et simplement l'existence du chemin, et ce fut long parce que
quatre nouveaux rapports des anciens champions
vinrent s'ajouter au sien dans le dossier de l'affaire.
La querelle fut chaude ; le Congrès archéologique de
1877 vint la terminer en siégeant à Senlis : l'abbé
Caudel fut vainqueur au Comité et M. du Tilly au
Congrès.

Jamais les échos de la longue controverse ne vinrent
jusqu'aux oreilles des Boranais, qui ne se fussent au
demeurant que peu souciés de l'énigme de leur
origine. En 1881, la Société de Compiègne agita encore
le problème dans une de ses séances ; ce fut le dernier
éclat d'un feu long à s'éteindre : on n'en a plus parlé
depuis.

III

L'église. — Façade. — Clocher et flèche. — Intérieur. — Mobilier.
— Statues. — Vitrail de la Passion. — Cloche. — Inventaire
à la Révolution. — Pierres tombales et épigraphie. — Reliques.
— Presbytère. — Chapelles. — Calvaires.

L'église Saint-Waast, bâtie sur l'emplacement d'un
édifice antérieur dont il ne reste que de rares vestiges,
est formée d'une nef de cinq travées de la transition
romano-gothique et du début du XIII⁰ siècle (1195 est la
plus ancienne date précise qu'on puisse assigner à
certaines de ses parties), à laquelle le XV⁰ et le XVI⁰ siècles ont ajouté un chœur et un clocher.

La façade était terminée naguère par une croix antéfixe du XIII⁰ siècle, comme on en voit couronner les rampants à Nogent-les-Vierges, Duvy, Nointel, etc., formée de quatre croissants adossés ; une simple croix de pierre la remplace depuis quarante ans. Le portail, restauré sans grand goût en 1908, sur les plans de M. Belon, architecte, présente une ogive aiguë ornée de tores et de canellures ; il reste quelques chapiteaux ornés de feuillage ; dans le tympan, deux têtes d'ogive trilobées et une rose à quatre feuilles ; sur les côtés, au niveau des impostes, deux rangs de feuilles entablées. Vers 1850, Eug. Woillez a pu relever les traces encore très nettes d'un antique coloriage rouge et bleu des moulures de ce portail. L'ensemble est précédé d'un porche rebâti en 1915.

L'angle droit de la façade est masqué par une grosse tourelle hexagone, de la fin du XIII⁰ siècle, qui se termine par une pyramide à crochets : ce fut ~~primitivement~~ un baptistère.

À l'angle opposé se dresse le clocher, haut de 49 mètres, à contreforts angulaires, d'un modèle rarissime sur la droite de l'Oise (1). Dans sa partie inférieure, deux niches vides et sans ornements, que surmontent deux autres niches, de la Renaissance, l'une ornée de raisins, l'autre d'épis : *sanguis et corpus Christi* ; l'ours sculpté auprès de cette dernière apprend qu'elle abritait autrefois saint Waast, patron de la paroisse. Ce sont ensuite deux hautes ogives à moulures anguleuses, et une corniche de pampres qui supporte une plateforme à la balustrade découpée à jours, sauf du côté de la façade où elle montre, sculptés, les douze apôtres, représentés avec verve et d'un beau travail, simple et franc. Je ne connais aucun autre exemple de cette sculpture en cet endroit.

---

(1) On en connaît trois : Boran, Saint-Crépin-d'Ibouvillers, et Venette.

Le chanoine Marsaux disait, d'après Mgr Barbier de Montault, que les apôtres avaient été placés à Boran au-dessus des cloches pour que, suivant le texte *in omnem terram exivit sonus eorum*, leur voix se fasse entendre au loin.

Sur un autre côté de la balustrade, deux personnages tiennent un écusson aux armes effacées, et, sous le rebord, à leurs pieds, se voient en grands caractères gothiques ces lettres qui intriguaient le chanoine Müller et que je laisse aux plus fins le soin de déchiffrer :

M † L   212 N. T. G. A.

Aux angles, se dressent quatre clochetons à arêtes épineuses, dont l'un, plus important que ses frères, couronne la tourelle de l'escalier, qui forme saillie. A chaque coin de cette plateforme s'avance une grande gargouille chimérique, qui crache curieusement aux jours d'orage.

De là, s'élance une flèche octogone, puissante et fine, ouvrage charmant, de proportions exquises, aux arêtes garnies de figures, d'animaux, de choux et de crochets. La pierre est d'une couleur blonde qui joue au soleil, et d'un magnifique état de conservation. Le coq qui termine la flèche est moderne ; l'ancien, renversé il y a dix ans par la tempête, est maintenant juché sur le puits du presbytère.

Cette flèche s'aperçoit à plusieurs lieues de distance ; il y en a d'archéologiquement plus curieuses dans la région, mais je ne vois que celle de Senlis pour la dépasser, en hauteur comme en beauté.

La voûte du rez-de-chaussée du clocher ~~appartient à la première période de construction de l'église ;~~ elle montre un naïf cul-de-lampe où trois têtes accolées symbolisent la Trinité (*cf. :* à Estrées-Saint-Denis) ; un charmant portail de la Renaissance, malheureusement mutilé, encadre le départ de l'escalier. L'horloge moderne n'a d'autre particularité que la constante discordance de ses quatre cadrans.

On veut couramment que notre haut clocher ait été bâti par les Anglais ; cette croyance est fréquente ; de fait l'architecte n'a laissé comme signature que la mystérieuse inscription rapportée ci-dessus.

On descend par cinq marches dans la nef, austère et vaste, flanquée de deux bas-côtés, et veuve de nos jours des boiseries qui l'ornaient jadis, ainsi que le chœur. Elle est soutenue par des arcades ogives simples, reposant sur des piliers monostyles courts et puissants, arrondis par une manœuvre moderne, mais appartenant à la transition, comme le montre leur tailloir formé d'une plate-bande et d'un biseau, ainsi que les petites baies en plein-cintre surhaussé qui surplombent les piliers, éclairant la nef d'un jour adouci (cf. : à Saint-Gervais de Pontpoint). Les chapiteaux ont de larges feuilles de nénuphar d'une sculpture grasse, et des feuilles à volutes retombant sans effort et formant bouquet (1) ; ceux du fond de la nef sont plus ornés que les autres : on voit, sur l'un, deux oiseaux à figure humaine qui s'affrontent, une fleur les sépare, et leur queue se terminé en feuillage (2) ; le chanoine Muller y reconnaît le symbole d'Adam et d'Eve devant le fruit défendu. Les latéraux sont plafonnés, sauf une travée d'entre-piliers, à droite, mélange de parties très anciennes, peut-être seul vestige de l'église primitive disparue, et d'un travail plus moderne, voûte à nervures anguleuses retombant sur des colonnettes, entre lesquelles s'ouvre la porte du presbytère. Les fenêtres des bas-côtés de

---

(1) Notes de feu le chanoine Muller.

(2) Cf. Communication de M. Magnien. *Comptes rendus Société académique de l'Oise*, 1923. — D'après Emile Mâle, il faut voir dans ce motif une réminiscence de l'arbre de vie des Chaldéens.

droite sont du xv° ; à l'extrémité de celui de droite s'ouvre encore une porte, en arc-tudor, sans intérêt.

Le chœur est moins élevé, mais plus riche et plus orné que la nef dont il continue le plan général. L'évêque de Beauvais, gros décimateur à charge du chœur, dut le faire rebâtir au xv° siècle comme nous le voyons aujourd'hui, ce qui explique le luxe de sa décoration : il est formé d'une chapelle centrale, flanquée de deux chapelles semblables moins larges, voûtées toutes trois à belles nervures et petites clés, largement éclairées par de grandes baies et fenêtres d'ogival flamboyant. Les quatre piliers centraux ont des chapiteaux à bandeaux de la Renaissance. A l'angle sud, contre la sacristie (sans intérêt) se dresse une tourelle cylindrique à issue extérieure, dont l'escalier mène aux combles.

Tous les détails de l'église sont malheureusement encroutés d'un badigeon crémeux, dû en 1835 à la générosité de M. de Sancy et de Mᵐᵉ Rollier ; l'usage était alors en vogue. Malgré cet empâtement le chœur est un remarquable morceau d'architecture, d'une élégance raffinée. Toutes les portes, ferrures et serrures datent de juin 1789, où elles furent refaites à neuf. Les deux chapelles latérales sont l'une sous le titre de la T.-S. Vierge, l'autre sous celui de saint Waast, patron de la paroisse. Il y avait au xvıı° siècle un autel dédié à saint Claude (1), et au xvıı°, une chapelle de Saint-Eloi (2). En 1843, l'actuelle chapelle Saint-Waast était sous le vocable de saint Nicolas ; je n'ai pu trouver acte du transfert de titre.

Les fonts baptismaux, du xııı° siècle, sont octogones-

---

(1) *Cf.* : Pierre tombale de Claude le Bel. Le culte de saint Claude, non autochtone, est assez répandu dans la région, peut-être sous l'influence de Simon de Crépy, comte de Vexin, sire de Pontoise, qui avait été religieux de Saint-Claude.
(2) Journal de l'abbé Brébant.

elliptiques, avec une décoration de fleurettes piquées dans la gorge supérieure. Leur forme de carène double a peut-être un sens mystique ; « symbolisent-ils qu'en leur sacrement, l'homme trouvera le salut, comme il le trouva jadis, contre le déluge, dans l'arche ? (1) ».

On voit dans le chœur une stalle de la fin du xvᵉ siècle, aux joues ornés de feuillages de chêne en branches flexueuses, rappelant par leur disposition un arbre de Jessé, chargées d'un écu de forme allemande. Il est possible que ce soit une stalle seigneuriale des sires de Karuel, plutôt qu'une stalle échouée là, à la dispersion du mobilier de Royaumont, comme le pensait M. E. Ménard ; il n'y a pas de sculpture analogue de cette provenance, et d'autre part, dans l'inventaire du mobilier de l'église de Boran, le 10 frimaire an II (2), figure, entre le confessionnal et la chaire, un « étal servant au curé ». Quel est ce mystérieux « *étal* » dont il ne reste trace ? Ne faut-il pas lire plutôt *stalle* où, comme de nos jours, s'asseyait le curé pendant le chant des vêpres ? Le rédacteur de l'inventaire révolutionnaire écrit bien un peu plus loin *pipits* pour *pupitres !*

Le confessionnal est un meuble amusant de style Louis XV rococo. Les registres paroissiaux nous apprennent qu'il fut fait en 1779 par un menuisier de Feuquières, Antoine Toussaint, sur la commande de l'abbé Brisse, et qu'il coûta, port compris, dans les 124 livres. L'abbé, né à Brombos, se souvenait de ses « pays » et les faisait travailler. Au vrai, il ne fut pas volé ; bois et sculpture, cela valait l'argent. Mis en place le mercredi des Cendres 1780, ce confessionnal est aujourd'hui classé (3).

---

(1) Feu le chanoine Muller.
(2) Voir plus loin, page 18.
(3) Par décret du 5 novembre 1912, ainsi que le clocher et les **fonts baptismaux.**

Le banc-d'œuvre, du xviii° siècle, offre de simples moulures qui ne sont pas sans charmes. Il supporte une statue de la Vierge, objet d'une coutume, souvenir des anciens vignobles du pays : c'est chaque année dans la paroisse une rivalité pour accrocher, le premier, à la main de cette Vierge, la première grappe de raisin mûrie sur le terroir. Vis-à-vis, la chaire, moderne, comme l'autel. La nef est garnie de bancs ; dans le chœur, un beau fauteuil Empire sert au curé.

Un grand nombre de statues ornent l'église, certaines d'une réelle beauté.

Dans la chapelle Saint-Waast, on remarque un grand saint Nicolas (1), en bois, de la Renaissance, posé sur une charmante console de la même époque, où deux angelots tiennent un blason effacé, — un ange du jugement, sonnant de la trompette, grande statue du xiv°, sortie de quelque niche des environs, — une jolie sainte Marguerite (ou sainte Marthe) du xvi° (2), enveloppée d'un manteau aux draperies d'un noble et ferme dessein, — enfin deux petites statues en bois doré, du xviii°, d'un art décrié, mais charmant.

La chapelle de la Vierge montre sur son autel une Vierge de marbre de grande taille (2), assez tardive d'époque, d'une exécution plus habile qu'émouvante, — une autre Vierge du xiv° (2) provenant de Saint-Matin-des-Nonettes, — un saint de pierre, du xvi°, — et un saint Adrien en bois, du xv°, vêtu du costume militaire d'alors, avec l'enclume et le lion (2) ; il est vivant et bien venu. Il y a une froide *Pieta* du xvii° dans le bas-côté continuant cette chapelle.

Dans le chœur, débris d'une *poutre de gloire* du xvi°, le Christ en croix (2), la Vierge (2) et saint Jean (2), — saint Pierre et saint Vincent, en pierre, du xvii°, — enfin, deux statuettes en bois du xviii°, saint Fiacre et

---

(1) Jadis patron de la chapelle.
(2) Classé par décret du 5 novembre 1912.

sainte Brigitte de Suède, précédées d'amusants brûloirs de la Restauration, en fer forgé et doré.

En des temps plus récents la piété des fidèles adjoignit quelques images : Jeanne d'Arc, le Sacré-Cœur, saint Joseph, saint Vaast (1), etc..., de pur style Saint-Sulpice flamboyant...

Le chanoine Muller signale à Boran, vers 1895, un lutrin, belle pièce de ferronnerie provenant de Saint-Martin. Ni l'abbé Demouy, curé depuis 1902, ni le père Mauger, bedeau depuis cinquante-six ans, ne l'ont connu. Peut-être M. Muller a-t-il confondu avec celui, voisin, de Crouy-en-Thelle ?

Les verrières sont sans intérêt, sauf celle de la grande baie du maître-autel, dont l'éclat rachète l'insignifiance de ses voisines. Son époque (xviᵉ siècle) excuse la médiocrité de certains détails, mais elle séduit par son étrange facture et la belle tenue de son ensemble.

Les divisions de la baie contiennent, à leur partie inférieure, les tableaux de l'agonie au Jardin des Oliviers, de l'arrestation du Seigneur — saint Pierre coupe l'oreille de Malchus, — de la flagellation, du Christ devant Caïphe. A la partie supérieure : le couronnement d'épines, l'*Ecce Homo*, l'épisode de sainte Véronique, la descente du Christ aux enfers. Dans les amortissements flamboyants, quatre anges portent les instruments du supplice : colonne de la flagellation, couronne d'épines, échelle, clous. Au centre : la crucifixion.

Ottin (2) décrit ainsi la descente aux enfers (je reproduis son analyse pour donner une idée du pittoresque et de la multiplicité des détails) :

---

(1) En plâtre, décoré par feu M. Philéas Roy, amateur boranais. Ce M. Roy était un aimable vieillard, mort il y a une dizaine d'années, peintre — candidat toujours malheureux au Salon, — viticulteur, et charitable bienfaiteur du pays, qu'il dota d'un lavoir.

(2) In : *le Vitrail.*

Le Christ descendant aux limbes est représenté demi-nu, le corps couvert d'une ample draperie rouge, à la main gauche une double croix à laquelle est pendue une sorte d'oriflamme rouge croisée d'or. Il tend l'autre main à un homme barbu et coloré, vêtu d'une peau de bête (Seth, septième fils d'Adam ?). Sur la gauche, Adam et Eve, nus. Ces cinq personnages du premier plan sont à mi-corps. Dans le fond, et comme sortant d'un tombeau, c'est-à-dire au-dessus d'une large pierre carrée, Moïse apparaît nu, fortement coloré, avec deux touffes de cheveux ayant forme de cornes ; puis le Précurseur, vêtu d'une peau, avec la croix au-dessus de lui ; Jacob, Lia et Rachel, père et mères des douze tribus, nus également. A droite et dans le fond, l'entrée de l'Enfer : un démon vert, avec une fourche recourbée, cherche à écarter les flammes ; un autre démon, de même couleur, guette à la porte qui s'ouvre dans la muraille de l'Enfer.

Au bas de la verrière, cette inscription en caractères gothiques : *Messire Guy de Karuel, sgr de Borreng, commissaire ordinaire des guerres du Roy et gentilhomme de sa maison, et Dame Pernelle du Refuge, sa femme, ont donné cette verrière en MVXXXV.* Au-dessous : *Cette verrière a été restaurée en 1860 par la générosité de Mme Charlotte de Sancy, dame d'honneur de l'Impératrice.*

Ce vitrail (1) est traité avec un curieux réalisme ; le désir de frapper l'œil est manifeste. L'étrangeté des couleurs violentes et épaisses, le dessin lourd et appuyé, le souci de donner aux physionomies un aspect commun et presque vulgaire, et de nombreux détails me font pencher à attribuer ce vitrail à quelque artiste germanique amené par Guy Karuel. Cette manière ne se retrouve pas à l'entour : Ully-Saint-Georges, Saint-Firmin, Villers-sous-Saint-Leu, Orrouy offrent de la même époque leurs vitraux plus purs, plus naïfs, plus transparents, mais aussi moins éclatants et peut-être moins savoureux. Les vitraux d'Alsace ou des bords du Rhin m'ont parfois fait songer à ceux de Boran.

La verrière de la chapelle Saint-Waast, assez laide,

---

(1) Classé par décret du 11 novembre 1902.

a été donnée, à la requête de Mme de Sancy, par le gouvernement de Napoléon III.

Boran possède une belle cloche de la Renaissance (1), échappée aux refontes et aux révolutions ; elle porte l'image de saint Waast, et cette inscription : *L'an mil DLX je fus faite et nommée Guyonne par Messire Guy de Karuel chevalier seigneur de Borreng et dame Marie de Sainct Symon sa femme. F. Geffroy nous fist.*

Puis on voit une croix garnie de fleurs et trois fleurs de lys, et au-dessous :

AVE MARIA GRATIA PLENA

Le fondeur est (2) évidemment le même qui fit la cloche de Serans, et en 1503 celle de Presles ; les trois inscriptions ont la même particularité d'être composées en caractères romains, fait rare à une époque où tous les fondeurs, sauf de rares exceptions, restaient fidèles aux gothiques. La cloche de Presles porte : *me fit Geffroy François.* Il y avait un fondeur de ce nom installé, en 1551, à Pontoise ; il fit la grosse cloche de Saint-Jacques-la-Boucherie, à Paris (3). Il s'agit évidemment ici de ce François Geffroy ou Geoffroy.

L'inventaire de l'église, fait le 10 frimaire an XII, renseigne sur le mobilier qu'on voyait alors dans l'église. Il convient d'y ajouter certains objets de valeur déjà détournés, et dont voici la liste sommaire : une croix de procession en argent à branches dorées, pesant 5 livres ¼ (4), des vases en argent, objets de

---

(1) Classée par arrêt du 19 novembre 1908.

(2) C'est le chanoine Muller qui établit cette identification dont l'idée première revient à l'abbé Foucher, ancien curé de Presles.

(3) *Cf :* Guillermy : *Inscriptions de l'ancien diocèse de Paris,* tome I, page 103.

(4) Cette croix avait été emportée par des membres du Directoire de Senlis.

cuivre et chandelier, argenterie, calice, encensoirs, et un grand soleil en argent.

Voici l'inventaire de l'an II :

Aucun numéraire ni assignat ; un calice et sa patène en argent ; 4 grands chandeliers et 2 petits en cuivre argenté ; un plat à mettre l'eau bénite et à faire la quête ; un coupillon et un petit jouet (?) en cuivre argenté ; un vieux chandelier et 2 petits en cuivre argenté ; un vieux chandelier et 2 petits flambeaux de cuivre ; un bénitier avec son coupillon de cuivre ; une grosse sonnette de fonte à manche ; 4 assiettes d'étain servant à faire la quête ; un manche de croix de cuivre argenté ; une lampe de fer-blanc argenté ; 20 nappes de toile, tant fine que grosse ; 12 aubes d'enfant ; 7 aubes servant au curé ; 10 surplis ; 15 serviettes ; 6 robes rouges pour les enfants ; 3 soutanes noires ; un chassuble de soie galonnée en clinquant ; une autre de serge ; une autre de soie verte ; une violette ; une noire de panne ; une autre de velours ; une autre de soie violette ; une autre de soie blanche ; plus deux tuniques de panne noire ; 2 tuniques de coton à fleurs rouges ; 2 tuniques à fleurs avec leur galon clinquant ; une chappe de panne noire ; 2 chappes de coton à fleurs rouges ; 3 chappes de soie verte ; 3 chappes de tourraine violette ; 7 devans d'autel ; 2 rideaux d'indienne et de mousseline ; un drap des morts ; 2 tapis au pistril (*en tapisserie ?*) ; 3 méchantes tapisseries ; 3 nappes garnies de dentelles ; 7 corporaux ; 9 amics ; 7 lavabos.

MOBILIER

19 bancs de 7 pieds de long en bois blanc à dossier ; 6 bancs de 5 pieds de long avec des dossiers ; 18 de 12 pieds de long, de bois blanc ; 3 bancs de bois de chêne emboisés, de 12 à 8 pieds de long ; une boiserie de chêne de la longueur de 19 pieds sur 10 pieds de haut autour de l'autel de la Vierge ; 2 escabeaux de chêne pour les chantres ; un autel de bois et 2 autels de pierre emboisés ; 2 confessionnaux en bois de charme ; un banc d'œuvre en bois de chesne ; 2 pipits (*pupitres, sans doute*) en bois de chêne ; 1 étal (*stalle ?*) servant au curé ; une boiserie à mettre la bannière.

Les pas des fidèles achèvent d'user dix-sept dalles funèbres ornées de personnages dessinés, souvent aux mains et à la figure de marbre. Le mur et le sol des chapelles ou de la nef portent encore un certain nombre d'épitaphes, fondations et obits. Presque tout cela en lamentable état, et provenant pour la plupart de l'église du prieuré Saint-Martin, détruite à la Révolution. Voici, classé autant que possible par ordre chronologique, ce qu'on peut encore relever :

A l'entrée du chœur :

> *Cy dessous gist le corps d'Anthoine Karuel, chler....., Guillaume .... et Thusseuil gentilhe de la maison du roy et mre d'hostel ordre de Monsieur le cardinal de Bourbon filz de Me Guy de Karuel chler et me d'hostel ordre de Monsr le duc d'anjou frère du roy lequel fust blessé d'un coup de harquebuze au bras à la bataille de Moncôtour donée par mond. sgr le 3 octobre 1569 et mourût à Vendosme le 19 de novembre aud'an son cœur et entrailles enterrées à la maison Dieu dud. Vendosme devant le mе autel. Priez Dieu pour son âme.*

Dans l'allée de la nef :

> *Cy gît et repose le corps d'honorable et discrète personne Mе Gou [lart] ... en Bourbonnais en son vivant pbre, curé de ... St Vaast de Boran par l'espace de cinquante un ans, agé de quatre vingt cinq ans, lequel décéda le Samedi XVIIе jour de Décembre 1622. Priez Dieu pour son âme.*

Dans le bas côté sud (acte de fondation de l'école) :

> *Mre Claude le Bel, natif de ... docteur en théologie de la faculté de Paris et de la société de Sorbonne, chanoine et pénitencier en l'église cathédrale de N. D. de Chartres ... de céans par contrat passé par devant Jean le Bel, notaire à ... sur Oise le ... aoust 1629 et par son testament reçu par François ... notaire audict Chartres le 20° Sept. 1631, cinquante livres de rente rachetables de huit cens Livres pour l'entretien du pre me descole de cette parroisse pour l'exécution et augmentaōn duquel legs le sire Guy le Bel marchand drappier, bourgeois de Paris, frère dudict Mе Claude le Bel par contract passé devant Antoine Savary ndté [notaire ?] en ce lieu a donné et quitté...... et fabrique de ceste église pour toujours deux livres dix solz tournois de rente constituée en deux parties ...re arpent de terre arable sise au terrouer de ce lieu et au b....s acceptant par messieurs le curé, marguilliers et habitans de ce me... à la charge que ledict Mе d'Escoles sera tenu d'instruire gratuitement les enfans des pauvres qui n'auront*

moïen de lui payer le droict d'école (1) et de dire et célébrer pour
le repos de l'âme audict deffunct M* Claude le Bel, trois messes
basses à l'autel de S* Claude de ceste église, la première le
19 mars, la seconde le jour S* Claude 6 juin et la troisième le
jour du trépas du dict M* Claude le Bel, arrivé le 22 septembre
audict an 1631 ... et pour le repos de l'âme audict sire Guy le
Bel ... après son ... Blanche Marie Bazot sa femme et de
M* Guy le Bel advocat en la cour et parlement leur filz enterré
dans cette Égle et de tous leurs parents et amis trépassés devant
ledict autel de St Claude tous les premiers jours des mois ...
plus prochains, une messe basse qui tintera par trente coups de
la grosse cloche tant le jour qu'elle sera dite, que le soir précédant.
A la charge aussi que les susdits curés, marguilliers, habitans et
acesseurs paieront audict M* d'Escole quatre livres six sols tournois par chacun mois comme aussi feront mettre au registre des
messes et obitz de cette Eglise les susdites messes basses pour être
annoncées au prône les dimanches précédant la célébration
d'icelles et en cas que lesdites rentes viennent à être rachetées,
seront tenus lesdicts acceptans de remployer le sort principal en
semblable constitution de rente .... héritages ainsi qu'ils
jugeront estre plus utile .... accordé que durant qu'il n'y
aura point .... au profit de ceste ditte église .... les messes
par autre sans que le successeur puisse .... que de là les
susdits acceptans ... et laisser vaquer longtemps ladite place de
M* d'Escole au profit de l'instruction de la jeunesse et contre
l'intention des susdits bienfaiteurs. Requiescant in pace.

Dans le mur, près de la porte de la sacristie :

« Honestes psônes Jehan Laurence et demoiselle Catherine
Temalier jadis sa fame, laquelle decéda le penultieme jour de
décembre mil VCLXIII lesquels esamblemēt ont donné à la fabri-
qué de céans trente sous tournois par chacun an, le jour de Noël,
à prendre sur ung arpent de terre assis à la fosse du terrier (2), à
la charge de faire célébrer par les marguilliers d'icelle fabrique
tous les ans aud. jour que dessus à leurs intentions .... de
Anthoine Philippe Nicolas Jehan .... Jehan Jacques François
Guy leurs enfans .... d'une messe haulte .... vigiles commendances... »

---

(1) On ne peut s'empêcher de souligner cette belle fondation,
démenti de plus à l'absurde et sotte légende de l'état d'ignorance
où l'Eglise aurait entretenu le peuple avant la Révolution.
(2) Il y a un lieudit le Grand-Terrier entre Boran et Crouy-
en-Thelle.

Dans le bas côté sud :

« Cy devant gisent les corps d'honorables personnes Mᵉ Gabriel Framery et Marie Prudhomme sa femme et Georges Framery leur filz) lequel Framery a esté employé en la judicature et exercé la charge de lieutenant de la justice et prévôté de Borang pendant 39 années entières avec honneur et applaudissement d'un chacun et sans interest .... et qui a donné des exemples de sa piété premièremét par le don qu'il a fait à ceste église de trois boittes d'argent pour mettre les sᵗᵉˢ Huyle et il aussi fait par son testament olographe en datte du 5° jour de Mars dernier passé par lequel il a donné à ladilte église six livres tz de Rente fontière propᵉ à prendre sur les hoirs de René Viart et de Nicolas Courtois et par spécial .... sur une maison grange et héritage scize aud. Boran lieud. la Comté comme il est porté en la délivrance fait à ladite église par Mᵉ Jean Framery bourgeois de Paris son ... et seul héritier et exécuteur de son d. testament, devant Jean le Jeune notaire royal au bourg de Précy en date du 7° May dernier à la charge que les marguilliers et paroissiens de ladite église seront obligez de faire dire et célebrer à perpétuité en lad. église deux obitz d'une messe de requiem à 3... et libera à la fin le 5° jour d'Août pour le repos de son âme et de celle de sa deffunte femme et le 28 febvrier pour le repos des âmes de Germain Prud'homme et sa femme et de les faire annoncer le dimanche précédent au prosne et de fournir ornemens et luminaire nécessaire pour les obitz ce qui a été accepté par Mᵉ Pierre le Clerc Pbʳᵉ conʳ et aumonier ordinaire du Roy, curé dudit Boran comme il est plus am [plement] porté audict acte de délivrance.

Priez Dieu pour leurs âmes.

Les tombes qui viennent ensuite proviennent toutes de Saint-Martin, sauf celle de Robert du Bois de la Motte.

Dans la nef :

D. O. M. Ci dessous repose le corps de noble et vertueuse dame Marie-Denise ... supérieure de ce monastère, native de Paris, cy devant ditte de Sᵗ Denis .... religieuse professe du prieuré de Sᵗ Nicolas de Nonefort de Meaux, laquelle, après avoir soutenu la prmʳᵉ de ses sts exemples la réforme de Sᵗ Benoist qu'elle avoit embrasser dès son entrée dans le cloître, pratiqué sans relâche les plus pénibles et les plus laborieux exercices de pénitences, par les veilles, le jeune, la prière, et la lecture des

Livres saints, après avoir rempli l'espace de . . . . années le Saint devoir de sa charge d'une manière digne de se faire aimer, craindre et respecter de sa communauté. Uniquement dévouée toute à Dieu et à son état, une vive foy, une humilité profonde, un zèle ardent à chanter les louanges du Seig et une aharité sans égale, est décédée le 13 Mars 17[21] âgée de 73 ans 7 mois et de 50 ans de profession. Priez Dieu pour son âme... »*

Dans le bas côté sud, au-dessous d'une tête de moniale, à la bouche un phylactère portant ces mots :

« JE SUIS TOUTE A MON BIEN AIMÉ »

Ici repose le corps de dame Marguerite de Bryois dite de Saint Maur, native de Senlis, religieuse professe et sous prieure de ce monastère, qui, dès l'instant de son premier sacrifice dans le cloître ne s'est occupée que du seul soin de rendre son dernier soupir agréable aux yeux du Seigneur son époux en ne vivant que pour luy par un pur amour dans un véritable esprit de pauvreté, de soumission et de dépendance et marchant toujours devant luy d'un pas égal dans la plus profonde humilité et dans la plus étroite observance, au milieu même des charges les plus honorables de ... [La pierre est brisée ici.]

Non loin de la précédente :

Ici repose le corps de sœur Madelaine Vattier ditte de Ste Marguerite, native de Paris, religieuse professe de ce monastère décédée le 2 septembre 1728 agée de 33 ans et demy et 13 de profession.

Requiescat
in †
pace.

Toujours à la suite :

D. O. M. Ecce longavi fugiens : et manti in solitudine. — Ici repose le corps de Messire Robert Marc de Bois la Motte, prêtre chapelain desservant gratuitement ce st monastère, natif de Rouen, qui, renonçant aux emplois publiques de son ministère qu'il a toujours rempli avec zèle et avec fruit, est venu s'ensevelir dans cette retraite où il a laissé la bonne odeur des vertus les plus solides de piété, d'humilité, de charité, de pénitence, et où il y est décédé le six septembre 1733, agé de 41 ans.

Près des précédentes, en deux morceaux :

Ici repose le corps de dame Marie Madeleine Ganneron dite de Ste Marie, religieuse professe de ce monastère, native de Paris, douée d'un aimable caractère, qui après avoir rempli pendant 44 ans divers offices et surtout de première chantre et sacristine, animée du zèle le plus ardent...

... et pénétrée de l'esprit de Dieu, est décédée le 5 janvier 1747 âgée de 64 ans. Priez Dieu pour son âme.

Le graveur de cette pierre a signé : *Blochet, à Senlis.* Les autres pierres ne sont plus lisibles.

Ce ne sont pas seulement des dalles funéraires, quelques statues (et un lutrin ?) qui, dépouilles de Saint-Martin, vinrent après la Révolution enrichir la paroisse Saint-Waast, mais aussi, plus précieux trésor aux yeux des croyants, un grand nombre de reliques contenues aujourd'hui dans deux petites châsses en bois de la Restauration, et deux en cuivre, modernes.

Ces reliques sont celles des saints martyrs Germain, Agapit, Philippe, Maxime, Florius, Blaise et Julien, et des saintes Victoire, Restitute, Apolline et Sabattie.

Le presbytère, contigu à l'église, est une élégante construction du xviiie siècle, dont la façade sur la rue a été maladroitement remaniée vers 1910. Il existe dans la cour des caves importantes, profondément creusées et formées d'une enfilade de caveaux voûtés, du xve vraisemblablement, qui vaudraient d'être explorés.

Le cimetière, jadis devant l'église, fut transporté et béni où on le voit de nos jours, sur la route de Bruyères, le 1er novembre 1833, lors de l'épidémie de choléra. On y remarque la chapelle de la famille de Sancy ; et une autre chapelle assez vaste, sans intérêt architectural, construite en 1848 avec le produit de la vente d'un arpent de terre sis à Bongenoult près d'Allonne, légué à la fabrique de la paroisse par l'abbé Roisin : elle devait disparaître pour laisser un emplacement où édifier le monument aux morts de la commune, mais un paroissien de Boran, plaida son sort, et le monument a été dressé sous les tilleuls du parvis de l'église.

On a abattu en 1908 dans le parc du couvent une petite chapelle en bois, abandonnée depuis longtemps. Elle pouvait remonter à soixante ans, et tombait en ruines.

Il y a quatre calvaires dans le pays : 1° la Croix torse, ancienne croix de Rogations, fût de pierre et petite croix forgée du XVIII° siècle, réédifiée et érigée le 20 septembre 1908 par l'abbé Normand, doyen de Chambly, à la croisée des chemins de Morangles et de Saint-Leu ; 2° une autre croix forgée sur le chemin de Précy, près Morancy ; 3° une autre, au-delà de Morancy, sur le chemin de Saint-Leu ; 4° enfin, une croix de bois dont la peinture a valu le surnom de *bon Dieu vert* au Christ de fonte argentée qu'elle porte, près de la gare du chemin de fer ; c'est le but des processions actuelles.

IV

Liste des curés. — Indulgence d'Innocent X. — Pouillé de 1707. — Les abbés Veissière. — Le journal de l'abbé Brébant. — Le saint abbé Brisse. — La fondation d'Antoine de Joigny.

L'abbé Duclos déduit avec vraisemblance du récit de la mort de saint Eterne, évêque d'Evreux, que Boran était converti au christianisme dès avant le IV° siècle.

La cure, sous le vocable de Saint-Waast, a toujours dépendu du diocèse de Beauvais, des archidiaconés successivement de Clermont, puis Beauvais et aujourd'hui Senlis, des doyennés de Beaumont-sur-Oise avant la Révolution, de Chambly depuis. A la nomination de Saint-Germain-des-Prés jusqu'au XI° siècle, elle passa ensuite à l'Ordinaire, gros décimateur à charge du chœur (1). Elle n'eut jamais à se louer des munificences de ses voisins qui réservaient leur générosité pour le prieuré de Saint-Martin-des-Nonettes.

En 1107, nous trouvons le premier curé connu de Boran ; il se nommait :

1. — GAUBERT (2). Confesseur d'Aubry le païen (3) de Mello, auquel il donna l'habit monastique lorsqu'il se retira parmi les moines de Saint-Leu-d'Esserent.

En 1187, Mathieu, comte de Beaumont et seigneur de Valois, donna à l'église 10 sous pour le repos de l'âme de sa sœur Adèle, et de sa défunte épouse Eléonore, fille de Rodolphe, comte de Pont[-Sainte-Maxence] (4).

En 1206, l'église de Boran est dîmeteur en premier pour un setier de blé d'hiver, après le seigneur, mais avant les moines et la cure du lieu, en la dîme d'Amblainville, dans le Vexin français.

2. — ODON. De son temps, Yves de Beaumont donna à l'église de Boran un hôte, Barthélemy Angelier, qu'il avait à Puiseux-le-Hautbergier (5).

3. — BOUCHARD D'ABLEIGES. Il était doyen rural de Beaumont, et signe : *Bucardus decanus de Borrenc* (6)

---

(1) Note de M. Quignon, *Cf.* page 16.

(1) *Cf.* : *Cartulaire de Saint-Leu-d'Esserent*, par le chanoine Muller.

(2) Ce qui veut dire que ses cérémonies de baptême avaient été différées.

(4) *Cartulaire de Boran.*

(5) Fonds Boran, Archives de l'Oise.
(Longnon : *Pouillés de la Province de Reims*, 1908).

(6) Le titre du doyenné de Boran passa en 1220 à Chambly

en avril 1220 (1). Il figure dans une donation de Lambert de Beaumont à l'abbaye du Val (2). Son sceau, oblong, en cire brune, porte un agneau à étendard, avec cette légende : ✠ S. Bucardi de Abeg (3).

En 1250, le seigneur de Boran, Hugues Ludé, son frère Guillaume Barthélémy et leur sœur Marie donnèrent à l'église trois quartiers de vigne.

En 1320, le pouillé du diocèse de Beauvais taxe Boran pour 30 livres, indiquant que la valeur de la cure est de 50. Même taxe en 1362.

4. — X*** ..... En 1391, Thomas d'Estouteville, évêque de Beauvais, eut à s'occuper de la paroisse. Le curé de Boran et ses deux clercs laïcs, Raulin Gaschière et Jean Dieudonné, défrayaient la chronique par leur conduite scandaleuse et l'oubli le plus total des devoirs de leur état. On instrumenta contre eux ; on les arrêta. Le curé fut transféré à Beauvais ; les deux clercs enfermés à Boran. Le jugement rendu et les condamnations exécutées, l'affaire paraissait close, quand la duchesse d'Orléans, comtesse douairière de Beaumont, se considéra comme lésée dans sa juridiction seigneuriale. Il y eut procès, que l'évêque gagna, par arrêt du Parlement, le 15 février 1392 (4).

Les pièces manquent pendant près de deux siècles. En 1571, l'évêque nomma à la cure de Boran un nommé

5. — Goulard. Il y avait alors à Senlis une famille Goulart ou Goulard. Elle donna de nombreux enfants à l'Eglise ; plusieurs adoptèrent les hérésies huguenotes, dont l'auteur d'une *Histoire de la Ligue* renom-

---

(1) Note de M. Demouy, d'après Moreau, tome 127, folio 105.
(2) Original parchemin. Archives nationales, carton S, 4.194, numéro 23.
(3) Note du chanoine Müller, d'après Afforty.
(4) *Cf.* : Delettre, *Histoire du diocèse de Beauvais*.

mée. Le nôtre, né en 1537 (cinquante-et-un ans curé de Boran), mourut le samedi 7 décembre 1622, âgé de 85 ans. On l'enterra dans l'église ; son épitaphe y est toujours.

6. — MATHIEU LE NOIR. Né en 1596 à Achy, près de Marseille-en-Beauvaisis ; il fut nommé à la mort de Goulart. La cure comportait alors un vicaire ; en 1626 cet emploi était tenu par un certain Noël Cossart.

En 1631, Claude le Bel fit la charitable fondation d'école que nous avons vue ; le maître d'école étant prêtre, avec le chapelain du château et l'aumônier de Saint-Martin, il y avait cinq prêtres sur l'étendue de la paroisse. La taxe papale était de 30 livres, la royale de 8 livres, 8 sous et 9 deniers (1). Les archives de l'Oise conservent divers reçus sur la grange dîmeresse de Boran (2), signés des curés successifs depuis lors ; et aussi (3) des baux des *grosses dîmes de grains et de vins appartenant à l'évêque de Beauvais dans la paroisse de Boran, passé par Sébastien Leroux et J.-B. Delavacquerie, receveurs généraux de l'évêché, à Joseph Delannoy, fermier à Boran, moyennant 400 livres, et l'obligation de payer le gros du curé de Boran [et diverses redevances à Saint-Martin, aux prieurs de Beaumont et de Chambly], à Marguerite Balagny, veuve Delannoy, pour 800 livres.*

En 1650, à l'occasion du jubilé, Innocent X enrichit l'église de Boran d'une indulgence septennaire dont voici l'acte :

INNOCENTUS PP. X. Universis Christi fidelibus presentis litteris inspectaris salutem et apostolicam benedictionem. Ad

---

(1) Louvet : *Antiq. du Beauvaisis.*
(2) Fonds Boran.
(3) *Id.* 4.216, pièce parchemin.

augendam fidelium religionem, et animarum salutem, celestibus Ecclesiæ thesauris pia charitate, omnibus utriusque sexus fidelibus vere penitentibus et confessis, ac sacra commuione refectis, qui ecclesiam parochialem sancti Vadasti loci Borrenc, bellovacensis diocesis, cui ecclesiæ ejusque capellis et altaribus, sive omnibus sive singulis, eamque seu eas, vel ea, aut illorum vel illorum vel illarum singulas vel singula etiam visitantibus nulla alia indulgentia reperitur concessa, die festo ejusdem Vadasti, a primis vesperis usque ad occasum solis ferti hujusmodi singulis annis devote visitaverint, et ibi pro Christianorum principium concordia, hærerium extirpatione, ac Sanctæ Matris Ecclesiæ exultatione, pias ad DEUM preces effunderint, plenariam omnium peccatorum suorum indulgenciam et remicionem misericorditer in Domino [concedimus ?].

Presentibus ad septennium, citra annum Jubilei, tantum valituris. Volumus autem ut si alias Christi fidelibus in quounque anni die dictam ecclesiam sive capellam aut altare in ea tum visitantibus aliqua alia indulgencia perpetua vel ad tempus nundum elepsum duratura etiam in erectione et quocumque aliomodo quantumlibet privilegiato concessa fuerit, vel si pro impetratione, présentatione, admissione seu publicatione presentum aliquid vel minimium datur, aut sponte oblatum recipiatur, presentis nullis sint eo ipso.

Datum Roma apud sanctam Mariam majórem, sub annulo piscatoris, die XXVII Julii M. D. C. L. Pontificatus nostri anno sexto. M. A. Maraldus.

Vu par nous evesque et comte de Beauvais les indulgences cy dessus, et en tant qu'à nous est, les avons approuvées et approuvons, permis et permettons estre publiées par les églises et paroisses de notre diocèse. Donné à Beauvais le XXVI° Nov. mil six cens cinquante trois.

Nicolas, *Ev. et c. de Beauvais.*

Par commandement de mondit seigneur,
Gontran [paraphe]. (1).

En 1658, changement de vicaire : Noël Cossart est remplacé par C. Féret. L'année suivante, Mathieu Le

---

(1) Orig. Arch. de l'Oise, liasse Boran.

Noir fut nommé curé de Notre-Dame-de-la-Basse-OEuvre, à Beauvais. On garde aux archives (1) un double état des revenus de ses deux cures successives, qu'il dressa en 1662.

7. — PIERRE LE CLERC DE LA TOURNELLE. Il fut fondé de pouvoirs du prieuré de Saint-Martin. Les inscriptions contemporaines de l'église, fondation de Gabriel Framery, de Jean Laurence, lui donnent les titres d'aumônier et confesseur ordinaire du roi. Il reçut la cure de Boran au départ de Mathieu Le Noir (1659), eut comme vicaire en 1692 un prêtre du nom de J. Michel, et mourut le 17 juin 1694. On l'enterra dans l'église. Jusqu'au 3 août, Boran fut desservi par l'abbé Carpentier, curé de Morancy, et le vicaire Michel.

Le 13 août, Boran reçut un nouveau pasteur. Les trois précédents avaient administré la paroisse 51, 37 et 35 ans. Celui-ci, âgé de 63 ans à sa nomination, continua pourtant la tradition. Il se nommait :

8. — ETIENNE VEISSIÈRE, était docteur en théologie, et reçut avec la cure de Boran le décanat de Beaumont. A ce titre, il fut chargé par l'évêque, en 1707, de la liquidation du prieuré de l'Isle-Adam (2).

---

(1) Arch. Oise, G. G. 249.

(2) *Cf.* : Abbé Grimot, *Histoire du prieuré de l'Isle-Adam*, in tome IV des mémoires de la Société Historique de Pontoise.

Voici ce que dit à cette époque le pouillé de Beauvais de la cure de Boran :

SAINT-WAAST, commune de Boran, doyenné de Beaumont.

Ecclesia de Borrenco, ad decimam 30. Patronus, episcopus belvacensis.

DÉCIMES :

Ordinaires XVIII décimes, VIII" — Ordinaires et extraordinaires : XIII" VIII s., IX d.

En 1711, il eut une affaire avec l'évêque, ayant congédié un capucin qu'on lui avait envoyé comme prédicateur. Voici la lettre adressée à ce sujet par le

---

DIXMES :

Contumace donnée à l'officialité de Beauvais le 21 Aout 1587 pour Antoine Courtois, fermier des grosses dixmes dud. lieu appartenant à Monseigneur l'évêque dudit Beauvais pour dixmes de grain contre Jean Picot qui demandait son renvoi par devant le bailli de Beaumont.

Enqueste en l'officialité du 26 Juin 1615, en faveur de Sixte Tesson, fermier des grosses dixmes dudit Borrenc, contre Antoine Cœur de Roy, où il est dit que la dixme des grains est audit lieu de sept du cent. Ces dixmes ont été données par le Roy au chapitre de Beauvais pour estre déchargé de l'hommage qu'il devait à l'église de Beauvais pour son comté de Beaumont.

ESCOLE :

Copie du testament de Me Claude Le Bel, docteur de la société de Sorbonne, pénitencier de l'église de Chartres, passé par devant Pierre Auvray, notaire à Chartres, le 20 septembre 1631, portant fondation d'un maistre d'école à Boranc, et pour ce donation d'une rente de 50" remboursable de 800".

Contract de ladicte fondation par Guy Le Bel, marchand drapier à Paris, par devant Antoine Savary, notaire royal à Beaumont, lequel Guy Lebel a augmenté ladite fondation par le même contract de quinze basses messes et pour ce a donné 20 livres de rente sur Jacques Panier et René Manocque, demeurant audit Boranc, et encore 4 arpens de terre sis au terroir dudit Boranc, moyennant quoy les marguilliers dudit Boranc se sont obligés de payer audit Me d'escolle prestre 4" par mois et 7" 10 sous pour lesdites basses messes, du 25 juillet 1634. Signé : Louis Fin, avec paraphe.

INDULGENCES :

. Obtenues de N. S. P. le Pape Innocent X, le 27 juillet 1650, pour 7 ans, le jour de la saint Vaast.

HAMEAUX : nuls.

NOVÁLES :

. Déposition de plusieurs témoins par devant Regnault le jeune, et son consort, notaires royaux au bailliage de Beaumont, demeurant à Borenc, à la réquisition de Me Mathieu le Noir, curé dud. Boranc des 14 septembre et 15 novembre 1651, qui mar-

cardinal de Janson à son grand vicaire, l'abbé Milanges

De Versailles, ce 6° mars 1711.

...Le procédé du curé de Boran est très irrégulier, il n'a nul droit de renvoyer le prédicateur qu'on lui avait envoyé, je m'informeray des raisons qu'il peut avoir là-dessus et qui ne sauroit estre bonnes et je luy ferai sentir combien sa désobéissance m'a déplu, je suis fort aise que le bon P. Capucin soit gouté à Beauvais, et je suis à vous Monsieur de toute mon âme.

LE CARD¹ DE JANSON.

A l'égard du curé de Boran, je crois qu'il faudra lui renvoyer le prédicateur, j'ay chargé le chanoine de Brémond de luy écrire d'une manière de ma part à le faire sage, on ne peut souffrir son insolence....

[Collection Bucquet-Auxcousteaux, t. XVII, p. 1174-1177.]

---

quent et prouvent les novales dont la dixme appartient audict curé. — Signé : Lejeune, avec paraphe.

OBITS :

Dénombrement des fondations de l'église de Borrenc, sçavoir : 46 obits de messe haute, avec vigiles et commendances à 30 sous, 137 de messes hautes à 20 sous, 45 basses messes à 15 sous, et 4 saluts.

PROVISION :

Il y en a danc les insinuations ecclésiastiques en 1555 et 1626.

REVENUS DE LA CURE :

24 setiers mesure de Beaumont, chaque setier valant 5 mines, mesure de Beauvais. La moitié des menues dixmes des bourgognes, chanvres, agneaux et cochons de lait, et non de brebis ny de laine, contre le prieuré de Saint-Martin, qui a l'autre moitié. La dixme de vin sur un petit canton, 2 arpens de vigne où les dixmeurs du curé sont obligés de charier deux ou trois journées de fumiers. Ses dixmes novales affermées à 16 mines de bled et 8 mines d'avoine. Ses terres novales qui rapportent 80 mines tant bled qu'avoine.

13 arpens de terre de la cure qui rapportent 29 mines et un quartier de grain, mesure de Beauvais. 100" de l'église.

Dans la paroisse, il y a 160 feus, 5 à 600 communions.

Un de ses neveux, Hyacinthe Veissière, qu'il avait élevé, lui fut donné comme vicaire en 1716, puis passa à Bornel, et fut remplacé par Jean-Baptiste Aubret, en 1718.

En 1728, un certain abbé de La Fage résidait à Boran, on ne sait à quel titre ; il dut vider les lieux par commandement du roi, dont voici la copie d'après celle de la collection Bucquet :

1728
13 Mai   DE PAR LE ROI,

.....il est ordonné au sieur de la Fage, prêtre, de sortir sans délai de la paroisse de Boran, du diocèse de Beauvais, Sa Majestée lui fait déffense d'en approcher pour [plus ?] de dix lieus et lui enjoint de faire certifier ce lieu qu'il aura choisy pour retraite et d'y demeuré jusqu'à nouvel ordre, à peine de désobéissance.

Faict à Versailles ce treize mai,

Louis.

VISITES :

Le 18 juillet 1618, en présence de M⁰ Gabriel Goulet (*erreur pour Goulard ?*), curé. Le 17 mai 1623, en présence de M⁰ Mathieu Lefèvre (*erreur pour Mathieu Le Noir ?*), curé ; il est dit que Monseigneur fournira un missel.

CHAPELLES :

Au château de Boranc, de Saint-Joseph et de la Sainte-Trinité.

Provision de la chapelle de la Sainte-Trinité au chasteau de Boranc, vacante par la mort de Jean Auchard, pour M⁰ Alexandre Andrieux, sur la présentation de messire Guy de Karvel, seigneur dudit Boranc, du 1ᵉʳ mai 1563.

Présentation de ladite chapelle pour M⁰ Pierre Le Clerc, curé de Boranc par messire Henri Ardancourt, seigneur de Boranc et de Rosière, par la démission de M⁰ Honoré Bernard, curé de Proiart, du 29 avril 1660, dont le dit Bernard avait été pourvu par ledit message Henri Ardancourt le 2 décembre 1653, où il est parlé de la chapelle de Saint-Joseph et non de la Sainte-Trinité. Ladite chapelle a été fondé probablement depuis 1543 et batie en 1548 et son chapelain doit messe basse tous les dimanches, lundy, vendredy et samedy.

Présentation de la chapelle du chasteau de Boranc par ledit seigneur Ardencourt du 15 octobre 1653, dudit sieur Bernard.

En 1729, âgé de 98 ans, Etienne Veissière, sentant ses forces disparaître, résigna sa charge en faveur de son neveu Hyacinthe ; ce fut l'origine de toute une série d'aventures et de chicanes, de démêlés avec l'évêque, le clergé et les paroissiens, dont on verra plus loin le récit. Retiré du ministère, l'abbé Etienne Veissière demeura à Boran ; il y disait encore sa messe quand la mort vint le chercher, âgé de plus de cent ans, le 23 février 1731.

9. — HYACINTHE VEISSIÈRE. Le nouveau curé, élevé à Boran dès l'âge de 7 ans, ne fut évidemment pas un personnage banal. Successivement vicaire de Boran (1716), de Bornel (1718), chapelain de Précy (1722), curé de Morancy (1723), la rapidité de ses mutations nous fait déjà supposer quand bien de son caractère lorsqu'il reçut, en 1729, la cure de Boran sans la nomination de l'ordinaire. L'affaire qui en résulta pourrait s'analyser savamment dans les papiers d'archives ; elle a plus de saveur sous la plume du curé de Morancy, l'abbé Brébant, qui couvrait alors ses registres (1) de notes, pensées et anecdotes bien amusantes à parcourir. L'histoire de l'abbé Veissière entrecoupe ainsi l'état civil de la paroisse sous le titre pompeux **de** :

---

24 septiers de bled qu'il reçoit de son gros de Monseigneur de Beauvais, seul gros dixmeur.

SENTENCES :
Extraordinaires : 1587, 1615, cy-dessus.
Signé : d'Hardancourt Rosière, donné à Marsal en Lorainne ; il y a une procuration jointe qui nomme cette chapelle de Saint-Joseph.
Capella de Boranc dominus presentat.
(Archives de l'Oise, G. 2.353. Pouillé, page 425.)

(1) Quelques vestiges seulement en subsistent à la mairie de Boran, où j'ai copié la relation qui suit, grâce à l'obligeance de M. Cronnier, instituteur. Mais quel plaisir ce serait si tous les livres de l'abbé Brébant étaient venus jusqu'à nous.

3

MÉMOIRE DE QUELQUES CURIOSITÉS PASSÉS EN L'AN 1734

ÉTAT ABRÉGÉ DE L'AFFAIRE DE LA CURE DE BORAN, ENTRE LE Sr VEISSIÈRE, ET LE Sr RAISSON, CURÉ DE CHAMPAGNE

La résignation de la cure de Boran a été faite en Février 1729 par Maître Etienne Veissière, curé dudit lieu depuis près de quarante ans, et doyen de Beaumont, à Maître Hyacinthe Veissière son neveu, alors curé de Morancy, en laquelle résignat.ᵗⁿ le notaire apostolique a délivré deux coppies selon la coutume aparamment, l'une pr envoyer en Cours de Rome, et l'autre pr demeurer au sécrétariat de Beauvais. On a confié celle de Beauvais au Sʳ Vaudré, nʳᵉ apostolique, pour la faire insinuer par l'insinuateur dudᵗ Beauvais, lequel a négligé de l'insinuer, soit par oubli, soit par malice. Pendant cette négligence de l'insinuateur, les diligences ont été faites en Cours de Rome pour y faire passer et recevoir ladite Résignation qui réellement y a été receue bonne et vallable avant que la coppie de Beauvais ait été rentrée de la formalité de l'insinuation ; au bout de trois ans, c'est à dire en Février 1732, ledit Sʳ Raisson, curé dudᵗ Champagne, de Terrine, d'Aumale, et chapelain de Sᵗᵉ Marguerite de Bésignole, diocèse d'Aix en Provence, a découvert au sécrétariat du bureau des insinuations ce deffaut essentiel, et en conséquence est venu audᵗ Boran, accompagné d'un notaire apostolique et de deux témoins avec lui et est entré adroitement dans l'église dudᵗ Boran, sous prétexte de la voir, et a pris possession de lad. cure à 9 heures du matin pendant que ledᵗ Sʳ Veissière se tranquillisoit dans son lit, après quoi ledᵗ Sʳ Raisson a signifié aud. Sʳ Veissière qu'il eust à sortir de lad. cure, attendu qu'il en était pourvu en Cours de Rome, vacante per obitum Stephani Veissière, à quoy sur le champ ledᵗ Sʳ Hyacinthe Veissière fit opposition et fit protestation contre le procédé dudᵗ Sʳ Raisson.

A la vérité, c'était un drôle de curé que cet abbé endormi à neuf heures du matin et il y a lieu de croire que ce n'était pas sans la volonté de l'évêque que le curé de Champagne était venu s'emparer ainsi de la cure de Boran.

L'affaire se plaida. Entre temps il y en eut une autre :

En 1732, jour de St Eloy en hiver, led^t Sr Veissière, curé de Boran sous un titre apparent, brouillé avec ses paroissiens et une partie de la terre, n'a point été prié par les laboureurs dud. Boran de recommander la messe de St Eloy le dimanche précédant cette feste. Cependant le jour au matin quelques uns des principaux allèrent le trouver chez luy pour le prier de leur chanter la messe de St Eloy : p^r les en dégouter ou pour les punir (à ce qu'il croyoit) leur demanda un écu de trois livres qu'ils luy jettèrent sur sa table. Se voyant pris au mot, il fit encore refus de dire la messe sous prétexte de ses affaires, étant obligé d'aller à Beaumont pour le procès de sa cure. Il ne fut pas plutot à une portée de fusil de sa maison que pendant que plusieurs habitants indignés sonnèrent la messe à grande volée, d'autres furent chez M. l'abbé Bouïn [chapelain du chateau] pour le prier de leur chanter la messe de St Eloy dans sa chapelle, luy disant que leur curé leur avait refusée : le Sr Bouïn les croyant remplis de dévotion y consentit bonnement et envoya sur le champ prier le curé de Morancy de lui prêter les livres de chant de son église, et les laboureurs prièrent Vambour, clerc de Morancy, de la chanter, ne voulant point se servir du chantre de Boran, prudemment de peur de lui faire quelque mauvaise affaire auprès du curé. Quelques jours après le Sr Vessière attaqua le S^r abbé Bouïn en la justice royale de Beaumont, disant qu'il anticipoit sur les droits de sa cure, et qu'il lui était déffendu par la donation et fondation de ladite chapelle par Guy de Karuel, ancien seigneur dud. Boran, de dire d'autres messes qu'une messe basse, *et que c'était aussi l'esprit et l'intention de l'Eglise que les chapellains des chapelles domestiques et castrales de la nature desquelles était la sienne, loing de chanter des messes, de les obliger d'assister aux bonnes festes de l'année aux messes des paroisses. Il prouve que cette chapelle domestique et qu'elle était autrefois incluse dans led. chateau et comme le bâtiment ancien en subsiste encor aujourd'hui : qu'elle n'étoit que pour l'utilité du seig^r et de ses domestiques, qu'il n'y a que depuis Madame la marquise de la Châtre que cette chapelle ancienne a été profanée pour la construire où elle est aujourd'hui, c'est à dire depuis 10 ou 12 ans, et que ce fut son oncle [Etienne Vessière] par complaisance pour les voisins qui a souffert une porte d'entrée sur la rue pour l'entrée de ladite chapelle qu'il prétendait faire fermer et qu'il n'y eust point d'autre entrée que la porte du chateau comme elle estoit ci devant. De plus il prétendoit dans ses écrits que le S^r chapellain du chateau étoit son paroissien, qu'il lui devoit la soumission comme les autres pour la confession de Pâques et la communion, que il ne souffrirait point que d'autres lui vinssent administrer les sacrements s'il étoit malade et qu'il auroit le droit de l'enterrer s'il venait à mourir. Le procez est resté au croc, et la décision de la cure a été cause que celui-ci est demeuré indécis, au bailliage de Beaumont.*

Quelle avait été cette décision ? Voici :

La haine fit plaider à Beaumont pendant un certain temps où le Sr Vessière a demandé que le Sr Raisson concignast 500 l. pour caution suivant la coutûme. Led^t Sr Raisson en a fait refus. Il fust condamné par le Sr Baillif de Beaumont. Il fit aussitôt appel de la sentence au parlem^t. L'affaire a coincé et est restée comme assoupie pendant 2 ans, jusqu'au 8° de février 1734, jour auquel en conformité de l'arrest du roy de 1632 touchant les insinuations des actes sous peine de nullité, le d^t S^r a perdu son procès et sa cure et a *été condamné à restituer au* Sr *Raisson le tiers du bénéfice et lui laisser le presbitaire libre, et d'en sortir en dedans trois jours, sous peine de prise de corps et interdit civile par arrest du parlement, de quoy led[t] Sr Vessière s'est vanté d'avoir fait appel au conseil privé du Roy, ce qui ne fut pas trouvé vrai. Nonobstant led. S[r] lui a fait signifier ladite sentence le lundy 22e dud[t] mois 1734 et qu'il luy a fait mettre ses meubles dehors du presbitaire au bout de 3 jours, à quoy led[t] Sr Vessière a fait encore ses protestations, disant qu'il obéissait comme contrain et forcé sauf à luy d'en appeller à une justice supérieure. Nonobstant le sieur Veissière qui s'était dit auparavant curé de Boran et de Morancy tout à la fois comme il est porté sur les registres de Morancy, s'est vu sans l'un ny l'autre et réduit avec ses grands airs à estre sur le pavé de Paris à dire ses messes au S. Esprit, tant il est vrai qu'en matière bénéficiale une circonstance emporte le fond du procez.*

Suivant le sentiment d'un homme d'esprit, il y avait 3 chefs à examiner dans ce procez, d'où dépendait la décision : 1° de l'ordonnance du Roy ; elle est formelle et stable rendue en 1681 ; 2° de la juridiction des arrests, et en cela la décision est variable ; 3° le bon témoignage de l'evesque, et c'est ce que ne pouvait point avoir led[t] Sr Vessière, vu le dérangement de sa vie et de ses mœurs. Led[t] Sr Vessière, par dépit d'estre ainsi chassé honteusement et abandonné de l'Evesque de Beauvais et de tout le monde a tout emporté les papiers de la cure de Boran sans en laisser un seul.

10. — MARTIN DALY, vicaire, administra la cure pendant un an.

11. — JOSEPH-FRANÇOIS RAISSON, curé de Champagne. Il attendit trois ans avant de prendre possession, à cause du procès et tint cinq ans cette cure obtenue de façon plus curieuse qu'estimable.

12. — BUTEL, curé un an.

13. — MOREL, curé trois mois, du 29 juillet au 30 octobre 1741.

14. — JEAN-ETIENNE HENRY, docteur en théologie de la maison des Cholets à Paris. Il eut un frère, chanoine de Saint-Laurent et curé de Saint-Martin de Beauvais. Devenu impotent vers 1763, il prit comme vicaire un bachelier en théologie de la maison des Cholets, et à sa mort (1767), ce vicaire fut prêtre desservant la paroisse pendant un an ; il se nommait :

15. — WARIN.

16. — PIERRE BRISSE, docteur en théologie de la faculté de Paris, lui succéda (1). Il naquit et fut baptisé à Brombos le 5 août 1733, licencié en Sorbonne en 1764, puis docteur en théologie, curé de Boran le 21 novembre 1767. Il commanda en 1780 le beau confessionnal sculpté de l'église. La cure lui rapportait 600 livres par an ; il y avait 300 communions à Pâques.

Sa piété, sa science et sa sagesse ne l'empêchèrent pas, en 1782, d'avoir maille à partir avec ses paroissiens, sur l'élection du marguillier des trépassés. L'affaire alla au bailliage de Beaumont ; l'abbé eut gain de cause ; mais ces querelles de clocher le décidèrent à accepter un nouveau poste. Le 10 avril 1783, il fut nommé chanoine pénitencier à la cathédrale de Beauvais, avec 2.101 livres de bénéfice sur les revenus d'une maison à Troissereux ; il cumula ces fonctions avec celles de directeur spirituel des Ursulines. Vint

----

(1) *Cf. :* Notice biographique, par le chanoine Marsaux, dans l'*Annuaire de l'Oise* pour 1902, d'après le dossier du procès de Mgr de la Rochefoucauld.

la Révolution ; il refusa le serment ; un jour qu'il confessait aux Ursulines, une bande d'énergumènes envahit le couvent, enferma dans son confessionnal le malheureux chanoine, et le promena ensuite ignominieusement par la ville, sur un âne.

Réfugié à Paris, il fut arrêté comme réfractaire et enfermé aux Carmes, puis massacré avec son évêque, Mgr de la Rochefoucauld (1), et l'abbé Maignien, curé de la Villeneuve-le-Roi. Il est compris dans le procès de canonisation en cours dont le résultat donnera aux Boranais un de leurs curés à vénérer sur ces mêmes autels où il dit la messe.

17. — PIERRE SAULNIER. Il succéda à l'abbé Brisse en 1783. Curé organisateur, il réargenta les chandeliers, refit les portes, les serrures, les marches usées du porche. Aux états-généraux de Senlis, en 1789, il se fit représenter par l'abbé Auzias, curé de l'Isle-Adam. Par bonne foi ou faiblesse, il prêta serment à la constitution civile du clergé le 20 septembre 1792, figura à l'almanach du clergé constitutionnel, reprêta serment le 10 octobre 1793, reçut à la suite de ce nouveau serment un certificat de civisme... et fut arrêté dix-sept jours plus tard en compagnie de la prieure et du chapelain de Saint-Martin. La loi du 18 thermidor ordonnant que toute arrestation soit motivée, sa sœur, Marianne Saulnier, demanda à plusieurs reprises — et en vain — le motif de la sienne ; lassé de ses demandes, on lui répondit : « sans motif connu », et comme elle insistait à Senlis : « liaisons suspectes et incivisme ».

Le 15 juillet, les biens de la fabrique avaient été vendus aux enchères ; elle n'était pas trop riche : en

---

(1) Une des premières visites de Mgr de la Rochefoucauld, avait été pour Boran, dont l'abbé Brisse était encore curé. En cette première rencontre, pouvaient-ils prévoir combien tragique devait être la dernière !

tout trois piécettes de terre : une oseraie, le pré Saint-Vaast, et le pré Enoch. La vente ne produisit pas 800 livres.

Transporté à Chantilly le 29 octobre (3 nivose), l'abbé Saulnier y fut détenu jusqu'au 6 thermidor an II, puis transféré à Liancourt (1). Le 20 brumaire an III il rentrait à Boran où l'avait précédé le P. Delacomble, chapelain de Saint-Martin, et il y reprit ses fonctions (officieusement, puisque ce n'est que neuf ans plus tard, le 1ᵉʳ frimaire, an XII, que le culte devait être officiellement restauré, et un nouveau conseil de fabrique installé) jusqu'à sa mort, survenue en 1814. Depuis sa rentrée, il rédigea les comptes rendus des séances du Conseil municipal.

18. — ROISIN. Il avait été le dernier curé de Morancy, et, les deux cures étant désormais réunies, il fut tout naturellement désigné pour la succession de l'abbé Saulnier. Il se retira en septembre 1834, *pour cause de son âge*, et mourut en 1838, léguant à la commune le terrain dont nous avons parlé au sujet de la chapelle du cimetière (2).

19. — JEAN-BAPTISTE MENTION, curé de 1833 à 1846.

20. — BAUDON. En 1848, les insurgés tentant de détruire la voie du chemin de fer, M. Baudon monta sur une locomotive, la mit en marche, fonça sur eux et les dispersa ; telle était du moins la version du bulletin religieux de Beauvais dans la notice nécrologique qu'il lui consacra en 1880. D'après M. Demouy, il se serait borné à empêcher les insurgés de détruire la gare, leur représentant que c'était leur bien propre qu'ils détruisaient, puisque, la république étant pro-

---

(1) *Cf.* : A. Sorel : *Chantilly pendant la Révolution.*
(2) **Page 23.**

clamée, tout allait leur appartenir désormais. Il réussit à les convaincre, et en leur compagnie, se rendit à Chantilly, où il fut assez heureux pour arriver à temps et persuader d'autres enragés qui voulaient faire sauter le viaduc de la Thève. Quoi qu'il en soit, M. Baudon jouit jusqu'à sa mort d'une carte de circulation gratuite en 1re classe sur le réseau du Nord, que lui donna la compagnie (*pas trop*) reconnaissante. Des infirmités lui firent prendre en 1859 la cure moins lourde de Villers-Saint-Sépulcre, où il mourut en 1880; il fut, sur son désir, enterré à Boran.

21. — Huret, curé de 1859 à 1870.

22 et 23. — MM. Desclos frères se succédèrent à la cure de Boran de 1870 à 1889.

24. — Desclefs. De 1889 à 1902.

25. — Ludovic Démouy, nommé curé de Boran en 1902 (auparavant curé de Francières), et toujours en fonctions. L'épineuse question de la séparation s'est résolue — au mieux — sous son pastorat. De fait, il ne s'est agi que de la vente d'une pièce de bois, dont je transcris brèvement ici l'histoire : Messire Antoine de Joigny, écuyer, seigneur du Plouy, Novillers [*les Cailloux*] et la Cave, suivant son testament reçu par Me Regnault le Jeune, tabellion à Gouvieux « dans le ressort de l'abbaye Saint-Denys en France » le 1er septembre 1625, ayant comme témoin Mgr le révérendissime et illustrissime Henri de Lorraine, abbé commendataire et habituel administrateur de Royaumont, le Lys, etc..., avait légué à l'église de Boran six arpents de bois au lieu dit le Cornelay ou Fontaine de Billy, au terroir de Gouvieux, à charge d'un service anniversaire le 17 septembre, et demande à être enterré dans l'église de Boran, auprès de ses aïeux.

Délivrance de cet acte fut faite par devant ledit Regnault le Jeune, le 5 février 1626, par Marie de Savary, veuve du sire de Joigny. Les originaux sur parchemin sont chez M. le curé de Boran.

En 1793, le bois (il en restait un arpent) fut vendu à un sieur Antoine Bourson, qui ne paya pas. Le 18 juillet 1821, la régie du Domaine fit prononcer la déchéance dudit sieur Bourson. Le bois rentra à l'Etat. Sur réclamation de la fabrique de Boran, le préfet de l'Oise, par arrêt du 2 juin 1824, envoya ladite fabrique en possession de cet arpent de bois. Le 15 juillet 1886, Mgr Péronne réduisit les charges du service à une messe basse. Le 6 février 1908, ce bois fut vendu par l'Etat à M. Tessier, de Gouvieux, qui en restitua le prix à Mgr Douais, le 6 août 1911, et la fondation continue ainsi d'être exécutée.

<h1 style="text-align:center">V</h1>

Origines de la seigneurie. — Les sires de Boran.
Les sires de Précy.

La première fois que l'histoire mentionne la seigneurie de Boran, c'est en 670, pour en noter la vente. Le domaine remonte donc au-delà de cette date, et s'il n'a plus sa splendeur d'autrefois, il a pour lui une antiquité peu commune, aussi bien en Beauvaisis que dans la France entière.

Ermentée est le premier seigneur dont nous ayons le nom. C'était un grand personnage : *Ermenteus vir illuster*. Il vendit en 670 Boran, alors un bourg : *Villa nuncopante Baudrino super fluviam Hissera in pago camliacense*, à

Godebault (1), abbé de Saint-Denys. Une charte du roi Thierry IV confirme, en 726, à l'abbaye de Saint-Denys la possession de la seigneurie et des terres de Boran. Le tout passa peu après en d'autres mains et l'abbaye ne conserva même pas la collation de la cure, alors qu'elle gardait celle de l'église voisine de Morancy.

Les sires de Précy possédaient en effet Boran dès le VIIIᵉ siècle comme dépendance de leur propre seigneurie (1).

A la fin du XIᵉ siècle, Boran était devenu une seigneurie indépendante de Précy, relevant du comté de Beaumont (qui avait remplacé l'antique *Pagus camliacensis*) : une famille en portait le nom (1).

Raoul (2) en est le plus ancien membre connu. Il épousa, vers 1100, Éléonore d'Ailly, dont il eut plusieurs enfants. L'un d'eux, nommé Eudes (3), passa au service des ducs de Normandie et se fixa dans ce pays, où il devint le chef d'une branche normande (4) qui était en relations au XIIIᵉ siècle avec la branche mère demeurée en Beauvaisis.

Jaudoin (Jaudouinus ou Jaldwinus) est cité en 1110 dans une charte de Mathieu I de Beaumont (5).

Hubert de Boran, d'une ancienne famille (1), est seigneur en 1142.

Pierre de Boran, chevalier, lui succède. On le voit témoigner dans de nombreux actes des comtes de

---

(1) *Cf.* : Graves : *Canton de Neuilly-en-Thelle.*
(2) Note du XVIIᵉ s. dans les papiers de famille de Mˡˡᵉ du Tertre (Il y a *Paul*, erreur pour *Raoul*, de l'avis de M. Depoin). Mˡˡᵉ du Tertre est d'une vieille famille de la région.
(3) Du Moulin : *Histoire de Normandie*, Rouen, 1631.
(4) Étudiée plus loin, pp. 178 et suivantes.
(5) *Cartulaire de Saint-Martin de Boran.*

Beaumont, dont il était feudataire : donation aux Templiers d'une maison à Paris (1152) (1), donation aux religieux de Saint-Leu (1154) (1 *bis*), aux Hospitaliers de Châteaudun (1158) (2), aux moines de Saint-Léonor de Beaumont (1160) (3), aux bénédictines de Saint-Martin de Boran (1161) (4), à l'abbaye du Val (1174) (5), transaction avec l'abbaye de Saint-Denys (6), échange de biens avec Saint-Martin de Pontoise (1177 (3), octroi de chartes de commune par Mathieu II à Bonvillers (1180) (7), et à Méru (1191) (8). En 1166, Pierre de Boran souscrit à un don de Gilbert Ardent, de Chambly, à l'abbaye du Val (3) ; en 1170, il est cité dans un **chirographe de l'abbé de Saint-Denys, touchant les droits du sire de Morancy** ; en 1173, enfin, avec le consentement de son épouse : Elvide ou Avoie (3), et de son fils aîné, il donne sa vigne de Noisy, qu'il tenait d'Hildeburge Cigot, à l'église du Val-Sainte-Marie (3). Tout porte à croire qu'il étend sa générosité au prieuré naissant de Saint-Martin de Boran, rejeton de la jeune et déjà puissante abbaye du Paraclet. On lui connaît un frère Arnoult, et trois enfants :

1° L'aîné, Pierre ; il ne succède pas à son père, ayant probablement pris les ordres et renoncé à ses droits ;

2° Richard, qui suit ;

3° Arnoult, dont le nom figure sur quelques pièces.

Pierre meurt en 1191. Ses armes sont losangées d'or et de gueules, au franc quartier de..... chargé d'un lion.

---

(1) Dom Marrier : *Histoire de Saint-Martin-des-Champs.*
(1 *bis*) Chanoine Muller : *Cartulaire de Saint-Leu-d'Esserent.*
(2) Arch. nat., S. 3.243.
(3) Douët d'Arcq : *Recherches sur le comté de Beaumont.*
(4) *Cartulaire de Saint-Martin de Boran.*
(5) *Cartulaire de l'abbaye du Val* : L fol. 53.
(6) Trésor des chartes : J. 168, pièce 31.
(7) *Cartulaire de Royaumont*, et A. N., J. 740, pièce 1.
(8) Voir une savante étude sur la charte de Méru, donnée en 1844 par Douët d'Arcq à la bibliothèque de l'école des chartes (2ᵉ série, tome I).

— 45 —

Richard de Boran, avant d'être seigneur, est déjà
témoin de donations diverses, dont une libéralité de
Mathieu de Beaumont à l'Hôtel-Dieu de Paris sur la
dîme de Boran (1177) (1) ; en 1179, le même comte,
d'accord avec Noël de Berne, lui donne cinq muids de
froment sur la dîme de Boran, assisté de Thibault de
Champagne et de Pierre de Ronquerolles. Une fois
seigneur, il continue à souscrire, comme son père, aux
chartes des comtes de Beaumont ; on le voit contre-
signer des dons à Lambert le jongleur (2), à la chapelle
d'Hamecourt (3), à Saint-Martin de Pontoise, avec son
frère Pierre (4) ; il figure encore au bas d'une charte
de l'abbaye de Beaupré (5) en 1206. En un temps où la
noblesse enrichit de ses dons paroisses et monastères,
nous nous plaisons à croire que Richard fit d'autres
donations, et plus importantes, que celles qui lui
acquièrent pour l'éternité les prières des clunisiens de
Saint-Léonor (6).

Il meurt vers 1214, laissant trois enfants, de son
épouse, Adelina :

1° Etienne, qui suit ;

2° Nicolas, qui meurt vers 1223, léguant à l'abbaye de
Châlis 52 sous parisis de rente sur deux arpents de
terre sis à Boran (7) ; son fils, Jean, transige avec la
même abbaye vers 1249 (7) ;

3° Hugues, dont l'écu est à trois fusées, au franc
quartier chargé d'un lion grimpant, et dont le contre-

---

(1) Brièle et Coyecque, n° 9, page 5.

(2) Douët d'Arcq, *op. cit.*

(3) Archives de Seine-et-Oise, prieuré de Saint-Martin de Pontoise, liasse **3**.

(4) *Cf. :* 2 pièces du *Cartulaire de Saint-Martin-de-Pontoise,* par
J. Depoin.

(5) *Cartulaire de Beaupré,* p. 290.

(6) On voit au nécrologe de ce prieuré, pour le mois de mai
(XVI kal jun) : Richard, chevalier, seigneur de Boran, pour lequel
nous avons 2 setiers de blé d'hiver, 2 sous de cens, et l'oblie (?).

(7) Moreau, f° 94 du tome CXXXIII.

scel rond est chargé d'un oiseau (1). Il prend les ordres en janvier 1228 (?), et le mois suivant, il cède par acte tous ses droits et péremptions dans le monde (3) ; en 1232, il vend néanmoins aux moniales de Boran, auxquelles il fera différents dons par la suite, avec le consentement de ses neveux, cinq muids de blé enfermés dans la grange de Boran. Le chanoine Muller (4) l'identifie à Hugues de Boran, chanoine de Roye, qui porte parti : au premier en chef une tête de lion, et en pointe une fusée ; au second deux fusées (1239) (5).

Étienne de Boran succède à son père, Richard, en 1214, année où sa femme Eléonore donne aux bénédictines cinq quartiers de terre en dîme, avec permission de borner trois arpents de vigne, proche la croix de Saint-Mathieu (6). C'est sous lui que Boran reçoit par charte de commune la coutume de Chambly (7). On lui connaît cinq fils, dont quatre contresignent un marché de leur oncle Hugues avec les religieuses de Boran (8) :

1° Thibault, qui suit ;

2° Nicolas, qui figure avec sa femme Ingeburge dans un acte de 1250 (3) ;

3° Richard, clerc ;

4° Adam ;

5° Ansaud (8).

---

(1) Chanoine Muller, d'après Afforty.

(2) Pièces originales de la Bibl. nat., tome 419, art. 9.303, pièce 11.

(3) Bibl. nat., pièces originales, tome 419.

(4) D'après Afforty.

(5) La dissemblance des sceaux rend cette identification un peu hasardée.

(6) Titres de Boran. — Février 1238.

(7) Voir sur cette coutume une étude claire et complète donnée par le chanoine Muller aux mémoires du Comité de Senlis en 1908.

(8) Tous les prénoms des sires de Boran, remarque M. Depoin, se retrouvent dans la famille des Le Riche, de Paris, avec lesquels ils ont probablement quelque affinité.

THIBAUD de Boran est seigneur en 1232. On peut lui attribuer comme enfants (1) :

1° Hugues, qui suit ;
2° Guillaume ;
3° Barthélemy ;
4° Marie.

HUGUES de Boran succède à Thibaud vers 1235. Il ne faut pas le confondre avec son cousin, le grand chantre de Bayeux ; et pour éviter cette confusion, certaines chartes le nomment : Hugues dit *Lude* de Boran (2).

Inspiré par le pieux exemple de saint Louis, qui vient de fonder l'abbaye de Royaumont, Hugues dit *Lude* ne le cède en rien à ses pieux prédécesseurs par ses libéralités envers le prieuré de Saint-Martin : cinq chartes consacrent encore le souvenir des dons qu'il fit à ce monastère (3), entouré de divers parents, dont sa femme, Ancelline. L'église de Boran bénéficie aussi de ses générosités, notamment trois quartiers de vigne dont le don est ratifié par l'évêque de Beauvais, Guillaume de Grès, en 1250.

Cette année-là, il fait encore une largesse aux moniales de Saint-Martin *pour après sa mort* qu'on peut placer peu après. Il laisse trois enfants :

1° Jean, qui suit ;
2° Symon ;
3° Léonor (4).

Peut-être est-il aussi le père du moine de Saint-Lucien de Beauvais, Garnier de Boran, chapelain du cardinal Jean Cholet (5).

---

(1) Archives de l'Oise, fonds Boran.

(2) *Cf. : Nobiliaire du Beauvaisis*, par le Dr Leblond.

(3) *Cartulaire de Saint-Martin-de-Boran.*

(4) Symon et Léonor ne sont connus que par un acte où leur père ratifie un don fait par Clémence de Mortefontaine, d'un arpent de terre aux Essarts, près la terre de Pierre de Plailly (Moreau, CLXXII, f° 8).

(5) A rapprocher du fait que Saint-Martin de Boran bénéficia de libéralités testamentaires de cardinal).

Jean de Boran, seigneur depuis peu en 1252. En 1239, il a cédé plusieurs pièces de terre à l'abbaye de Froidmond. Il approuve divers actes de son père, et, quand il lui succède, c'est pour continuer la monotone série de ses donations aussi édifiantes que peu variées (1). Il possède une censive à Plailly dont le souvenir est gardé par une charte de Guillaume de Barbery (2). Il est le dernier sire de Boran qui ait porté le nom du pays ; sa postérité et la date de sa mort sont inconnues.

Le dernier titulaire du nom dans notre région sera un autre Jean : Jean de Boran, vingt-cinquième abbé de Saint-Lucien de Beauvais. Après lui, ce ne sera plus que par la branche normande (3) qu'on pourra suivre l'histoire de ces seigneurs jusqu'à l'extinction du nom.

L'histoire de Jean de Boran est connue par le travail de l'abbé Deladreue. Il fut abbé de Saint-Lucien de 1340 jusqu'à sa mort, en 1353. Froissart raconte (4) comment Edouard III d'Angleterre passa la nuit du 20-21 août 1346 à Saint-Lucien, et comment, malgré la défense qu'il en avait faite, ses troupes mirent le feu à l'abbaye en partant le lendemain. Jean de Boran déploya une immense activité pour réparer le désastre. Il fit arranger les bâtiments incomplètement détruits, en attendant de pouvoir édifier des constructions nouvelles. Pour nourrir ses moines, chose peu commode dans un pays dévasté par la guerre, il dut aliéner le prieuré de Wèdon, en Angleterre, et obtenir de Clément VI, en 1349, l'autorisation de réduire à 36 le nombre de ses frères. Grâce à l'aide de Jean de Marigny, évêque de Beauvais, et de Philippe de Trie, seigneur de Mouchy, il parvint à mener à bien la reconstruction de son abbaye, et c'est à cette tâche que la mort le prit, le 21 mai 1353.

---

(1) *Cf.* : Cartulaires de Froidmont et de Boran.
(2) Moreau, CLXXII, fᵒ 247.
(3) Voir pp. 178 et suivantes.
(4) Chroniques, livre I, ch. 125.

Les sires de Précy avaient possédé Boran au VIII° siècle ; on ne sait comment ils tinrent à nouveau cette
seigneurie au début du XIV°, où nous les y voyons
réinstallés. Cette branche de Précy qui s'établit à Boran
est indépendante de celle qui demeura dans la terre
patronymique, et de bonne heure on ne trouve entre
elles qu'un lien de parenté pas toujours commode à
préciser.

PIERRE [I] de Précy est peut-être le premier de cette
branche boranaise.

PHILIPPE de Précy (1) lui succède, et possède Boran
à coup sûr ; il est mentionné dans une liste de *Boran*
non douteux ; le sire de Précy contemporain porte un
autre nom ; enfin la ressemblance est frappante entre
ses armes (*losangées d'or et de gueules au chef d'azur*)
et celles que nous verrons plus loin.

MAHIET de Précy (1) peut lui avoir succédé vers 1339.
Il est le père de Pierre, qui suit, et fut, lui, nommément
seigneur. Il porte les mêmes armes que Philippe.

PIERRE [II] de Précy, *sire de Boran*. Il figure pour la
première fois avec ce titre dans un acte de 1346, où il
donne quittance de ses gages pour les guerres de
Normandie (2). Ses armes sont losangées (*d'or et de
gueules ?*) au chef d'azur chargé à dextre d'un petit
écusson (*de même ?*) chargé de trois fleurs de lys d'or.

Il n'est guère connu que par des accords et transactions : accord entre le prieuré de Saint-Martin et le
sire de Crouy (1352) (3), accord dans lequel intervien-
nent les moines de Royaumont, en 1357, avec Jeanne

---

(1) Gouverneur des frontières de Flandres en 1317. *Cf.* : Pièces
originales de la Bibl. nat., tome 2, 374.

(2) Collection Clairambault. Inventaire : 7.415. Le chanoine
Muller indique Robert Freter, sire de Précy, comme père possible
de Pierre. Je n'ai rien trouvé sur ce Robert Freter.

(3) *Cartulaire de Boran.*

4

de Gocourt (1) et Pierre des Essarts, bourgeois de Paris ( ), pour un pâturage entre le Lys et Boran : litige la même année avec les moines de Royaumont d'une part, et les susnommés d'autre part ; en 1364, arrangement avec la prieure de Saint-Martin, Alix du Deffoy (3) ; en 1365, avec le prieuré de Saint-Leu-d'Esserent (4) pour un muid de blé de rente que les moines possédaient sur les terres dudit Pierre, appelées la terre de Sauveterre, qui fut à la dame de Caillou (5).

Son fils : Philippe de Précy, seigneur en 1367 ; puis vient :

Pierre [III] de Précy ; il figure (6) dans la monstre de révérend Père en Dieu Monseigneur l'évêque de Béauvais (7), pair de France, *reçeue à Amiens le*

---

(1) Si le terme *bourgeois de Paris* se rapporte aussi bien à Jeanne de Gocourt qu'à Pierre des Essarts, elle pourrait être apparentée à Jean de Gaucourt, bourgeois de Paris, époux de Marguerite Auger ou Ogier. *Cf. : Censier de l'évêque de Paris pour 1399*, S. 1.254, page 19, et *Cartulaire de Saint-Eustache* (A. N. S. 3.341).

(2) (Cette note et la précédente sont dues à l'érudite obligeance de M. l'abbé de Launay.) Pierre des Essarts a eu au moins un homonyme, sinon deux. (*Cf. : Documents parisiens*, de J. Viard, tome I, page 230, en note.) Est-ce l'argentier de Philippe IV le Bel en 1325 et second beau-père d'Etienne Marcel ? Il fut arrêté en 1347 et mourut avant le 18 novembre 1349. Le roi Jean réhabilita sa mémoire en 1352. Ou bien Pierre des Essarts, voyer de Paris en 1336, dont on ne sait rien, s'il n'est pas le même que le précédent.

(3) *Cartulaire de Boran.*

(4) Dr Leblond, *Notes pour le Nobiliaire du Beauvaisis.*

(5) Une sentence des requêtes du palais du 13 novembre 1352, valide un accord entre les créanciers de feu Mme Jeanne, veuve d'Adam du Caillou, seigneur du Lay, confirmant l'adjudication de ses biens immobiliers à charge de servir une rente viagère à Pierre de Précy et des redevances aux couvents de Saint-Leu et de Boran. *Cf.* Cartulaire, pièce n° 89.

(5) Bibl. nat. Mss. latin 17.031, folio 151.

(7) Miles de Dormans. *Cf.: Mémoires de la Soc. ac. de l'Oise.*

11 septembre 1386, et dans les écuyers de cette monstre compris en la *certification de Mgr l'évêque et passez en commendement de M. de Bourgogne.*

En 1400, il obtient du duc d'Orléans, le constructeur de Pierrefonds, d'être nommé son maître d'hôtel, charge dans laquelle Charles VI le Bien Aimé l'établit, de Paris, le 19 mai 1404 (1) ; il n'en jouit pas longtemps, puisque le duc de Bourgogne fait, trois ans plus tard, assassiner le duc d'Orléans. Heureusement pour Pierre de Précy qu'il avait reçu la charge de bailli de Senlis, où il succède à Eustache Deschamps, dit Morel, qui venait de s'en démettre. M. Margry a dressé le catalogue de ses actes dans ce poste. Ses armes, conservées sur plusieurs petites pièces insignifiantes, sont losangées d'or et de gueules, sous un chef d'azur chargé à dextre d'un écusson de même chargé de trois petites pièces, deux et un qui paraissent être des fleurs de lys (2).

En 1407, Jeanne de Barre, abbesse du Paraclet, ratifie un accord qu'il a conclu avec la prieure de Boran (3). Sur une quittance des gages de son office de bailli, l'année suivante, son sceau est penché et timbré d'un heaume, dans un vol, sur un champ de rinceaux. Des lettres patentes de Charles VI, du 19 août 1410, le disent *capitaine de la ville de Senlis* : c'est la première fois que ce titre paraît.

En 1411, Gosselin du Bois lui succède (4), mais le 15 septembre 1412, Pierre de Précy, rétabli dans sa charge, prête de nouveau le serment. Après deux ans et trois mois, il est remplacé, le 19 janvier 1415, par Guillaume de Ham (5).

---

(1) Bibl. nat., pièces originales, Précy, 9.

(2) *Cf.* : note ci-dessus, et travail de M. Margry dans les *Mémoires du Comité archéologique de Senlis*, 1881.

(3) *Cf.* : *Cartulaire de Saint-Martin*, pièces 101, 102.

(4) *Cf.* : Flammermont : *Senlis pendant la seconde partie de la guerre de cent ans* ; in *Mémoires de la Société de l'Histoire de Paris et de l'Ile-de-France*, 1879.

(5) Margry, *op. cit.*

Son nom figure encore parmi ceux des bienfaiteurs de Royaumont ; puis on ne sait plus rien de lui ; il ne paraît pas qu'aucun sire de Précy ait tenu la terre de Boran après lui (1).

VI

Les Karuel. — Indentification possible avec les Kerver. — Comment pas un des vingt-deux enfants de dame Catherine Karuel ne conserva le titre ni le domaine de Boran.

Ce sont de bien énigmatiques personnages que ces Karuel qui succèdent aux Précy dans la seigneurie de Boran. Les héraldistes, qu'ils soient d'Hozier ou Chérin, ne sont pas d'accord sur leur lignée ni leurs armes (ils vont même jusqu'à leur donner celle des premiers Boran, avec lesquelles on ne leur découvre aucune parenté même lointaine) ; de *Kerver* à *Caruelle*, par *Karver*, *Karvel*, *Carvel* et *Caruelle*, on rencontre les orthographes les plus variées de leur nom ; enfin, malgré leurs illustres alliances et leurs grandes seigneuries, ils sont inconnus aux nobiliaires de la province, comme au P. Anselme, à l'ouvrage si copieux et si étendu. Le but d'une supercherie échappe, mais il y a comme un air suspect dans leurs généalogies. Je ne veux pas mettre en doute la légitimité de la famille bretonne de Caruelle, habituée en Normandie et en Poitou, dont les dossiers de la Bibliothèque nationale permettent de faire l'histoire depuis le xiii* siècle jusqu'au milieu du xviii* ; elle ne me paraît pas parente des Karuel boranais ; tous les actes que j'ai vus d'elle lui donnent la forme Caruel ou Caruelle, jamais avec

____

(1) C'est lui qu'une coquille désigne sous le nom de Guillaume de Creil, comme seigneur de Boran, dans les *Notes pour le Nobiliaire du Beauvaisis*, du D' Leblond.

un K, et il n'y a pas omission de la particule, comme il se fait presque toujours pour les autres.

Le feu chanoine Muller avait cru trouver un rapport avec la dynastie d'imprimeurs flamands Kerver. Sans me prononcer sur le bien fondé de la supposition, je dois convenir qu'elle est des plus plausibles (1), et ce

---

(1) Un document est même plus affirmatif, c'est l'acte de vente, cité par le chanoine Muller (*Mémoires du Comité de Senlis,* 1899), d'après Crozon, dans lequel Guy Kerver, écuyer. sire de Boran, cède à Julien Lunel, libraire juré en l'Université de Paris, une maison provenant de son père, Jean Kerver, sise rue des Amandiers, etc... Que le nom de Kerver se soit francisé en Karvel, c'est tout à fait normal, mais ne suffit pas à prouver l'identité des imprimeurs et des seigneurs. Que si néanmoins nous ouvrons l'*Histoire de la Gravure sur bois,* de Didot, voici ce que nous y lisons : « Thylmann Kerver, imprimeur et graveur allemand et libraire à Paris à la fin du xve siècle et au commencement du xvie. Né dans les Pays-Bas, il vint de bonne heure en France (*Né en Flandres et venu de bonne heure en France ! Didot, Renouvier et les autres ne sont vraiment pas difficiles, auxquels cela suffit pour en faire un Allemand!*) où il fut d'abord employé de Jean-Philippe ; il s'établit avant 1497, date à laquelle il imprime pour Pierre Regnault de Caen, et Jean-Richard de Rouen. Peu après il ouvre boutique à Paris sur le pont Saint-Michel, *à la Licorne,* puis rue Saint-Jacques, *au Pélican.* En 1502, et jusqu'à sa mort, survenue en 1522, il est libraire juré en l'Université de Paris ; et, devenu bourgeois de la ville, il se nomme lui-même : *peritissimus chalcographorum.* Si nous nous reportons à l'acte de 1526, il me paraît de stricte logique d'y voir une vente faite à un confrère du père, voir à son successeur, par le fils héritier. Il n'y a rien d'étonnant à la substitution du nom de Jean ou Johann (*peut-être un second nom donné au baptême*) à un aussi insolite que Thylmann.

Maître Kerver avait des armes : un chêne flanqué de deux écureuils avec un bouclier portant les lettres T. K. Or il est dans l'église de Boran une stalle classée (*Cf.* : p. 13) que son travail permet d'attribuer au début du xvie siècle, et dont les joues montrent, sculptées avec une grande délicatesse, des ramures de chêne aux feuilles caractéristiques, chargées d'un bouclier dont les lettres sont effacées, mais qui est très nettement de forme germanique, avec, à la partie supérieure, l'échancrure typique des écus de cette origine.

On consultera encore sur Kerver : *les Maîtres graveurs,* par

n'est qu'avec de très expresses réserves, et pour plus de commodité dans l'intelligence de ce qui suit que je transcris ici la suite des Karuel telle que la donne d'Hozier, en y ajoutant quelques détails recueillis de part et d'autre (1) sur

KARUEL
seigneurs de Méré auprès d'Anet, et de Borrenc en Picardie (2)

Renouvier, Paris, 1853, et l'*Allgemeine deutsche Biographie*, Leipzig, 1882. On y verra qu'il avait épousé une Française, Yolande Bonhomme, dont il eut plusieurs enfants qui tinrent des charges diverses, tout en continuant l'œuvre de gravure commencée par le père. L'un d'eux, Jacques, fut échevin de Paris. Une lettre de Charles IX datée de Chambord, du 10 mai 1572, demande à *Sire* Jacques Kerver, quartenier de la ville de Paris, d'opérer le recensement des étrangers de son quartier. (G. Picot, *Société de l'Histoire de Paris*, 1875).

(1) Enrichis, tenant des charges, les Kerver ont-ils acquis la seigneurie de Boran ? Ont-ils quelque jour, eux ou leurs descendants, créé une généalogie à la faveur de laquelle ils ont désiré causer une confusion avec les Caruelle authentiques ? On ne peut juger que sur des notes relevées par des héraldistes sans indication de provenance, et non pas sur des pièces originales. Quoi qu'il en soit, aucun des personnages qu'on voit figurer comme seigneurs de Boran dans une généalogie qui se trouve en double exemplaire à la Bibliothèque nationale, et que d'Hozier a scrupuleusement reproduite (Cabinet d'Hozier, Carrés d'Hozier, articles : *Caruel ;* et *Karuel*), ne porte ce titre dans les pièces originales du cabinet des manuscrits. Les sires de Boran figurent avec le nom de *Karuel* sans particule ; leurs parents ou pseudo-parents sont toujours orthographiés *Caruelle* ou *Caruel*, et avec la particule. De plus, il y a des généalogies des *de Caruel*, où nos personnages ne sont même pas mentionnés. Tout compulsé, il ne reste, pour donner un doute, qu'une affirmation de d'Hozier dans ses carrés (tome 356), où il dit que Catherine *de* Karuel a été la grand'tante du chevalier de Méré. Et à vrai dire, c'est peu.

(2) Voici le début d'une généalogie (Collection Chérin, tome 45) ; je l'ai contrôlée autant que possible et elle semble exacte :

OUDIN de Caruel, seigneur de Martainville et Méré.

JEAN de Caruel, son fils, écuyer, seigneur de Magny et de

Raoul Karuel, puisné d'une maison ancienne de Bretagn,e se vint habituer en Ile-de-France, et y prit pour épouse Jeanne du Val, dame de Martainville, près Anet, sur la rivière d'Eure. Il y a de lui un acte du 10 février 1375 où il transige pour une maison avec Richard Le Jeune, et une quittance qu'il donne le 11 juin 1400. Ses armes sont d'argent à trois merlettes de sable, 2 et 1, à la bordure de gueules ; comme support, deux sauvages ; comme cimier, une tête de cerf.

Le 5 juin 1448, Jeanne du Val est dite veuve. Leur fils, Oudin, suit.

Oudin Karuel, seigneur de Martainville, Hardencourt, les Planches et Boran. Ses armes sont une aigle de sable, becquée et membrée de gueules. Il épouse, en 1459, Jeanne d'Amfreville (1) ; elle lui apporte en dot la terre des Planches (2). Oudin meurt après 1472, laissant trois enfants :

1° Jacques, qui suit ;
2° Jean, qui suivra ;
3° Pierre, qui se fait prêtre.

Jacques Karuel, seigneur de Méré et Boran, meurt sans enfants à la bataille de Guinegatte (3) ; la terre de Boran passe à :

Jean Karuel, seigneur de Martainville et Hardencourt, puis de Méré et Boran, épouse en premières noces

---

Méré. Il eut, de deux lits, trois enfants : Nicolas, Jacques et Christophe. Ils firent tous trois souches.

Aucun d'eux ni de leurs descendants n'est sire de Boran. (*Cf.:* avec la généalogie ci-dessus, qui est extraite du cabinet d'Hozier, tome 200).

(1) Sœur de Claudin d'Amfreville, seigneur dudit lieu, et filleule de Jean de Hellenvilliers, seigneur des Planches et du Mesnil-Jourdain.

(2) Jean de Hellenvilliers tenait cette terre par héritage de la famille d'Harcourt (*le P. Anselme*) ; il la donna à sa filleule le 18 décembre 1442.

(3) Celle de 1477 ou celle de 1513 ?

le 24 avril 1521 (1) demoiselle Marguerite de Ver (ou
Vez), fille de Richard (ou Guichard) de Ver (ou Vez) ;
seigneur d'Espiais, Cormeilles, Longuesse, Flumesnil,
la Poterie, Montagny, Guiseniers, Ambroise, le Sol et
Vez (2). Il en eut (selon Chérin) un fils ; Nicolas, seigneur de Gadencourt, Martainville et Méré, dans la
suite. Selon d'Hozier, il en aurait eu trois :

1° Nicolas (3) ;

2° Guy, qui suivra ;

3° Charles, dont on sait rien.

Il est vrai que d'Hozier ne parle pas du second
mariage que *noble et puissant* (4) Jean Karuel contracte
le 20 juin 1551, par devant Biller, notaire royal à
Magny, avec demoiselle Louise de Barras, *alias* Barreau, dame de Magny.

Le 25 novembre 1564, Jean Karuel assiste au contrat
de mariage de son beau-frère, Raymond Barras,
avec demoiselle Françoise d'Osny ; il prend des lettres
royaux en chancellerie le 10 septembre 1577 ; il transige le dernier février 1582, devant Maurice, notaire au
bailliage de Vermandois. Sa veuve (qui l'est le 17 septembre 1586 et vit encore en 1596), lui a donné deux fils :

1° Christophe, dont on ne sait rien ;

2° Jacques. Il épouse, le 17 mai 1586, Françoise le
Bouthilier.

---

(1) A en croire Chérin, qui doit avoir raison, car, par
prudence, la généalogie que reproduit d'Hozier tait les dates,
seule façon sans doute d'expliquer que le Guy Karuel qu'elle
donne pour fils à Jean, s'était marié un mois plus tôt, le
23 mars de la même année 1521.

(2) Il y a des sires de Vez seigneurs de Turbinghen, en Artois.
alliés aux seigneurs de Marles, noms qui reviendront dans le
cours de cette histoire (Bibl. nat., Carrés d'Hozier, 645 ; Dossiers
bleus, 680).

(3) Ci-dessus nommé ; il aurait épousé en 1532 Hélène de
Grenelle, aurait fait souche, et serait mort en 1538.

(4) Il est qualifié noble, dit d'Hozier, en l'aveu de Mathieu le
Picard, demeurant à Gadencourt.

Pour en finir avec Jean Karuel, s'il ne fut seigneur que dans l'imagination de Guy Kerver désireux de se constituer des aïeux, d'Hozier va jusqu'à lui donner comme armes celles que portaient alors les sires de Boran habitués en Normandie, *de gueules à trois têtes de mores...* à force de vouloir prouver...

GUY KARUEL (1), s'il n'est certainement fils de Jean, est très certainement seigneur de Boran (2) ; de nombreux actes en font foi, et les vitraux comme la cloche de l'église sont là pour attester sa munificence éclairée.

Il nous faut, pour raconter sa vie, faire à sa généalogie l'audacieuse violence que réclament les actes originaux, et donner cette fois confiance à d'Hozier quand il retrouve l'usage des dates pour nous dire qu'il a tenu en mains le contrat de mariage original de Pernelle du Refuge (3), lorsque, le 23 mars 1521, elle épouse Guy Karuel, écuyer, seigneur de Boran.

Le 9 août 1531, il passe bail avec Messieurs les chanoines de la Sainte-Chapelle de Paris (4) ; il s'agit de dîmes, possessions et redevances diverses (5), droits de

---

(1) La Chesnaye des Bois dit : « Guy de Caruel, seigneur d'Amfreville, portant d'argent à 3 merlettes de gueules, écartelé d'argent à une aigle de sable qui est d'Amfreville. »

(2) Et aussi de Montigny, la Poterie, Ableiges, *au bailliage de Senlis.*

(3) Fille de Messire Christophe du Refuge, écuyer, sire de Marolles et du Mesnil, conseiller du Roi, correcteur en la Chambre des Comptes, maître d'hôtel du duc Charles d'Alençon et de feue dame Julienne Tonnellier (Cabinet d'Hozier, 130).

(4) Bibl. nat., pièces originales, 606, pièce 13. De qui le chapitre de la Sainte-Chapelle tenait-il tous ces droits, notamment celui de justice ? — Voir : Cartulaire, pièces 122 et 127, deux accords que fit Guy K. avec les religieuses de Saint-Martin.

(5) Consistant en sept livres cinq sols parisis de rente, douze mines d'avoine, trois arpents de pré en deux pièces, dont une à la ferme de Pierre de Précy, le pressoir banal, la moitié du four banal, justice haulte, moyenne et basse, le tout déclaré assis à Boran-sur-Oise...

justice, etc., le tout à la charge de 25 livres de rente, et foi et hommage, suivant la coutume des lieux.

En 1535, il donne à l'église de Boran la somptueuse verrière qu'on voit encore derrière le maître autel (1) ; elle porte cette inscription : *Messire Guy de Karuel, seigneur de Boran, commissaire ordinaire des guerres du roi et gentilhomme de sa maison, et Dame Pernelle du Refuge, sa femme. MDXXXV.*

On peut placer vers cette époque la mort de Pernelle du Refuge ; elle laisse à son époux deux enfants (2) :

1° Antoine. Il deviendra par la suite un des cent gentilshommes de la maison du Roi, et épousera Péronne de Saint-An (3). Seigneur de Thusseuil, il ne le fut jamais de Boran, comme on l'a écrit par erreur ; on lui connaît encore des biens dans les forêts de Lyons et de Beauvoir (4) ;

2° Catherine, qui suivra.

Plusieurs reçus de gages, de 1537 à 1545 (5), conservent le sceau de Guy Karuel. C'est un écu penché, écartelé aux 1 et 4 de trois merlettes (6), au 2 ct 3 d'une aigle au vol abaissé ; timbré d'un heaume de profil avec lambrequin, cimé d'une tête de cerf ; on y lit: G. KARUEL, S. DE BORAN.

Le 23 juin 1540, il marie sa fille Catherine, et la

---

(1) Et dont le travail étrange, signalé par plusieurs auteurs, pourrait bien déceler la main d'un verrier germanique. — *Cf.* : page p. 15.

(2) D'Hozier dit qu'elle mourut sans enfants, et donne Antoine et Catherine au second lit : cette dernière se serait ainsi mariée avant sa propre mère !

(3) Sœur de Catherine de Belleforière ; toutes deux filles de Jean, seigneur de Saint-An et de Barnassac, et de Charlotte le Clerc de Fleurigny.

(4) Il y fit régulièrement pratiquer d'importantes coupes dont les mémoires existent au cabinet des manuscrits de la Bibliothèque nationale.

(5) Bibl. nat., pièces originales, tome 1.604.

(6) Les merlettes forment, avec un chevron, les armes des *de Caruelle.*

,donne à Antoine Blondel, dit Joigny, écuyer, seigneur de Bréquessent (1). Le contrat fut reçu par Antoine d'Aubonne et Robert Gauthier, notaires à Beaumont-sur-Oise (2).

Le 6 mars de la même année 1540, Guy Karuel présente ses titres aux élus de Beauvais, pour justifier de sa noblesse. Il le fait non pas seulement pour le mariage de sa fille, mais aussi pour le sien propre : le veuvage avait dû lui peser, car à quelques semaines de là, il obtient la main d'une de ses voisines, veuve elle-même, Marie de Saint-Simon (3).

La nouvelle dame de Boran est la fille et septième enfant de Guillaume de Rouvroy de Saint-Simon, sire de Précy, Raches, Orchies, Saint-Léger, Bailleul, Morancy-la-Tour et autres lieux, chambellan de François Ier et ancien combattant de Marignan (4). Voici du coup Guy Karuel allié à ses voisins proches (5), et, par eux, à de nombreuses familles du Beauvaisis (6). Il est

---

(1) Fils unique de Messire Jacques Blondel, baron de Bellebrune, sénéchal et gouverneur de Ponthieu, titre qu'il avait reçu en 1635 (Cabinet d'Hozier, 48), et de dame Catherine de Marles, sa défunte femme. Les armes de Blondel sont de gueules à un aigle d'argent, le bec et les griffes d'or.

(2) Carrés d'Hozier, tome 154 (Extrait de la preuve de Blondel).

(3) Elle avait épousé en premières noces, le 19 juin 1521, François de Allazar, baron de Saint-Just. On ne sait depuis combien de temps elle était veuve lorsqu'elle s'unit à Guy Karuel, auquel elle apporta 650 livres tournois de rente que lui constitua son père. — *Cf.: le P. Anselme*, t. IV, p. 408.

(4) Et fille, suivant les carrés d'Hozier (tome 154), de Marie de la Vacquerie ; suivant les pièces originales de la Bibliothèque nationale, d'Antoinette de Mailly. — *Cf.: P. Anselme*, IV, 407-408.

(5) Il devient en effet le gendre de son voisin, le sire de Précy, le beau-frère de Guillaume et de Méry de Saint-Simon, qui posséderont Précy successivement, et de leur sœur Françoise, qui héritera de Morancy. Cette terre, apportée en mariage par Françoise de Saint-Simon à Jean Potart, seigneur de Gromesnil, reviendra dans la suite (voir page 174). — *Cf. : Le P. Anselme*, IV, 408.

(6) Son mariage rend Guy Karuel oncle d'Antoinette de Maricourt, dame de Mouchy-le-Châtel, de Louis de Saint-Simon,

alors trésorier général du Luxembourg, commissaire aux guerres et aux vivres de Champagne, chevalier des ordres du Roi, et l'un des cent gentilshommes de sa maison. En 1548, il fonde la chapelle du château de Boran, qu'il place sous le vocable de la Sainte-Trinité. Vers ce temps-là, son sceau, simplifié, ne porte plus qu'une aigle au vol abaissé, avec une bande brochant, sans légende (2). Et son nom, comme son écu, se simplifie : *Karuel* n'apparaît plus que rarement, puis disparaît. Notre personnage s'intitule, et ne signera plus, à de très rares exceptions près, que GUY DE BORAN.

En 1557, gouverneur de Beaumont-sur-Oise, pris du désir d'honneurs nouveaux, il écrit de Châlons au duc de Guise (1) :

Ce 13 novembre... Monseigneur... Je vous supplie humblement... qu'en faveur je reçoive l'honneur que je sois maître d'hôtel du Roi, et couché aux premiers états qui se feront...

Le titre convoité lui est accordé, et désormais, il ne manque pas de s'en parer dans tous ses actes et reçus, comme de celui de conseiller du Roi de Pologne, qu'il reçoit peu après. En même temps, il acquiert les seigneuries de Quinssaines et d'Escorailles (2) dont on le voit pour la première fois porter le titre (3). Est-ce ce titre d'Escorailles qu'a déformé Louvet quand il parle, dans son *Nobiliaire du Beauvaisis*, d'un Estouray de Karuel, sur lequel je n'ai rien pu découvrir, et qui portait *d'or à l'aigle de sable à deux têtes.*

Deux ans après, il est enseigne à la compagnie des

---

seigneur de Cambronne et de Vaux-lez-Clermont, de Julienne de Conty, dame d'Auvillers et de Roquancourt, de Louis de la Fontaine, seigneur de Boubers. — *Cf. : Le P. Anselme*, IV, 406-410.

(1) Bibl. nat., pièces originales, 416.

(2) Et à une époque indéterminée, celles de Guiseniers et Flumesnil au bailliage de Gisors.

(3) *Cf. :* J. Roman, *Inventaire des sceaux de la Bibliothèque nationale,* 1.776 et 6.105.

trente lances, et porte un **nouveau** sceau, le cinquième que nous lui connaissions, *parti, et chargé de merlettes et d'aigles bicéphales.*

Vers cette époque, lui et sa femme offrent à l'église la cloche (1) qui convie toujours à la prière les fidèles boranais.

Pendant ce temps, leur fils Antoine, **devenu maître** d'hôtel du cardinal de Bourbon, guerroie pour le Roi et montre sa vaillance quand, à la bataille de Moncontour — 3 octobre 1559 — il reçoit un coup d'arquebuse dont il meurt quarante-huit heures après à l'Hôtel-Dieu de Vendôme, où son cœur demeure, tandis que son corps, transporté à Boran, repose sous une épitaphe qui achève de s'user parmi les dalles de l'église (4).

Trois ans plus tard, Guy Karuel perd la même année sa seconde femme (2) et son gendre ; il marie encore, avant de mourir, son petit-fils Oudard, créant ainsi, de nouvelles attaches avec plusieurs familles beauvaisines. Le 10 janvier 1574, il rend l'âme et va reposer dans le caveau qu'il a fait disposer pour tant des siens déjà à l'église de Boran, dans la chapelle de la Vierge, dont il a orné de ses armes clés de voûtes et vitraux (3). Son épitaphe, disparue, était ainsi conçue (3) :

*Ci-gît le corps de Messire **Guy Karuel**, chevalier, seigneur de **Boran**, **Guisegny** (5), **Montagny**, la **Poterie** et **Novillers**, en son vivant un des **cent gentilshommes du Roi**, commissaire ordinaire des vivres et des guerres de*

---

(1) *Cf. :* page 17.

(2) La rente que son beau-père devait lui servir par contrat lui fut payée jusqu'en 1572. L'année suivante, qui précéda celle de sa mort, il reçut, de la succession dudit beau-père, 600 livres en 900 tsetons d'or, pour remplacer la rente de 650 livres. *Cf.:* De Caix de Saint-Aymour, *Causeries du besacier*, Paris, 1892.

(3) Cabinet des Mss. : Pièces originales, 372.

(4) *Cf. :* p. 19.

(5) Guiseniers (Eure).

Champagne, trésorier général en la Duché de Luxem-
bourg, maître d'hôtel ordinaire du Roi de Pologne,
gouverneur de Beaumont-sur-Oise, lequel trépassa le
dix janvier 1574.

Priez Dieu pour son âme

Tous ses biens passent à sa fille Catherine, encore en deuil de son époux.

CATHERINE KARUEL, veuve d'Antoine BLONDEL DE JOI-GNY. Voici Boran tombé en quenouille, Dame Catherine Karuel, qui succède à son père, est veuve, âgée d'environ 60 ans. Pour la situer un peu, remontons à son mariage, célébré, il y a longtemps, le 23 juin 1540.

Ce n'est pas un mince personnage qu'elle prend ce jour-là comme époux devant le Seigneur : Antoine Blondel de Joigny porte ou portera les titres de seigneur de Bréquessent, Variqueval, Ottenberg, Launoy, Plouich, Turbinghen, Malcamp, Waben (1) ou Bellebrune-en-Ponthieu, Brécheu, la Watinne, Marles, Oye-les-Cayeux, peut-être d'autres encore (2), baron de Belle-brune, sénéchal et gouverneur de Ponthieu, écuyer tranchant du Roi, chevalier de l'ordre du Roi.

Dès les noces, il emmène sa jeune femme à Boulogne,

---

(1) Où le Roi d'Angleterre posséda des salines. *Cf.:* Dr Leblond, *Cartulaire de l'Hôtel-Dieu de Beauvais.*

(2) Par le contrat de mariage, le père de l'époux constitue à son fils « seize cents livres de rente foncières, noblement et en fief, compris les terres et les rentes qui lui appartiennent de sa mère, Catherine de Marles, sçavoir la baronne de Bellebrune, tenue du Roi à cause de son comté de Boulogne, item la seigneurie de Turbinghen, tenue du Roi à cause de son dit comté, item la seigneurie de Waben, dite Bellebrune en Ponthieu, tenue du Roi, à cause de son château et du marquis de Rotelin, comte de Tancarville, item la seigneurie de Monirghem ou Mont, tenue en partie du Roi, et partie de quelques seigneurs particuliers. » *Cf.:* référence de la note 9.

où ils demeurent avec sa sœur, Jeanne Blondel, veuve de Martin de Bournonville, seigneur de Verbois. C'est là que Catherine Karuel va donner à son époux non pas un, comme le dit trop modestement une généalogie conservée aux manuscrits de la Bibliothèque nationale, mais vingt-deux enfants ! Elle sut en élever au moins dix-sept pour l'honneur de sa famille, mais le désespoir des généalogistes, car elle ne varia guère leurs prénoms, et donna le même à plusieurs. En voici la longue liste (1) :

1° Oudard, né le 3 octobre 1541 (2) ;

2° Philippe, né en 1542 (garçon) ;

3° Philippe (fille) (3) ;

4° Aliénor, née le 22 décembre 1544 (4) ;

5° Françoise, née le 22 décembre 1545 (5) ;

6° Antoine, né le 22 janvier 1547 ;

7° Antoine, né en 1548 ;

8° Marguerite (6) ;

9° Pernelle (7) ;

10° François (8) ;

---

(1) Liste établie à l'aide du tome 40 du cabinet d'Hozier (Bibl. nat.), des pièces dont l'indication se trouve au mot « Joigny » dans la table manuscrite des titres de la Bibl. nat., du tome 372 des Pièces originales, article : Blondel, et de l'armorial de Picardie, B. N., fonds français n° 15.384, tableau 18.

(2) Il eut comme parrain Oudard de Bielz, chevalier de Malte, et comme marraine une dame du Refuge (on sait que c'était là le nom de sa grand'mère).

(3) Elle épousa François de Boulainvilliers, seigneur de Boulainvilliers et d'Anval (ou de Dampval).

(4) Elle eut comme marraine Mme Aliénor de Montmorency.

(5) Elle épousa Charles, seigneur de Puiseux, puis un seigneur de Boutilier-en-Champagne ; elle mourut fort âgée.

(6) Elle épousa M. de Herpoix, seigneur dudit lieu, puis M. de Bernetz, seigneur de Séault et de la Haie en Boulenois : il en était veuf en 1607.

(7) C'était le prénom de sa grand'mère. Elle épousa, après 1572, François de Nyon, seigneur de Tessancourt.

(8) Il épousa Louise de Raison, puis Françoise de Thibouville,

11° Antoine, né le 22 août 1558 (1) ;

12° Françoise, née le 8 mars 1559 ;

13° Antoine, né le lundi après la Pentecôte 1561 (2) ;

14° René, né le 11 mars 1562 (3) ;

15° Emmanuel, né le 18 mai 1564 (4) ;

16° Gédéon (5) ;

17° Jeanne, née le 6 juin 1567.

Quelques années plus tard, la santé de l'époux de **Catherine** le force à résilier les diverses charges dont il est investi ; sentant sa fin, il vend son état de sénéchal de Ponthieu, *pour décharger ses héritages* (6), et le 21 février 1572, par devant Piencquet et **Antoine Le Sueur**, notaires à Boulogne, il fait son testament (7), établissant pour son exécuteur testamentaire *M. de Boran, son beau-père*, lequel pendant ce temps vaquait à marier Oudard, le premier de ses nombreux petits-enfants. Le contrat (8) fut signé à Boran le 26 mars 1572, en l'absence des parents, tenus à Boulogne, l'un veillant l'autre presque à l'article de la mort (9). L'épouse, Jeanne de Morainvil-

---

(1) Il eut pour parrain son cousin Antoine, **seigneur** de Mouchy-le-Châtel.

(2) Il épousa Marie de Savary. Nous en reparlerons.

(3) Il fut seigneur de Baillon, entra dans l'ordre de Saint-Jean-de-Jérusalem, devint abbé de Saint-Vilmer de Boulogne-sur-Mer, puis de Grandcamp.

(4) Il devint seigneur du Boulleaume et de Lainvilliers.

(5) Il entra dans l'ordre de Malte, fut commandeur d'Ivry-le-Temple, commandeur de Metz, et grand-commandeur de l'ordre.

(6) Bibl. nat., Mss. Pièces originales, tome 372.

(7) *Ibidem*, pièce 25.

(8) Reçu par Guillaume des Notes et Nicolas Le Camus, **notaires** au Châtelet de Paris.

(9) Un mois auparavant, le même jour que son père testait, et devant les mêmes tabellions, le jeune Oudard avait reçu de ses parents, en avancement d'hoierie, et en faveur de son mariage qui se traitait avec demoiselle Jeanne de Morainvilliers, la baronnie de Bellebrune, les terres de Marles, Waben, Turbinghen, Estrain-nes, et autres fiefs, jusqu'à la concurrence *de 2.000 livres de*

liers (1), dite de Hippart, ne devait donner à cet aîné de vingt-deux qu'un seul enfant : une fille, Louise (2), le 14 septembre 1573.

Antoine Blondel le père, qui n'avait pu assister au mariage, rendit son âme à Dieu, le 15 mai 1572, sans avoir été seigneur de Boran comme il y paraissait destiné (et la mort en empêcha aussi le nouveau marié). Son corps fut enterré devant le marche-pied de l'autel Saint-Nicolas, en l'insigne basilique Notre-Dame de Boulogne-sur-Mer (3).

Oudard ayant renoncé à une partie des biens pater-nels, Philippe (n° 2) reçoit les terres de Brécheu et Bréquessent, et la rente de la Watine, François la seigneurie d'Estrées-en-Boulennois, Antoine (n° 13) celle du Plouich, Emmanuel une maison sise à ... (?) et la censive d'Oye. Le reste est partagé entre les autres enfants.

La succession réglée, Catherine quitte Boulogne et rentre près de son père avec Pernelle et Françoise, encore à marier, et Antoine (n° 13), qui paraît gérer le

---

rente pour en jouir après la mort de ses père et mère, au moyen de quoy il consent qu'is disposent de leurs autres biens en faveur de ses autres frères et sœurs.

(1) Seconde fille de Messire Charles de Morainvilliers, seigneur de Montanville, et de noble dame Jeanne du Fresnoy, sa veuve, assistée en cette occasion de Messire Charles de Boves, seigneur de Coutenan (?), de son oncle paternel Louis de Morainvilliers, seigneur d'Orgeville, de Messire Charles du Fresnoy, seigneur dudit lieu et de Neuilly-en-Thelle, d'Aimé du Fresnoy, seigneur de Bournay, oncles paternels et maternels de Jacques de Crève-cœur, seigneur de Gerisy, aussi oncle à cause de dame Claude du Fresnoy, sa femme, de dame Renée de Morainvilliers, dame de la Roche des Aubiers, de Jacqueline de Morainvilliers, dame de Sancy, et d'Antoinette de Morainvilliers, dame de Briante, ses tantes paternelles. (*Cf.* d'Hozier, Cabinet, tome 48.)

(2) Elle a pour parrain Georges du Fresnoy, lieutenant de vénerie, et pour marraine une de ses grand'tantes, Mme de Bacouël, épouse du sire d'Orgeville.

(3) Détruite, sauf la crypte, par la Révolution.

domaine. Deux ans plus tard (10 janvier 1574), la mort de Guy ouvre une nouvelle succession, et Catherine devient dame de Boran.

Elle partage les terres du défunt avec Oudard, qui reçoit la Poterie, Ableiges et Flumesnil, probablement en compensation des terres de Boulonnais dont sa mère gardait toujours l'usufruit. Elle hérite de sa tante Gromesnil la terre de Morancy-la-Tour, unie ainsi à Boran une première fois : avec les usufruits, son douaire comporte encore des terres de Montagny, Lignières, Guiseniers et Novillers (1).

Le 19 août 1574, Philippe (n° 2) qui est demeuré en Boulonnais (2), épouse Catherine de Crépieul d'Ambricourt (3). Le contrat (4) fut passé au village de Brimeu ; Catherine n'y figure pas (5), mais elle met dans la corbeille la terre de Guiseniers.

Le 7 novembre 1576, Oudard, l'aîné des vingt-deux, meurt, âgé de 35 ans seulement, marié depuis quatre, laissant la petite Louise (6) héritière présomptive, à

______

(1) Je n'ai pu établir à qui passèrent Escorailles et Quinssaines.

(2) Où il est veneur et louvetier du comté, gentilhomme de la maison du roi.

(3) Devenue veuve en 1623, elle prit le voile au prieuré de Saint-Aubin, près de Gournay-en-Bray. (Bibl. nat., Pièces orig., 1583.) Elle n'avait eu qu'un enfant : une fille, Jeanne, qui épousa Charles des Essarts, gouverneur de Montreuil, dont la conduite avait été remarquable au siège de Pont-Sainte-Maxence. (*Le P. Anselme*, tome VIII).

(4) Reçu par Courtray et du Cay, notaires à Montreuil.

(5) L'époux est assisté de son frère François, d'une de ses tantes, Jeanne de Blondel, et de Messire Claude d'Ailly, seigneur de Montgeroult ; du côté de la mariée se voient son oncle et sa tante : Antoine et Françoise de Frémory, seigneur d'Aix-en-Issart et de Campigneulles. Sa sœur Antoinette, et ses deux cousins-germains, Jacques et Adrien de Boubers, signent aussi au contrat.

(6) Une fenêtre historiée moderne du château de Boran indique un comte de Joigny comme sire du lieu ; c'est une double

trois ans, de tous les domaines de la maison. On l'enterre à Boran, dans la chapelle de la Vierge ; sa pierre, disparue, portait cette épitaphe :

Ci-gît le corps de noble homme et seigneur Oudard Joigny, dit Blondel (1), en son vivant seigneur et baron de Bellebrune, Turbinghen, Malinghem, gentilhomme servant ordinaire du Roi, capitaine des gens de pied des vieilles bandes, qui décéda le 7 novembre 1576. Priez Dieu pour le repos de son âme (2).

Catherine continue à caser ses enfants. Le 0 mars 1580, elle marie Françoise avec Robert, seigneur de Godingten. En 1581, par acte passé en la demeure seigneuriale de Boran, elle donne à Antoine la terre de Novillers, et à Gédéon, devenu chevalier de l'ordre de Saint-Jean et Saint-Leu, un revenu lui permettant de s'entretenir en chevaux et armes pour servir le roi. Le 24 juillet 1583, elle joint Antoine, demeuré jusque-là auprès d'elle, à une jeune orpheline (3), Marie de Savary (4).

---

erreur : aucun des Joigny qui nous intéressent ne fut comte, et aucun sire de Boran ; seule la petite Louise en fut dame un an, entre la mort de sa grand'mère et son propre mariage. *Cf.* Pièces orig. de la Bibl. nat., tome 372, pièce 100, page 19.

(1) Il devrait y avoir Blondel dit de Joigny. D'Hozier conserve à la Nationale une pièce où est précisément notée la tendance qu'eurent tous ces Blondel à faire cette inversion.

(2) Sa veuve se remaria peu après avec le successeur de son beau-père dans le poste de gouverneur de Calais : Dominique de Vic, des sires de Tavers, dit le capitaine Sarred. Il avait eu la main coupée dans une bataille, ce qui ne l'empêcha pas de se conduire si bien à Ivry qu'Henri IV mit dans ses armes — et celles de ses descendants — un petit écu chargé d'une fleur de lys. Le 11 décembre 1600, il acquit la terre d'Ermenonville, et mourut suffoqué d'apprendre l'assassinat d'Henri IV. *Cf.* Damin, *Le Voyage d'Ermenonville,* 1801.

(3) Sa mère, dame Marie le Hochart, s'était remariée avec Nicolas de Boussart, seigneur de Préault.

(4) Le contrat fut reçu par Anseaume Le Bel et de Saint-Leu, notaires à Beaumont-sur-Oise. Les deux jeunes époux ne s'éloi-

Le 27 août 1587, Emmanuel prend femme à son tour (1) : demoiselle Marie d'Ailly (2). Philippe meurt en Boulonnais, le 29 janvier 1591. Voici son épitaphe, disparue :

Ci-gît le corps de Philippe de Joigny, dit Blondel (3), en son vivant chevalier, seigneur de Brécheu, Guisegny, la Waslinne et Ambricourt, gentilhomme ordinaire de la maison du Roi et Grand Veneur et Louvetier pour Sa Majesté en Boulenois, lequel décéda le 29 janvier 1591. Priez Dieu pour son âme.

En août 1592, Catherine obtient d'Henri IV, par lettres données à Saint-Denys, confirmation du droit pour Boran d'avoir une foire annuelle le 15 juillet, jour de la Saint-Waast, patron du village, et un marché le mercredi de chaque semaine. Enfin, parvenue à sa quatre-vingtième année, elle descend dans la tombe le 10 juillet 1598, dernier représentant de cette mystérieuse famille Karuel. Ensevelie auprès des siens, elle eut cette épitaphe, qui n'existe plus :

---

gnèrent guère de Boran, et allèrent demeurer près de Chantilly, dans la terre de la Cave, fief qu'Antoine avait acheté de Maxence Chrétien, de Gouvieux. Carrés d'Hozier, 356.

(1) Le contrat, reçu par Dupré, notaire à Pontoise, montre l'époux seigneur de Marc et d'Oye-les-Cayeux, écuyer de l'écurie de Mme la duchesse d'Aumale. Il est assisté de ses frères : R. P. en Dieu René de Joigny, abbé de Saint-Vilmer en la ville de Boulogne-sur-Mer et de N.-D. de Grandchamp, et Philippe de Joigny, seigneur de Bréquessent. Catherine lui fait don des terres de Montagny et La Poterie, au bailliage de Beaumont-sur-Oise. *Cf.* : Nouveau d'Hozier, 47, *Mémoire pour justifier de la noblesse nécessaire à une demoiselle de Joigny pour entrer à la maison d'éducation de Saint-Cyr.*

(2) Fille d'Hugues d'Ailly, chevalier, seigneur de Cormeilles et d'Emery, et de noble dame Madeleine d'Auvergne.

(3) Même remarque que plus haut, à propos de l'épitaphe d'Oudard.

Ci-gît le corps de noble dame Catherine de Karuel, dame de Boran, Morancy, Novillers et Linières, en son vivant femme de noble homme Messire Antoine de Joigny, chevalier de l'ordre du Roi et gentilhomme de sa chambre, seigneur et baron de Bellebrune, de Marles, Brécheu, le Plouych, Waben et Turbinghen, laquelle trépassa le dixième jour de juillet 1598. Priez Dieu pour leurs âmes.

Boran passe alors à sa petite-fille : .

LOUISE BLONDEL DE JOIGNY, âgée de vingt-cinq ans. Dès l'entrée en possession du domaine, la nouvelle châtelaine est attaquée par tous ses cousins, neveux et collatéraux, désireux d'arracher bribe ou morceau de son immense héritage. Elle ne se laisse pas faire, défend ses biens avec ardeur, et attaque elle aussi. La terre de Boran ne lui est pas chicanée, et, moins d'un an après elle l'apporte dans une des plus illustres familles de la vieille France, chez laquelle elle trouve un mari et un protecteur : Jacques d'Etampes-Valençay, qui suivra.

C'était une enviable alliance, dont toute la famille Blondel-Joigny dut se féliciter et s'énorgueillir. Par la suite, que de Blondel dans les compagnies de Valençay, que de clercs auprès des abbés ou évêques de la lignée, que de filleuls trouvant parrains... Peut-être la beauté de l'union désarma-t-elle la chicane, car moins d'un an plus tard (1) toutes les querelles entre Louise et ses parents prirent fin par un compromis (2). Pour le siècle nouveau, Boran, sans discussion, reçoit un nouveau maître.

---

(1) Acte reçu par Pierre de Manchevelle, et Antoine de Quatreveaux, notaires au parlement de Paris, le 14 janvier 1600.

(2) « Entre les mains et à l'arbitrage de Maîtres Scarron et Deslandes, conseillers du parlement..... par noble homme François de Joigny, seigneur d'Estrées, Antoine de Joigny, seigneur du

VII

Des Etampes-Valençay à La Parabère

Le 21 mai 1599, comme s'en va le XVI° siècle, la terre de Boran passe donc par le mariage de Louise Blondel de Joigny dans les mains de

JACQUES D'ETAMPES-VALENÇAY, seigneur d'Happlaincourt et autres lieux, d'une famille originaire du Blésois, qui donna au roi et à l'Eglise de fameux serviteurs. Le plus ancien représentant connu est Robert Ier, seigneur de Salbris, conseiller de l'apanagiste de la province, le prince Jean de France, frère de Charles V. Avec le fils de son fils, Robert II, seigneur de la Ferté-Imbault (1), conseiller et chambellan de Charles VII, la maison d'Etampes se scinda en deux lignées : les marquis d'Etampes-la Ferté, et les seigneurs d'Etampes-Valençay ; cette dernière s'éteignit au XVII° siècle ; la branche de la Ferté subsistait encore au début du XIX° (2).

Jacques, qui nous intéresse, né le 28 novembre 1579, est l'aîné des quatorze enfants de Jean d'Etampes,

---

Plouich, René de Joigny, seigneur de Baillon, et Emmanuel de Joigny, seigneur de Montagny et du Boulleaume, enfants de Messire Antoine de Joigny et dame de Karuel sa femme, et noble homme Jacques d'Estampes, seigneur d'Applaincourt et de Béthencourt, tant pour lui que pour dame Louise de Joigny, sa femme, leur nièce, fille et héritière d'Oudard de Joigny, seigneur et baron de Bellebrune, assisté de dame Jeanne de Morainvilliers, femme de Messire Dominique de Vic, seigneur d'Ermenonville, gouverneur de Calais, etc..., sur les différents qu'ils avaient à cause des droits qu'elle demandait dans les successions de son ayeul et de son ayeule. »

(1 et 2) Dictionnaire Larousse, articles : *Etampes* et *Valençay*.

seigneur de Valençay et d'Estiau, conseiller d'État, capitaine de cinquante hommes d'armes (1), et de Sara d'Happlaincourt (2) : c'est le titre de cette terre que porte Jacques d'Etampes jusqu'à la mort de son père (3). Nous ne savons rien de la vie du sire Jacques d'Happlaincourt jusqu'à son mariage avec Louise Blondel, dont le contrat fut reçu, comme on a vu plus haut (4), par Flesselles, notaire à Calais, le 21 mai 1599.

Peu de temps après, Jacques d'Happlaincourt est gentilhomme de la chambre du roi, titre qu'on lui voit en 1603, à la naissance de son troisième enfant (5), Louise Blondel l'ayant rendu père de :

1° Jean, baron de Bellebrune, qui suit, né en 1600 ;

2° Dominique, né en 1601 (6) ;

3° Henri, né en 1603, et tenu sur les fonts baptismaux, le 15 décembre de cette année-là, par le roi Henri IV en personne (7) ;

(1 et 2) Le P. Anselme, aux références de la table du tome IX.

(3) Carrés d'Hozier, tome 130.

(4) Carrés d'Hozier, tome 243.

(5) Registres d'état civil de Boran.

(6) Seigneur d'Happlaincourt, cornette de la compagnie du duc d'Angoulême. Il épousa Marie-Louise de Montmorency, fille de François de Montmorency, gouverneur de Senlis. *Le P. Anselme.*

(7) Registres d'état civil de Boran. L'enfant tenu sur les saints fonts par des mains aussi magnifiques devint chevalier de Malte, chef de l'escadre qui bloqua La Rochelle en 1628, ambassadeur de France près le Saint-Siège en 1651, prieur de Champagne, puis grand prieur de France, succédant dans cette charge à un de ses oncles, le cardinal d'Etampes-Valençay (1593-1656). Il mourut à Malte en avril 1678. Il ne faut pas le confondre avec son cousin d'Etampes-Valençay (1589-1651), archevêque de Reims, ennemi passionné des jésuites qu'on soupçonna même, pour la violence de sa haine de trop de sympathies protestantes. J'ai vu, dans la bibliothèque du pasteur Goulden, de Sedan, somptueusement relié aux armes de ce prélat, et tout annoté de sa main, un Pierre Viret, qu'il devait piocher avec intérêt et estime, pour l'avoir fait si bien habiller. Drôle de lecture pour un prélat dispensateur de l'onction sainte aux rois de France ! Il était abbé de Bourgueil, et notre Henri, son neveu, lui succéda dans cette charge.

puis de :

4° Sara, morte avant d'avoir été mariée, étant fiancée avec le comte de Charley ;

5° Charlotte, qui se fit religieuse en l'abbaye de Faremoutiers-en-Brie ; abbesse d'Estival en 1680 ; elle mourut presque centenaire en 1714 ;

6° Eléonore. Elle épousa Charles de Mouchy, marquis d'Hocquincourt, maréchal de France.

En 1619, dans la cérémonie de promotion des chevaliers du Saint-Esprit du 31 décembre, Jacques reçoit le collier aux lieu et place de son père, malade et ne pouvant quitter la chambre, désigné pour cette promotion.

Ce père meurt l'année suivante — 1620 — et Happlaincourt prend le titre de Valençay. Il est pourvu de la charge (1) de grand maréchal des logis de la maison du roi, puis de celle de maréchal des camps dans les armées de Sa Majesté, laquelle, en reconnaissance de ses continuels services, l'honore à son tour du collier de son ordre du Saint-Esprit.

Lorsqu'il fut dans le dessein de Louis XIII « d'établir son autorité et de soumettre les huguenots qui formaient une espèce de république dans le royaume, il s'employa à les réduire par la force ou les traittez. Il assiégea Montpellier en 1622. Le duc de Rohan à leur tête, on y perdit beaucoup de braves gens, le duc de Fronsac entre autres, et on y en aurait encore perdu davantage sans le traitté général qu'on fit avec les huguenots, par lequel, moyennant l'abolition du passé, la liberté de conscience confirmée, la place fut remise au roi, qui y fit bâtir une citadelle et en remit le gouvernement à Valençay (2).

Jacques d'Etampes-Valençay devient encore lieutenant-colonel de la cavalerie légère de France, et gouverneur de Calais (3). En 1625, meurt Antoine de

---

(1) Cabinet d'Hozier, tome 130.
(2) Bibl. nat., pièces originales, tome 1.076.
(3) Le P. Anselme, *Histoire de la maison de France*. C'est de **notre** Valençay qu'il s'agit.

Joigny, son beau-frère ; nous avons vu comment (1), en dépit des lois et des révolutions, est encore célébré de nos jours le service anniversaire demandé par le défunt en retour de ses libéralités.

Le 14 avril 1626, Jacques d'Estampes marie son fils aîné (2), à Catherine d'Elbène (3), lui donne les terres de Bellebrune et de Boran, et rentre dans l'ombre. On sait seulement qu'il perd sa femme à Paris le 12 novembre 1635 (2), et rend l'âme lui-m:me à Boulogne le 21 novembre (4) 1639.

Le nouveau sire de Boran :

JEAN D'ESTAMPES-VALENÇAY, ne possède pas le domaine depuis deux années, qu'il est tué devant Privas-en-Vivarrais, à l'âge de vingt-neuf ans, colonel de cavalerie légère aux armées du roi qui assiégeaient la ville.

Il laisse deux filles :

1° Louise, qui, le 13 mars 1647, épousera Antoine Gouffier (5), marquis de Thois, auquel elle apportera la terre de Bellebrune ;

2° Charlotte, née posthume ; elle prendra le voile à

---

(1) *Cf. :* page 42.

(2) Une rature manuscrite du xviiⁱ siècle, sur un des exemplaires du P. Anselme de la Bibl. nat., dit 1625. Je n'ai pu établir si c'est une erreur. Le contrat de mariage de Jean d'Estampes ne se trouvant pas aux sources que j'ai consultées, il est impossible d'y constater l'absence ou la présence de sa mère.

(3) Fille d'Alexandre d'Elbène, seigneur, de la Mothe, colonel de l'infanterie italienne, descendant d'une des plus anciennes familles de Florence et qui tint les premières dignités dans cette république, et de Marguerite-Catherine Janvier de Villesceau, sa femme.

Alexandre d'Elbène s'était distingué, en 1573, au siège de la Rochelle ; il suivit Henri II en Pologne, le réconcilia avec le Saint-Siège, et mourut en 1613. (*Le P. Anselme.*)

(4) Janvier, dit une autre rature.

(5) Fils de Timoléon Gouffier, seigneur de Thois, et de Catherine de Roncheroles. *Le P. Anselme.*

l'abbaye d'Estival, et en deviendra abbesse, succédant dans cette charge à sa tante Charlotte, sœur de son père, peut-être sa marraine.

La veuve, Catherine d'Elbène (1), se remaria à Léon d'Illiers-en-Beauce, marquis d'Entragues (2), dit le sire de Balzac (3). Elle lui donna neuf enfants, dont l'un, Joseph, fut abbé d'Ourscamps.

Les généalogies et les archives sont muettes sur la façon dont Boran passe alors à :

HENRI D'HARDONCOURT (4), seigneur de Rosières-en-Santerre, Hardoncourt (5), Morcourt, Boran, la Mothe-Igny (6), Villiers-les-Maillets (7), marquis de Rosières, gouverneur de la ville et citadelle de Marsal-en-Lorraine, fils de Daniel d'Hardoncourt, chevalier, seigneur de Morcourt (8) et d'Anne du Pas de Feuquières (9). Ses armes sont d'argent à la fasce de sable chargée de trois roses d'or.

C'est l'époux d'une veuve : Claude-Barbe d'Ernecourt, épouse en premières noces de Charles-Louis d'Igny, baron de Rejaincourt (10) ; elle lui apporta en dot la terre de Rosières, qu'elle tenait de famille (11).

A la mort de son père, Henri d'Hardoncourt, dont les finances ne paraissent jamais excellentes, vend la terre

---

(1) Ses armes étaient d'azur à deux bâtons fleurdelysés d'argent passés en sautoir, aux racines de même.

(2) Seigneur de Gié, Marcoussis, Vaupillon, Chantemerle, le Bois-Malesherbes, etc... Il était héritier de la maison d'Entragues, à condition d'en porter le nom et les armes. *Dossiers bleus.*

(3) La Chesnaye-Desbois.

(4) Pièces originales, t. 1.645.

(5) Dossiers bleus, t. 177.

(6) Pièces originales, 1480, art. Hardoncourt, pièce 2.

(7) Dossiers bleus, t. 29, pièce 647.

(8) Qui ne porte nulle part le titre de seigneur de Boran.

(9) Dossiers bleus, tome 348.

(10) Cabinet d'Hozier, tome 89.

(11) Et probablement cette terre de la Mothe-Igny, dont le nom rappelle tant le patronyme du premier époux.

de Morcourt, sur la rivière de Somme, en Santerre, à l'un de ses parents maternels, le sire de Feuquières (1), et il vient demeurer à Boran où son nom figure sur la fenêtre historiée que l'on sait.

Il meurt avant 1665, laissant Barbe d'Ernecourt veuve pour la seconde fois, et, comme seule enfant, une fille, déjà veuve elle-même : Charlotte-Louise, qui avait épousé, en 1658, Louis de la Châtre, comte de Nançay (2), dit le marquis de la Châtre, gouverneur de Bapaume, baron de Boucart et de Donçay, seigneur de Mennetou-sur-Cher et Neuvy (3). Il se distingua à la levée du siège d'Arras, en 1654, et en d'autres occasions. Il mourut en Afrique, tué près de Gigery, le 25 août 1664, jour de la Saint-Louis, laissant trois enfants :

1° Louise-Marguerite, née en 1659 (4) ;

2° Louis-Charles-Edme (5) ;

3° Louis-Claude (6) ;

et les armes de la Châtre (7) pour tout héritage à :

La marquise de LA CHATRE, que la mort de son père mettait quelques mois après en possession de Boran.

En un temps où plaider faisait l'honnête distraction des honnêtes gens, un héritage était une bonne occasion à chicanes et procès. Celui-là n'y manqua pas.

---

(1) Pièces originales, tomes 1480 et 1645.

(2) Fils d'Edme de la Châtre, maître de la garde-robe du roi, et de Françoise de Cugnac, fille du marquis de Dampierre. Dossiers bleus, tome 177, pièce 69.

(3) Titres relevés sur son épitaphe, à Nançay, où il est enterré. Dossiers bleus, 177.

(4) Devenue sœur Sainte-Colombe aux Filles Saint-Thomas de Paris, où elle prit le voile en 1676, et mourut sous-prieure le 7 novembre 1729.

(5) Depuis marquis de la Châtre. Il épousa la fille du marquis de Lavardin de Beaumanoir : Charlotte, dame de Malicorne, le 13 mai 1694. Il mourut en 1730. Un de ses fils fut évêque d'Agde.

(6) Abbé de Saint-Sever. Aumônier du roi en 1690. Mort en 1699 d'un accident de voiture.

(7) De gueules à la croix ancrée de vair.

Henri d'Hardoncourt laissait une fortune mal gérée, des dettes, des hypothèques ; aussi les deux veuves, la mère et la fille se débattent-elles bientôt dans plusieurs procès, principalement avec leurs cousins de Beauveau (1). Finalement, sa mère morte entre temps, la marquise de la Châtre renonce à la succession de ses parents, hormis Boran et Rosières, et laisse les créanciers se partager le reste.

On la voit pourtant acheter en 1666, du prince de Condé, la terre de Morancy (2), pour agrandir son domaine de Boran ; mais la situation n'est pas pour cela bien brillante. Au château, le train est médiocre, se réduit à trois ou quatre domestiques (3), et une vieille dame de compagnie, Mlle Joly (4), dont les maigres rentes viennent parfois au secours de sa maîtresse dans les moments difficiles. La marquise n'est pas fière, et ses enfants non plus ; on les voit témoins aux noces des domestiques, et Louis-Claude, aumônier du roi et abbé de Saint-Sever, baptise les rejetons avec l'agrément du curé (3).

Bientôt Mme de la Châtre est forcée d'hypothéquer des terres, puis le château : le plus gros prêteur est un certain Demardellet, rue de Beaupuits, à Amiens, **dont** les échéances ne sont pas toujours faciles à satisfaire ; et il n'est pas le seul. L'abbé de Saint-Sever arrive plus facilement que sa mère à réunir des trimestres d'échéances qu'il envoie payer à Amiens par Tesson, le concierge du château, tantôt 300 livres, tantôt 475, ou plus... (5), mais il meurt d'un accident de voiture, en 1699, et cet aide manque à la pauvre femme, dont la peine s'accroît de pleurer un fils dévoué. Elle en est

---

(1) *Dossiers bleus*, 29 ; et pièces originales, 1480 : Hardoncourt, pièce 10.

(2) Valin, Inventaire, page 420 (d'après l'abbé Muller).

(3) Etat civil de Boran. *Cf.* : p. 175.

(4) Journal de l'abbé Brébant.

(5) Bibl. nat., pièces originales, tome 712.

réduite à accepter des avances d'argent de son concierge... ; enfin, vieille, cousue de dettes, elle doit vendre ses terres pour manger (1). Les créanciers payés, les hypothèques levées, elle va se réfugier auprès de sa fille, chez les religieuses de Saint-Thomas de Paris, où elle meurt moins d'un an après, en janvier 1720 (2).

Voici l'acte qui donne à Boran un nouveau maître (3) :

Par devant Baudin, notaire à Paris, le 8 août 1719. Appert que dame Charlotte d'Ardoncourt, veuve de haut et puissant messire Louis, marquis de la Châtre, chevalier (etc...) gouverneur de la ville et citadelle de Bapaume...

A vendu à haulte et puissante Dame, Marie-Madelaine de la Vieuville, veuve de haut et puissant seigneur Messire César Alexandre de Baudéan de Parabère, brigadier des armées du Roy.....

Les terres et seigneuries de Boran, Morancy et Rosières, circonstances et dépendances, moyennant le prix et somme de cinq cent mille livres, dont acte, convenu qu'il resterait cinq mil livres entre les mains de ladite Dame de Parabère, pour le fonds de deux cent cinquante livres de rente viagère, dont ladite Dame de la Chastre est redevable envers Louise d'Ardoncourt sa fille, et Henriette de la Châtre, sa petite-fille, religieuses au Couvent des Filles Saint-Thomas.

VIII

La Parabère. — Quelques traits édifiants de sa vie à Boran.
Sa conversion et sa mort.

Madeleine de la Vieuville, dame de Parabère, prévoyant que toute faveur a une fin, vient, ce 8 août 1719, de se faire payer, après ceux de Dandeuille et du

---

(1) Journal de l'abbé Brébant. — *Cf.* : p. 168.
(2) Nouveau d'Hozier, tome 93.
(3) Pièces originales, 712.

Blanc, le domaine de Boran-sur-Oise par le plus qualifié de ses amants : Philippe d'Orléans, régent de France.

Ce n'est pas une châtelaine ordinaire que le pays reçoit ce jour-là : *la seule maîtresse, la pas fidèle,* qui fit discuter pour savoir si l'expression *Sainte-N'y-tou-che,* ou *Sainte-Nitouche* avait été inventée pour sa belle-mère ou pour elle ? On a beaucoup écrit sur son compte ; aussi bien, sans rien dire de neuf, m'efforce-rai-je de mettre surtout en lumière ce qu'on sait de sa vie à Boran (1).

MARIE-MADELEINE COATQUER DE LA VIEUVILLE, la PARA-BÈRE, naquit à Paris, le 6 octobre 1693, d'une famille bretonne venue en France vers 1500 avec Anne de Bretagne, et qui, dit Saint-Simon, méritait aussi peu le nom de la Vieuville qu'elle usurpait fortement celui de Coatquer. Son père était chevalier d'honneur de la reine, duc à brevet et gouverneur du Poitou depuis 1652 (2). Sa mère, Marie-Louise de la Chaussée-d'Eu (3), dame d'atours de la duchesse de Berry, était *belle, bête, intéressée et peu sage,* toujours d'après les bonnes langues, dont Saint-Simon. Dès sa naissance, Marie-Madeleine était prédestinée à devenir sujet d'études pour notre société : sa mère était la maîtresse de Sanguin, évêque de Senlis, prélat fort peu estimable. Sa belle-mère devait être une demoiselle de la Mothe-Houdancourt ; ses futurs amis Cossé et Richelieu avaient des biens près de Boran, et j'anticiperai en disant qu'elle succéda

----

(1) Voir sur elle, pour n'y plus revenir : les ouvrages de M. de Lescure, Jules Jannin, des Goncourt, etc., les mémoires de Saint-Simon, de Duclos, de Maurepas, les lettres de Mlle Aïssé, de lord Bolingbroke, de la Palatine, etc.

(2) *Le P. Anselme.*

(3) Inscription de son portrait au château de Boran. Saint-Simon affirme que c'était une simple domestique de Mme de Nemours. Elle se nommait Darrez et avait pris son grand nom parce qu'elle était née dans cette portion du comté d'Eu qui s'étend en Picardie.

chez le régent à Mme d'Argenton (*Mlle de Séry*) qui venait de se retirer près de Pont-Sainte-Maxence.

Quelques peccadilles de jeunesse portèrent ses parents à la marier, à seize ans, en 1711, avec César-Alexandre de Baudéan, comte de Parabère, gentilhomme poitevin *qui sut toute sa vie se contenter du laurier de ses ancêtres* (1). Moins de deux ans après le mariage, Parabère était retourné en Poitou ; il y mourut en 1716, abruti depuis longtemps dans une ivrognerie lourde et perpétuelle (2), *coudoyant les laquais, baillant au nez des femmes et renversant les cristaux.* La veuve apprit qu'elle était débarrassée, alors qu'elle dînait joyeusement : on ne parla plus jamais de M. de Parabère (2).

Lancée par milord Bolingbroke, amenée à la cour par Nocé, la Parabère devint, en 1715, maîtresse de Philippe d'Orléans (3).

Elle vengea rapidement celles qui l'avaient précédée et celles qui devaient la suivre ; le régent, par elle, en vit de toutes les couleurs ; elle l'insultait, le trompait, le lui disait, rompait, se raccommodait, et ne lui demandait rien, sinon d'aller régulièrement à la messe, car elle fut toujours dévote. Il lui acheta quelques terres, lui donna quelques bijoux. Leur indulgence était mutuelle et élastique. Elle aimait l'homme recherché et l'homme d'esprit, aussi le musicien : « *elle boit comme un trou, elle lui est infidèle, mais comme elle ne lui coûte pas un cheveu, il n'en est pas jaloux* (4) ».

---

(1) On lit sur une pierre tombale de l'église de Niort : *A la mémoire éternelle de Messire Charles de Baudéan Parabère, comte de Nevelain, dont les grands services sous les règnes de Henri IV et Louis XIII avaient été récompensés d'un brevet d'assurance de première place vacante de Maréchal de France, et d'une de commandeur de l'ordre du Saint-Esprit, duquel la mort seule l'empêcha de recevoir l'effet. Il mourut le 7 mars 1684.*

(2) De Lescure, *Les Maîtresses du Régent*, p. 163, etc.

(3) Lettres de Madame, tome I.

(4) Madame, 23 décembre 1717.

Il ne refusa qu'une chose, c'est de reconnaître les nombreux enfants qu'il eut d'elle (1), les trouvant *trop arlequins* (2).

Le duc de Richelieu (3), Nocé (4), M. de Champlatreux (5), tous amants de la belle, avaient des terres à Boran ; c'est bien certainement l'un d'eux, au fait des projets de vente de Mme de la Châtre, qui parla du domaine à la *Maîtresse régnante*. (6). L'endroit, le château lui plurent ; on sait ce qu'il advint.

La passion du régent était alors au plus fort ; mais la fin approchait. En attendant, la Parabère donne à Boran chasses et fêtes ; c'était une excellente personne qui ne cherchait qu'à faire plaisir ; Mlle Aïssé la représente si bonne, si tendre, si attentive, si secourable, qu'on oublie les horreurs de sa vie, et qu'on ressent pour elle, le livre fermé, une sympathie sincère. On voit à ses fêtes Mme de Ferriol, partageuse du cœur de Bolingbroke, dont notre châtelaine avait eu pourtant deux ou trois enfants ; la Fontanges et toute la compagnie d'Asnières, chez les Argenson ; le beau marquis de Beringhem dont la rivalité avec le régent faillit lui coûter sa place de premier écuyer du roi (7) ; Caylus, qui nous peint *la figure aimable, le caractère doux, l'esprit médiocre* de son hôtesse ; Lauraguais, qui ne tarit pas, lui, sur *l'originalité de son esprit, et ses traits malins qui atteignaient tout le monde* ; M. de Gesvres (8), époux d'une Mascranny, de Villers-sous-Saint-Leu, à deux lieues de Boran ; Dubois (9) ; bien entendu Nocé et les *roués* du quartier ; combien d'autres...

---

(1) Madame, 2 novembre 1719, et 19 avril 1720.

(2) M. de Lescure, *op. cit.*, p. 170.

(3) Archives municipales de Boran, 1740.

(4) De Lescure, *op. cit.*, p. 278.

(5) Arch. municip. de Boran, 1722.

(6) Saint-Simon.

(7) Henri-Camille, marquis de Beringhem, né le 1er août 1693, de Jacques-Louis de Beringhem et de Marie-Madeleine d'Aumont.

(8) Le héros d'un trop fameux procès en dissolution de mariage.

(9) Saint-Simon rapporte au long la scandaleuse manière dont

Marie-Madeleine DE PARABÈRE

Dame de Boran, Dandeuille et Morancy-la-Tour.

(1693-1750)

Imp. E. Boucher, Beauvais

On dit encore dans le village que les habitants se seraient attiré la colère du régent pour un bain forcé que lui valut le mauvais état du bac sur l'Oise, qu'il avait eu dessein un moment de remplacer par un pont. Dès lors, il alla passer la rivière autre part, et Boran n'eut rien. Lescure place cet accident à Asnières ; la Parabère aurait dit : *Le régent va comme la régence, sens dessus dessous.*

En novembre 1720, l'horizon s'obscurcit (1) ; l'étoile de Mme de Phalaris se lève, et Mme de Baudéan-Parabère, dans un accès de colère, au château de Boran, renverse un flacon d'huile sur le vêtement de Philippe d'Orléans, qui prend mal la chose. On se raccommode, on se brouille et rebrouille ; la favorite revient place Vendôme ; enfin, le 6 juin 1721, pour *une plaisanterie qui ne plut pas à la dame, laquelle partit pour Boran, près de Beaumont,* on se fâcha à jamais (2).

Voilà Marie-Madeleine tranquille ; elle reste à Boran, hante un monastère (sans doute Saint-Martin) et pense s'y retirer à jamais ; elle apprend, malheureusement pour ses bonnes résolutions, que le régent l'a remplacée par Mlle d'Arverne, maîtresse du jeune d'Alincourt. La Parabère a bon cœur ; elle fait venir M. d'Alincourt à Boran, et tous deux goûtent les joies consolatrices des champs. Il ne la quitte plus ; on les voit sans cesse en carosse, rendant visite aux voisins.

Un jour, après le déjeuner, un laquais qui servait le café, frappé d'une embolie brutale, tombe mort aux pieds de la châtelaine ; vivement touchée, elle court à l'église ; le curé de Boran prêchait sur la vie de ce monde et sur l'éternité (3) ; frappée des circonstances,

---

la Parabère se serait mêlée de l'affaire du sacre de Dubois. Elle est assez en contradiction avec les mémoires du temps, qui affirment tous que la *sultane* régna sans gouverner. Il est vrai qu'une fois n'est pas coutume.

(1) Mathieu Marais, 20 novembre 1720.
(2) Mathieu Marais, 6 juin 1721.
(3) *Journal de la Régence,* 20 juillet 1721.

elle se livre à la piété. Le vieil abbé Veissière, avec beaucoup de zèle, lui donne des conseils en particulier, et ce vieillard presque centenaire change du tout au tout la Madeleine repentante. Elle devient ennemie des jansénistes (elle escamotera à l'un d'eux la confession finale de la pauvre Aïssé), et quand le duc de Richelieu orne son appartement du portrait de ses belles amies, il la fait peindre en carmélite.

Une maladie dont elle ne réchappe que par miracle fortifie ses sentiments. La *pas fidèle* oscillera bien encore jusqu'à la fin entre l'amour de Dieu et l'amour des hommes, mais ses liaisons seront calmes, ses enthousiasmes courts, ses déceptions discrètes. Elle abandonne Paris, dit partout qu'un sermon de village l'a convertie et qu'elle se range (1).

Avant Trianon et Marie-Antoinette, elle se fait bergère ; la calme campagne de Boran la séduit et la retient tout à fait. Ses amis étonnés de sa disparition font le voyage et viennent la désennuyer : c'est Henri de Choiseul, colonel du régiment de Meuse (2), M. d'Alincourt — toujours M. d'Alincourt, — M. de Ferriol, la belle Aïssé. Les années passent, et l'argent un peu aussi : le trop sensible M. d'Alincourt a mangé près d'un million, et Marie-Madeleine, généreuse, comble ses amies de cadeaux, d'éventails, de coûteuses bonbonnières où son portrait est peint dans un cercle d'or (3). Il faut bien se ranger.....

> Le temps s'en va, le temps s'en va, Madame
> Hélas ! non pas le temps, mais nous nous en allons.

Mme de Parabère assiste à la représentation fatale de la malheureuse Adrienne Lecouvreur dont la mort mystérieuse la bouleverse (3) ; après la mort

---

(1) Journal de la régence.
(2) Ils furent un jour compère et commière pour le baptême d'un gamin du pays, Charles Criquemelle. (Etat civil de Boran.)
(3) Lettres d'Aïssé à Mme Calandrini.

d'Aïssé, voici 1732 ; on n'entend plus parler à Paris de la *sultane*.

Elle pense à ses enfants. Mon Dieu ! qu'il y en a, tant qu'on ne sait pas ce que sont devenus la plupart ; il y en a de mariés : une fille avec M. de Rottembourg, parent de l'ambassadeur en Prusse, d'autres ailleurs (1). Un voisin de campagne, le très laid mais très irrésistible M. de la Mothe-Houdancourt, vient bouleverser un peu son cœur (très jaloux, il l'empêchait de sortir de Boran) ; un autre, M. de Biron, succédera, et les chroniques sont méchantes sur la vie qu'ils menaient à Compiègne, où M. de Fargis se déguisait en pape (1)... L'amour sauva Mme de Parabère ; elle se mit avec le duc d'Antin, et cette coupable liaison devint jusqu'à la fin la plus douce des amitiés : il la comblait de prévenances ; elle apprit le basson pour lui plaire. Adonnée sans scrupules à la dévotion, choquée de la vie scandaleuse de sa fille — qui chassait de race — la Parabère finit sa vie dans de petits procès avec ses enfants, et avec les religieuses de Saint-Martin, qu'elle aimait bien, mais qui s'obstinaient à paître leurs vaches sur les terres du château (2).

En 1750, la Madeleine repentie meurt, après avoir reçu les sacrements et édifié pendant ses dernières années le pasteur et la paroisse par sa vie pieuse et charitable.

---

(1) Mémoires d'Argenson, II, pp. 202 et suiv.

(2) Duclos, *Hist. de Royaumont*, tome II, raconte cette histoire avec beaucoup de détails.

IX

Les descendants de la Parabère, avant et après la Révolution.
Etat présent du château. — La chapelle.

La succession de la trop belle châtelaine n'alla pas
sans difficultés. Il y avait tant d'enfants, de tant de
façons, de tant de pères, sans compter les morts et les
oubliés. Et les parents de province, et les collatéraux...
Cinquante-neuf dossiers des archives de Paris sont
pleins de pièces qu'il convient de laisser à leur pous-
sière (1). Les domaines de Poitou que possédait la
dame allèrent aux uns, d'autres à d'autres ; Boran et
Morancy revinrent à

Louis-Barnabé de Baudéan, né à Versailles, baptisé à
Morancy-la-Ville le 23 avril 1739 (2). Le parrain (faut-il

---

(1) Archives nationales 171 : 1-29 ; 171* : 1-29 ; et
V. : 7-401, soit environ 50.000 feuillets à parcourir ou déchiffrer :
le courage manque. Il est vrai qu'il y a dans le tas les actes de
la justice de Boran, les cueillerets des cens et rentes de la
seigneurie, etc...

(2) *Cf.* : Registres de l'état civil de Morancy. — Ce baptême
à Morancy me paraît avoir été causé par la complaisance du
curé de l'endroit, qui consentit, dévoué, à enregistrer le fils sous
le nom d'un père décédé vingt-trois ans auparavant, ce que
n'avaient sans doute pas voulu faire les curés de Versailles ou de
Boran. Le vénéré curé de Boran, M. Demouy, que chagrine cette
tache au blason des seigneurs de la paroisse, m'a découvert à
Versailles une permission d'ondoiement d'un fils de M. et Mme de
Parabère, sans prénom, en 1714. Je ne pense pas que cet acte
apporte quelque éclaircissement. Mme de Parabère était alors
séparée de son mari, amie de Mylord Bolingbroke, et elle eut à
cette époque divers enfants. Au château de Boran, une inscription
sous un tableau que je n'ai pu voir, dit « Louis Barnabé, né,
en 1714 ».

lire le père) fut Louis de Pardaillan de Gondrain, duc
d'Antin, pair de France, gouverneur de l'Orléanais, et
la marraine Louise Coulon de Chabrignac de Condé,
femme du capitaine au régiment royal de carabiniers.
L'enfant avait été auparavant (1) ondoyé à Versailles.

Quel qu'il soit (2), chevalier comte de Parabère, baron
et vicomte de Pardalhian, premier baron d'Armagnac,
seigneur de la Roussilière, Boran (3), Morancy et autres
lieux, chevalier de l'Ordre de Saint-Louis, chanoine-né
d'Auch, il épousa Jeanne-Claudine-Bernardine Guangue
de Périgny, dont il eut un fils, Alexandre, qui mourut
le 16 juin 1762 et fut inhumé dans la cave seigneuriale
de l'église de Boran, sous la chapelle de la Vierge (4).

A la tenue des états-généraux, en 1789, à Senlis,
Louis-Barnabé de Baudéan, au lieu d'aller tenir la place
à laquelle il avait droit, se borna à se faire représenter
par M. de Saint-Germain. Il émigra en 1792. Tous ses
papiers furent saisis et transportés aux archives. On
n'entendit plus parler de lui. C'est ainsi que dispa-
rurent dans la bourrasque la justice de Boran et une
seigneurie très ancienne dont l'importance pourrait se
déduire des nombreuses pièces de la succession Para-

---

(1) Auparavant, c'est-à-dire vingt-cinq ans auparavant, suivant
la thèse de M. l'abbé Demouy. Rien n'indique dans l'acte l'âge
du baptisé.

(2) Le vicomte de Royer, le démasqueur des fausses noblesses
dont les livres firent si beau scandale vers 1895, assure que le
dernier Parabère authentique mourut en 1777. Avait-il particuliè-
rement étudié la question ; je ne sais, et m'en voudrais de
conclure, mais l'opinion de cet auteur mérite attention.

(3) Depuis la mort de sa mère. Notons ici qu'un état du comté
de Beaumont en 1750 (?) appartenant à M. Borel de Brétizel, au
château de Bachivillers, et rapporté par Douët d'Arcq, indique
à tort Boran comme appartenant alors à M. de la Châtre.

(4) C'est dans cette chapelle qu'est encore de nos jours le banc
du château. Une note sur l'état civil de 1779 apprend que Mme de
Parabère donna cette année-là à l'église de Boran *un beau pare-
ment d'autel pour l'autel de la Sainte Vierge.*

bère conservées aux archives de **Paris** (1). **Je ne sais** s'il y aurait grand intérêt à aligner ici des colonnes et des colonnes de chiffres.

Le château fut laissé en paix (2), gardé par un certain Corboran, concierge, jusqu'au 5 séptembre 1793, où fut ordonnée une visite pour s'emparer des armes de l'émigré Parabère : on trouva deux fusils ! Autre visite le 11 octobre : on brûla ensuite en place publique les pièces relatives aux champards de l'émigré, déposées à la maison commune par Guillaume Mauger, receveur des champards. Les titres de propriété et un gros livre des plans des terres de la ci-devant seigneurie furent remis aux mains des administrateurs du district de Senlis. Troisième visite deux jours après, pour s'assurer qu'il ne restait plus ni titres, ni papiers d'aucune sorte, ni armes.

Quelques mois plus tard, le 8 floréal an II, on enleva l'argenterie et des cuivres. Il faut croire que des mains diligentes avaient déjà procédé à des prélèvements particuliers, car on ne trouva que quatre plats et cinq cuillères en argent. On saisit aussi du plomb de chasse, qui remplissait une pièce.

Le 13 messidor, on envoya à Senlis la literie, les matelas et les couvertures. Le décadi 10 thermidor, tout ce qui restait, meubles et linge, fut vendu aux enchères, les terres partagées le 25 fructidor, et le château laissé comme un cadavre, grilles fermées, sans gardien ni habitants. En frimaire, on inventoria ce qui restait et

---

(1) Le catalogue Voisin, en 1896 (*signalé par M. Depoin*), portait sous le n° 24.479 : *Dépouillement* (manuscrit) *des cens et redevances dues à la seigneurie de Boran, suivant la déclaration de 1700, non compris le champart et la corvée.* Tableau manuscrit, double in-4°, 2 fr. 50.

(2) Ceci et ce qui suit noté dans les registres de délibérations de la commune.

l'on mit les scellés. Le 24 germinal, on loua le parc à Lheurin, Leroux et Charpentier, pour y semer de l'orge.

En 1803, une femme en deuil se présenta, munie de pièces établissant ses droits ; elle prit possession du château et semble y avoir vécu très retirée. Elle se nommait Mme veuve Desancy, et était la fille du feu seigneur Louis-Barnabé de Baudéan de Parabère (1). Elle avait épousé Louis-Marie-Paulin Lefébure de Sancy (2), d'où ce nom démocratique de Veuve Desancy (3), qu'elle prit pour rentrer, et qui disparut de l'état civil après 1808 pour faire place à celui de :

Adélaïde-Julie Lefébure de Sancy, sous lequel elle sera désignée désormais. Elle mourut en laissant **Boran** à son fils :

Emile-César-Alexandre Lefébure de Sancy, né en 1800, d'après l'inscription de son portrait dans l'antichambre du château. Lui et ses descendants firent parfois suivre leur nom du titre de Parabère, qu'ils relevèrent sans qu'il y ait eu à notre connaissance décision du Conseil d'Etat sur ce cas.

---

(1) (Je n'entends aucunement mettre en doute la légitimité de cette naissance. Aucune pièce ne l'établit, mais pour la bonne raison que toutes ont été brûlées ou détruites, et de plus à cette époque il n'y a ni P. Anselme, ni d'Hozier pour nous donner le moindre renseignements.) — *Cf.* : Délibérations municipales de Boran.

(2) Fils de Pierre Lefébure de Sancy, ancien gouverneur des pages de Monsieur, et de Félicité d'Oisy (d'après l'état civil de Boran, 1808) ; il y a plusieurs famille de Sancy ; mais nous manquons de documents sur celle-là, et les almanachs royaux ne donnent pas ce nom dans les emplois de la maison de Monsieur, ni ailleurs.

(3) Veuve, car son mari serait mort à Mignot, près Poissy (Seine-et-Oise), le 2 brumaire an X (1802), (toujours d'après les archives de la mairie de Boran).

Il épousa Charlotte Lefèvre-Desnouettes, née en 1823 (1), dont il eut :

Louis-Stanislas-Edgard, né en 1834 ;

Charles-Gaston, né en 1838, qui suit.

Mme de Sancy fut dame d'honneur de l'impératrice Eugénie, qu'elle reçut souvent à Boran, et aux libéralités de qui est due la restauration du vitrail situé derrière le maître-autel de l'église. La belle souveraine fit aussi don d'un riche ostensoir et de divers ornements.

Emile de Sancy mourut en 1863 et sa femme, dix ans plus tard, laissant une réputation de grande charité. Ce fut le second fils :

CHARLES-GASTON LEFÉBURE DE SANCY, qui hérita du château. Lieutenant au 5e hussards, à Rouen, il épousa le 10 octobre 1868, Eugénie-Marie-Thérèse Cornuau d'Offémont (2), qu'il eut le malheur de perdre peu après en avoir eu une fille :

Eugénie-Charlotte-Marie, née à Boran, le 29 septembre 1869. Elle épousa, le 4 septembre 1889, Jean de la Poëze, comte d'Harambure, auquel elle donna un fils · Raoul, qui suivra.

Charles-Gaston de Sancy mourut à Boran le 29 octobre 1914, lieutenant-colonel en retraite, après avoir eu le désespoir pour un vieux patriote, de voir les Prussiens campés sous les fenêtres de son château. C'était un grand chasseur. Sur ses terres eurent lieu, en 1906,

---

(1) Fille de Charles, comte Lefèvre-Desnouettes (1773-1822), lieutenant général, et de Stéphanie Rollier (1768-1850). Stéphanie Rollier aurait été dotée par Napoléon en reconnaissance de services rendus lors de son jeune temps. Cette histoire que rien ne confirme n'est-elle pas due à une similitude de nom entre la comtesse Lefèvre et la maréchale Lefebvre ?

(2) La famille Cornuau a été autorisée à ajouter d'Offémont à son nom par ordonnance du 23 juillet 1817. Ce nom lui vient du célèbre château près de Compiègne qu'elle acquit après la Révolution. (Guynemer : *La seigneurie d'Offémont.*)

les épreuves de la Société centrale des chiens de chasse (1).

RAOUL DE LA POËZE, comte d'Harambure, petit-fils du précédent, né en 1890, hérita alors du château dont il est l'actuel propriétaire. Il a épousé en 1919 Mme Sonia Vagliano, dont il a un fils.

Le château de Boran n'a d'ancien que ses souvenirs ; il a été complètement reconstruit vers 1830 et remanié au goût du jour six ou huit lustres après. On n'y voit curiosités ni lambris, mais quelques portraits de famille, de vieux meubles, et, reléguée en haut d'un escalier, une bonne bibliothèque qui mériterait meilleur cadre.

Le parc, situé au nord du village, est de plusieurs hectares, avec de beaux arbres. Malheureusement, le chemin de Boran à Précy et la voie ferrée de Creil (2) le tronçonnent en trois morceaux.

La chapelle du château fut fondée en 1543, et bâtie en 1548 par Guy Karuel (3). Le chapelain y devait messe basse tous les dimanches, lundis, vendredis et samedis. C'était un bénéfice distinct à la présentation du Seigneur. D'abord, chapelle castrale, incluse dans les bâtiments du château, et placée sous le vocable de la Sainte-Trinité, elle fut démolie par la marquise de La Châtre, et rebâtie sous le vocable de Saint-Joseph, à un autre emplacement, avec une porte d'accès pour le public, qui fut cause d'un démêlé avec

---

(1) Ajoutons ici pour les sportifs qu'il se court chaque année à Chantilly un *Prix de Boran.*

(2) Il fut une époque (heureuse époque où les usines de Montataire agrémentaient le paysage) où ce chemin de fer traversant familièrement le parc, avait un air charmant ! (sous la plume du baron de Condé, *Histoire de Montataire*).

(3) *Cf. :* page 32.

le curé de la paroisse (1). J'ai retrouvé le nom de quelques chapelains seulement :

1° Jean Auchard († avant 1563) (2).

2° Alexandre Andrieu (nommé le 1ᵉʳ mai 1563) (2).

3° Honoré Bernard (1653), se démet en 1660 (3).

4° Pierre Le Clerc, curé de Boran (2).

5° Aymond Douillé (1701) (4).

6° Jean Boüin (1713, † fév. 1744) (5).

7° Robbe (né en 1688), 1770, † 1773.

8° Jean-Claude de Verrières, 1776 (6).

9° Clouet. Porté absent à la tenue des états-généraux de Senlis en 1789 ; il prêta serment de fidélité le 26 septembre 1792. Ce fut le dernier chapelain.

Fermée à la Révolution, jamais rouverte depuis, la chapelle a disparu au cours des restaurations du xixᵉ siècle. On n'en a pas rebâti d'autre.

X

Autres fiefs et possessions sis à Boran. — Les comtes de Beaumont. — Le roi de France et les évêques de Beauvais. — Les monastères. — Les grands personnages.

Il n'y eut jamais à Boran de grands fiefs tenus par des étrangers ; des redevances, quelques pièces de terre : voilà tout ce qu'on trouve.

---

(1) *Cf.* : p. 35 et suiv.

(2) *Cf.* : page 32 (*Pouillé*).

(3) Curé de Proiart. *Cf.* : p. 32.

(4) Enterré sur son désir au prieuré de Saint-Martin.

(5) Né en 1680. C'est lui qui eut avec le curé de Boran les démêlés rappelés plus haut. *Cf.* : p. 35, etc...

(6) Dit l'abbé de La Luzerne. Agronome distingué, il fit d'importantes expériences sur les prairies artificielles. — *Cf.* : Graves, *Canton de Neuilly-en-Thelle*, p. 119, et : Duclos, *Histoire de Royaumont*, tome II.

Les comtes de Beaumont, dans la suzeraineté desquels fut longtemps Boran, figurent bien entendu en première ligne. Voici le catalogue chronologique de leurs possessions qu'on peut relever :

a) Biens et dîmes cités dans les pièces 1, 2, 5, 6, 8, 14 et 25 du recueil des chartes de Saint-Martin.
b) Vers 1170. — Mathieu II de Beaumont donne aux moines de Saint-Léonor la dixième partie de sa dîme de Boran (1).
1170. — Don d'une dîme de vin par Ives de Beaumont.
1175. — Autre donation de dîmes à Boran par Mathieu II aux moines de Saint-Léonor.
1177. — Mathieu, comte de Beaumont, donne à l'Hôtel-Dieu de Paris un muid de froment à prendre sur la dîme de Boran (2).

Un grand nombre d'autres nous échappent à coup sûr,

Lorsque Philippe-Auguste acquit le comté de Beaumont (1222), ce comté était mouvant des évêques de Beauvais, auxquels le roi aurait par conséquent dû hommage. Pour ne pas faire acte de vassal envers ceux dont il était le suzerain, le monarque proposa un échange que Milon de Nanteuil et son chapitre acceptèrent (3).

« C'est en ce temps (1223) que Philippe Auguste, comme on voit par ses lettres dattées de Saint-Germain-en-Laye, transigea avec cet évêque [*Milon de Nanteuil*] et son chapitre, touchant la mouvance du comté de Beaumont qui avait relevé d'eux jusques en cette année. Ils lui remirent entre les mains tout le fief que Jean, auparavant luy comte de Beaumont, et ses prédécesseurs, tenoit d'eux, et tout ce qu'il pouvoit prétendre et réclamer à raison de leur seigneurie dans tout ce comté, tant pour les justices et les amendes que pour les services et autres droits féodaux de sorte qu'ils ne pourroient plus à l'avenir

---

(1) *Cartul. de Saint-Martin-des-Champs*, 1. 128, fol. 115.
(2) In. : Brièle et Coyecque, n° 9, p. 5.
(3) Abbé Delettre : *Histoire du diocèse de Beauvais*, II, 243.

recevoir ni demander aucun service, ny aucunes amendes dans les maisons basties aux cimetières de ce comté, n'y dans les autres maisons des villages de sa dépendance. Et en récompense le Roy donna à perpétuité à cet Evesque, et à son Chapitre la dixme de vin de Borenc avec la maison que ce comte possédoit dans ce mesme lieu (1), et le clos de cette maison à condition néanmoins qu'ils n'y pourroient point bastir de forteresse. Il leur donna de plus toute la dixme de bled de Borrenc à la réserve des aumosnes du mesme comte. Et il déclara aussi que si cet Evesque et son chapitre et ses successeurs pouvoient avec justice redemander les dixmes de Borenc que ce comte avoit aliénées, il ne s'y opposeroit point. Il ajoutoit que si cet Evesque et son chapitre acquerroient à l'avenir quelque dixmes dans l'étendue de ce comté, ou par achat ou par rachat ou de quelque manière juste et légitime que ce pust estre, il ne s'y opposeroit nullement et ne leur demanderoit rien, ni lui ni ses héritiers, en vertu de son fief ni de celui qui en seroit possesseur, ny de l'Evesque de Beauvais ni de son chapitre, pour leur accorder cette permission.

Et en outre de tout cela il lui accordoit et à ses successeurs le fief de Dubert situé à Bury, et tenu par ce Dubert de Thibaud de Cressonnessart. Enfin il déclaroit que s'il arrivoit qu'il donnat quelque terre dans le comté de Beaumont à Thibaud d'Huilly (2), fils d'Ives de Beaumont, pour le récompenser de ce qu'il quittoit les droits qu'il pouvait prétendre sur ce comté, cet Evesque et son chapitre ne pourroient prétendre du mesme Thibaud, aucun achat, aucun hommages (3).

Ces dîmes appartinrent donc moitié à l'évêque, moitié au chapitre ; l'année suivante l'évêque échangea sa portion avec le chapitre contre la seigneurie d'Espaubourg que les chanoines tenaient de Philippe de Dreux, à la charge d'une rente annuelle (4). Elles figuraient comme il suit dans l'acte de vente du comté à Philippe-Auguste par Thibaud d'Ully :

____

(1) Sur laquelle tout document manque.
(2) Ully-Saint-Georges.
(3) Histoire manuscrite de Godefroy Hermant, tome II, Bibl. nat., fonds fr. : 8.580.
(4) Abbé Delettre, *Histoire du diocèse de Beauvais*, II, 243.

.Minutos redditus et talliam de Borrenc,
Decima vini et residuo decimarum bladi de Borranc.
Domo de Borranc fuit ipsius comitis cum clausura ejusdem domus.

Un article resta au roi : *pedagio vero de Boranc, quod ad Bellummontem pertinet* (1).

Plusieurs pièces renseignent sur les vicissitudes des dîmes et possessions boranaises des évêques de Beauvais (2). Il n'y eut de difficultés, à vrai dire, que pour la succession de Mgr de Buzanval (3). Comme évêque de Beauvais, en tant que gros décimateur, il avait à charge l'entretien du chœur de la paroisse (4). A sa mort des experts provoqués par la fabrique trouvèrent la couverture et les gouttières en mauvais état, et qu'il y avait de nombreux travaux à effectuer. La succession, forte de réparations faites par l'évêque peu de temps avant sa mort, s'écria qu'on voulait faire remettre l'église à neuf sans nécessité, et répondit qu'il n'y avait besoin que de *menues réparations, qui sont à la charge du fermier des dîmes dudit Boran*. Ces dîmes affermées 400 livres au XVIIᵉ siècle, passèrent en quelques années à 800 l., au XVIIIᵉ. Il faut

---

(1) *Cartulaire de Philippe-Auguste.* (Bibl. nat., cod. reg. 8.402, fol. 222, R o.) — Dans le Trésor de Chartres (J. 168, p. 23) se trouve l'acte de confirmation par lequel évêque et chapitre cèdent en échange tout ce qu'ils possédaient dans le comté de B. On a encore (A. N. K. 192, liasse 2, pièce 7) une lettre de confirmation de Philippe-Auguste à ce sujet, et une lettre de remerciments de Milon (T. Ch., J. 168, n° 32).

(2) *Cf.* : p. 31 et 34. — Pièces 38 et 56 du *Cartulaire de Saint-Martin de Boran.*

(3) *Cf.* : volumineux dossier de notes sur des difficultés pour des travaux que l'on voulait mettre à la charge de la succession de Mgr de Buzanval. Collection Bucquet. M. Vinot-Préfontaine a eu l'obligeance d'y chercher et de me communiquer ce qui concerne Boran.

(4) *Cf.* : p. 12.

croire que l'affaire n'était pas mauvaise, car c'est là la veuve du fermier à l'ancien prix qui s'empressa, son mari mort, de reprendre au nouveau tarif.

On ne sait au juste quelles possessions la royauté se réserva à Boran (1). Une charte de Louis VIII aux habitants d'Asnières-sur-Oise (Compiègne, 1223) comprend *Avenam de Borrenco* dans les articles pour lesquels il lui est dû une redevance (2).

On a remarqué dans ce qui précède que plusieurs monastères possédèrent à Boran différentes dîmes : outre Saint-Martin des Nonettes établi sur les lieux mêmes, Saint-Léonor de Beaumont (3), l'Hôtel-Dieu de Paris (4) et le prieuré de Chambly (5) déjà cités,

---

(1) *Cf.* : page précédente ; et pièce 44 du cartulaire.

(2) Duclos, *Histoire de l'abbaye de Royaumont*, tome I.

(3) On trouve encore des dons des comtes de Beaumont à ces moines, sur Boran, en 1221 et années suivantes. Vers 1300, dans un petit cartulaire de Saint-Léonor de Beaumont (A. N., sect. domaniale, S. 410), on voit que ce prieuré possédait sur le territoire de Boran, dès 1221, un muid de blé et un d'orge, don des prédécesseurs de Jean de Beaumont, que leur avait confirmé Milon de Nanteuil en 1226 ; la dixième partie de la dîme de Boran donnée par Mathieu II, 1 setier dans la grange de la dame de Huille (prieure de Boran), environ 15 livres ou 4 muids de grain dans la grange de Boran. — *Cf.* : p. 91.

— En 1225, Milon de Nanteuil confirme aux moines de Saint-Léonor la donation du **dixième** de la dîme faite par Mathieu I (*Cart. de Saint-Martin-des-Ch.*, L. 128, fol. 114). Saint-Léonor avait encore 11 mines de blé dans le champart de Boran, obit de fondation pour un service au mois d'avril pour Pierre, Rodolphe et Adam d'Asnières.

— Dans un état des revenus et charges de Saint-Léonor de B., 1340 (manuscrit du prieur Le Bertrand), deux muids (orge et blé) confirmés par Milon en 1225 (ou 1226) sont dits dans la grange de l'évêque de Beauvais à Boran. Au milieu du XIVe s., on trouve encore d'autres dîmes de Saint-Léonor.

(4) *Cf.* : p. 45.

(5) Un autre revenu sur la dîme de Boran, donné à Saint-Aubin de Chambly, fut confirmé par charte de Saint-Louis (6 novembre 1246), et à nouveau par lettre de Charles V (5 mai 1368).

on trouve encore Lannoy (1), Chââlis (2), Royaumont (3), Chambrefontaine (4), Gomerfontaine (5), Sainte-Geneviève (6), et enfin les chanoines de la Sainte-Chapelle de Paris (7).

Quelques seigneurs sont connus par leurs dons : Noël de Berne, les sires d'Asnières (8), Nivelon de Ronquerolles ; un autre par une petite aventure : Yves de Mello auquel son père, Gilbert de Mello, avait donné

---

(1) En 1220, Nivelon de Ronquerolles donne à l'abbaye de Lannoy 10 muids de vin de redevance annuelle à prendre dans ses pressoirs de Boran. (Abbé Deladreue, *Hist. de l'abb. de Lannoy*, Mém. Soc. Ac., 1881-82.)

(2) (Vers 1223) Godefroy magister hospitalis Andrevillensis. Nicolaus de Boran, qui in hospitali decessit, a donné à l'abbaye de Châalis 52 sous parisis de rente sur 2 arpents de terre in clausuram apud Borrenc. Témoins : Egidius de Rosny, Jean de Monnecourt, Pierre de Cormeilles, milites. (Moreau, I, CXXXIII, fol. 94.)

(3) On voit dans le cartulaire ce que Royaumont, nouvelle créée (1228) possède à Boran. Le 5 mai 1792, 32 arpents de terre situées sur les territoires du Lys et de Boran furent acquis par le sieur Crespé, de Senlis, à la vente des biens de l'abbaye de Royaumont. En 1516, les moines de R. acquièrent un gord sur la rivière d'Oise, près la corde du bac de Boran (Duclos, t. II). — *Cf.* : pièces 39 et 41 du cartul.

(4) Au diocèse de Meaux. *Cf.* : pièces 38 et 56 du cartulaire.

(5) Gomerfontaine, liasse Boran, fév. 1239. R[obert de Cressonsacq], évêque de Beauvais, confirme un don de feu Jean, comte de Beaumont, d'un doublier de vin en la dîme de Borrenc, que Milon son devancier avait assigné à Baillienval ; vu l'indigence des religieuses, il rétablit la dîme à Boran.

(6) a) (Prisée de la chatellenie de Beaumont, 1331, A. N., p. 26, nº 34) : Sainte Geneviève avait à Boran 55 livres de terre amorties. — b) (A. N., trésor des ch., J. reg. 89, p. 374) : On voit dans une lettre de rémission de 1360 que l'abbaye de Sainte-Geneviève avait une prison à Boran.

(7) Voir ci-dessus, page 57, le bail qu'ils consentirent à Guy Karuel, à la charge de 25 litres de rente... et foi et hommage suivant la coutume des lieux. (B. N., pièces orig., tome 606, pièce 13.)

(8) *Cf.* : page précédente, note 3.

une ferme à Boran, pour aider aux frais de son éducation de clerc (1) :

Le jeune étudiant ayant donné, au premier jour des kalendes de janvier, une fête à Paris, fut obligé de donner son bien en gage à Etienne, son hôtelier. Son frère Guillaume racheta la dite ferme et lui prêta de l'argent sur ce gage ; mais ayant voulu plus tard aller à la croisade, il réunit de nombreux amis, et il fut question du gage entre les deux frères ; ils se décidèrent à le donner à leur neveu Guillaume, abbé de Pontoise, à condition que ce dernier prêterait 15 livres à Yves afin de payer ses dettes. S'il voulait se défaire de la ferme, elle passerait à Renaud, neveu de l'abbé. Ainsi Yves renonça complètement à son héritage (2).

Au xvie siècle, Nicolas de Malinguehen, seigneur de Troussures, avait des terres à Boran (3). Après lui, ces biens furent partagés deux fois : en 1634 d'abord (4), puis en 1652 (5).

Enfin, on sait déjà que le duc de Richelieu et le comte de Champlatreux, amis de la *Sultane*, avaient des terres à Boran (6).

---

(1) Communication faite à la Soc. Ac. de l'Oise, le 17 juin 1895, par l'abbé Marsaux, doyen de Chambly (pièce CXXX du *Cartulaire de l'abbaye de Saint-Martin de Pontoise*, par J. Depoin).

(2) Un diplôme de Louis VII autorise l'engagement du fief de Guillaume de Mello (« Fief Saint-Jean » ?) à l'abbaye de Saint-Martin de P. pendant la croisade (*Cartul. de Saint-Martin de Pontoise*, ch. CXXXI):

(3) Ménage de terres à Boran et aux environs par Georges Crosmyse, mesureur au présidial de Senlis, pour hon. homme Nicolas de Malinguehen, conseiller et secrétaire du Roi, seigneur de Troussures. 20 déc. 1600.

(4) Entre Jeanne Le Barbier, autorisée par justice en refus de M. Pajot, son mari ; Jean Navelle et Maurice Gignart, marchands à Beauvais ; Marguerite Le Barbier, femme de Salomon Mallet ; et des Hariel, Bigot, Duquesne, Picart, Maistre, etc...

(5) *Cf.* : Cartulaire de Saint-Martin de Boran, pièces n°s 205 à 210.

(6) *Cf.* : p. 80. — M. de Lescure attribue à Nocé la possession d'une terre à Boran, dont je n'ai trouvé aucune trace (*Cf.* : *Les Maîtresses du Régent.*)

XI

Le prieuré de Saint-Martin-des-Nonnettes. — Générosités des comtes de Beaumont. — Grandeur et décadence du monastère. — La mère Tardieu. — Le Jansénisme. — La Révolution.

A 500 mètres environ au sud-ouest du chef-lieu de la commune est un écart, dit « le Couvent », où se voient les restes d'un prieuré de bénédictines. Son histoire (1) est un long tissu de peines, de privations et de malheurs. Ce corps toujours mourant vécut pourtant huit siècles ; son cadavre demeure encore, mutilé.

C'est *Sanctus Martinus juxta Borrentum*, Saint Martin lez Boran [*Saint Martin de colle, ou d'école* (2)], Saint Martin les nonettes, ou Saint Martin des Nonnettes. Le dernier nom a survécu aux nonnettes elles-mêmes ; c'est lui que porte la carte d'état-major ; il n'est pas désuet dans le pays.

---

(1) On trouvera chemin faisant, ici et dans le cartulaire qui forme la deuxième partie de cet ouvrage, l'indication des sources. L'*Extrait abrégé* parfois mentionné est un cahier du XVIIIe transcrivant brièvement le sommaire de quatre-vingt chartes environ ; conservé par les religieuses de Saint-Martin, il se trouve maintenant aux archives départementales de l'Oise (fonds : Boran).

(2) Du moins Graves et d'autres l'ont dit ; des pièces le portent ; ne serait-ce pas une confusion créée par la similitude de nom et la proximité de Saint-Martin-de-Boran et de Saint-Martin-du-Tertre (*de Colle*), commune de Seine-et-Oise, près de Royaumont. Les pouillés de 1360 et 62 confirment cette vue, puisqu'ils marquent à des chapitres distincts S^s *Martinus de Borenco* et S^s *Martinus de Colle*. Tous deux dépendaient du doyenné de Beaumont, mais l'un avait des décimes à payer à l'évêque, tandis que l'autre en était exempt. (*Cf. :* Longnon, *Pouillés de la province de Reims.*)

La tradition, rapportée par Graves, en attribue la fondation aux comtes de Beaumont (1) ; ils en furent à coup sûr les principaux bienfaiteurs. On voit par les bulles du pape Lucius II du 15 mars 1144, d'Eugène III en 1147, d'Anastase IV en 1153, d'Hadrien IV en 1157, d'Alexandre III en 1163 (2), que le prieuré de Boran dépendait avec d'autres monastères de l'abbaye du Paraclet (3), chef d'ordre en quelque sorte, et que la prieure devait se trouver tous les ans au chapitre général de cette abbaye (4).

Dès 1151 ou 1161, Mathieu II de Beaumont assura des revenus aux religieuses : ce fut probablement leur première dotation (5). Quelques années après, elles étaient dans la gêne ; lorsque Barthélemy de Montcornet, évêque de Beauvais, vint à Saint-Martin pour bénir le nouveau cimetière (1) il fut ému du dénuement où se trouvait la communauté. Pour faire appel à la charité publique, il institua une confrérie pieuse qui pourvut aux besoins des pauvres filles (7). Mathieu II leur assigna alors une rente sur sa grange de Boran, qui vint se joindre aux dîmes dés agneaux, du lin, du chanvre qu'il leur avait données auparavant (8), et dans la suite, il y ajouta d'autres libéra-

---

(1) Graves cite une charte de 1113. C'est une erreur (*Cf.* : cartulaire n° 7) pour 1193, date à laquelle le monastère existait depuis quarante ans environ.

(2) Cartulaire, pièce 3.

(3) Au diocèse de Troyes.

(4) *Gallia Christ*, T. IV. L'auteur anonyme de la vie d'Abeilard (Paris, 1720) parle de cinq prieurés mis en 1157 (bulle d'Hadrien IV) sous la direction d'Héloïse, abbesse du Paraclet. Parmi eux, figure un prieuré de Saint-Flour dont on ne sait rien. Or une note manuscrite de la collection Bucquet (XL, 21) dit : Saint-Martin autrement Saint-Flour, de Borreno. Est-ce présomption ou certitude de l'auteur de la note ?

(5) Cartulaire, pièce 1.

(6) *L'aitre Saint-Martin*, dit la charte n° 2.

(7) Abbé Delettre : *Hist. du diocèse de Beauvais*, tome II, p. 155.

(8) *Cf.* : chartes 1 et 2 ; Delettre, *op. cit.* ; aussi : 5 et 6.

lités (1). Les seigneurs de Boran s'inscrivirent parmi ces bienfaiteurs de la première heure, et l'évêque, considérant la pauvreté du prieuré, accorda qu'on n'y admettrait de fille qui n'apportât sa dot. Les dots des religieuses de grande famille constituèrent une bonne part de la fortune du couvent, les parents étant d'autant plus généreux qu'ils savaient améliorer par leurs dons l'existence de leurs enfants.

On voit ainsi en 1164 (2) Godefroy de Vallangoujard doter sa fille, et, vers 1175, Pierre des Prés, parent de Thibaud de Bruyères (3).

Mathieu III continua largement les traditions de son père (4), imité par ses parents et les seigneurs des environs (5) ; de sorte qu'à la fin du XII° siècle les biens de Saint-Martin s'étendaient sur Chambly, Valmondois, Persan, Neuilly-en-Thelle, Bernes, Bornel, Belle-Eglise, Saint-Leu-d'Esserent, Nointel, et jusqu'à Crépy-en-Valois ; ici c'est un muid de froment, là un demi-muid de vin, autre part quatre sous de rente. Quatre filles des comtes de Beaumont figuraient parmi les nonnes : Julienne, Haudeburge (6), Béatrice et Marguerite, ces deux dernières filles d'Ives (7). En ce temps-là, le pape Alexandre III dut menacer d'excommunication des usurpateurs pour maintenir les religieuses en possession d'un muid de blé à Bornel (8).

Au début du XIII° siècle, on remarque une largesse d'Hugues de Beaumont (9) pour que les moniales puis-

---

(1) *Cf.* : chartes 6 et 8.
(2) *Cf.* : charte 4.
(3) *Cf.* : charte 7.
(4) *Cf.* : chartes 8 et 10.
(5) *Cf.* : chartes 11 à 21.
(6) En 1190. Note du chanoine Muller, d'après Afforty.
(7) *Cf.* : charte 14.
(8) *Cf.* : charte 9.
(9) *Cf.* : charte 21.

sent s'acheter des souliers et s'abreuver de vin en Carême. D'autres dons étendirent le domaine sur Andeville (1), Crouy (2), Raray, Pontarmé, Morancy (3), Persan (3 *bis*) et Puiseux-le-Hauberger (4), où Saint-Martin possédait un hôte, etc...

Vers 1220 il y eut accord avec le sire de Morancy pour un litige touchant une terre dans ce village et une dîme à Crouy (5). A la même époque, le prieuré reçut du comte Jean de Beaumont cent sols parisis de rente à Raray, un muid de blé au moulin de Pontarmé (6), etc...

La plus ancienne prieure dont le nom nous soit parvenu est :

1° Haudeburge ou Houdebour (1225). Elle devait être prieure dès 1222, si l'on veut remarquer qu'en avril de cette année-là les nonnes firent accord avec Guillaume de Thourotte, (7), sire de Persan, dont l'épouse était de la famille de Beaumont. L'affaire étant assez importante (échange de six mines de blé contre un four et deux hôtes), il est vraisémblable qu'elle fut faite par ce seigneur avec sa parenté, alors déjà prieure, plutôt qu'avec une étrangère. Par la suite, Guillaume de Thourotte donna trois autres mines de blé de rente aux religieuses de Boran (8).

---

(1) *Cf.* : charte 22 (?) ne devrait-on pas lire plutôt : Ambleville ou Amblainville ?

(2) *Cf.* : charte 30.

(3) *Cf.* : chartes 27, 30, 34, etc...

(3 *bis*) *Cf.* : charte 23.

(4) *Cf.* : chartes 26, 28, 29, 31, 32 et 35.

(5) *Cf.* : charte 33.

(6) *Cf.* : chartes 24, 25 et 34.

(7) *Cf.* : charte 35.

(8) *Cf.* : charte 37.

Haudeburge était peut-être cette fille ou nièce du comte de Beaumont que nous avons vue plus haut (1). Lorsque saint Louis fonda l'abbaye de Royaumont, il choisit pour l'établir la ferme et la grange de Cuimont qui appartenait à Saint-Martin (1 *bis*). Milon de Nanteuil, évêque de Beauvais, et Hermangarde, abbesse du Paraclet, consentirent à cette aliénation (1228) (2) dont les nonettes n'eurent qu'à se féliciter, recevant en échange 32 arpents de terre labourable à Bernes, 50 livres 15 sols parisis, une rente de 7 livres 6 sols, et une de 5 muids d'avoine (3), etc... Ce fut l'apogée du prieuré : riche, comblé de dons du saint roi Louis, figurant au berceau d'une illustre abbaye... Les ennuis, les malheurs et la misère n'étaient pas loin.

Déjà Haudeburge eut à soutenir, en 1232, un procès avec la comtesse Marie de Grandpré qui ne payait plus depuis douze ans, une rente léguée au couvent par sa sœur Jeanne, comtesse de Beaumont. Des arbitres, choisis dans le chapitre de Beauvais, réglèrent une première fois le différend ; mais il fut seulement apaisé cinq ans plus tard, par un jugement apostolique contre un compensation de cent sous de rente, les religieuses durent renoncer à réclamer leurs arrérages, non plus que les frais du procès (3).

2° Isabelle (1239). Fille du sire Girard de Vallangoujard ; elle entra nonne à Saint-Martin en 1206 (4). C'est elle (ou Haudeburge) qui reçut ou acheta quelques dîmes d'Hugues de Boran, le chanoine, et de son cousir

---

(1) *Cf.* : p. 99.

(1 *bis*) L'abbé Duclos a traité de cette fondation avec force détails dans son *Histoire de l'abbaye de Royaumont*.

(2) *Cf.* : chartes 39, 40 et 41. En rapprocher la charte 36.

(3) *Cf.* : chartes 42 et 43.

(4) *Cf.* : charte 22, aussi un titre de Froidmond cité par le pouillé (charte 53).

homonyme le seigneur (1) ; aussi de Jean de Ronquerolles (2) et de Guillaume de Litz (3). Malgré cela les religieuses étaient si pauvres, en 1240, que l'évêque de Beauvais, Robert de Cresonsacq, dut les autoriser à aliéner dix muids de blé de rente, tant pour augmenter par dévotion spéciale le luminaire de la fête de Saint-Pierre, que pour accroître leur portion congrue (4). En 1250, Guillaume de Gretz confirma l'autorisation (5) : on en peut déduire que quelques dons intercurrents (6) n'avaient pas amélioré la pitance des nonnains.

A la même époque, deux réformes furent introduites dans la congrégation : d'abord (1244) l'abbesse du Paraclet, envisageant leurs faibles ressources, réduisit à vingt le nombre des religieuses, avec l'assentiment de l'Ordinaire (7), et se réservant de rapporter cette décision au cas où la providence clémente accorderait une plus grasse fortune au prieuré (8) ; ensuite (mesure commune aux dix autres couvents dépendant de la même abbaye) la prieure fut exclue par une bulle du Pape Innocent IV (9) de participer à l'élection de l'abbesse du Paraclet, ce qu'elle faisait jusque-là.

Un nouveau litige dura dix ans, celui-là avec la dame de Ronquerolles, pour un déplacement de chemin passant devant la porte du prieuré : l'intervention de l'évêque le termina (10). Une autre fois une affaire où elles n'étaient pour rien valut aux nonnettes un gain inattendu : deux Boranais se disputaient un pré : l'affaire était peu claire, les plaignants obstinés. Jean

---

(1) *Cf.* : chartes 44, 45, 46, 49, 50, 52, 54 63 et 68.
(2) *Cf.* : charte 48.
(3) *Cf.* : charte 51. Il convient peut-être de lire : *du Lys*.
(4) *Cf.* : charte 55.
(5) *Cf.* : charte 64.
(6) *Cf.* : chartes 57, 58, 62, 65, 66, 67, 69.
(7) *Cf.* : charte 60.
(8) *Cf.* : charte 59.
(9) *Cf.* : charte 61.
(10) *Cf.* : charte 71.

inattendu : ~~deux Boranais plaidaient pour un pré~~ ; Jean du Caillou, garde de la prévôté de Beaumont, mit les plaideurs d'accord en adjugeant le pré aux dames de Saint-Martin (1) (1268).

Isabelle mourut, fort âgée (2), entre 1283 et 1289 (3).

3° AGNÈS (1289). Elle partagea avec le prieuré d'Hérivaux des biens situés à Valpendant et autres lieux (4). Le couvent de Boran, en cette fin du XIII° siècle, était dans un état de pauvreté voisin du dénuement, et les secours se faisaient déjà rares. Ceux qu'il reçut alors venaient de très haut : en 1289, le cardinal Jean Cholet, parmi d'autres libéralités pieuses, le coucha sur son testament (5), poussé peut-être à cela par son ancien chapelain, Jean de Boran, qu'il aimait beaucoup et qu'il fit nommer en 1269 abbé de Corbie (6). Le roi Philippe le Bel, ému de l'indigence des pauvres femmes réduites à la mendicité et mangeant à peine, leur accorda la même année la dîme du pain et du vin de la table royale toutes les fois que les souverains résideraient dans leur manoir d'Asnières-sur-Oise (7) ; dix ans plus tard, il y ajouta soixante charretées de bois à se faire délivrer en forêt d'Halatte (8).

Le XIV° siècle n'apporta rien de meilleur au prieuré ; il fut plusieurs fois pillé et brûlé dans les troubles qui désolèrent la contrée. Ceux qui devaient des

---

(1) *Cf.* : chartes 70 et 72.

(2) Elle était entrée au couvent en 1206.

(3) *Cf.* : charte 74, placée par M. Depoin par rapport aux nᵒˢ 73 et 75.

(4) *Cf.* : charte 75. Après Agnès, nous ne trouverons trace d'une autre prieure qu'en 1364. La limite de son priorat est donc tout à fait indécise.

(5) *Cf.* : charte 77.

(6) En place d'Hugues III de Vers, qui se démit sur les instances du cardinal de Cholet. *Cf.* : Abbé Muller : *Etude sur Jean Cholet* (1882).

(7) *Cf.* : charte 76.

(8) *Cf.* : charte 78.

rentes à Saint-Martin les payaient peu ou pas (1) ;
le cartulaire mentionne plusieurs accords, terminant
sans doute autant de litiges, qui ne sont pas
trop favorables aux moniales (2) ; on les voit en
procès avec les seigneurs des environs et même
les moines de Royaumont ; elles gagnèrent tout,
ce qui n'est pas trop à l'honneur de leurs voisins,
vu l'état de misère où le monastère se débattait. A côté
des transactions figurent quelques baux (3) et de
rares dons (4) (on remarque 17 sous de rente, donnés
par Jean de Bruyères *à charge d'un laisseau de fil pour
coudre ses manchettes*) (5). Dans la prisée de la chatellenie de Beaumont, en 1331, il est porté que Saint-
Martin de Borrenc a un prieuré de nonains qui vaut
II° livres de terre (6). Les nonnes avaient donc été
forcées d'aliéner, pour vivre, la plupart des largesses dont elles avaient bénéficié depuis leur fondation. Leur renommée valait mieux que leur fortune ;
une charte de 1350 (7) vante le saint service
divin qu'elles font dévotement en leur moutier, continuellement et incessamment, leur bon nom, fame,
renommée, considération et honnête vie, etc...

4° ALIS DU DÉFFOYS (1364). Comme ses devancières,
elle transigea pour des arrérages (8), fit des baux (9),

---

(1) D'autre part, on lit au Pouillé de Beauvais de 1320 (Longnon : *Pouillés de la province de Reims*, Paris, 1908, p. 497) que
Priorissa de Borenco non solvit procurationem nec decimam.
(2) *Cf.* : chartes 79, 80, 84, 85, 89, 92, 94 et 95.
(3) *Cf.* : chartes 86, 90 et 91.
(4) *Cf.* : chartes 81, 87 et 93.
(5) *Cf.* : charte 88.
(6) *Cf.* : charte 82. Plus loin, on voit que Boran comptait alors
30 feux, sur lesquels le roi avait justice haute ; *et basse, l'abbesse*
[la prieure de St-M.].
(7) N° 93.
(8) *Cf.* : charte 96.
(9) *Cf.* : charte 97.

des transactions (1), pendant une charge dont la limite finale échappe (2).

5° JEANNE DU PLESSIÉ (1407). Elle fin un accord transactionnel, approuvé par l'abbesse du Paraclet (3), avec le seigneur de Boran, Pierre de Précy. On y apprend qu'il y avait vingt-huit nonnes au prieuré avant les guerres qui désolaient le Beauvaisis, et combien *la commotion des nobles contre les non nobles* avait déprécié la valeur des biens. Après Jeanne du Plessié vint :

6° MARGUERITE DE FOULX (1415). Elle prit le pouvoir dans un moment terriblement inquiétant. Les guerres prolongées ruinaient le pays. A part deux petits baux (4), son nom ne nous est venu que dans une pièce assez tragique où Jeanne de la Borde, abbesse du Paraclet, l'autorise à aliéner une rente pour remédier à la grande ruine et désolation du prieuré et de l'église, à la pénurie de vivres et à la misère qui ont réduit les nonnes à cesser le service divin et abandonner le monastère (5).....

La rente aliénée ne put suffire, et pendant plus de soixante ans on ignore tout des événements qui bouleversèrent la pauvre communauté.

Les liens qui unissaient Saint-Martin au Paraclet se rompirent pendant l'orage, et c'est d'une autre abbaye que dépendra le monastère quand nous le retrouverons en 1478. Jusqu'au xviiie siècle, l'abbesse de Fontevrault aura, au moins théoriquement, le priorat de Boran à sa collation.

---

(1) *Cf.* : charte 98.

(2) En tous cas, après 1366. *Cf.* : charte 97. Les chartes 99 et 100 se rapportent probablement à un priorat intermédiaire entre le sien et le suivant.

(3) *Cf.* : chartes 101 et 102.

(4) *Cf.* : chartes 103, 104 et 106.

(5) *Cf.* : charte 105.

7° Michelle Sève (1) (1478), à laquelle est reconnue une rente due sur l'hôtel des religieux de Saint-Victor à Amblainville.

8° Nicole Viret (2) (1481). Elle reconnut divers acquets.

9° Nicole de Civray (1482). (Peut-être la même que la ou les deux précédentes). Elle s'employa à remonter le prieuré ruiné, et acquit diverses terres à l'entour (3). Mais la malchance était sur les lieux, et les malheureuses nonnes étrennèrent le XVIᵉ siècle par un procès que leur intenta le chapitre de Beauvais, touchant une dîme de cinq arpents de terre devant leur porte, et plusieurs autres *non bien désignées* (4).

10° Catherine (avant 1516) (5). Elle soutint pendant trois ans (1511-1514) un procès contre le curé de Jouy (6).

11° Jacqueline de la Rivière (1516). C'est auprès d'elle qu'apparaît, pour la première fois, le conseil des discrètes du monastère (7) qui entourait la prieure dans les actes qu'elle faisait ou les décisions importantes

---

(1) *Mémoires de la Société académique de l'Oise*, XIV, p. 531. M. J. Depoin lit *Nicholle Siere*, identifiant ainsi cette prieure avec la suivante : Nicole de Cierray. *Cf.* : charte 107.

(2) *Cf.* : charte 108. C'est aussi pour M. Depoin une transcription défectueuse du nom de Nicole de Civray.

(3) *Cf.* : chartes 109, 110 et 111.

(4) *Cf.* : pièce 112.

(5) Antérieure à Jacqueline de la Rivière, d'après l'indication d'une note communiquée par M. J. Depoin.

(6) Note dont j'ai égaré la référence. Il s'agissait, si je me souviens bien, de réparations à faire à l'église de Jouy, auxquelles les religieuses étaient obligées comme dîmeresses. *Cf.* : pages 108 et 118, et pièce 126.

(7) Leurs noms figurent dans plusieurs chartes. *Cf.* : n° 113.

qu'elle avait à prendre. Jacqueline acquit divers biens (1) et se démit (2) de son prieuré en 1522, mais paraît l'avoir dirigé encore quelques mois au moins (3). Cette année-là des religieuses qui travaillaient aux champs furent volées de leur travail et battues au sang. Le Conseil du roi ordonna une information contre les auteurs de l'attentat (4).

12° ANASTASE DE LA RIVIÈRE (15253). Parente de la précédente, qui se démit peut-être en sa faveur. Elle était trésorière du prieuré en 1516 (5).

Le roi François Ier qui avait fait rendre justice contre les nommés Picot, Bidoche, et autres assaillants des nonnes (6), prit ces pauvres filles sous sa protection (7), mais le détail manque de ce qu'il fit pour elles. Un acte de 1526 montre une religieuse de Saint-Remi de Senlis, Magdeleine du Buisson, venant avec l'assentiment de son abbesse, renforcer le petit troupeau boranais (8) : c'était une recrue d'importance, car dès l'année suivante elle figura au premier rang dans le conseil des discrètes du monastère (9) et, naturellement, pour un procès ! Cet article ne chôma pas plus, hélas ! sous Anastase de la Rivière que sous ses devancières ; on la vit aux prises avec Jean Erier, prêtre (10), avec l'évêque de Beauvais et son procureur (11), avec un fermier défaillant (11), avec combien d'autres encore... ? Son dernier

---

(1) *Cf.* : pièces 114, 115, 116.
(2) *Cf.* : pièce 126. La pièce 115 (mai 1522) la dit *prieure anticque de Boran*.
(3) *Cf.* : pièce 115.
(4) *Cf.* : pièce 117 et page 127.
(5) *Cf.* : pièce 113.
(6) *Cf.* : pièce 117.
(7) Etat de 1773.
(8) *Cf.* : pièce 118.
(9) *Cf.* : pièce 120.
(10) *Cf.* : pièce 119.
(11) *Cf.* : pièce 121.

acte est un accord avec Guy Karuel (1). Il y eut sans doute une prieure entre elle et celle qui suit : peut-être cette Magdelaine du Buisson, dont l'avancement paraissait si bien assuré ?

13° ANTOINETTE DU VERGER (1541-1557). C'était la nièce du seigneur de Boran, Guy Karuel. On a d'elle quelques actes et baux sans intérêt (2).

14° CATHERINE DE BRIE (1ʳᵉ fois : 1557-1566) (3). Les religieuses avaient alors droit de pâture sur Bernes, Bruyères, Boran et jusqu'en la ville de Creil. Dans une enquête (1565) sur le droit de faire pâturer leur bétail sur certaines voies publiques de Bruyères et alentour, une certaine Jacqueline Thibout (4), de Noisy, âgée de 72 ans, déclara « avoir connu successivement quatre prieures au *prieuré de Monsieur Saint Martin à Boran* : dame Catherine, dame Anastaze, dame Antoinette, niepce de sieur de Boran, et celle d'à présent (5) ». En 1564, le prieuré fut représenté au concile métropolitain de Reims, qui rédigea une profession de foi de conformité aux décisions du concile de Trente, peu après la défection du cardinal de Chatillon.

Catherine se démit-elle ? Les élections du chapitre de la communauté connurent-elles quelque intrigue ? Elle rentra dans le rang de ses compagnes (1566 ?) déposant une charge qu'elle devait reprendre quelques années plus tard.

---

(1) *Cf.* : pièce 122.
(2) *Cf.* : pièces 123, 124 et 125.
(3) La provision du monastère aux insinuations ecclésiastiques est citée par le pouillé sans plus de détails.
(4) Cette Jacqueline Thibout y est dite mariée pour la sixième fois.
(5) On remarque qu'il y a omission ou confusion au sujet de Jacqueline de la Rivière. *Cf.* : pièce 126.

15° GABRIELLE DES ·CARS (1) (1566-1572). On a d'elle un accord important avec Guy Karuel, où l'on remarque le nom de la sous-prieure : Marguerite de Bernes (2), et quelques petits actes de 1568 à 1572.

PERRINE BALLONE, religieuse du Paraclet, fut envoyée en possession du prieuré, mais ses bulles ne semblent pas avoir été acceptées (3).

16° CATHERINE DE BRIE (2° fois : 1573-1592). Sa seconde charge de prieure n'allait plus être calme comme la première. La pauvreté de ses filles la força, en 1580, à aliéner plusieurs terres, qu'elle vendit à Catherine Karuel dame de Boran, à Mme de Lansac dame de Précy, et à Antoine de Belloy, seigneur de Morangles ; en 1586 on la voit encore céder des champs à Bernes, à Bruyères, à Morangles, à Noisy, à Asnières. C'est que 1585 avait porté un coup bien dur : dans les désordres de la Ligue, les bâtiments conventuels furent incendiés et quasi détruits ; les religieuses s'enfuirent : Catherine de Brye demeura fidèle au poste, logeant dans les ruines. En 1590, elle se plaignait dans une lettre de ravages des gens de guerre, *qui ont tout gâté* ; il n'y avait que deux ou trois malheureuses autour d'elle.

17° ALEXANDRE DE MARANS. Elle eut à lutter contre le sire de Persan (4) qui s'empara de toutes les terres de la communauté, mais finit par en être évincé par autorité de justice. Le prieuré ruiné n'abritait qu'à peine les religieuses. Alexandre de Marans résigna

---

(1) Ainsi que M. Dépoin, j'adopte la forme moderne au lieu de l'ancienne forme du nom de la famille d'Escars. On sait que le duc actuel signe « *le duc des Cars* ».
(2) *Cf.* : pièce 127.
(3) *Cf.* : pièce 134.
(4) *Cf.* : Graves : *Canton de Neuilly-en-Thelle*, et *cf.* : p. 115.

(1595 ?) une charge sans doute au-dessus de ses forces. Elle vivait encore en 1599.

18° CHARLOTTE DE PARISIS (1595-1626). Le pouillé du diocèse relate ainsi sa prise de possession :-

Acte de fulmination de bulles apostoliques de notre saint Père le Pape Clément VIII, datées du 20 février 1595, de provision dudit prioré, avec translation de l'ordre de Cluny à celui de Saint-Benoît par M° Claude Gouyne, doyen et official de Beauvais, en faveur de sœur Charlotte de Parisis, Religieuse de la Franche Abbaye au Bois-lès-Beaulieux, ordre de Cisteaux, sur la résignation de sœur Alexandre de Marans, etc.

Charlotte de Parisis s'employa à relever les ruines qui lui étaient confiées. Sous Louis XIII l'établissement était repeuplé, mais, faute de bâtiments, les religieuses habitaient de petites constructions éparses dans l'enclos du couvent, lui donnant ainsi un petit air de chartreuse (1). Il en devait être ainsi jusqu'en 1645 (2).

La digne prieure connut-elle la vanité ? On pourrait le croire, car elle se fit donner du « Madame l'abbesse de Boran » dans une pièce en 1613. On a d'elle un certain nombre de baux et autres actes.

Les affaires du prieuré n'allaient toujours guère ; une note d'une écriture aristocratique, sur une pièce des archives de Beauvais (3) insiste sur les malheurs des temps, et sur les méchantes noises que les moines de Royaumont cherchèrent alors à leurs pauvres voisines. Charlotte de Parisis mourut probablement en 1626 (4).

---

(1) *Cf.* : p. 124, et Graves, *op. cit.*, p. 47.
(2) *Cf.* : p. 113.
(3) Placet au Roi (pièce n° 152).
(4) *Cf.* : pièce 156.

On devine, à travers le pouillé du diocèse, que sa succession n'alla pas sans quelque scandale. Une religieuse de Boran, sœur Hélène de Grouchet, compétitrice de la succession, détachée à Beaumont comme administratrice de l'hôtel-Dieu et hôpital de cette ville, fut l'objet d'une

Information de vie et mœurs de dame Hélène de Grouchet, religieuse du monastère dudit Boranc et administratrice de l'hostel-Dieu et hopital de Beaumont, faite le 1er juillet 1626 par M⁰ Antoine Froissart, official de Beauvais.

Et voici, quelques semaines après cette affaire à laquelle une autre compétitrice, Marie de la Salle, ne fût peut-être pas étrangère, que la dîte sœur Grouchet présenta des bulles de nomination tandis que la sœur de la Salle était accusée de simonnie (1).

Cette sœur Grouchet était-elle une honnête femme calomniée, mais récompensée de ses malheurs ? ou une intrigante soupçonnée à juste titre ?

En tous cas, ses bulles ne furent pas acceptées ; et, un mois plus tard, de nouvelles étaient présentées par une religieuse du diocèse de Meaux, sœur Marie Tardieu (2) ; mais il devait y avoir crise aiguë, cette nomi-

---

(1) Acte de fulmination de bulles apostoliques de N. S. P. le pape Urbain VIII, en date du 5 Aoust, de provision dudit prioré en faveur de sœur Hélène Grouchet, obtenues à cause de la simonie et confidence commise par sœur Marie de la Salle, avec mandement à tout prestre, bénéficier ou notaire apostolique, de la mettre en possession corporelle, réelle et actuelle dudit prioré. Ledit acte en date du [*en blanc*] 1626 et signé Froissart (official dudit Beauvais).

(2) Copie de bulles apostoliques de N. S. P. le Pape Urbain VIII, en date du 7 septembre 1626, de provision dudit prioré de Boranc en faveur de sœur Marie Tardieu, religieuse de Pont-aux-Dames, diocèse de Meaux, vacante par l'incapacité de sœur **Marie de la Salle**.

nation ne fut pas encore agréée tout de suite et c'est seulement un an plus tard, s'il n'y a pas d'erreur dans le *forma juramenti* de la nouvelle prieure (1) que Charlotte de Parisis était remplacée par

19° MARIE TARDIEU (1626-1636).

Elle venait de Pont-aux-Dames et son nom de religion était sœur Angélique. Ce fut une administratrice de premier ordre ; elle rassembla ses biens, acquit des terres (plus de 20 achats ou échanges en 1632, autant en 1633) et remit le couvent sur pied en deux ans. Gravement atteinte en 1634 de fièvres et rhumatismes, bientôt infirme, elle demanda, et obtint de Rome, sa propre nièce Françoise Tardieu comme coadjutrice, dont les bulles de nomination furent insinuées par le confesseur du prieuré : François Jacquet. La tante et la nièce, alors dans sa vingt-deuxième année, multiplièrent deux ans ensemble leur activité. Marie Tardieu mourut en 1636.

20° FRANÇOISE TARDIEU (1636-1677). Elle se nommait en religion sœur Marie de la Passion et succéda régulièrement à sa tante. Les finances étaient basses. Françoise Tardieu reçut un secours inespéré de son frère qui sut si bien intéresser de hauts personnages à Saint-Martin qu'en 1645 une aile de bâtiment toute

---

(1) *Cf. :* pièce 196.

Copie du *Forma Juramenti* de ladite sœur Tardieu. Acte de fulmination de ladite bulle par Mre Denis Le Blanc, official de Paris, commissaire à ce député en date du 30 avril 1627, portant mandement à tous prestres ou notaires apostoliques de mettre ladite Tardieu en possession dudit prioré. *Pouillé du diocèse.*

Autre acte de fulmination par ledit Le Blanc d'une autre bulle datée du 29 avril 1627, portant provision dudit prioré comme vacant par la mort de Charlotte de Parisis, adressé à tous, prestres ou notaires apostoliques. *Pouillé du diocèse.*

neuve était rebâtie sur les fondations de l'ancien couvent. Ce frère si bien placé était le lieutenant criminel de Paris dépeint par Boileau dans la dixième satire :

> ... « ce magistrat de hideuse mémoire
> Dont je veux bien ici te crayonner l'histoire (1). »

Son avarice et celle de sa femme (2) furent illustres en leur temps.

Il faut espérer que la prieure n'avait pas le même défaut que son frère, mais plutôt l'esprit, l'à-propos et la science de son parrain — car elle était filleule de Jacques Gillot, conseiller au Parlement, chanoine de la Sainte-Chapelle, un des auteurs principaux de la Satyre Ménippée et fidèle ami de Scaliger. Elle conclut plusieurs échanges (prolongeant le dessein de sa tante de grouper les terres autour du couvent) avec les grands voisins du prieuré : Maupeou, seigneur de Bruyères (1640), Jeanne du Mesnil, veuve de Louis de Bienné, écuyer (1647), Philippe Huguebrock s^r du Mesnil, Jeanne de Villers sa veuve (1647), Charles de Certieulx [ou Cerkeulx] (3), seigneur de Bouqueval et

---

(1) Boileau est sûrement exact dans sa description : son propre frère avait Tardieu pour parrain.

(2) Elle se nommait Jeanne Ferier : c'était la fille d'un pasteur protestant de Nîmes, convertie au catholicisme. C'est à elle qu'a pensé Racine dans les plaideurs :

> « Elle eut du buvetier emporté les serviettes
> Plutôt que de rentrer au logis les mains nettes. »

Elle avait, raconte Brossette, pris quelques serviettes chez le buvetier du palais. Son pâtissier, qu'elle ne payait jamais, las d'une telle pratique, lui fit une fois des biscuits purgatifs, et les lui donna.

(3) Serqueux ?

du fief de Villers à Crouy-en-Thelle (1654), etc. Elle fit aussi quelques achats.

Vers 1650, la communauté fut entraînée dans un procès long et compliqué avec les moines de Saint-Victor qui devaient à nos Bénédictines vingt-quatre années d'arrérages sur la dîme d'Amblainville. Saint-Victor, condamné par arrêt du Conseil du roi en 1652, prétendit ne payer la valeur du grain qu'à la mesure de Mouchy, maison dont était l'abbé de Saint-Victor. Françoise Tardieu voulut la mesure de Beaumont, dont Boran dépendait, étant donné aussi que Mouchy n'était *plus qu'un meschant village où la mesure est la moitié de celle de Beaumont* (on voit le désintéressement de la belle-sœur de *Babonette*) ; les juges du nouveau procès qu'on se fit là-dessus remarquèrent qu'Amblainville relevant de Chaumont, la mesure de cette ville paraissait toute désignée..... La mère Tardieu leur montra clair comme le jour qu'Amblainville dépendait bien de Chaumont, mais qu'on n'y avait jamais usé que de la mesure de Pontoise, *qui est plus grande que celle de Chaumont.* De quels charmants procès nous a privés le système métrique !

Celui-là fit des petits, d'autant que les religieux avaient détruit leurs quittances, et que la dame Marie Deslyons, veuve de feu Etienne de Machy, fermier de Saint-Victor, vint s'en mêler ; ce dont les religieuses marquèrent leur désagrément en lui faisant aussi un bon procès. Finalement, la mère Tardieu triompha sur toute la ligne, par arrêt de Paris, le 6 septembre 1653.

Le pouillé du diocèse rapporte quelques particularités sur les religieuses d'alors, piquantes à parcourir (1).

---

(1) 1° *Mort d'une religieuse dudit Couvent à l'Hôtel-Dieu de Chambly :*

Lettre du Sr Porthays, confesseur des religieuses du prieuré de Boranc, où est dit « qu'une religieuse sortie dud. Couvent,

Les années passèrent sans épuiser l'activité de Françoise Tardieu. Ici elle fait borner un champ, là elle vend une maison, ou bien elle donne des terres à bail, et bien probablement une petite partie seulement de tous ses actes est venue jusqu'à nous. On y voit passer le nom d'un grand nombre de religieuses du prieuré, parmi lesquelles figure (encore en 1668) Hélène de Grouchet, l'ancienne administratrice de Beaumont qui avait failli être prieure.

En 1657, des lettres confirmatives de Louis XIV remirent Saint-Martin-des-Nonettes en possession de tous ses anciens domaines spoliés au moment de la dispersion de la communauté pendant les troubles de la Ligue (1). L'avenir s'annonçait sous un meilleur jour lorsqu'un nouveau malheur survint : Tardieu et sa femme fut mystérieusement assassinés en 1665 (2). Cette mort inopinée tarit la faveur dont jouissait le couvent, et borna les travaux de reconstruction à la seule aile rebâtie. Ils ne devaient jamais être repris.

Un autre frère de la mère Tardieu, chanoine de la Sainte-Chapelle, ainsi que ses héritiers et ceux du

---

par permission de l'Evesque, estoit morte misérablement, sans sacremens, dans ledit Hostel Dieu, et que, l'ayant esté quérir pour l'inhumer par ordre de la prieure dudit Boranc, il la trouvast dans ledit Hostel-Dieu sur une paillasse, et une chandelle de suif bruslante à son coté. »

2° *Permission de sortir à certaines religieuses par l'Evesque.* *Cf.* : pièces 192 à 194.

(1) Graves, *op. cit.*, p. 47 ; en rapprocher le *Placet au Roi* (pièce 152).

(2) Brossette (éd. de Boileau, La Haye, 1727) rapporte que l'enquête apprit que Tardieu, qui protégeait d'une main le prieuré de sa sœur, protégeait de l'autre un lieu de débauche non loin de chez lui (il demeurait au coin du quai des Orfèvres et de la rue de Harlay) ; sa femme y allait tous les jours pour y attrapper son diner, et ne manquait jamais d'envoyer à son mari une partie de ce qu'il y avait sur la table.

lieutenant-criminel, firent divers dons au prieuré ; le montant de leurs libéralités envers cette maison s'éleva à plus de 22.000 livres.

La grande vieillesse décida la prieure à déposer sa charge en 1677 ; elle vivait encore en 1682.

21° ANNE-MARIE DE GRIEU (1677-1716 ?). Elle était originaire du diocèse de Lisieux, d'une famille normande, répandue dans le pays d'Auge (1). Son règne fut, marqué par le triomphe du jansénisme au prieuré. Il y avait été apporté, ou pour le moins propagé, par un chapelain du temps de Françoise Tardieu : Roger de Bridieu (2), devenu en 1656, archidiacre du diocèse (3). L'épiscopat de Mgr Choart de Buzanval encouragea vivement les théories nouvelles, et Saint-Martin les adopta avec zèle, comme on fit à Royaumont et dans beaucoup de monastères voisins.

Le 12 novembre 1710, les religieuses trouvèrent abandonnée à leur porte une petite fille nouvelle née. Elles la recueillirent, la baptisèrent Martine, et l'élevèrent (4). C'est la seule note gracieuse dans l'austère image janséniste qu'on peut se faire du couvent à l'époque.

Voici l'état des biens et charges en 1716 :

---

(1) Les Grieu tenaient les seigneuries de Grandouet, Fontenelle, Savières, Breuil-sur-Dives, etc... (*Cf.:* de Caumont : *Statistique du Calvados.*)

(2) *Cf.* : Vinot-Préfontaine : La paix des archidiacres, in : *Mélanges Leblond*, 1923.
sur ce personnage.

(3) Voir dans l'abbé Delettre (tome III) comment Bridieu, nouveau nommé, s'empressa de résister au chapitre de la cathédrale, qui ne partageait pas ses idées.

(4) Etat civil de Boran.

Etat des biens, des charges, des debtes et du nombre des religieuses du prieuré de Saint-Martin de Borranc, ordre de Saint Benoist, diocèse de Beauvais, suivant l'ordonnance de la chambre ecclésiastique dudit diocèse, qui nous a été signifié le vingtième décembre mil sept cents quinze (1).

Ledit prieuré possède en terres labourables cent soixante et trois arpens de terre tant sableuse que grouetteuse et franche qu'il tient et qu'il fait valoir ayant pour cela deux charrues. L'arpent estimé six livres...................................... 978 l.

Plus cinq arpens édemi de prez ne valant que dix francs l'arpent, ci... 55 l.

Boranc. — Plus trente deux septiers de bled méteil et seize septiers d'avoine, dus tous les ans au terme de Saint Martin d'hyvert sur les grosses dixmes de Boranc. Le septier estimé année ordinaire sept livres et l'avoine 5 l., ci........!... 303 l.

Bruyères. — Plus deux mines de bled méteil dues tous les ans sur les grosses dixmes de Bruyères, estimé comme dessus à 7 l. le septier, ci.:................................... 4 l. 1 d.

Persan. — Plus trois arpens de terre sis au terroir de Persan, afermé. .... 39 l.

Crouy. — Plus un petit droit de dîme au terroir de Crouy, afermé la somme de.. 25 l.

Nully-en-Thelle. — Plus neuf arpens de terre sises au terroir de Nully en Thelle, afermées neuf septiers de froment.

Amblainville. — Sur les grosses dixmes d'Amblainville, huict septiers de bled méteil et huict d'avoine, ledit bled estimé année commune 7 l., l'avoine 5 l........................... 96 l.

Bornel. — Plus il nous est du sur la terre et seigneurie de Bornel six septiers de bled froment estimé le septier dudit bled année ordinaire 9 l.. 54 l.

Puisseux. — Plus quatre septiers de bled méteil, mesure de Beaumont dus tous les ans sur les grosses dixmes de Puisseux, à 7 l. le septier, ci... 28 l.

Jouy-le-Comte. — Plus une portion des grosses dixmes de Jouy le Comte, afermée cent trente deux livres sur quoy nous sommes obligées aux réparations du chœur de l'église.... 132 l.

Plus il nous est du tous les ans sur le domaine de Senlis. 20 l.

Sur le domaine de Beaumont................... 9 l. 7 s. 6 d.

Plus une rente foncière de quatre frans dus par un particulier .... 4 l.

---

(1) Archives de l'Oise, fonds Boran.

Plus une rente foncière de sept livres cinq sols sur une maison de Bruyère .... 7 l. 5 s.

Trente sols de rente foncière sur les terres de M. de Conty, de Beauvais.................................... 1 l. 10 s.

Une rente foncière de vingt sols sur un arpent de terre sise au terroir de Crouy.................................... 1 l.

Une rente constituée de cinquante livres sur l'hostellerie de l'épée royalle à Clermont.................................... 50 l.

Plus une rente foncière de vingt sols sur une maison à Puisseux. .... 1 l.

Plus huict cents soixante et dix sept livres que nous avons sur l'hostel de ville de Paris.................................... 877 l.

Pensions viagères de religieuses.................................... 1.300 l.

Charges de la Maison

La communauté est composée de vingt deux religieuses de chœur, sept sœurs converses religieuses, une sœur novice, une sœur postulante et une sœur donnée.

Au dehors

Un prestre qu'elles nourissent et auquel elles donnent deux cents livres d'appointements.

Elles ont dix domestiques à gages, leurs gages avec les réparations annuelles se montent à quinze cents livres ; joint à cela on accorde l'hospitalité aux prestres et aux religieux qui la demandent ; on reçoit aussi les parents des religieuses n'y ayant pas d'hostellerie proche de notre monastère.

Les debtes de la maison se monttent à quatre mil cinq cents livres.

Nous, Prieure et religieuses dudit prieuré, certifions que l'état cy dessus est véritable et très exact. Faict ce vingt deuxième janvier mil sept cent seize.

(Signé) : Sr MARIE DE GRIEU.

L'arrivée au pouvoir de Mgr de Saint-Aignan modifia la sévère quiétude où les nonnes vivaient sans histoire. Ce prélat lutta énergiquement contre les opposants à la bulle *Unigenitus*, et c'est ainsi qu'une religieuse de Boran s'attira cette lettre, imprimée et répandue dans le diocèse et au dehors :

Lettre de Monseigneur l'Evêque Comte de Beauvais à la Sœur des Essarts, dite de Sainte Victoire, religieuse Bénédictine du Prieuré de Saint-Martin de Boran, de son diocèse, qui s'était déclarée contre la Constitution « Unigenitus » (1716).

Quelque difficulté, ma chère sœur, que ressente un cœur accablé de tristesse, à se répandre au dehors, je ne puis soutenir plus longtemps les sentiments du mien à votre égard. DIEU qui m'a chargé de luy répondre de votre âme, me reprocheroit sans doute un silence, où la complaisance et la dissimulation auroient toute la part : dûssay-je n'être point écouté, il faut que je parle, et si vous voulez persévérer dans votre éloignement pour la vérité, je ne dois pas au moins souffrir qu'on puisse me l'imputer, et m'accuser d'une négligence dont je ne seray jamais capable, quand il s'agira de vous retirer de l'erreur, de faire cesser la séduction, dans laquelle votre trop grande crédulité vous a fait tomber, et vous ramener à la vérité connue que vous ne deviez jamais abandonner.

C'est donc pour satisfaire à ce devoir, que je vous représenteray, ma chère sœur, avec toute l'autorité que DIEU m'a donnée sur vous, mais en même temps avec toute la charité dont mon cœur est rempli, que votre Foy est en danger de faire un triste naufrage, par la facilité avec laquelle vous écoutez les ennemis de la paix, qui pour être domestiques, n'en sont que plus dangereux pour vous. Ils vous ont persuadé tout ce qu'ils ont voulu, ou plutôt tout ce qu'ils ont imaginé eux-mêmes, pour vous engager dans leur parti. A les entendre parler des Evêques, il n'y en a pas un seul de ceux qui avoient reçu la constitution, qui ne s'en soit repenti, depuis la mort du Roy (d'où ils infèrent que l'autorité toute seule les y avoient assujetti, et la crainte de déplaire), pas un qui n'ait donné des preuves publiques de ce repentir, en se rétractant par des lettres nouvellement écrites. On va encore plus loin, on a bien la témérité de vous avancer que le nombre de ceux qui ont accepté la constitution n'est pas si grand, qu'on a voulu le faire entendre d'abord, et ce qui est encore plus étrange que tous ceux de ce parti sont tombez dans l'erreur, le Pape tout le premier, ceux qui se sont soumis à sa constitution, les Evêques qui l'ont fait publier dans leurs Diocèses, et généralement tous ceux qui ne réclament point contre la condamnation d'un livre (1), pour lequel on a de l'estime, qu'on

---

(1) Les *Réflexions morales* du P. Quesnel.

lit avec plaisir, et qu'on soutient avec force, au renversement général de toutes les lois de l'Eglise.

Je n'exagère rien, ma chère sœur, et je n'écris rien qui ne nous ait été dit et écrit plus de vingt fois par des personnes, contre la séduction desquelles votre amitié, et les sentiments naturels vous ont empêché d'être en garde. Quand l'erreur nous est annoncée par ceux que nous ne pouvons soupçonner de nous tromper, nous avons peine à nous en défendre, l'esprit et le cœur se trouvent alors trop fortement unis, la séduction de l'un se communique bientôt à l'autre, on ferme les yeux à la lumière, sans croire l'abandonner, et l'on devient partisan de l'erreur, dans le temps où l'on se croit plus fermement attaché à la vérité.

Rien n'est plus séduisant pour des personnes peu instruites que les confidences secrètes qu'on leur fait, surtout en matière de doctrine. L'esprit se tourne aisément du côté de la nouveauté quand elle plaît, on s'y attache insensiblement, on sçait bientot s'y conformer, et on y ajuste les principes, mais jusqu'où ne conduisent-ils pas ? Jugez-en vous-même, quelles en ont été les suites, une communauté scandalisée, la séparation des sacrements que vous vous êtes attirée, le cœur toujours dans l'agitation et le trouble. Voilà, ma chère sœur, quelle est à présent votre situation. Mon DIEU, jusqu'où ne s'égarent pas ceux qui s'éloignent des voyes ordinaires de conduite que vous leur avez prescrit. Une religieuse qui ne veut plus écouter la voix de ceux auxquels la providence de DIEU l'assujettit et qui préfère celle de ceux qui ne sont pas chargez de la conduire, ne peut courir qu'à sa perte.

Rentrez en vous-même, ma chère sœur, c'est votre évêque qui vous parle, et qui vous presse de demeurer fortement attachée au troupeau, auquel on voudroit vous arracher. DIEU qui m'a confié le soin de votre salut, veut me rendre sensible à votre malheur, je dois l'empêcher par toutes les voyes qu'Il a mises en ma main, je prie sans cesse, je gémis pour vous, je demande avec instance au près des lumières qu'Il soit encore à votre égard le flambeau d'Israel. Qu'Il dirige vos pas, qu'Il soutienne votre foiblesse et qu'Il ne permette pas plus longtemps qu'elle abuse de votre crédulité.

Non, ma chère sœur, il n'est pas vrai que les évêques qui avoient reçu la constitution ci-devant, l'ayant présentement abandonnée, ils travaillent au contraire à la soutenir et à la défendre, ils y reconnaissent, comme ils l'ont toujours fait, la foy et l'ancienne tradition de l'église, ils continuent à remplir leurs peuples de la doctrine qu'elle renferme, et sollicitent vivement le DIEU d'union et de paix de faire cesser la division des esprits et de ramener ces premiers jours de l'Eglise où l'on n'étoit qu'un cœur et qu'un esprit par l'uniformité des sentiments.

Anathème à ceux qui vous disent le contraire : croyez cette vérité, ma chère sœur, mais rendez-vous au plus tôt ; n'affligez pas plus longtemps votre pasteur, consolez par votre retour vos sœurs, que votre séparation afflige. L'aveu que vous ferez des égaremens, dont vos lumières naturelles et la bonté de votre cœur auraient peine à s'accommoder plus longtemps, ne peut que vous être honorable, il sera certainement très édifiant, et nous comblera de cette consolation que DIEU accorde à nos vœux, et que nous attendons de vous, ma chère sœur (1).

Je suis, etc...

La sœur des Essars était sous-prieure (2). Se rendit-elle ? La communauté cessa-t-elle d'être *scandalisée* ? La prieure l'approuvait-elle, ou non ? Ce qu'il y a de certain, c'est que cette même année 1716 fut le terme de la charge d'Anne-Marie de Grieu. Faut-il voir dans l'événement la main de Dieu, ou celle de Monseigneur ?

22° Marie-Denise de [.......?] (1716(?)-1721). Son grand nom est effacé sur l'épitaphe de sa dalle mortuaire à l'église de Boran, où elle fut transportée à la Révolution avec six autres aux inscriptions illisibles (3). On sait seulement qu'elle naquit à Paris en 1648 (4).

Le début de sa charge fut marqué par une visite apostolique du couvent faite par Jean-Henri Cochois, abbé de Saint-Chéron. Vers le même temps, Saint-Martin reçut différents dons (5) de plusieurs parents de religieuses, de François de la Roque, doyen de la

---

(1) Pièce imprimée, 3 p. in-4° avec tête ornée et titre, sans lieu ni date. Bibliothèque municipale de Beauvais, collection Bucquet-Aux Cousteaux, t. XVII p. 514. Une copie se trouve dans la même collection, t. II, p. 250, avec la date « 1716 ».

(2) On trouve dans un bail le nom de la cellerière en 1677 : Françoise de Crécy.

(3) Voir au chapitre consacré à la description de l'église.

(4) Malgré la similitude du prénom, il ne faut pas la confondre avec Marie de Grieu ; le nom effacé dans l'inscription funéraire comprenait au moins huit lettres.

(5) Il avait été couché sur le testament d'Henri de Lorraine. abbé de Royaumont.

Faculté de Théologie de Paris, et d'une dame **Carbonnier**, décédée en 1717, après trente-cinq ans de pension, laissant des terres à Franconville-aux-Bois, **Belloy**, Viarmes, Villaine, Attainville, etc. (1).

23° MARGUERITE-ÉTIENNE LE VASSEUR (1721-1750). A l'occasion d'une assemblée capitulaire pour accepter un don à charge d'un service, on voit qu'il y avait, en 1731, vingt et une religieuses au couvent. Le personnel se composait d'un sacristain, d'un « agent », d'un jardinier, d'un domestique, d'un berger (ce qui suppose un troupeau assez important) et de deux femmes ; dans la suite, le nombre des serviteurs ira toujours en décroissant. En 1728, mourut sœur Marie-Madeleine Vattier, en 1747, sœur Marie-Madeleine Ganneron, et en 1750, sœur Marguerite Dryois de Saint-Maur, sous-prieure : leurs trois pierres tombales sont à l'église de Boran. En 1744, on enterra à l'église du prieuré Jean Boüin, chapelain du château depuis trente et un ans (2).

24° MADELEINE-CATHERINE TAUXIER DE VALZIBERT (1751-1769). Elle passa les trois premières années de sa charge en procès et négociations avec Henri de Fleury, abbé de Royaumont (1751), avec le maréchal duc de Luxembourg (1752), et avec Mme de Parabère (1753) : dans ce dernier cas (3), il s'agissait d'un droit

---

(1) Ce dernier legs donna lieu à contestations avec les héritiers de la Dame. Saint-Martin recevait des pensionnaires, *de temps immémorial*, dit une délibération du temps de la Révolution. On y recevait aussi des aliénés.

(2) Il avait prêté en 1741 quatre mille quatre cents livres aux religieuses. *Cf.* : p. 126, premier alinéa.

(3) Une vache du Couvent, mal gardée par le berger, s'était aventurée à la Grande Noue, où un garde de Mme de P... saisit la vache en flagrant délit et l'emmena à la fourrière ; de là réclamation des religieuses, puis procès. — *Cf.* : Duclos, *Histoire de Royaumont.*

de pacage contesté, sur certaines terres dépendant de la seigneurie, et dont les religieuses, furent finalement maintenues en possession dans un canton touchant le couvent et dénommé la Grande-Noue.

D'un état (1) que Mme de Valzibert fournit en 1755, en compagnie de sœur Catherine Robinot, dépositaire du couvent, par devant le notaire royal du bailliage de Beaumont, il ressort que Saint-Martin avait 11.000 livres de revenus et plus de 10.000 de charges.

En 1753, l'aile reconstruite par la mère Tardieu menaça de s'écrouler. C'était une catastrophe pour ces femmes forcées par l'exiguïté de leurs revenus de vivre au jour le jour. Il fallut reprendre les bâtiments en sous-œuvre, et les étayer.

Saint-Martin avait des offices spéciaux qui lui avaient été concédés pour ses fêtes propres. Ils formaient un recueil manuscrit transcrit au XVIII° siècle, passé au XIX° dans la bibliothèque de l'abbé Marsaux, doyen de Chambly (2) et depuis on ne sait où (3).

25° MARIE DE GALLARD DE POUJOUX (1769-1772(?). On n'a d'elle que des baux et reçus sans importance, si l'on excepte cet *Etat du monastère* qui fut fait, sans date, sous une des deux dames de Gallard. Il est plausible de l'attribuer à celle-ci, puisque la suivante en déclara un autre dès le début de sa charge.

Préliminaire

Le monastère de Saint Martin de Boran, ordre de Saint Benoit, est une des anciennes maison du Royaume, on a perdu les

---

(1) Archives de l'Oise : Qh. Prieuré de Boran.

(2) Note du chanoine Muller.

(3) Louis Régnier hérita de la bibliothèque de M. Marsaux. Si le propre de Saint-Martin s'y trouvait, je serais reconnaissant à la personne qui le recevra, dans la succession Régnier d'avoir la bonté de me le communiquer. — J. V.

tiltres de son origine, mais du temps de Saint Louis, Roy de France, cette maison estoit considérable ; c'est avec ce Roy que les relligieuses dudit Saint Martin ont traitté du terrain où est batie l'église, et le monastère de Royaumont, ainsi que des y adjacents, ce qui se voit par la charte qu'elles conservent ; on voit par cette charte ce qu'elles ont eu en échange ; elles en possèdent une partie, mais elles ont perdu trente muids d'avoine de rente que Saint Louis leur avoit donné sur sa seigneurie de Berne, village à peu de distance de leur monastère. On ignore comment elles ont perdu cette redevance, mais l'histoire nous fournit assez de raisons pour n'en estre pas surpris : l'estat de la France sous les règnes suivants a esté si plein de troubles, d'horreurs et de guerre qu'il n'est quasi pas d'endroit de la France dont les ennemis du royaume ne se soient emparés pour quelque tems, et où suivant l'usage de ces tems, ils n'y aient exercés tout ce que la haine, et la haine de la religion peut inspirer.

On a nulle connoissance des anciens bâtimens de Saint Martin du tems de Saint Louis ; il est à croire qu'ils estoient en bon état, et à penser que ce Saint Roy qui a résidé à Asnières pendant qu'il faisait bâtir Royaumont, sa piété l'a conduit à Saint Martin, n'y ayant que la rivierre d'Oise à passer, et que si Saint Martin avoit esté en mauvais estat il auroit donné des ordres pour le rétablissement et il en seroit fait mention en quelque endroit.

Tout ce qu'on sait et ce qu'on voit c'est que cette maison a esté souvent pillée, saccagée et brulée et les relligieuses en fuitte; en un mot du tems du feu Roy tout y étoit dans un estat si déplorable que les Relligieuses ne sçavoient comment se rassembler pour leur office étants séparées dans différents petits bastimens qui étoient dans leur enclos, et ce fut dans ce tems que M. Tardieu, lieutenant criminel de Paris, à la sollicitation de sa sœur, qui étoit prieure de cette maison, forma la résolution de faire rebastir ce monastère sur les ruines de l'ancien, il mit des ouvriers à l'œuvre, mais sa mort inopinée mit fin à cette entreprise qui se termina à un aille de bâtiment ; cette aille il y a dix ans périssoit dans les fondements, il a fallu étaier et bâtir sous œuvre, ce qui a couté deux mil livres.

De touttes ces circonstances il en résulte que cette maison a perdu tout ce qu'elle avoit, ainsi que ses titres et papiers, et qu'il ne luy a resté que ce qu'on ne luy a pas pu enlever, qui consiste en fonds de terre qui font aujourd'huy le seul bien de cette maison ; à l'aide de ces fonds, de quelles que dimes, et de quelles que rentes, elles auroient pu vivre, mais l'achapt nécessaire des choses perdues dans les désastres, la construction d'une basse-cour tant pour les grains que pour les bestiaux, l'entretien des autres bâtimens, la réduction des renttes de l'hotel de ville au denier quarante, l'augmentation des décimes, la chertée des vivres, les mauvaises récoltes causées par les débordemens fréquens de la rivierre, voisine de leurs terres ; le peu de produit des vignes depuis plusieurs années, tout a nécessité à faire des emprunts dans différents temps, de là les rentes qu'on a esté obligé de faire et de payer ; on en a remboursé dans des tems, mais des reconstructions nécessaires, des pertes de chevaux, la subsistance journalière d'une maison dans laquelle, sans les relligieuses de chœur au nombre de quatorze, sept sœurs converses, un chapelin, sept domestiques, tous nécessaires, qu'il faut nourrir, habiller, tant saines que malades, paier les domestiques, tout n'a pu se soutenir que par la voie des emprunts, à l'aide du secours accordé par la cour de six cent livres par an ; on a satisfait à trois objets ; on a payé deux mil livres pour reprendre sous-œuvre le grand bâtiment et on a payé deux mil livres pour les frais d'un procès et on a payé deux cents soixante livres pour la reconstruction des églises de Berne, Bruyères, et Morancy sur le territoire desquelles elles ont des terres, et celle de Boran qu'on a réparé l'année dernière leur couttera encore.

Estat du revenu de Saint Martin de Boran

Sur l'hotel de ville de Paris.................	650 l.
Sur le domaine de Senlis et de Beaumont....	29 l. 6 s. 6 d.
Deux rentes sur particuliers produisantes.....	89 l. 10 s.
D'autres petites rentes de vingt livres.......	20 l.
En tontines et rentes viagères..............	280 l.
Dixmes en argent..........................	118 l. (1)
Fermage.	538 l.
Redevances en bled, cent douze septiers à 15 l. le septier........................	1680 l.
Vingt quatre septiers d'avoine à dix livres..	240 l.
Soixante arpents de terre dont elles jouissent par elles-mêmes, à douze livres l'arpent...	720 l.

Si le tout étoit à donner en ferme il montroit beaucoup plus haut, l'évaluation des grains étant bien au dessous du prix des marchés. Elles jouissent en outre d'un jardin clos de vignes qui peuvent contenir environ dix ou douze arpents.

On ne met point dans cet état le présent que pouvait faire celles qui se font relligieuses ny ayant rien d'excigible, ny les profits de la basse-cour, du colombier, des légumes et fruits du jardin et clos, ny le loyer des apartemens des pensionnaires ; toutes ces choses bien pesées avec l'état cy-dessus forment un total par lequel on peut conclure que Saint Martin a au moins six mil livres de rente.

---

(1) Une redevance due par le fermier des dimes de l'évêque entrait pour une petite part dans cette somme.

Estat des dettes de Saint Martin de Boran

1° Aux héritiers de M. Bouin, quatre mil quatre cents livres par contrat du 1er juillet 1741, on paye pour ce contract deux cent livres de rente.. 4.400 l.

2° A M. Garrier, de Bruyères, deux mil livres sous un billet portant professe se contract cent livres de rente...... 2000 l.

3° A mademoiselle Pottier, d'Ercuis, mil livres sous un même billet cinquante livres de rente......................... 1000 l.

Pour le reste du procès de M. de Saint Fargeux, trois mil livres sous un même billet cent cinquante livres de rente. 3000 l.

Dettes sans intérest

Aux différents ouvriers qui ont travaillé comme maçon, charpentiers, couvreurs, menuisiers et paveurs, par mémoire arrêté, il leur est deub..................................... 1332 l.

Une redevance due par le fermier des dîmes de l'évêque entrait pour une petite part dans cette somme. (*Cf. :* fiefs).

Plus au boucher, marchand de drap, épicier, droguistes et anciens gages de domestiques par mémoire, trois mille trois cents vingt deux livres......................... (*sic*) 4.644 l.

Total : seize mil trois cent soixante et six livres....... 16.366 l.

Le 1er contract de rente a esté fait par Mde Levasseur, alors prieure.

Le troisième par Mde de Valzibert et ces mil livres ont servi à rembourser un contrat de deux mil livres fait par Mde Levasseur à M. Guénier, capitaine de chasses de Royaumont. La maison a fourni le plus qu'il fallait.

26° MARIE DE GALLARD DE BÉARN († 1777) [*La même que la précédente ?*] Dès son entrée en charge (1773), elle fit un nouvel état, dont voici seulement le préliminaire, car, pour le reste, il ne modifie guère l'autre : on y voit que la dépense excédait largement les revenus, et que la communauté avait besoin de secours pour payer ses dettes et l'aider à vivre.

(8 mars 1773.)

Les Dames Prieure perpétuelle et Dépositaire du Couvent et Monastère de Saint Martin lez Boran près Beaumont sur Oise, ont du consentement des autres Dames religieuses, fait et arrêté l'état des revenus et de la dépense dudit monastère, ainsi qu'il s'ensuit :

Observations préliminaires

Le monastère de Saint Martin lez Boran, ordre de Saint Benoist, est très ancien. Les titres constitutifs de cette maison sont si anciens qu'ils n'existent plus. Il y a lieu de croire qu'ils ne doivent leur inexistence qu'aux ravages causés par les premières guerres civiles qui ont ravagé l'Europe. Les plus anciens titres qui existent au jourd'huy sont : 1° une transaction passée avec le sieur Defresnoy (1) en mil cent quatre-vingt quatorze ; 2° une autre tractation que Madame de Beaumont fit avec le Roy Saint Louis en mil deux cent vingt huit, laquelle Dame de Beaumont était fille des illustres comtes de Beaumont sur Oise, principaux bienfaiteurs et peut-être fondateurs de cette maison. Le Roy Louis la prit sous sa protection et après luy le Roy François, en quinze cent vingt deux qui a pris la défense des Religieuses, faveur que ses successeurs lui ont conservée, puisque ce monastère a toujours subsisté dans son intégralité et sans aucun retranchement (2).

Sur un reçu donné par Marie de Gallard de Béarn se voit le nom de la sous-prieure en 1774 : sœur de Vienne.

27° CHARLOTTE DE ROUCY (1777-1780). Elle réduisit à cinq le nombre des serviteurs et s'efforça d'améliorer ses baux pour faire face aux charges écrasantes du prieuré.

28° MADELEINE-ELIZABETH-DELPHINE DE SABRAN (1780-1789). Elle termina en 1782 un procès pendant depuis 1767 pour une rente qui était due au prieuré sur deux moulins (dont un dit le moulin Barbeau) de Beaumont qui avaient été démolis. L'accord se fit avec Antoine de Boulainvilliers, seigneur de Passy-lez-Paris, qui passa déclaration aux religieuses pour les deux moulins qui avaient appartenu à son père.

En 1783, le personnel fut réduit à un garçon, une domestique et une courrière ; les revenus baissaient et les charges se faisaient de plus en plus terrifiantes pour l'avenir de la communauté. La sous-prieure était toujours la sœur Charlotte de Vienne.

---

(1) Du Fresnoy [-en-Thelle] ?
(2) Archives de l'Oise : Qh : Prieuré de Boran.

29° Marie-Anne-Adrienne Bourdet (1789-1793), née le 26 août 1746. Ce fut la dernière prieure de Saint-Martin. Aux Etats généraux de 89, les nonnes se firent représenter à Senlis par dom Barrey, curé de Saint-Leu-d'Esserent. Le 3 décembre de la même année, taxées à la taille, elle réclamèrent par la lettre que voici, arguant de leur pauvreté :

Copie de lettre écrite à Monsieur Modéral

Monsieur,

Nous avons appris et il nous a été raporté que les habitans ou municipalités des différentes paroisses où nous avons des propriétés ou des revenus ont fait des déclarations lorsque il a été question de nous imposer à la taille comme les autres ci-devant privilégiés, qui nous donnent beaucoup plus de biens et de fortune que nous n'en avons.

Comme nous sommes dans l'usage de dire la vérité et que nous voulons qu'il nous soit rien reproché, nous avons cru devoir faire un dépouillement de nos bien et de notre propriété sur nos titres mêmes, affin de vous faire passer cet état pour que vous puissiez le comparer aux déclarations faites contre nous dans ces diférentes paroisses.

Vous verrés par cet état quels sont nos biens et nos charges et vous verrés en même temps que les personnes, tant religieuses, que converses et domestiques, dont est composée notre maison n'ont rien de trop pour vivre, quoique en communautě et pour acquiter les gages des domestiques, l'entretien des bâtimens de cette maison, payer les honoraires d'un ecclésiastique, et pour contribuer aux charges de l'entretien de l'église de Jouy-le-Comte, à cause de nos dixmes, même aux décimes et dons gratuits où nous sommes tenues.

Vous vous attestons la vérité du contenu en cet état et nous vous offrons même la justification et représentation de nos titres pour le peu que vous ayés de doute ; et nous vous prions de nous rendre dans cette circonstance la Justice que vous croirés nous être due, nous l'attendons, dans cette confiance, j'ay l'honneur d'être très parfaitement, Monsieur,

Votre très humble et très obéissante servante.

Au Prieuré de Boran, le 3 décembre 1789 (1).

---

(1) Archives de l'Oise, Qh. Prieuré de Boran. Ce Modéral, auquel est adressée la lettre, était vraisemblablement un personnage de l'administration de Senlis.

On ne sait pas le résultat de la démarche ; encore a-t-il peu d'importance.

Le 5 janvier 1790, fut tenue une assemblée capitulaire dont le compte rendu fut adressé à l'assemblée nationale. On y remarque un appel au secours fait à l'abbesse du Paraclet (1) par la pauvre prieure dans la détresse et craignant la suppression.

Extrait du registre capitulaire du Prieuré de Saint-Martin de Boran, diocèse de Beauvais, généralité de Paris

Cejourd'huy mardi cinq janvier mil sept cent quatre vingt dix, les Dames religieuses et sœurs converses du prieuré de Saint Martin de Boran, étant assemblées extraordinairement en chapitre, Madame la prieure a dit que conformément au décret de l'assemblée nationale du ..... 1789 et au vœu de la communité soumise et pleine de déférence à tous ses décrets, elle a travaillé de concert avec les anciennes de la maison à l'état, tant actif que passif, des biens d'icelle ; et après en avoir fait lecture, elle l'a mis sur la table du chapitre, priant chacune de ces Dames d'en prendre communication, offrant de donner à chacune tous les renseignements qu'elles peuvent désirer.

La communication prise de cet état, ces Dames, après l'avoir trouvé exact, l'ont approuvé et ont autorisé Madame la prieure à en faire faire une expédition conforme, à la certiffier véritable, et à l'adresser à MM. les officiers municipaux lorsque le département dans lequel se trouvera la communauté sera fixé ; ensuite Madame la prieure a ajouté :

« Il vous parroit sans doute étonnant et il le sera encore bien plus pour le public, qu'avec si peu de revenus notre maison se soit soutenue depuis un temps aussi reculé que le 10e siècle : nous devons l'attribuer à la vie sobre, à la pratique des vertus chrestiennes, au soulagement des pauvres, à l'union chestienne dont cette maison a toujours fait son principal apanage. Et le public cessera d'être surpris en apprenant que l'éducation de la jeunesse, l'azile et la retraite que différentes personnes du sexe trouvent dans cette maison, tant celle d'une médiocre fortune que celles attirées par la salubrité de l'air, par la modicité de la pension, par l'union qui règne dans cette maison et les bons exemples que vous donnez ont suplé à notre peu de fortune, parce qu'alors il reconnoitra que votre économie, que les pensions, les produits de notre jardin et de notre basse-cour, enffin vos

---

(1) En 1648, Saint-Martin figurait encore à la collation de Fontevrault. Il était donc rentré depuis dans le giron de sa maison-mère.

talens et votre industrie vous ont servi de moyen pour y remédier. »

Ne désespérons donc de rien et ne nous laissons pas abattre par la douleur, dans les circonstances présentes, nous avons toujours pour protecteur Celui qui a su faire subsister notre maison avec de foibles moyens, Celui qui sonde les cœurs, leur donne l'impulsion nécessaire à ses desseins et les soumet à Sa volonté suprême. En mettant notre espérance en Dieu, Il ne nous abandonnera pas ; ayant recours à Sa divine Majesté dans nos prières, et en soumettant nos désirs à Sa Sainte volonté : demandons lui par les mérites de Jésus-Christ la conservation de cette maison, qu'Il a si visiblement protégée depuis son établissement ; déjà cet être suprême et bienfaisant semble devancer nos vœux et nous tracer une route pour nous soustraire à une réunion ou extinction ; c'est de nous rendre de plus en plus utile au public ; il ne faut pas négliger les moyens ordinaires ; ils ne servent pas moins que les extraordinaires à l'exécution des desseins de la Divine Providence, et on ne doit pas lui en être moins redevables :

« D'après un plan lu à l'Assemblée nationale pour les maisons religieuses, on doit conserver par préférence les monastères de la campagne et notamment ceux qui seront utiles au public, et même leur accorder des secours à raison de leur utilité ; notre maison est sans doute dans ce cas. »

1° Notre maison sur le territoire de Boran, au centre de dix à douze villages peu éloignés.

2° L'éducation de la jeunesse à laquelle nous pouvons nous livrer de plus en plus.

3° Et enfin les secours qu'ont reçu et reçoivent de nous les pauvres tant pour nourriture, que pour pansemens, médicamens, et instruction.

Voilà des titres qui peuvent militer en notre faveur auprès de l'Assemblée nationale, et de celle du département ; titres précieux, conformes à l'esprit du nouveau régime qui va s'établir.

Personne n'ignore que si cette communauté eut eu plus de ressources, elle se seroit fait un devoir de contribuer plus abondamment au bonheur de ses voisins, et que c'est toujours le défaut de moyens qui a retenu vos projets de bienfaisance.

D'après les vues sages de l'Assemblée nationale de seconder les efforts des communautés religieuses qui voudront être utiles au public, nous pouvons réaliser nos désirs en destinant une salle pour les femmes âgées ou infirmes, ou les femmes malades des paroisses circonvoisines, même pour des veuves et orphelines, des soldats invalides.

Nous pouvons donc espérer qu'avec le secours de la Providence nous obtiendrons la conservation de notre maison en faisant connoître à l'Assemblée nationale et à celle du département les motifs qui nous animent ; annonçons leur que contentes de notre sort, nous ne demandons rien autre chose que la conservation de nos modiques revenus ; que notre désir est d'être utile le plus que nous pourrons en adoptant ce qui sera jugé convenable de nous accorder en raison du nouvel établissement pour le secours des malades.

J'ose espérer que de pareils motifs seront écoutés favorablement ; mon espérance redouble dans la vue des miséricordes du Seigneur : et pleine de confiance en Sa divine bonté je me résigne à Sa volonté suprême. »

Le Chapître, après avoir vivement applaudi au discours de Madame la prieure, la remercie avec grande effusion de cœur, d'avoir si bien saisi l'esprit qui a toujours animé leur maison, de n'avoir pas désespéré de leur conservation et d'avoir relevé leur courage abbattu par la crainte de la destruction de leur maison et plus encore de leur désunion, ayant toutes le désir de finir ensemble leurs jours, dans l'union, la paix et la pratique des vertus chrétiennes sous les yeux et l'obéissance d'une prieure qui leur en donne continuellement l'exemple et qu'elles ne cesseront d'estimer et de respecter.

Ayant ensuite mûrement délibéré sur les propositions de Madame la Prieure, dont le discours a été transcrit sur le registre à la réquisition de toute la communauté qui a déclaré l'adopter dans tout son contenu, notamment l'offre qu'elle réitère d'établir une salle pour les malades en proportion des secours qui seront accordés pour ces objets extraordinaires.

Et pour manifester le vœu de la communauté à l'Assemblée nationale, il a été arrêté qu'expédition de la présente délibération sera transcrite à la suite de l'état des biens pour être le tout adressé aux officiers du département commis pour le faire parvenir à l'Assemblée nationale.

Il a été aussi convenu que pareille expédition sera envoyée à Madame l'abbesse du Paraclet en la priant de se joindre à la communauté pour obtenir sa conservation, Madame la Prieure étant priée d'employer ses bons offices, tant auprès de nos seigneurs de l'assemblée nationale qu'auprès des officiers municipaux, royaux ou autres corps administratifs du département. Le Chapitre lui donnant à cet effet tous pouvoirs et autorisations nécessaires.

Fait et arrêté en l'assemblée capitulaire du Couvent de Saint Martin lès Boran, lesdits jour, mois et an ; et ont toutes les dames religieuses et sœurs converses signé au registre :

Pour expédition conforme à la minutte :
(Signé) : Sᵣ BOURDET, *Prieure pᵗˡᵉ* (1).

---

(1) Archives de l'Oise, Qh. prieuré de Boran.

Après la délibération vient la déclaration des biens composant le domaine du prieuré ; ils forment 6.076 livres de revenu. La fin de cet état donne quelques petits détails sur le mobilier du prieuré et l'argenterie de l'église :

Mobilier

Le mobilier de la maison consiste en meubles très antiques, compris six souverts d'argent, 2 cuillers à ragout, 2 timbales, 2 écuelles, le tout très léger, évalué avec la batterie de cuisine et le linge.. 4.000 l.

La bibliothèque est composée d'environ 300 volumes, la plus grande partie dépareillés.

Argenterie d'église

6 petits chandeliers légers, un encensoir, deux paires de burette avec leurs plateaux, une croix moitié argent et moitié cuivre, deux calices et un soleil.

Les ornements d'église nécessaires au service divin comme aubes, surplis, chasubles, chapes et autres.

Ce monastère est composé de 12 religieuses de chœur, de six sœurs converses et d'une sœur-donnée. Il y a actuellement 20 pensionnaires et du local pour en recevoir un plus grand nombre.

Je soussignée prieure perpétuelle du couvent de Saint Martin lès Boran certiffie avec vérité l'état cy dessus et des autres parts sincère et exact, sauf erreur ou obmission, fait en l'assemblée capitulaire dudit couvent le cinq janvier 1790.

(Signé) : BOURDET, prieure perpetuelle.

Pendant six mois, les religieuses vécurent dans l'attente de l'autorisation qui leur permît de subsister. Au mois de juillet, leurs craintes d'être supprimées, ou réunies à quelqu'autre monastère se firent plus fortes, et elles envoyèrent cette requête à Senlis :

MESSIEURS,

Nous avons l'honneur de vous adresser l'état des biens de notre prieuré, conforme à celui fourni à la municipalité de Boran, et la délibération de notre communauté, du cinq janvier dernier, que nous fîmes parvenir dans le tems à l'Assemblée nationale, persuadez, Messieurs, que notre projet pour l'établissement d'un hospice dans notre maison sera renvoyé à votre décision, c'est avec bien de la confiance que nous vous supplions de le prendre en grande considération. Et à cet effet de seconder de tous les moyens qui sont en votre pouvoir. Notre vœu le plus intime est de rester toute notre vie dans notre maison. Et, conformément aux vues de la nation de nous y dévouer entièrement au bien public.

Nous joignons, Messieurs, à notre délibération celle des habitans de Boran et une autre délibération des habitans de Bruyères, qui doivent encore servir d'appui à la réussite de notre projet.

Dans l'espoir que nous avons, Messieurs, de trouver en vous de zélés protecteurs, nous vous prions d'avance d'être bien persuadez de notre reconnoissance, de notre parfait dévouement, et du respect bien véritable avec lequel nous avons l'honneur d'être,

Messieurs,

vos très humbles et très obéissantes servantes.

Signé : Sr Bourdet, prieure perpétuelle.
Sr Hue, souprieure.
Sr Moulin, discrete.
Sr Carrié, discrete.
Sr Laignier, discrete.

Du 19 juillet 1790.

Les délibérations des deux municipalités de Boran et de Bruyères sont intéressantes car elles montrent l'attachement des habitants aux sœurs ; on peut en rapprocher bien d'autres (1), d'où il ressort clairement que bien des monastères furent alors détruits malgré la volonté de leurs voisins, au contraire de ce qui est écrit partout.

Voici la délibération de Boran, arguant des avantages qu'avait la commune au maintien des religieuses :

Extrait du registre des délibérations de la municipalité de Boran

Cejourd'huy quatorzième jour du mois de février mil sept cent quatre vingt dix, en l'assemblée générale des habitants de Boran, convoquée en la manière ordinaire, sur l'exposé qui a été fait par Mr^s le curé et officiers municipaux du décret de

---

(1) *Cf. :* dans notre région celle des habitants de Clermont pour garder leurs trinitaires, citée dans l'étude sur ce couvent donnée l'an dernier à la *Soc. Ac. Oise*, par le Dr Parmentier.

l'Assemblée nationale concernant les maisons religieuses, les habitants ont reconnu avec joie que d'après les principes d'utilité habitans ont reconnu avec joie que d'après les principes d'utilité campagne qui sont la baze des glorieux travaux de cette illustre assemblée, ils peuvent espérer la conservation de la maison du prieuré de Saint Martin de Boran dont les religieuses sont de l'ordre de Saint Benoist et dont la fondation remonte au dixième siècle.

En conséquence il a été voté unanimement une adresse de félicitation, de reconnaissance et d'adhésion pour nos seigneurs de l'Assemblée nationale à tous ses décrets tant en général qu'en particulier à celui concernant les biens ecclésiastiques et néanmoin il a été arrété de les supplier instamment de vouloir bien prendre en considération et de peser dans leur sagesse et équité les motifs puissants qui leur font désirer la conservation dudit prieuré de Saint-Martin.

1° A raison de leur utilité publique.

Les Dames religieuses de cette maison se sont toujours occupées de l'éducation de la jeunesse, avantage précieux pour les laboureurs et cultivateurs circonvoisins qui y font instruire leurs filles de la science, de la religion et des ouvrages conformes à leur sexe, moyennant une modique pension.

Elles prennent chez elles des dames pensionnaires agées ou infirmes ou peu fortunées, attirés par la salubrité de l'air et par la modicité de la pension.

Elles se proposent, ainsy que M. le curé l'a annoncé à l'assemblée, d'ouvrir une salle ou deux dans leur maison pour y recevoir sans rétribution quelconque un certain nombre de personnes agées ou infirmes de cette paroisse ou de celles circonvoisines, selon la grandeur des secours annoncés et promis d'après le rapport du comité ecclésiastique, aux maisons qui se rendraient utiles au public.

2° A raison de son utilité particulière pour la paroisse de Boran.

La commodité d'une messe de plus les fêtes et dimanches, les travaux des ouvriers journaliers, l'argent répandu dans le pays par la consommation de la maison et des pensionnaires, les médicamens distribués gratuitement et les aumones journalières et augmentées dans les besoins urgens sont de la plus grande ressource, surtout pour un pays où les habitans ne sont pas aisés et comme abandonnés et privés des secours nécessaires, leur paroisse étant située à l'extrémité du département de Beauvais et du district de Senlis dans lequel ils sont placés.

3° A raison de sa situation dans la campagne.

L'intention de nos seigneurs de l'Assemblée nationale paroit être de conserver les maisons religieuses situées dans la campagne par préférence à celels situées dans les villes ; la sagacité de cette opération est frappante et la durée de cette maison pendant huit siècles, qui s'est soutenue plus par sa piété et ses talens que par son modique revenu vient à l'appui de ce principe.

Et pour faire passer leur adhésion à tous les décrets de l'Assemblée nationale et pour manifester à Nos seigneurs de l'Assemblée les vœux des habitants de Boran il a été arrêté qu'expédition de la présente délibération signée de Mrs les curé, officiers municipaux et greffier seroit adressée à l'Assemblée nationale.

Il a été en outre arrêté par les soussignés qu'une expédition d'icelle seroit remise au Corps administratif du département de Beauvais et une autre à celui du district de Senlis.

> Signé) : Guillaume MAUGER,
> Claude TAN,
> Louis COURTOIS,
> Jean MARTEL,
> Louis HEAUMÉ, maire,
> SAULNIER, curé de Boran,
> HURIER, greffier. (1).

Pour être plus courte, la délibération de Bruyères n'est pas moins nette :

Extrait du registre des délibérations de la paroisse de Bruyères

Ce jourd'hui 14 febvrier 1790, les habitans de la paroisse de Bruyères, diocèse de Beauvais, élection de Senlis et généralité de Paris, convoqués en la manière accoutumée par Mrs les curés, maire et officiers municipaux ont exposé qu'ayant en connoissance des décrets de l'Assemblée nationale du mois de novembre dernier, qui sellon la voix publique tendent à la suppression de différentes maisons religieuses, il est du plus grand intérêt pour les habitans de cette paroisse de voter une adresse respectueuse à cette auguste assemblée, pour lui représenter le tort considérable que leur ferait la suppression du couvent des dames bénédictines de Saint Martin de Boran et dont l'utilité est généralement reconnue par tous les habitans qui trouvent dans cette maison religieuse non seulement les secours spirituels d'une seconde messe, nécessaires pour les travaux de la campagne, mais encore des secours temporels pour les pauvres, tant à cause des charités journalières qu'ils y reçoivent que pour les pansemens et médicamens qui leur sont distribués gratuitement.

Que les habitans de cette paroisse et des paroisses circonvoisines y trouvent en outre, moyennant une modique pension,

---

(1) Archives de l'Oise : Qh. Prieuré de Boran.

l'avantage inestimable de l'éducation de la jeunesse, objet dont les dames font leur principale occupation, étant les seules dans l'arrondissement de dix à douze villages.

Sur quoy les habitans ayant délibérés, ont unanimement arrêté de voter une adresse de félicitations et d'adhésion à tous les décrets de l'Assemblée nationale et de la supplier en même temps de peser dans sa sagesse les motifs cy dessus exposés qu'ils reconnoissent être de la plus grande importance, surtout pour la classe la plus indigente des habitans qui se flattent que cette auguste assemblée dont les travaux ont pour but le soulagement des habitans de la campagne, aura égard à leur demande, en conservant cette maison très peu fourtunée, ainsi qu'il parroit par la déclaration de leurs biens et qui ne résiste qu'avec le régime de vie le plus sobre et en ajoutant à son modique revenu le prix des pensions des personnes du sexe la plupart infirmes ou aliénées d'esprit, ausquelles cette maison sert de retraite de temps immémorial.

Et pour manifester à l'Assemblée nationale le vœu des habitans, l'assemblée a arrêté que l'expédition de la présente délibération, signée de Mrs les curé, maire et officiers municipaux, seroit adressée à l'Assemblée nationale ainsi qu'aux corps administratifs du département.

(Signé) : MIGNOT,
POTAGE,
CHAMBEL, curé,
BERCHER, maire. (1).

Le directoire de Senlis transmit au directoire départemental la requête et les deux délibérations :

Senlis, le 18 août 1790.

A MM. les Administrateurs composans le directoire
du département de l'Oise,

Nous avons l'honneur de vous adresser, messieurs, copie d'une délibération des religieuses du prieuré de Boran, par laquelle elles demandent la conservation de leur maison aux offres qu'elles font de se charger du soin d'un nombre de femmes infirmes. Les faits énoncés dans cette délibération sont conformes à la vérité et le motif de cette demande nous parait on ne peut plus louable, mais nous croyons qu'il doit être surcis à y faire droit, jusqu'à ce que l'Assemblée nationale ait prononcé sur l'établissement des maisons de charité.

Nous joignons à la présente deux délibérations des munici

____

(1) Archives Oise. Qh. : Prieuré de Boran.

palités de Boran et de Bruyères, tendantes à appuyer la demande des religieuses.

Les administrateurs composans le Directoire du dictrict de Senlis :

(Signé) : FOULLON DE CHEVRIÈRES, Pdt,
LAURENT,
VIQUESNEL DE LAUNAY,
LEBLANC, Ps.

A Beauvais, une main écrivit en travers de la lettre (1) : *Ajourné jusqu'à l'époque où l'assemblée nationale aura prononcé sur les maisons d'éducation.* Cette décision fut transmise à Senlis avec promesse d'appuyer au moment venu les vœux des municipalités. Le directoire de Senlis transmit à son tour la réponse aux religieuses (2) qui le remercièrent vivement de son avis favorable :

---

(1) Conservée avec les pièces précédentes et la suivante, aux Archives de l'Oise. — Qh. Prieuré de Boran.

(2) *Extrait des registres des délibérations du directoire du l'Oise :*

Du 25 aout 1790.

Le Directoire du département de l'Oise, après avoir pris connaissance des adresses envoyées par les municipalités de Boran et de Bruyères et du directoire du district de Senlis, sur un mémoire présenté par les religieuses du prieuré de Boran, pour demander la conservation de leur maison.

Considérant que l'offre charitable faite par les religieuses du prieuré de Boran mériteroit d'être accueillie avec empressement par une administration paternelle, dont le but comme le désir est de soulager les infortunes et de contribuer à consoler l'humanité souffrante ; mais le corps administratif ne peut prononcer quant à présent sur les maisons religieuses qui seront conservées, puisque l'Assemblée nationale n'a point encore fixé par aucun décret les établissemens destinés à l'enseignement public et au soulagement des pauvres. En conséquence, ouï son procureur-général-syndic, le Directoire du Département de l'Oise a arrêté :

1° Qu'il sera surcis à faire droit à la demande faite par les religieuses du prieuré de Boran ;

2° Qu'au moment où l'Assemblée nationale s'occupera de fixer les maisons de charité qui doivent être conservées il feroit

Du prieuré de Saint Martin lé Boran, ce 15 septembre 1790.

MESSIEURS,

Recevez nos bien sincères remerciments et les témoignages de notre vive reconnaissance de l'avis favorable que vous avez bien voulu donner sur le mémoire par lequel nous supplions l'administration de nous conserver dans l'état de sainteté auquel nous sommes vouées et de nous employer à celui d'utilité auquel nous désirons pareillement nous vouer.

Nous avons l'honneur d'être très respectueusement,

Messieurs,

Vos très humbles et très obéissantes servantes :

(Signé) : Sr BOURDET, prieure perpétuelle,
Sr HUE, souprieure,
Sr MOULIN, dite Ste Anastasie, discrète,
Sr CARRIÉ, dite Ste Thérèse, discrète,
Sr LAIGNIER, dite Ste Madelaine, discrette.

Entre temps, par ordre de Senlis, le maire et les officiers municipaux de la paroisse s'étaient transportés au prieuré pour entendre les religieuses sur leur intention de sortir de la maison, de leur ordre, ou d'y rester, ainsi que pour connaître la date de leur profession (1). Sur quoi la première, Aimée Monot, née le 9 avril 1724, religieuse au chœur, dite de Sainte-Agathe, déclara qu'elle aimait son état, qu'elle avait fait profession le 10 août 1745, et qu'elle désirait vivre et mourir dans sa communauté. Toutes les

---

valoir auprès d'elle l'offre faite par les religieuses du prieuré de Boran, et le vœu que témoignent des municipalités des environs pour conserver dans le canton une maison renommée par ses vertus et par sa bienfaisance.

Délibéré à Beauvais le vingt cinq août mil sept cent quatre cingt dix.

Les administrateurs composant le Directoire,
et le Procureur-Gal-syndic du Département de l'Oise :
(Signé) : L. Stanislas GIRARDIN, Pdt ; Michel DANSERVILLE,
PORCHON, SIMON, DESCOURTIL.

Au Bourg, P. G. S.   (Archives Oise. Qh. Boran.)

(1) Archives Oise. Qh. Prieuré de Boran.

autres firent, sans exception, des déclarations identiques, et toutes repoussèrent vivement la liberté qui leur était offerte de quitter le couvent. Seules les sœurs Hoyant et Coiet ne répondirent pas à l'enquête, pour la très bonne raison qu'elles étaient respectivement absentes du prieuré, l'une depuis quatre ans, et l'autre depuis treize. Un tableau des religieuses fut dressé à cette occasion :

DISTRICT DE SENLIS

*Tableau des religieuses du Couvent de Saint Martin de Boran
ordre de Saint Benoist*

NOMS DES RELIGIEUSES	DATE de leur naissance	DATE de leur profession	DÉCLARATION par eux faite	OBSERVATIONS
Haimée Monot..............	9 avril 1724	10 août 1745	a déclaré avoir l'intention de continuer la vie commune	
Jeanne Hue..............	8 oct. 1730	5 nov. 1753	id.	
Geneviève Moulin..........	6 juin 1739	25 oct. 1757	id.	
Catherine-Honorine Carrié..	14 mars 1738	4 sept. 1759	id.	
Marie-Catherine Duquenelle.	13 fév. 1746	19 nov. 1764	id.	
Marie-Angélique Laignier...	20 août 1747	11 déc. 1750	id.	
Marie-Anne-Rose Caux	10 avril 1761	3 juin 1782	id.	
Marie-Anne Caux...........	28 sept. 1763	8 juin 1781	id.	
Marie-Anne-Rose Chrétien..	9 avril 1765	8 juin 1786	id,	
Marguerite Courto.s.	10 nov. 1763	22 avril 1788	id.	
SŒURS CONVERSES				
Marie Gauvain.......	3 avril 1734	29 avril 1760	id.	
Marie Deprez............	21 sept. 1739	1er may 1768	id.	
Marie-Louise Gaudefroy.....	13 janv. 1748	9 may 1769	id.	
Brigide-Elisabeth Hoyant ...	10 août 1746			Absente depuis 13 ans
Geneviève Coiet....				Absente depuis 4 ans
Marie-Françoise Hénault	âgée de 44 ans		id.	
Geneviève-Augustine Bertrand	26 nov. 1760	29 juillet 1784	id.	
Bourdet prieure	26 août 1746	17 déc. 1764	id.	

Dix-huit mois passèrent pendant lesquels les malheureuses purent se croire à peu près oubliées, sinon de la mort qui frappa en 91 les sœurs Monot, Duquenelle et Carrié.

Le 30 mai 92, un employé du directoire de Senlis vint pour enlever les cloches. Sur la réclamation des religieuses, soutenues par la municipalité, on n'en prit qu'une, et on laissa l'autre pour servir de timbre à l'horloge :

5 Juillet 1792.

A Messieurs les Administrateurs du département de l'Oise

MESSIEURS,

Les religieuses de Saint Martin de Boran, district de Senlis, ont l'honneur de vous représenter qu'un homme envoyé par le district de Senlis et muni d'un ordre de ce district, s'est présenté à elles, pour faire l'enlèvement des cloches de leur maison, que la municipalité de Boran a fait en vain des représentations sur cet enlèvement. De deux cloches seulement lesdittes religieuses n'ont pu en conserver qu'une seule, et encore parcequ'elle sert de timbre à l'horloge, mais en même temps il leur a été interdit, de la part du District, de sonner la seule cloche restante ; il leur a même (de la même part) été fait menace d'un enlèvement prochain des vases et ornements servant à la célébration du service divin.

Les suppliantes qui connaissent votre justice et votre équité et qui ont été depuis instruites de la teneur des loix, qui lez concernent, loix qui les authorisent à garder la clauture à laquelle elles se sont vouées, et par conséquent à faire célébrer l'office, ont recours à votre authorité pour obtenir le rétablissement de la cloche enlevée, la faculté de la sonner, ainsi que celle restante, et pour être maintenues dans la possession des vases, ornemens et meubles servans à la célébration de l'office divin.

Nous soussignés Maire et Officiers municipaux de Boran, avons l'honneur de certifier à Messieurs les administrateurs du Département de l'Oise que la présente requête contient vérité, que les cloches dont est question étaient utiles aux paroissiens de Boran, pour être avertis du moment de la messe les fêtes et dimanches, n'ayant point de vicaire dans laditte paroisse de Boran, qu'en outre, ces relligieuses izolées au milieu des champs n'ont pas d'autre moien que le son de leurs cloches pour appeller à leur secours les habitans de Boran, en cas qu'elles se trouvent attaquées de voleurs pendant la nuit.

A Boran, ce cinq juillet mil sept cent quatre vingt douze.

    (Signé : MARTEL, maire, CORBORAN, LHEURIN, HURIER Sre.

Renvoyé au Directoire de Senlis pour avis et renseignements. — Beauvais, 7 juillet.
    (Signé) : DAUCHY, Pdt (1).

Le 26 septembre 1793, les douze nonnes restantes et la prieure comparurent devant des émissaires de Senlis auxquelles elles déclarèrent à nouveau vouloir demeurer dans leur couvent. On leur délivra un certificat de civisme ; mais quelques jours après le petit troupeau était expulsé avec violence et devait se réfugier chez les habitants de Boran. Le lendemain et le surlendemain leurs meubles et effets, vendus à la criée, produisirent la maigre somme de trois mille huit cent treize livres quatre sous (2), tandis que la prieure et le chapelain étaient arrêtés et emmenés à Chantilly (3). Qu'advint-il de la pauvre Bourdet ? On perd sa trace, à Liancourt, en thermidor an II. Fut-elle massacrée ou relâchée ? Nous l'ignorons, ainsi que le sort de ses sœurs.

Un mois plus tard, une affiche était placardée à la porte du couvent :

N° 539

DÉPARTEMENT DE L'OISE

DISTRICT DE SENLIS

CANTON DE CHAMBLY

MUNICIPALITÉ DE BORAN

BIENS NATIONAUX A VENDRE

DE PAR LA LOI

Et MM. les Administrateurs composant le Directoire du District de Senlis

On fait savoir que le Samedi dix Novembre mil sept cent

---

(1) Archives de l'Oise, série Qh, Prieuré de Boran.
(2) Archives de l'Oise, Qh. Prieuré de Boran.
(3) *Cf. :* Sorel, *Chantilly pendant la Révolution.*

quatre vingt treize, huit heures du matin, à la diligence du procureur syndic du district de Senlis, fondé de pouvoir du procureur général syndic du département de l'Oise, en date du 29 novembre 1790, et en présence de deux commissaires de la municipalité de Boran, il sera procédé à la réception des enchères pour parvenir à la vente des domaines nationaux dont là dénomination suit :

Le

CIDEVANT PRIEURÉ DE St MARTIN DE BORAN

occupé jadis par les religieuses dud. lieu, composé à son entrée d'un pavillon destiné aux étrangers, un bâtiment servant de parloir, un cloitre quarré tenant à l'Eglise, un grand bâtiment composé au rez de chaussée de réfectoire, office, cuisine, classe l'école, deux grands escaliers, au premier et au second des dortoirs, greniers au-dessus, un hangard, deux granges, trois étables, écuries, poulailler, colombier, puits, une église, un jardin potager et un autre grand jardin planté en vignes et orné de Bosquets et allées d'arbres ; le tout contenant environ neuf arpens un quartier.

Les dits biens francs de toute rentes, redevances, ou prestations foncières, de tous droits de mutation tels que quint, requint, lods et ventes, soit fixes, soit casuels de toutes dettes, rentes constituées et hypothèques, conformément aux articles 7 et 8 des Lettres patentes du 17 Mai 1790,, sur le décret du 14 du même mois.

A la charge pour l'adjudicataire de faire convertir l'église en lieux profanes en les formes ordinaires.

(Suivent les conditions générales.)

Le tout fut adjugé au vingt-deuxième feu, à un certain Taillebourg, pour trente-quatre mille livres. Ledit Taillebourg ne jouit pas longtemps de son achat, car le 16 ventôse une bande d'énergumènes venue des environs, mit le feu à l'église, dont le gros œuvre résista, et aux bâtiments claustraux qui furent tout à fait détruits. Ces bons sans-culottes organisèrent un bal autour du brasier, et la tradition assurent qu'ils plantèrent, pour fêter la déroute des douze nonnes, un arbre de la liberté sur les ruines. Cet arbre est devenu l'énorme tilleul qui se dresse de nos jours, seul et respecté, au milieu de la cour d'honneur de l'ancien prieuré.

La chapellenie de Saint-Martin avait été fondée par Hugues, vicomte de Beaumont, à la fin du XIIᵉ siècle (1). En 1190, un chapelain, nommé Gautier, figure dans une charte (2) du prieuré et pourrait bien avoir été le premier chapelain. Après lui, il faut sauter jusqu'en 1592 pour établir une liste :

1° Pierre Catine (1592).

2° Jean Lefébure (1599).

3° François Lellé (1613).

4° Le R. P. Lefébure, jacobin (1637).

5° Roger de Bridieu. Fervent janséniste. Il devint, en 1656, archidiacre de Beauvais sous Mgr Choart de Buzanval (1645).

6° Hubert Houillon (1654).

7° ...? (1654-avᵗ 1675).

8° Porthays (vers 1675).

9° Pierre Nangot (1676-1683).

10° Jacquet (1683-?)

11° Pierre Geffroy (1718-1722).

12° Jacques Brouttier (1722-1729).

13° Robert-Marc du Bois de la Motte (1729-1733), du diocèse de Rouen, né en 1692. Renonçant aux emplois publics, il s'était retiré à Saint-Martin, où il servait gratuitement d'aumônier aux religieuses, avec l'autorisation de l'évêque de Beauvais. Il mourut le 6 septembre 1733, et fut enterré dans l'église de Boran, où se lit son épitaphe.

14° Bernard Douillard (1733-1740).

15° François-Claude Aux Cousteaux (1740-1758), chanoine de Saint-Michel de Beauvais et doyen rural de Beaumont. † le 10 avril 1758.

16° Bavet (1758-1770).

17° J.-B. Ménard (1767-1770).

18° Jean Voille-Mallay (1770-1783).

---

(1) *Cf.* : charte n° 12.

(2) *Cf.* : charte n° 13.

19° De Guillebon (1783-1785), d'une famille très répandue en Picardie, où l'on dit :

> On ne saurait battre un buisson
> Sans qu'il en sorte un Guillebon.

20° Bedel (1785-1789).

21° Paul-Joseph-Emmanuel Delacomble (1789-1782), cordelier. Il prêta une première fois le serment de civisme, puis une deuxième fois le 10 octobre 1793, et le soir même fut arrêté et conduit à Chantilly (3 nivôse an II-29 octobre 1793), puis à Liancourt le 6 thermidor suivant (1). Le 9 messidor an III, il rentra à Boran, et grâce à la complicité d'une municipalité fort peu révolutionnaire, il reprit aussitôt l'exercice du culte dans l'église paroissiale, et s'en acquittait encore le 20 brumaire an IV, lors du retour du curé Pierre Saulnier.

Les religieuses avaient réussi à sauver leurs reliques, transportées à l'église de Boran, avec un lutrin, belle pièce de ferronnerie signalée par l'abbé Muller, mais dont je n'ai pu retrouver la trace.

Au moment de sa destruction, le prieuré comprenait deux corps de bâtiment distincts. L'un, sis au bord de la route, a fourni une portion du petit château actuel (2).

L'autre, dont il ne subsiste rien, était un grand bâtiment Louis XIII au toit pointu. Situé dans le parc (à côté du petit belvédère édifié avec ses débris), les

---

(1) *Cf.* : Sorel, *Chantilly pendant la Révolution.*

(2) Ce premier corps remonte au xvie siècle, mais complètement défiguré ; il subsiste une vaste cheminée dans la cuisine, et de belles plaques de fonte du xviiie siècle dans les cheminées des autres pièces.

allées qui le limitaient se reconnaissent encore à travers les bosquets. Le cimetière s'étendait à gauche de la chapelle ; on y trouve encore des ossements quand on creuse, pour planter un arbre ou quelqu'autre travail (1).

XII

La vie de Boran, avant, pendant, et depuis la Révolution

Il n'est pas commode d'esquisser un tableau de la vie de Boran avant l'époque contemporaine. Les notes font défaut, ou sont sèches à désespérer.

En 1215 (2), le village obtint la charte de commune de Chambly (3). (Logiquement, comme Morancy, il

---

(1) Vers 1805, une luxueuse propriété fut établie dans le corps Louis XIII, des jardins dessinés et plantés, un étang creusé. La bande noire l'acquit en 1820, la détruisit, et vendit le parc quelques années plus tard à la famille des Mousseaux, qui arrangea la maison de plaisance actuelle dans le vieux bâtiment. Après la guerre de 1870, le couvent fut revendu plusieurs fois coup sur coup ; il était depuis assez longtemps dans ma famille, qui avait racheté les terres alentour (la superficie totale est de 28 hectares), quand la guerre détermina ma mère à le vendre en 1921. Depuis, les arbres ont été coupés, la propriété revendue ; et le vieux bâtiment de la chapelle transformé par le nouveau propriétaire en un cottage de goût normand : c'est le dernier avatar du prieuré de Saint-Martin.

(2) *Cf.* : p. 46. Aussi : Douet d'Arcq : *Histoire du comté de Beaumont.*

(3) *Cf.* : Chan. Muller, *in* Mémoires du Comité hist. de Senlis, 1908 : *la Coutume de Chambly.*

aurait dû suivre la coutume des paroisses (1) relevant de la châtellenie de Beaumont). A cette époque naquit à Boran (2) Vincent de Beauvais, remarquable par son immense savoir, *dévoreur de livres « librorum helluo »*, esprit curieux et tout nourri d'antiquité (3), une des figures les plus originales, au Moyen-Age, de l'ordre de **Saint-Dominique**, où il entra, et fut sous-prieur des **Jacobins de Beauvais**, d'où son nom. Saint Louis l'appela près de lui, à Asnières-sur-Oise — Boran dût voir souvent son plus illustre fils — et l'y institua son lecteur et prédicateur particulier (4), puis le précepteur de ses enfants. Là, Vincent condensa pour ses élèves sa vaste et profonde érudition dans le *Speculum majus* (5), véritable encyclopédie des connaissances humaines du temps, qui eut de 1473 à 1626 sept éditions, sans **compter** les traductions.

Vincent de Beauvais a encore écrit le *Livre de la Grâce*, celui des *Louanges de la Sainte Vierge*, le *Livre de Saint Jean l'évangéliste*, un *Traité de l'éducation des enfants de France*, une lettre à saint Louis sur la mort de son fils aîné, et plusieurs manuscrits conservés surtout en Belgique et en Angleterre (6). Il mourut en

---

(1) Voir Morel : *Le mouvement communal au XII° siècle*, Mém. Soc. ac., 1899.

(2) En 1184, ou 1194, suivant les auteurs.

(3) Dans une épitre consolatoire à saint Louis, pour la mort de son fils aîné, il entasse, comme Montaigne, les citations d'auteurs anciens. *Cf.* : Boutaric, *Vincent de Beauvais*, Paris, 1875 (55 pp. in-8°).

(4) *Cf.* : Dissertation de l'abbé Duclos dans son *Histoire de l'abbaye de Royaumont*.

(5) L'ouvrage est divisé en trois parties désignées sous les titres de *Miroir naturel, Miroir doctrinal,* et *Miroir historial*. Un *Miroir moral*, joint aux premiers, paraît d'un autre auteur

(6) Voir là-dessus : Pottast, Ulysse Chevalier. Aussi une note dans le *Bulletin archéologique du diocèse de Beauvais*, 1847, t. II, p. 166.

1264, et fut enterré dans le cloître des Jacobins de
de Beauvais.

Au début du XIV° siècle, on comptait à Boran
202 feux (1), *sur lesquels le Roi a justice haute ; et
basse, l'abbesse* (2).

Quelques lustres plus tard, le pays fut dévasté par
la Jacquerie. Cette féroce révolte naquît à Saint-Leu-
d'Esserent, et s'étendit de à tout le Beauvaisis et aux
pays environnants. Elle finit lorsque Charles de
Navarre en écrasa le chef, Guillaume Karle, à Mello.
Les Boranais prirent une part importante à *l'émeute
du plat pays* (3). En 1358, le roi Charles accorda des
lettres de rémission aux Jacques de Boran (4).

A peine délivré de la Jacquerie, le pays fut envahi
par les Anglais, dont les forces ravageaient la région.

Le village n'en dut pas souffrir trop, car, les Anglais
ayant occupé Creil, le marché qui faisait le renom de
la ville se dispersa *et vont les marchands en aultres
villes et places près de ladite ville, c'est assavoir en
notre ville de Saint-Queux* (5), *de Saint-Leu de Serens,
et à Boran, où les marchés et assemblées ont été mis sus
nouvellement en dimanches et samedi de voulenté du
peuple et sans nôtre licence, au préjudice de ladicte
ville de Creilg* (6). Mais en 1374 un arrêt royal (7)
rétablit le marché à Creil.

---

(1) Prisée de 1331. *Cf.* : Douet d'Arcq, *op. cit.* — Boran était
un bourg important, le plus conséquent du comté, après
Beaumont (400 feus) et Presles (209). Venaient ensuite : Le
Mesnil-Saint-Denis (120), Champagne (110), Crouy (80), Bernes (70), Bailleul-sur-Esches (55), Amblaincourt (54), Lardiè-
res (50) et Précy (38). Les autres villages du comté n'atteignaient
pas 25 feus.

(2) La prieure de Saint-Martin-des-Nonnettes ?

(3) Graves.

(4) Mém. Soc. ac., XVI, p. 331.

(5) Cinqueux.

(6) Mém. Soc. ac., 1861, p. 675.

(7) A. N., Trésor des Ch. JJ, registre 106, pièce 203.

Le 15 mai 1392, Philippe de Montmorency fit concession du droit de pâturage sur les marais de Thève (appartenant depuis 750 à sa maison) aux habitants de Boran, Gouvieux, Le Lys, La Morlaye, Baillon, Asnières et Royaumont ; droit converti dans la suite, et après de longues contestations, en celui de propriété cantonnée (1).

Il faut maintenant sauter à la fin du xvr° siècle pour avoir des nouvelles du pays : on voit en 1589 des processionnaires de Boran se joindre à la procession blanche de Beaumont pour aller à Beauvais. La paroisse avait donc échappé à la contagion huguenote ; il est probable qu'on y ligua fortement par la suite, comme dans tous les environs de Méru et de Beaumont. Depuis 1575 les registres paroissiaux sont conservés intacts (2) : les noms de Cuquemelle et Mauger sont les plus anciens de familles encore existantes au village, qu'on y puisse trouver.

Il y avait un marché tous les samedis ; les habitants en souhaitaient un second. Il leur fut accordé pour chaque mercredi, avec une foire annuelle à la Saint-Waast (15 juillet), sur la demande de Catherine Karuel, dame du lieu, par lettres d'Henri IV, datées de Saint-Denis, en août 1592. Les marchés et la foire n'ont pas survécu à la Révolution (3).

Lors du siège de Paris par Henri IV, Beaumont et

---

(1) *Cf. : Graves.* — Duclos : *Histoire de Royaumont.* — En 1814, le P. Canonne prouva le bien fondé de cette donation à propos d'un procès en légitimité de possession que le maréchal Berthier avait fait à la commune d'Asnières. Ce P. Canonne était un ancien religieux de Royaumont, établi gardien de l'abbaye par le directoire de Gonesse.

(2) Depuis la Révolution, ils sont déposés à la mairie.

(3) La Saint-Waast, fête patronale du pays, est toujours la fête communale et se célèbre chaque année le premier dimanche après le **14 juillet.**

ses environs, dont Boran, furent occupés par M. de Potrincourt, qui dut, en juin, céder devant les Navarrais. Quelques semaines plus tard les troupes d'Henri IV se retirant sur Compiègne et Senlis occupèrent à nouveau la région.

Au XVIIᵉ siècle, le village fut réuni avec tout le Beauvaisis au gouvernement général de l'Ile-de-France (1), au lieu de celui de Picardie dont ils dépendaient jusqu'alors.

L'instruction a été l'objet d'une étude de feu M. Ménard, instituteur de la commune (2). En 1629, Claude le Bel, chanoine de Notre-Dame de Chartres (3), fonda par contrat (4) cinquante livres de rente pour l'entretien d'un maître d'école dans la paroisse, à charge que *ledict maître d'escole sera tenu d'instruire gratuitement les enfants des pauvres et qui n'auront moïen de lui payer le droit d'école*, et de dire chaque année à jours fixés, trois messes pour le donataire.

On ne trouve pas trace des premiers occupants de l'emploi. Ce furent peut-être les vicaires de la paroisse qui s'occupaient déjà, plus ou moins régulièrement,

---

(1) Parlement et intendance de Paris. Election de Senlis.

(2) *L'enseignement primaire à Boran de 1630 à nos jours,* par E. Menard, instituteur à Boran, Beauvais, Imprimerie Centrale Administrative, 1907 (extrait du *Bulletin de la Soc. historique et scientif. de l'Oise*). Il y a des erreurs, et un pudique passage sous silence du peu de zèle des instituteurs de l'époque révolutionnaire.

(3) Et pénitencier du chapitre de la cathédrale. Il est infiniment probable qu'il était natif de Boran et que c'est de lui qu'il est question dans la note suivante du chanoine Muller :

Vaultier le canonnier *avait le dimanche 27 janvier 1597 à sa suite deux docteurs* (en théologie ?), *dont l'un, nommé Le Bel, enfant de Boran, qui fit la prédication du matin...*

Cf. : p. 19 : la longue épitaphe de Claude Le Bel, donne d'amples détails sur la fondation.

(4) Le procès-verbal de cette fondation est aux Archives de l'Oise. On en trouvera le texte *in* : Menard, *op. cit.*, avec celui d'un acte d'augmentation, de 1634.

d'instruire et catéchiser les enfants. Féret, vicaire (1658-1692) de l'abbé Le Clerc, était chargé de la fondation. En 1680, il céda la place au premier clerc laïque :

Dubus (1680-?).

Puis vinrent jusqu'à la Révolution :

Mauger (1720-1724).
Michel Lucas (1724-1761).
Pommery (1761-1772).
Fr. Le Sueur (1772-1775).
Mignot (1775-1781).
Louis-Marcoul Harier (1781-?) (1).

Le maître d'école fabriquait les pains de messe. Il y eut, dès avant 1778, une école de filles dépendant de

---

(1) La Révolution venue, on alloua 200 l. à un nommé Coyet pour être maître d'école ; il n'exerça que peu de temps, et Harier reprit un moment ses fonctions. L'an II (20 pluviose), la commune, sans instituteur, prit un ménage Lesieur, de Viarmes, qui s'engagea à apprendre aux enfants *à compter, lire et écrire, conformément à la morale républicaine*. Ces Lesieur devaient être pleins d'indulgence, car, l'an IV, les enfants vagabondaient tant et si bien par les rues, sans garde et sans instruction, qu'on dut chercher un remplaçant. Ce fut Jean-Philippe Charpentier, entré en fonctions le 18 brumaire an IV ; il distribuait encore l'eau bénite dans la paroisse. Un nommé Naze lui succéda. *Registres du Conseil municipal de Boran*.

Le 23 nivose an XIII, fut nommé : Jacques Cocu ; un mois après, 17 pluviose : Louis-Isidore Martin ; douze jours après, 29 pluviose : Jean-Marie Mercier (1805-1810) ; puis : Jean Gourlé (1810-1812) ; Lemaire (1812-1814) ; Gérard (1814-1832), qui s'entendait si mal avec les Boranais qu'ils le chassèrent de l'école. On le retrouve en 1870, gardien du pont à péage, dont il empêcha, dit-on, la destruction. — Louis-Joseph-Célestin Obry (1834-1868) ; Lefèvre (1868-1874) ; Sénéchal (1874-1892) ; E. Ménard (1892-1910) ; enfin G. Cronnier (1910-en exercice), que je remercie ici de l'obligeance avec laquelle il a mis à ma disposition les registres de l'état civil de Boran.

la fabrique (1). École des garçons comme école de filles n'étaient pas exemptes des droits seigneuriaux.

A la fin du xviie siècle, toutes les femmes et filles de Boran faisaient de la dentelle de Chantilly, plus qu'à Chantilly même et aucun pays d'alentour (2).

Vers 1720 commença à s'implanter l'industrie des boutons de poil de chèvre, très prospère alors dans tous les environs (3), et réglementée par arrêts des 27 mars 1741 et 30 mars 1745.

En dehors de ces industries, tout le pays était adonné aux seuls travaux des champs et de la vigne.

La présence de la Parabère amena quelques troubles dans la vie des Boranais. On y soupçonna les noires horreurs de la politique : ce ne fut que feu de paille. Audoux, chirurgien du régent, l'accompagnant dans ses visites à la *Sultane*, vint se retirer dans le pays qui lui avait plu, et y mourut en 1772.

En 1758, la paroisse du Lys fut supprimée et son

---

(1) En 1810, Mᵐᵉ Alexis Cuquemelle ouvrit une école privée et gratuite de filles, qui dura peu. En 1847, M. et Mᵐᵉ de Sancy en fondèrent une nouvelle, dirigée par les sœurs de Saint-Aubin, et l'école communale cessa d'être mixte. Cette école, sécularisée, existe encore : une de ses élèves, Mˡˡᵉ Fanfart, fut, en 1888, la première jeune fille du village qui passa son baccalauréat. Je n'ose certifier qu'elle ne soit encore la seule. En 1905, pour obéir aux prescriptions ministérielles, on dut bâtir à grands frais une vaste et très luxueuse école laïque de filles, à laquelle il ne manque guère que des élèves : elle ne reçoit pour ainsi dire que le trop plein de l'école libre.

(2) Vers 1710, Boran fabriquait bon an mal an trois mille aunes de dentelles.

(3) C'était une de ces industries groupées autour d'un petit centre, comme il en existe encore plusieurs en Beauvaisis : la soie de Neuilly, les carreaux d'Auneuil, les boutons de Méru, les lunettes de Songeons, ou les éventails de Sainte-Geneviève. *Cf.* : Graves, *Canton de Neuilly* : l'Histoire de cette industrie et le texte des arrêts.

territoire réparti entre La Morlaye (1), Asnières (2), et Boran, qui eut les marais de Thève donnés par les Montmorency, et quelques bois.

A la veille de la Révolution, Boran avait 136 feux (3), justice (4) et prévôté (5). Graves donne les poids et mesures alors usités et servant encore lorsqu'il écrivit sa statistique (6).

Le pays ne semble pas avoir été bien révolutionnaire. En 1789, il n'envoya pas de délégué à Senlis pour la réunion préparatoire des états généraux. Priée d'en fournir un, la *commune* ne répondit même pas. Elle se donna bien un maire pour obéir aux lois, mais négligea de se constituer une municipalité régulière. Ce premier maire fut :

1° JEAN-BAPTISTE LEROUX (1789). — Sous sa magistrature, les appointements du maître d'école furent portés à 200 livres, et la population recensée : 812 habitants.

En 1790, la commune fut comprise dans le district de Senlis, canton de Chambly (7).

Puis vinrent :

2° LOUIS HEAUMÉ (1790). — Il protesta contre la suppression, alors envisagée, du prieuré de Saint-Martin.

---

(1) Qui reçut le village avec l'église paroissiale, consacrée à saint Waast, où se dit encore la messe une fois l'an.

(2) Qui reçut la portion où se trouvait l'abbaye de Royaumont.

(3) Dictionnaire d'Expilly.

(4) Seigneuriale.

(5) Sur laquelle on ne sait rien. *Cf.* : la tombe de G. Framery *in* Ch. III (*Epigraphie*).

(6) Aujourd'hui, le système métrique est seul usité, mais les vieux termes paraissent encore dans la conversation. J'aimerais que cela dure : l'un est commode, les autres sont charmants.

(7) Rappelons qu'elle dépendait auparavant du bailliage de Beaumont, élection de Senlis, généralité de Paris.

3° JEAN MARTEL (1791). — Il constitua une municipalité. Louis-Marcoul Harier fut élu greffier. Les seize membres du Conseil (1) se réunissaient dans l'église à l'issue de la grand'messe. Le seul acte de la première municipalité boranaise fut de faire prêter serment à un garde-chasse *engagé par M. de Parabère, ci-devant seigneur de Boran.*

4° LOUIS FANFART (1792). — Il fit transférer les actes de l'état civil de l'église à la mairie où ils se trouvent toujours (les plus anciens remontant à 1575) et nommer Louis Heaumé greffier.

Le 13 mars 1793, Boran fut requis de fournir vingt hommes pour l'armée. Il n'y eut pas un seul volontaire, malgré les efforts d'exhortateurs venus du dehors : on dut tirer au sort (2) pour fournir le contingent. On sent dans les délibérations communales le mécontentement contre le nouveau régime. On déplore, sans trop le crier, l'assasinat du roi.

Les ordres de réquisition s'abattirent nombreux : chevaux, blé, voitures, etc... La commune haussa le ton de ses protestations, surtout contre les impôts, qu'elle déclara *exorbitants*.

Comme intermède, voici les Boranais mêlés à une querelle entre les Chambliois et les habitants de Neuilly-en-Thelle : chaque bourg prétendant ne fournir pour les gardes civiques que des officiers, se

---

(1) Ils se nommaient : Fourquier, Courtois, J.-A. Courtois, Augustin Lobegeois, P. Caffin, Pierre Viart, Dominique Courtois, Mennessier, H. Mennessier, Forget, Dordaquy, Maclou Le Brun Nicolas Thomassin, Viart, Léon Destrée et Antoine Bourson.

(2) Les désignés furent : Louis Courtois, Jean-Louis Deveaux, Jean-Louis Duflot, Augustin Cœurderoy, Nicolas Nondain, Jean-Baptiste Courtois, Jean-Louis Courtois, François Bachevilliers fils de Jean, Brice Brébant, Nicolas Salentin, Honoré Courtois, François Bachevilliers fils de Louis, Antoine Martel, Nicolas Bachevilliers, Pierre Courtois, Louis-Laurent Tesson, Jean Deveaux, Pierre d'Eaubonne, Vaast Duflos.

targuant de supériorité sur l'autre à tous les points de vue ! Le 23 avril, ce fut l'obolition des noms *étant un souvenir de la royauté* ; Jacques **Le Roy** demanda à se nommer Magnier, et la famille Cœur-deroy : Cœurdégalité. Seule une nommée Virginie Cœurderoy protesta, et préféra reprendre son nom de jeune fille : Lacelle.

Le 15 juillet, on vendit les biens de la fabrique (1) ; et les réquisitions reprirent : le directoire de Senlis réclama encore du blé. — « *Il n'est pas battu. — On le battra aux frais des imposés. — Ils refusent. — On recourra à la force. — Ils s'inclinent.* »

Le 1er septembre partirent trente-deux nouveaux jeunes gens de 18 à 25 ans, *avec du pain pour trois jours*. Le lendemain, Collot-d'Herbois en personne daigna se déranger pour venir réclamer encore 4 quintaux de blé par charrue existant dans le pays, à livrer sous vingt-quatre heures.

Le 5 septembre, on *réquisitionna* tous les jeunes gens de 18 à 25 ans : c'est la levée en masse ; et on ramassa tous les fusils et autres armes. Le 30 septembre, on emmena onze chevaux. Ce même jour les cloches de l'église furent vendues aux enchères, et adjugées 50 l. à Hubert Vatel, charge pour lui de les descendre sans blesser personne ; mais on les lui remet, et 10 l. d'argent en supplément, car il se chargea moyennant ce prix de détruire les fleurs de lys de la flèche du clocher et de partout où il s'en trouvait dans l'église, ainsi que les armes et blasons.

Le 13 octobre, un commissaire de Chantilly vint enlever l'argenterie de l'église ; il n'y a pas de liste de ce qu'il emporta. Le 29, nomination d'un comité de surveillance, arrestation de l'abbé Saulnier, curé, du P. Delacomble, aumônier, et de la sœur Marie Bourdet, prieure de Saint-Martin ; deux jours après, ce fut le

---

(1) Voir le détail au chapitre de l'église.

tour du citoyen Corboran, gardien du château, remplacé
à ce poste par le citoyen Heaumé.

Les mois changèrent de visage, et prirent de beaux
noms sonores et imagés. Frimaire an II vit enlever et
transférer à Chantilly le reste de l'argenterie de
l'église, et inventorier le mobilier (1).

Le 3 nivose, les ecclésiastiques arrêtés, la prieure, et
Corboran, furent conduits et enfermés à Chantilly. Le
10 ventose, l'église, où continuaient à se tenir les
réunions de la municipalité, fut dénommée temple de
la Raison. L'hiver passa ; faute de réparations, le bac
croula : on le répara le 18 germinal.

5° H. FANFART, nommé le 8 floréal an II. Il vit
la débâcle de la commune, ruinée par les réquisitions
et les exactions : blé, chevaux, foin. Le 28 prairial, c'est
l'inventaire du presbytère ; le 30 messidor, ordre de
tuer tous les chiens du pays, sauf ceux de berger ; en
fructidor, nouvelle vague de réquisitions pour nourrir
Paris : vaches, blé, bois. Les Boranais étaient dans un
grand dénuement : on les dota, en compensation, d'un
atelier à fabrication de salpêtre. Le 1er prairial an III,
démonétisation est notifiée des assignats *portant empreinte de la royauté*.

6° MARTEL, nommé maire le 9 messidor an III. La
Constitution de l'an III lui ôta ce titre, les seules
communes de plus de 5.000 âmes ayant droit à un
maire, les autres devant se contenter d'*agents municipaux* (2). Après la chute de Robespierre, les esprits
s'apaisèrent vite. Le P. Delacomble revint de Liancourt,
où il était enfermé, et recommença à dire la messe,
dans l'église, en attendant le retour du curé. Le besoin

---

(1) *Cf.* : chapitre III.
(2) La loi du 28 pluviose an VIII (17 fév. 1801) rétablit les
municipalités en donnant la nomination du maire au gouvernement.

d'un peu de morale se faisait sentir dans la commune : les registres municipaux sont remplis de rapports sur des méfaits, vols, coups, larcins et procès. La moitié de Boran pillait l'autre moitié, l'insultait et la battait. On dut nommer un second garde champêtre.

7° CHARLES COURTOIS (11 brumaire an IV).

8° MEUNIER (30 fructidor an VIII). — Boran et Morancy furent officiellement réunis en une seule commune, avec siège de la municipalité à Boran. La première feuille du registre d'état civil de 1804, porte un cachet fleurdelysé, surmonté de la couronne de saint Louis, avec la légende : *Mairie de Boran-Morancy, département de l'Oise*. Les fleurs de lys et la couronne surprennent, et durent déplaire en haut lieu, car on ne trouve pas d'autre empreinte et le sceau a disparu. L'arrêté du gouvernement du 23 vendémiaire an X, à la suite de la loi du 8 pluviose an IX sur la nouvelle circonscription des justices de paix, supprima le canton de Chambly et cré celui de Neuilly-en-Thelle dont Boran a toujours relevé depuis.

Le 12 thermidor an XI, on décida de réparer le presbytère, d'allouer un traitement au curé et d'acheter divers objets nécessaires à l'exercice du culte. Cette même année un décret amnistia huit déserteurs boranais (1) qui purent sans inquiétude regagner leurs foyers. Le 17 pluviose an XIII, tout Boran illumina pour fêter l'avènement de l'empire français.

9° COURTOIS (29 pluviose an XIII). Il y avait un marché chaque semaine : le prix de location des places figure au tableau des recettes de la commune.

Dernier épisode de la Révolution, le 17 janvier 1806 on vendit aux enchères l'arbre de la liberté de la place de la maison commune.

---

(1) Louis Tesson, Jean Auchois, Pierre et Nicolas Courtois, Jean Deveaux, Antoine Méry, Jean Mauger et Jean Gressé.

10° Duvivier (1808).

11° Fourquier (1814).

12° Heaumé François.

13° P.-F. Jarlet (1816). — On voit sur un registre que Beaumont-sur-Oise était bureau de poste de Boran, de temps immémorial.

14° Fr. Heaumé (pour la 2ᵉ fois) (1819). — Il eut des démêlés avec M. de Sancy pour la possession de places vagues qu'il avait plantées. La commune dut composer.

En 1821, elle souffrit pour la dernière fois d'une épidémie de suette miliaire, maladie infectieuse peu commune, contre laquelle la médecine est mal armée. Cette suette, dite parfois *suette des Picards*, avait sévi assez souvent dans le pays, notamment en 1796 (1) à la suite des privations de toutes sortes causées par la Révolution.

La compagnie des sapeurs-pompiers fut fondée en 1823. Le premier capitaine se nommait François Lelong.

15° Louis-Laurent Tesson (1831). — La monarchie de juillet créa dans la commune deux compagnies de gardes nationaux.

En 1832, Boran fut un des premiers villages de France atteints par la grande épidémie de choléra. Il y eut trente-deux cas, dont dix-neuf mortels : ce fut la cause de la création d'un nouveau cimetière, et du déplacement de l'ancien sis autour de l'église.

16° Louis Tesson, nommé le 30 octobre 1834.

---

(1) Le mal régna huit mois : de février à septembre, et fit deux cents victimes.

17° Jean-Pierre Courtois, nommé le 16 juin 1837. En 1838, fut fondée l'écluse, la neuvième et dernière sur l'Oise à la traversée du département (on achève en ce moment les travaux de remplacement par une plus moderne).

18° Pierre-Vital Meunier, élu le 21 août 1848.

19° Pierre-Henri Caffin, nommé le 19 octobre 1855.

20° Pierre-Alfred Jarlet, nommé le 8 août 1865.

21° Pierre-Alexandre Courtois, nommé le 22 juillet 1868.

22° Stanislas Obry, élu le 14 mai 1871.

23° Joseph Courtois, élu le 8 octobre 1876.

24° Martial Cuquemelle, élu le 13 août 1882.

25° Jean Auchois, élu le 18 mai 1884.

26° Gabriel Dupont, gendre du précédent, élu le 20 mai 1900 et toujours réélu depuis, homme aimable et discret.

* * *

Administrativement, Boran dépend du canton de Neuilly-en-Thelle, de l'arrondissement de Senlis, de la perception de Chambly. Il y a bureau de postes, télégraphe et téléphone, compagnie de sapeurs-pompiers, station du chemin de fer du Nord (1). Les routes de grande communication 21 (Chambly à Chantilly) et 118

---

(1) Ligne de Paris à Creil, par Pontoise ou par Méry. Il y a une gare de marchandises.

(Plailly à Neuilly-en-Thelle) desservent le village (1).

Feu M. Ménard a donné en 1908 (2) une monographie agricole de la commune. J'ajouterai seulement à ses tableaux nombreux, celui-ci, pour les amateurs de statistiques :

Statistique agricole de la commune

	HECTARES (3)	
	1900	1920
Terres labourables..............	902	904
Prés et herbages..............	36	26
Culture maraîchère...........	73	51
Bois et forêt..................	31	31
Terrains bâtis et divers........	136	136
Vignes	2	Néant

	TÊTES (4)	
	1900	1920
Chevaux	124	85
Anes	2	2
Race bovine...................	175	86
Race ovine	717	285
Race caprine	25	) 15
Race porcine.................	2 (?)	3 (?)

---

(1) Venant l'une de Gouvieux, et l'autre de la Morlaye, elles se fusionnent à l'entrée de la petite section du terroir de Boran sise à gauche de l'Oise, formant une route d'un profil de 11 mètres en cailloutis qui passe la rivière et le chemin de fer ; puis elles se séparent. L'une, par la rue du Pilori, gagne le terroir de Crouy-en-Thelle ; l'autre traverse le village pour atteindre la place de l'église, et gagne, par la rue de Beaumont, le terroir de Bruyères.

(2) *Bulletin de la Société scientifique et historique de l'Oise.* Boran est fertile, surtout en blé de mars, dit Cambry en 1803. En fait, les terres labourables sont argilo-calcaires ou sablonneuses, moyennement fertiles, mangeuses d'engrais.

(3) Je sais bien que les totaux ne concordent pas. Qu'y puis-je ! ce sont les chiffres officiels.

(4) La diminution du troupeau, en ces quatre derniers trimestres, est très affligeante.

Les principales cultures (1) sont le blé, la betterave à sucre, la pomme de terre (importée en 1786 par un marchand de peaux de lapin, Guillaume Courtois). La vigne et le méteil sont abandonnés, et il en est presque de même des prairies artifiicielles — ce qui est ironique au pays qui les vit naître : Jean-Claude de Verrières, plus connu par son surnom d'abbé de la luzerne, était aumônier du château de Boran lorsqu'il fit ses premières expériences, aux environs de 1780 (2)

Le terroir (3) est morcelé d'une façon terrible. La

------

(1) Les fermes les plus importantes sont celles du château et de M. Méry ; puis viennent les exploitations Moreau, Mouronval, Bosseux, du Couvent-Saint-Martin, etc...

(2) Les nouvelles méthodes d'agriculture ne sont pas usitées. Quelques essais de tracteur, tentés par M. d'Harambure, n'ont pas eu de suite.

(3) Voici le catalogue des lieudits du cadastre. :

Section A ou de la Muette : la Muette, le Clos-Palette, le Chêne, la Remise-des-Chênes, le Noyer-Pilote, les Rayes-Tortues, le Chemin des Rayes-Tortues, la Saussaye, la Trouée-de-la-Saussaye, les Douze-ares-de-la-Saussaye, les Terres-Moncombles, la Remise-du-Trèfle, la Terre-au-Ecus, le Chemin-de-Mello, le Vieux-Moulin, les Damelets.

Section B ou de Morancy : Morancy-la-Ville, le Petit-Morancy, l'Eglise-de-Morancy, le Bas-de-Morancy, Sous-Morancy, l'Hôpital, le Clos, les Courtilz, les Communs, le Château, la Garenne, le Poteau, la Terre-au-Renard, les Terres-Saint-Denis, les Versusaubes, les Crayes, les Froids-Vents, les Chauffours, les Bouquettes, les Ebras, les Murets, la Noue, l'Ile-Maridel, la Quarantaine, les Prés-Saint-Pierre.

Section C ou du Pont : le Pont-de-Thève, le Chemin-du-Pont-de-Thève, les Prés-Couvés, les Culots, la Voierie-du-Quartier, l'Echaudé, le Cul-de-Bœuf, le Port, le Chemin-du-Mont-de-Pot, la Pelle-au-Four.

Section D, ou du Village : la Comté, le Carrouge, le Pilory, le Clos, la Chaponnière, les Closeaux, la Fosse, le Clapier-d'en-haut.

Section E, ou du Couvent : le Couvent, l'Allée-du-Couvent (ou de Saint-Martin), le Bas-de-Saint-Martin, la Fontaine-Saint-Waast, la Fosse-Saint-Georges, la Remise-de-la-Croix-torse, les Onze-Arpents, le Moulin, Devant-le-Moulin, la Remise-du-Moulin, le Clapied, les Volières, les Poilannes, les Rommes, les Balingands,

gêne qu'en éprouve la culture· ne paraît pas incommoder les Boranais qui n'ont pas donné d'appui aux tentatives pour réagir là-contre.

Il n'y a pas de hameaux, si ce n'est l'artificiel village né de l'écluse. L'ancien couvent et la ferme de Morancy, seul vestige du village de ce nom, forment deux écarts.

Il y eut jadis deux moulins à vent, dans l'aire du couvent ; l'un disparut en 1860 ; l'autre, contigu au premier, ne fonctionnait plus depuis longtemps lorsqu'il fut démoli en 1908.

Près du pont de Thève, un certain Gadifert bâtit en 1792 un moulin à eau qu'on nomma le Moulin-Gadifert. Propriété successive de MM. de Travannet, puis de Bellissen, il n'existe plus (1).

Le village proprement dit comprend à peu près trois cents maisons ; il est situé sur le rebord et le versant d'un talus cotoyant l'Oise (2) plutôt qu'il ne la surplombe. Les matériaux de construction les plus

---

l'Allée-de-Balingands, le Cheval-Blanc, la Grande-Noue, la Voierie, la Pointe-Herbière, le Jacloret, la Remise-Madame, la Ruelle-des-Prés-hauts, la Fosse-aux-Reines.

Section F ou des Quarante-Arpents : les Quarante-Arpents, la Charpentière, le Bas-de-la-Charpentière, la Justice, le Hazet, le Bas-du-Hazet, le Neslier, la Voierie-de-l'Achevée, la Fosse-aux-Loups, le Haut-des-Grés, le Fief-Saint-Jean, la Remise-Saint-Jean, Dos-Cerf, le Tripier-Nonnain, la Vallée-de-Beauce, les Pendants-de-la-Vallée, les Roseaux, le Buisson-pouilleux.

(1) Voici la statistique humaine de la commune :

	1720	1790	1841	1851	1876	1901	1911
				(sans Morancy)			
Population totale de la commune..............	522	832	710	739	684	740	775
Morancy..................			25	14	17	15	17
Le Couvent-Saint-Martin...			3	8	7	13	16
L'Ecluse			12	14	17	28	35
Le Pont-de-Thève.........			3	3	2	Néant	
Le Moulin-à-Vent.........			4	2	2	Néant	

(2) Dont il est maintenant séparé par la voie du chemin de fer du Nord desservant la station.

usités sont les moellons de calcaire grossier, à sec ou noyés dans le mortier. La pierre de taille et la brique sont peu employées. Les toits sont surtout de tuiles ; il y a peu d'ardoises, et il ne reste que de rares chaumières. Le village est joliment groupé, dominé par la fine tour du clocher qui découpe ses arêtes sur le ciel. Les rues (1) se croisent autour de l'église, disposition regardée comme l'indice de lieux très anciennement habités (2).

Boran, qui fut longtemps une bourgade agricole et vinicole, adonnée au travail léger de la dentelle, tend aujourd'hui à prendre une physionomie différente. Il y a trente ans, un promeneur décrivait ainsi le village :

Nous ne saurions vous dire combien de vastes et opulentes fermes on rencontre ici, ni vous donner une idée de la pénétrante odeur qui remplit le pays pendant les journées consacrées à la rentrée des foins. Rien de plus simple, de plus rustique que l'aspect de ces solides travailleurs guidant leurs attelages ou

---

(1) Note sur les rues de Boran communiquée par l'abbé Demouy :

1° Place de la Ville, en face l'église.

2° Rue de la Comté (de la place vers l'écluse).

3° Rue du Four (de la rue de la Comté vers le Couvent).

4° Rue de la Gare (de la place au passage à niveau, s'appelait autrefois rue du Carrouge).

5° Rue du Carrouge (du passage à niveau à la rivière).

6° Rue du Château (de la place au château).

7° Rue de Beaumont (de la place vers Bruyères).

8° Rue du Moulin (de la rue de Beaumont vers le chemin de Morangles).

9° Rue de la Fosse (de la rue du Moulin vers Précy).

10° Rue de la Serpette (de la rue du Château à la rue de la fosse).

11° Rue du Pilori (de la rue du Château à la rue de la Gare).

12° Rue Neuve (de la rue de la Comté à la rue de la Gare).

(2) La commune possède, outre le presbytère qui est fort ancien, une mairie-école, une autre école, une place plantée que l'on nomme le Carrouge, un jeu d'arc, un bâtis de pompiers, une pompe à incendie, 9 h. 32 de terre, et 15 h. de marais dans la vallée de Thève provenant de la concession de Philippe de Montmorency.

engrangeant leurs récoltes ; rien de plus charmant pour l'observateur que le contraste offert par certains intérieurs où son œil peut s'égarer parfois. Là, plus il n'est question du rude labeur des hommes ; femmes et filles se livrent au délicat et gracieux travail de la fabrication de la dentelle. Penchées sur le métier hérissé d'épingles, attentives à leur œuvre, vous les verrez manier les fuseaux avec agilité, lier et croiser les fils, composer enfin ce tissu léger, fait d'ingénieux dessins, qui, la saison des bals venue, aura quitté l'humble village et enrichira la toilette de nos élégantes.

Ces lignes paraissaient en 1894 ; il ne reste plus aujourd'hui un seul métier à Boran (1). En 1842, alors que Graves écrivait le précis du canton, toute la population féminine qui ne faisait pas de dentelles était employée à la fabrication des boutons de soie. Cette industrie aussi a complètement disparu ; il reste quelques femmes qui ont vu les derniers métiers. Naguère l'abbé Demouy ayant besoin de boutons pour la soutane des choriolots, s'adressa à l'une d'elles qui sut encore les faire.

Depuis longtemps déjà la culture des vignes a cessé et le cru de Morancy, jadis renommé, n'est plus même un souvenir. Les abeilles, autrefois élevées en grand nombre et donnant un miel réputé, ne sont plus représentées que par de rares ruches. L'agriculture elle-même semble, depuis ces vingt dernières années, subir une crise de défaveur. Les Boranais, attirés par des gains proches et faciles, s'en vont chaque jour à plus de trois cents vers les usines de Creil et de Persan ; quelques gros fermiers tiennent seuls le terroir où travaillait, il y a moins de quatre lustres, tout le pays. Bien entendu, cet exode vers les usines n'a pas été sans modifier profondément au moral un pays encore aimable et civil il y a peu, empreint de toute

---

(1) Je me souviens, enfant, il y a une quinzaine d'années, avoir accompagné ma mère ou mes tantes chez les dentellières auxquelles elles achetaient des jabots ou des mouchoirs. Les dentellières sont aujourd'hui dactylographes aux usines de Persan !

la douceur de la vieille France. D'autre part, la proximité de Paris et les distractions de la pêche font affluer les promeneurs du dimanche, qui séduits par la grâce du site, s'y fixent, et chaque année voit pousser de ces villas dont la gentillesse ne rachète pas la banalité ou la choquante laideur.

Il n'y a comme usine qu'une petite scierie de bois n'emplissant pas le village de bruit ou de fumée : les fêtes sont animées, l'excellente tradition du jeu d'arc est conservée, la paroisse est demeurée assez pieuse, l'église est bien entretenue, et une municipalité aussi libérale qu'aimable laisse s'accomplir dans les rues les rites du culte, de vieilles femmes ont le bonnet et l'accent traîne un peu ; c'est dire qu'il fait encore bon vivre dans le village, mais l'expérience de ces dernières années peut faire craindre de le **voir** transformer en une banlieusarde station de Parisiens ou un faubourg usinier.

Le village offre comme curiosités sa belle église, quelques vieilles maisons, une amusante enseigne d'aubergiste (un gros lion de faïence dans sa cage) et le bel ange de pierre (1) qu'on aperçoit dans le jardin de M. Dupont. *reçut pendant la guerre les troupes*

Boran ~~offre comme curiosités sa belle église,~~ les plus diverses, depuis un peloton de uhlans en septembre 1914, avant la Marne, jusqu'aux Italiens des derniers jours, sans oublier des Américains, une boulangerie d'armée, un camp d'aviation, de l'infanterie, de l'artillerie, une ambulance sur rails, etc., etc. Quand les gothas, dans leur vol vers Paris, lâchaient quelques bombes en passant, Boran put se croire la compagne de danger de ses sœurs du Santerre ou du Noyonnais (2).

---

(1) C'est un ouvrage du xvᵉ siècle, d'une expression charmante, haut d'un mètre environ, tenant une couronne fleurdelysée.

(2) La guerre venue, le génie français fit sauter le joli pont suspendu de 1853, par crainte de l'envahisseur. Dans ses *Notes*

XIII

Morancy-la-Ville. — Origines. — La cure. — La seigneurie.
Etat passé et présent.

Je ne reviendrai pas sur l'importance de la position
de Morancy au sujet de ses origines. Le pays pourrait
prétendre plus valablement que Boran, de par sa
situation au débouché de la voie romaine de Beauvais,
à être la *Lithanobriga* de l'itinéraire d'Antonin (1). Une
tradition locale (2) dit que Morancy fut jadis une
grande ville de plusieurs milliers d'habitants, détruite
par Jules César durant la guerre des Gaules. Par contre,
c'est Jules César qui aurait édifié le donjon qui domine
toujours le coteau (3).

Il est certain que le lieu est habité depuis très
longtemps, et les poteries romaines qu'on y a déterrées

---

sur l'architecture, Roger Wybo en avait loué la grâce et la
légèreté, rares dans les ouvrages d'art de cette espèce. En 1915,
Mme E. Vergnet offrit à la commune un bac qui vit défiler
toutes les troupes de la grande guerre jusqu'en 1918, où fut
construit par les soins du génie militaire un autre pont qui n'a
plus rien de l'élégance du disparu.

(1) *Cf.* : pp. 6 et suiv., où l'on trouvera retracée à grands traits
la querelle qui partagea sur ce sujet les sociétés savantes de
notre région.

(2) Cette tradition se rencontre dans beaucoup de pays, dont
l'importance a diminué : les habitants actuels exagèrent celle
qu'eut jadis leur petite ville, ou village. Je l'ai rencontrée notamment à Gerberoy, à Foulangues (*jadis une ville de 20.000 habitants, grande comme Beauvais*, m'a dit un vieux), à Saint-Martin-
aux-Bois ; et loin du Beauvaisis, à Vezelay, etc...

(3) *Cf.* : même tradition sur la fondation du vieux donjon de
Provins, dit « Tour de César ».

sont là pour en témoigner. De Valois, dans sa notice
des Gaules, a cru que ce pouvait être le *Morentiacum*
dont est datée une loi de l'empereur Gratien (1). On
connaît au nom les formes latines de Maurinciagi-
curtis, Morinciagicurtis, Morinciacacurtis, Morencia-
cum, Morancium ; et les françaises : Morencit (1320),
Morencheville (1341), Morancy et Morency, ces deux
dernières suivies le plus souvent des qualificatifs :
la-Ville, ou la-Tour.

*
* *

La cure, sous le titre des saints Pierre et Paul, fut
toujours et jusqu'à l'extinction, à la nomination de
l'abbaye de Saint-Denis. Elle lui avait été donnée par
un leude de Charles le Chauve en 844 (2), et l'évêque
de Beauvais ratifia en 1180 les droits de l'abbaye (3).

En 1320 et 1362, la taxe de la cure était de 16 livres ;
sa valeur estimée à 25 (4).

En 1631, il y avait 16 livres de taxe papale et 35 sous
8 deniers de royale (5).

Je n'ai pu reconstituer la liste des curés qu'à partir
de 1650 ; leurs noms se voient sur les registres d'état
civil, conservés à la mairie de Boran, et qui ne remon-
tent pas au-delà de cette date :

1° 1650 (et peut-être avant)-1668 : MAUGER.

2° 1668-1671 : A. VACOIGNE.

3° 1671-1679 : LEFÉBURE.

---

(1) La Martinière objecte qu'on ne voit pas que ce pays ait été
un lieu de passage de l'Oise.

(2) Voir plus loin, page 169.

(3) *Cf. :* Delettre, *Histoire du diocèse de Beauvais.*

(4) Longnon, *Pouillés de la province de Reims*, 1908.

(5) Louvet : *Antiquités du Beauvaisis.* — Voir dans *L'Art et
les Artistes du Beauvais* par le D<r> Leblond, 1921 (page 197), un
marché de cloîtres de 1573 qui paraît bien se rapporter à Morancy-
la-Ville.

4° 1679-1688 : Auvray.

5° 1688-1700 : François Carpentier.

6° 1700-1718 : Baion. — C'eût été sans doute un homme heureux si le ciel ne lui avait donné en 1703 un marguillier nommé Cœurderoy, dont l'irrégularité faisait gémir l'abbé, homme méticuleux, jusque dans de petits papiers qu'il épinglait pour mémoire à ses actes d'état civil :

Ce maudit marguillier a encore manqué les vêpres : il faut lui retrancher 10 solz.

Cœurderoy a manqué le salut et a été seule cause qu'on ne l'a point dit.

Cœurderoy est allé se promener à Gouvieux avec son beau-frère, ce qu'il aurait aussi bien pu faire après vêpres, 10 sous.

.....Il a manqué la messe, 10 sous.

Ce malheureux Cœurderoy fut pourtant réélu trois années de file, sous condition d'être assidu ; mais l'abbé Baïon dut lui retirer encore bien des dix sous.

7° 1718-1723, A. Thibault.

8° 1723, Hyacinthe Veissière, dont on a vu les aventures à la cure de Boran. Le 29 juin, comme il défaisait ses ornements après la messe, le jour des saints Pierre et Paul, patrons de la paroisse, il entendit du bruit dans le cimetière ; il y alla et trouva la femme Marie Le Vasseur, veuve de Pierre David, ancien marguillier, gisant ensanglantée sur une tombe. Elle raconta que c'étaient deux jeunes gens qui l'avaient frappée. Procès-verbal fut dressé de cette pollution et profanation du cimetière, et l'évêque prescrivit une cérémonie expiatoire qui eut lieu le 10 juillet.

9° 1729-1730 : J. Daisnée.

10° 1730-1760 : Brébant. Cet abbé eut la bonne idée de dresser une manière de journal, année par année, des principaux événements passés à

Morancy et aux environs. Des fragments de ce journal nous sont parvenus, reliés avec les archives de l'état civil. C'est là que se trouve l'aventure du curé Veissière, et plusieurs menus faits rapportés dans le présent ouvrage. On y trouve encore beaucoup d'anecdotes, récits de crimes, procès (assassinat du curé de Bruyères, vol chez le curé de Crouy tandis qu'il prêchait, etc.) contés avec beaucoup de vie et de verve. Il est regrettable qu'ils débordent notre cadre, car nous ne doutons pas que le lecteur eût pris autant de plaisir que nous à les parcourir (1).

11° 1760-1790 : Dubus.

12° 1770 : Lasne (curé deux mois, du 24 août au 26 octobre).

13° 1770-1786 : P.-A. Guerrier.

14° 1787-1787 : Destraix.

15° 1787-1789 : de la Roche-Prevel.

---

(1) Voici une de ses petites notes sur une fondation dont jouissait alors l'église de Morancy :

« J'ai entendu dire au sieur Vessière, curé de Morancy avant moi, et élevé à Boran depuis l'age de 7 ans chez son oncle, curé dudᵗ Boran, lequel avait vu chez Mᵐᵉ la marquise de la Châtre, Mˡˡᵉ Joly, dame d'honneur de ladᵗᵉ dame marquise ; je lui ai, dis-je, entendu dire que ladᵗᵉ dˡˡᵉ Joly, pour qui on dit tous les mois à Morancy une messe d'obit, avoit laissé à ladᵗᵉ église de Morancy douze cents livres pour son testament qu'il m'a dit avoir été fait à Paris, lesquelles ladᵗᵉ demoiselle avoit épargnées au service de ladᵗᵉ dame marquise : de laquelle somme ladᵗᵉ dame marquise, aparamment exécutrice de són testament, n'en a délivré que le tiers et quelque chose de quoy on a achetté 7 quartiers de bonne terre en 7 pièces, pour la fondation desdītes 12 messes ; le reste n'a point été délivré entre les mains du marguillier dudᵗ Morancy, suivant les intentions de ladᵗᵉ dˡˡᵉ Joly, aparamment parce que ladᵗᵉ Marquise n'étoit point en pouvoir de le faire, ayant été dans l'obligation de vendre la terre de Boran et de Morancy et de Rosières pʳ payer ses dettes. Je laisse par écrit ce qui a été dit verbalement en 1734. »

16° (et dernier curé de Morancy) 1789-1791 : Roisin. Cet abbé Roisin continua, après le dépôt des archives en 1791. à la mairie de Boran, à tenir les registres, se bornant à signer *officier de l'état civil* au lieu de *curé*. On perd sa trace en juin 1793 ; peut-être fut-il arrêté avec ses collègues du Lys, de Boran (1), etc...

Ce fut le dernier curé de Morancy. Il le devint de Boran en 1814 et le fut jusqu'à sa retraite (1834). Il mourut en 1838.

En 1789, l'église de Morancy possédait 98 livres et 28 sols de rente pour diverses messes et fondations sans importance. On ignore la date exacte de sa destruction, ainsi que du presbytère, qui était encore loué le 4 brumaire an X.

.•.

L'abbaye de Saint-Denis. — Une charte de Charles le Chauve donnée à Compiègne le 12 des calendes de février, dans la cinquième année de son règne (21 janvier 844) confirme une donation faite à l'abbaye de Saint-Denis par un de ses leudes (*fidelis noster*) nommé Leuton (3). Cette donation consiste en une villa nommée *Maurinciagi curtis* (4), ayant pour annexe deux villas plus petites (*villulas* (5).

---

(1) On ne trouve pourtant trace de lui ni sur les registres d'arrêt de Chantilly, ni à Liancourt, ni aux Carmes.

(2) La Martinière.

(3) Nécrologe de saint Denys. Sept. VI kal. : *Leuto devotus, qui dedit montem Maurentiacum.* Il faut lire : la colline de Morancy, et non pas Montmorency, où l'abbaye n'eut jamais aucune possession. Les titres de saint Denys, dit La Martinière, font toujours mention de la terre de Morancy. *Cf.* pour le détail des possessions à Morancy demeurées à l'abbaye : Archives nationales, L. 851.

(4) *Villa quae nuncupatur Maurinciagi curtis sitam in comitatu camliacense.*

(5) Hameaux.

D'autre part, Morancy est indiqué comme seigneurie distincte alors comprise dans le duché-pairie de Montmorency (on attribue, dès 750 (1) des possessions dans la région à la maison de Montmorency).

Entre 987 et 996 (2), Eudes de Beauvais, demeurant à Morancy, s'empara d'un bien en litige dit *Terra Humberlasin in pago belvacensi super fluviorum Tera*. Olyard de Crethel l'en chassa, et donna cette terre aux moines de Saint-Bertin.

Au XIIe siècle se voient les premiers membres d'une famille tirant son nom du pays. Ce sont :

JOSSELIN et GIRAUD DE MORANCY. Ils furent témoins en 1170 d'un bail entre le comte Mathieu de Beaumont et l'abbaye de Saint-Denys pour les bois de Maffliers et autres, les droits dudit comte dans la ville de Morancy, et les fiefs qu'il tenait de l'abbaye de Saint-Denys (2).

RAOUL DE MORENCY. Il fit don en 1214, aux moniales de Boran, d'une dîme sur la maison de Richard, maire de Morancy, du consentement de ce dernier (4).

---

(1) *Cf. :* Graves, *Canton de Neuilly-en-Thelle.*

(2) Pertz : *Monumenta germaniae historica*, XIII, 635.

(3) Voici ce que le comte possédait à Morancy et qu'il remit à l'abbaye : taille, droit de moutonnage, lardage (droit sur les porcs), pâturage, moisson, etc... Le comte ne garde que le droit de tensement (de *tancer*, encore usité dans certaines expressions) et le droit de forage (droit perçu sur ceux qui avaient à forer un tonneau) qu'il avait selon un très vieil usage. Déjà, en 1153, Richard de Montmorency est témoin d'un accord entre Mathieu de Beaumont et l'abbaye de S. Denis pour des terrains à Saint-Martin-du-Tertre ; les religieux abandonnent un fief de deux muids de vin qu'ils avaient sur le pressoir du comte à Morancy. — *Cf. :* Douet d'Arcq, *Recherches sur les comtes de Beaumont,* et Arch. nat., J. 168, n° 31.

(4) *Cartulaire de Saint-Martin de Boran,* n° 27. *In id.,* pièce 30, on voit Hémeri Halot, de Chambly, vendre à ces religieuses un demi-arpent de terre à Morancy. Le prieuré de Saint-Léonor de Beaumont avait aussi quelques petites dîmes de blé et d'avoine à Morancy.

Robert Chopin (1), seigneur de Morancy. Il fit un accord, en 1220, avec les nonnes de Boran, pour terminer un différend qu'ils avaient touchant la dîme de Crouy et un demi-arpent de terre à Morancy (2).

Bisent de Morancy, père des suivants (3).

Philippe et Nivelon de Morancy, accordèrent, en décembre 1313, une rente aux religieuses de Boran, qui lui donnèrent en échange des terres à surcens qu'elles avaient sur Morancy, pour y planter des vignes (4).

Philippe combattit dans les guerres de Normandie ; son écu, sur une quittance de gages donnée à Rouen le 8 août 1316, porte 3 hermines sous un chef chargé de 3 losanges (3). Il n'avait connaissance en justice sur ses terres que jusqu'à cinq sous (5).

Rodolphe de Morancy. Il fit en 1341 (6) une rente à Saint-Martin de Boran, pour sa nièce, religieuse.

---

(1) Sans doute un surnom. Ce Chopin n'a pas de rapports avec les Choppin, seigneurs de Gouzangrez, d'Arnouville-en-Beauce et Senantes, qui étaient originaires de la Champagne.

(2) *Cf.* : *Cartulaire de Saint-Martin de Boran*, pièce 33 ; *id.*, pièce 30. — En avril 1258, Thibault de Champagne, chevalier, approuva l'aumône faite au prieuré de Saint-Leu-d'Esserent par Mathieu de Gouvieux de la part de tensement qu'il avait à Morancy, et s'engagea à la garantir contre Gautier de Villers-Saint-Paul (*Cart. de Saint-Leu-d'Esserent*, par le chanoine Muller).

(3) *Cf.* : *Cartulaire de Saint-Martin de Boran*, pièce 80.

(4) Clairambault, n° 6.464. Philippot de Morancy, écuyer, du bailliage de Senlis. Sceau rond de 17 $^{m}/_{m}$; on lit encore : ...DE MORENCI LA VI.....

(5) Evaluation des domaines du roi, 1331. Morancy comptait alors 30 feus, sur lesquels le roi avait toute justice, haute et basse. Comme le seigneur, l'abbaye de Saint-Denys n'avait connaissance que jusqu'à 5 sols. En 1332, dans l'estimation des domaines royaux de Beaumont et d'Asnières, la voierie de Morancy figure pour 30 sous.

(6) A cette époque (1340), Saint-Léonor de Beaumont n'avait plus à Morancy que 4 sous de rente.

Philippe de Morancy, seigneur de Morancy-la-Ville (5 juin 1349) (1). C'est le dernier membre connu de la famille (2). A peu près à la même époque que celle de Boran, la seigneurie de Morancy passa aux sires voisins de Précy ; probablement à :

Guillaume de Précy. Il épousa, en 1357 (3), Béatrix de Saint-Simon (4), dont il eut un fils :

Philippe de Précy, seigneur de Précy et Morancy-la-Tour, père de :

Louis de Précy, seigneur de Précy et Morancy-la-Tour. Il y avait alors à Morancy une forteressé considérable avec un haut donjon, d'où le surnom du pays (5). Louis de Précy y demeura avec son épouse, Catherine de Nantouillet (6). Veuf et sans héritiers, il fit don (7) de tous ses biens à son cousin Gilles de Rouvroy, à la condition de porter dorénavant ses armes écartelées de celles de Précy (6).

Gilles de Rouvroy, dit de Saint-Simon, châtelain d'Orchies, seigneur de Raches, Bailleul, Bray, Berzéel, Rimbeaucourt et autres lieux. Il ajouta à ces terres Précy et Morancy, et modifia ses armes comme on lui

---

(1) Bibl. nat., pièces orig., tome 2.041 ; art. Morancy, pièce 1.

(2) Le seul Morancy que j'aie trouvé à une autre époque est un Philippe Morancy, lieutenant la Compagnie de cavalerie légère de Tilladec en 1670. — Pièces orig. de la B. N. : art. Morancy, pièce 2 (tome 2.041). — Je le cite par simple curiosité, aucun lieu de parenté avec les précédents n'étant visible.

(3) Cabinet d'Hozier, tome 298 : Saint-Simon, pièce 54.

(4) Sa mère était Agnès de Camprémy. Elle avait épousé en premières noces le sire de Flamicourt, en 1334. *Cf.* : dossiers bleus de la B. N., 487, article *Rouvroy*.

(5) Ce château-fort, dont il demeure d'importants vestiges, fut démantelé sous le règne de Louis XI. De cette époque date l'amoindrissement graduel du pays, qui devait aller jusqu'à la disparition presque complète.

(6) Cabinet d'Hozier, 312 : Saint-Simon.

(7) Par testament du 7 juillet 1451. — Dossiers bleus : 587.

demandait. Elles étaient déjà écartelées au 1 et 4 de Rouvroy (une croix chargée de cinq coquilles) et au 2 et 3 d'Haversquerque (d'or à la fasce de gueules). Il ajouta sur le tout un petit écu losangé d'argent et de gueules au chef d'or, qui est de Précy (1). Il fit sa mémoire célèbre par les services qu'il rendit au roi Charles VII (2). Il fut au siège de Château-Gaillard, nommé bailli et capitaine de Senlis en 1430 : il acquit alors la terre du Plessis-Choisel (3), près Senlis, des héritiers de Jacques Pacy. On le voit encore aux sièges de Meaux (1439), de Creil, de Pontoise et d'Alençon. Il accompagna Louis XI à Péronne, et mourut en 1477. On l'enterra à la cathédrale de Senlis, dans la chapelle du *Grand bailly* qu'il avait fait bâtir (4).

Sa femme, Jeanne de Flocques, fille de Robert de Flocques, maréchal héréditaire de Normandie, lui survécut et se remaria à Louis de Villiers (5). Elle vivait encore en 1480.

Elle avait donné à Gilles de Saint-Simon (6) cinq enfants :

1° Guillaume, qui suit ;

2° Robert, mort jeune ;

3° Jean, mort jeune ;

4° Louis, enterré en 1490, à Saint-Cormeille de Compiègne ;

5° Jacqueline (7).

GUILLAUME DE SAINT-SIMON, châtelain d'Orchies et de bailleul, seigneur de Raches, Saint-Léger, Précy,

---

(1) *Cf. : le P. Anselme,* tome IV, et le sceau de son fils Louis dans l'inventaire de la collection Clairambault, tome II.

(2) *Cf. :* Monstrelet, Alain Chartier.

(3) Il reçut aussi du roi en 1448 la châtellenie de Dossamer, près Tournai, pièces orig. : 2.777.

(4) Le *P. Anselme,* tome IV.

(5) Seigneur du Mesnil-Madame Rancé. *P. Anselme,* IV.

(6) Il avait eu d'autre part plusieurs bâtards reconnus. La liste s'en trouve chez le *P. Anselme,* tome IV, p. 407.

(7) Elle épousa Valeran de Sains, bailli de Senlis.

Morancy-la-Tour, etc..., chambellan de François Ier, fit les guerres d'Italie auprès de ce roi, combattit à Marignan (1515), et mourut en 1525 (1). Il avait eu dix enfants (2) de sa femme Marie de La Vacquerie (3).

1° Guillaume, seigneur de Précy, mort sans alliance;

2° Méry, seigneur de Précy et Balagny-sur-Thérain, mort en 1529 ;

3° Antoinette, dame de Précy et Balagny-sur-Thérain (4) ;

4° Louis, seigneur d'Orchies et de Raches, gouverneur d'Hesdin, qui continua la postérité (5) ;

5° Antoine, seigneur de Grumesnil ;

6° Jeanne ;

7° Marie. Elle épousa Guy Karuel en secondes noces ;

8° Françoise, dame de Morancy-la-Tour, qu'elle apporta en dot (6) à Jean Potart, qui suit ;

9° Louise, morte sans alliance ;

10° Jacqueline, émancipée en 1491, à l'âge de trois ans.

Jean Potart, seigneur de Boisemont, Gromesnil, La Fresnaye et Gonnesse-en-Parisis (7), tint Morancy par son mariage avec Françoise de Saint-Simon, mais à la

---

(1) *Le P. Anselme*, IV, et *Dossiers bleus*, 587.

(2) Liste établie d'après le *P. Anselme*, tome IV corrigé par des notes des dossiers bleus et de d'Hozier.

(3) Fille unique de Jean de la Vacquerie, seigneur de Verguigneul, et de Marie de Fremault.

(4) Elle épousa : 1° Jean, comte de Canonville; 2° Louis, comte de Montausier.

(5) Il épousa, le 27 juillet 1525, Antoinette de Mailly, fille de Robert de Mailly, seigneur de Rumesnil, Tillart et Silly.

(6) Forteguy : *Généalogia de la antigua familia de S. Simon*. Madrid, 1808. (Il y en a un exemplaire à la Bibl. nat., à Paris, département des manuscrits dans le cabinet des titres [Rouvroy, Saint-Simon]).

(7) Fils de Jean Potart, seigneur de Boisemont et de Guillemette du Refuge, qu'il avait épousée le 14 mars 1496. B. nat., P. Orig. : 2.351. Les armes de ces Potart étaient : *bandé d'or et de sinople de 6 pièces. Id., ib.*

mort de celle-ci, la terre revint à sa nièce, Catherine, fille de sa sœur Marie, épouse de Guy Karuel.

Françoise de Saint-Simon n'avait donné à Jean Potart qu'une fille : Françoise (1).

Catherine Karuel, dame de Boran et autres lieux, épouse d'un sire de Joigny (2) : son épitaphe portait le titre de dame de Morancy.

Les héritiers ne gardèrent pas cette terre, qui était passée au XVII° siècle dans le domaine de la maison de Condé. C'est ainsi que Morancy vint (3) à :

Louis II de Bourbon, « le grand Condé », dont je n'ai pas l'intention de refaire ici l'histoire.

Il vendit Morancy en 1666, alors qu'il négociait en Pologne, à la marquise de la Châtre (4).

La marquise de la Chatre, dame d'Hardoncourt et de Rozières.

Elle réunit par cet achat les seigneuries de Boran et de Morancy pour la seconde fois ; elles eurent désormais les mêmes seigneurs jusqu'à la Révolution, ayant été vendues ensemble à Mme de Parabère (5) le 8 août 1719.

---

(1) Elle épousa : 1° Jean de Mailly, dont elle n'eut pas d'enfant ; 2° Georges de Montmorency, seigneur d'Aumont, auquel elle donna une fille qui épousa un Martainville en Normandie. *Pièces originales* : 2.351.

(2) Voir p. 66.

(3) Vatin, Inventaire, p. 420.

(4) 22 sept. 1666. Vente par le prince de Condé à Mme d'Ardoncourt, de Rozières, de la terre et seigneurie de Morancy-la-Ville, près Beaumont, sur le prix de laquelle le prince a délégué au prieur de Saint-Leu la somme de 25.000 livres pour paiement du fief de la Couture. Arch. Oise, Titres Saint-Leu-d'Esserent, reg. H. 2.429.

On ne sait rien d'autre sur le fief de la Couture.

(5) Voir pages 77 et suivantes.

Madeleine de la Vieuville, veuve Baudéan de Parabère, dame de Boran, Morancy, Le Blanc, Dandeuille et Rozières. Nous avons vu sa vie à Boran, et le mystérieux baptême à Morancy (1) du fils qui lui succéda en 1750 dans la possession de cette terre :

Louis-Barnabé de Baudéan. Dernier seigneur de Boran et Morancy ; émigré en 1792.

Les héritiers rentrés dans les biens non aliénés après la Révolution ont toujours gardé la *ferme de Morancy*, reste de l'ancienne demeure seigneuriale. Les successsions du dix-neuvième siècle l'ont apportée au comte de Reiset, propriétaire actuel.

Cette ferme est formée d'un grand carré de bâtiments limitant une cour au milieu de laquelle s'élève le donjon, seul reste de la forteresse qui commandait jadis le cours de l'Oise.

Ce donjon domine encore fièrement la falaise, regardant vers Précy et la rivière. « C'est une vaste construction quadrangulaire, ou plutôt une énorme cour carrée, isolée au milieu des corps de logis, granges et étables, avec de jolies fenêtres à tympan ogival, géminées et trilobées (2). Elles sont circonscrites dans l'ébrasement en tiers-point de la muraille. A un angle, une tourelle cylindrique. Au dehors, des moulures d'un beau dessin indiquent les étages. On remarque à l'intérieur des bancs ménagés dans les murs, des modillons en quart de cercle, une chambranle de cheminée, le tout d'un grave et fier style du xive siècle. (3) » Du haut de ce donjon, la vue est grandiose sur le cours de l'Oise, les collines et les forêts.

Et c'est le seul témoin subsistant d'un lieu d'étape gallo-romain, d'une paroisse importante, à la position

---

(1) V. p. 84.
(2) Ou plutôt bilobées et surmontées d'un oculus.
(3) Chanoine Muller.

naturelle soutenue de fortifications. Déjà, en 1701, la population était restreinte puisque cette année-là trois enfants seulement firent leur première communion (1).

En 1751, l'état civil se réduisit à une naissance ; pas de mariage durant quinze ans ; pas de naissance en 1757.

En 1759 et 1760 (2), aucun acte d'état civil (c'est un acte de Boran qui apprend le passage à Morancy du curé Dubus). Le dernier registre, de 1791, est tout blanc. La réunion à Boran était fatale. En 1840, Morancy formait encore un hameau de six maisons.

Ç'avait été un village agricole, vigneron (la vigne croissait jadis à merveille sur ce coteau) et réputé pour l'élevage des nourrissons qu'on y envoyait de Paris en grand nombre (3). Au xviiie siècle, les femmes faisaient de la dentele de Chantilly.

On ne sait pas grand'chose sur l'instruction : de 1701 à 1713 le clerc, aussi chantre à l'église, se nommait Honoré Vambourg (4). Le 6 août 1713, Prix Relot, de Saint-Vaast-lès-Mello, fut installé comme maître d'école à l'issue de la messe paroissiale, aux gages de 50 livres par an, logé, à charge *de faire*

---

(1) Ces trois enfants furent confirmés le même jour à Morancy par l'évêque de Tulle. *Registres d'état civil de la paroisse.*

L'évêque qui occupait le siège de Tulle en 1701 était Humbert Ancelin, frère de lait de Louis XIV, nommé le 4 octobre 1680. Sacré le 18 mai 1681. Prit possession par procureur le même mois et fit son entrée le 21 octobre 1682. Se démit en 1702, le 13 mars. Abbé de Ham, il mourut en 1720.

La présence de Mgr Ancelin en Beauvaisis peut s'expliquer à la suite de sa nomination à l'abbaye de Ham en Picardie, peu de temps avant sa démission du siège épiscopal de Tulle. Je n'ai pu établir si cette abbaye avait des terres ou des arentements à Morancy.

(2) *Dictionnaire d'Expilly :* 1762. Morancy y est dit de l'élection de Senlis, parlement et intendance de Paris : il y avait 13 feus.

(3) Registres d'état civil.

(4) Journal de l'abbé Brébant.

l'école suivant l'usage du diocèse, et la queste de l'eau bénite dans la paroisse (1).

La paroisse comprenait deux portions : Morancy-la-Ville (ou la Tour) : *Morenciaco villa,* sur la hauteur, autour de l'église et de la forteresse ; et Morancy-le-Petit (*villula*) en contre-bas.

L'église fut détruite peu de temps après la réunion à Boran ; le cimetière l'entourait : le cadastre (2) et la tradition conservent le souvenir de l'emplacement.

Du village disparu, il ne reste, outre la ferme, que des murs achevant de s'écrouler, limitant des enclos d'herbe folle, où le curieux risque de choir dans des caves aux voûtes effondrées, traîtreusement masquées de ronces.

XIV

Les Boran normands

Raoul de Boran et Eléonore d'Ailly eurent plusieurs enfants, dont l'un s'établit en Normandie au temps des ducs. Il y fit souche, et ses descendants figurent dans plusieurs cartulaires de la province (3).

Ce fils se nommait Eudes ; il fut un des plus fidèles lieutenant du roi Henri Ier Le pays se révolta pendant le très pluvieux hiver de 1123 qui rendait toutes les opérations difficiles ; Henri mit un gouver-

----

(1) Etat civil de 1713 à la mairie de Boran.
(2) V. p. 160.
(3) Papiers de Mlle du Tertre.

neur et des troupes à Evreux, Pont-Audemer et Bernay, et confia cette dernière ville au sire de Boran (1), qui eut souvent maille à partir lors les troubles désastreux de cette année-là. Le 26 mars 1124, il battit près de Bourgtheroulde les seigneurs soulevés contre le roi d'Angleterre, duc de Normandie. Du Moulin (2) raconte ainsi l'affaire :

Cependant Renouf de Bayeux, gouverneur de la citadelle d'Evreux, eut le vent que les ennemis étaient à Vatteville, en donne avis à Eudes, gouverneur de Bernay, et à Guillaume de Harcourt, et à Henry de Pommereul, gouverneur de Pont-Authou, les porte à aller au devant de ces mutins et à les combattre. Ils amassent leurs troupes et se trouvent bien trois cents cavaliers près le Bourg-Théroude. Là, rencontrant Waleran (3), qui retournait à Beaumont-le-Roger, quelques-uns eussent bien voulu ne donner le combat, mais le capitaine de Bernay, par un généreux discours, les anima si bien à la guerre qu'ils attendirent avec impatience les approches de ce mutin. Lequel dès la première vue de leur troupe chanta le triomphe avant la victoire : le comte Amaury qui depuis longtemps connaissait le courage de Boran, eût bien voulu ne combattre point ; mais enfin, résolus, ils se mirent en ordre. Le comte de Meulan parût en tête de quarante cavaliers qui faisaient le front de son bataillon ; les chevaux de ceux-ci furent tués par les arbalétriers, et nonobstant ils se joignirent et combattirent. Les sires de Meulan, de Montfort et de Neufchatel, et bien quatre vingt cavaliers furent pris prisonniers, et les autres mis en déroute.

---

(1) *Cf.* : l'abbé du Moulin, curé de Menneval, près Bernay, dans son *Histoire de Normandie* (Rouen, in-f°, 1631) qui fait autorité. Il place encore Eudes de Boran dans son catalogue des seigneurs illustres de Normandie depuis Guillaume le Conquérant jusqu'à la conquête par Philippe-Auguste. — Dubois, dans son *Histoire de Lisieur*, dit qu'en 1122, Eudes de Boran, gouverneur de Bernay, fut pris dans Cisei par Richer de l'Aigle avec tout le butin qu'il avait amassé. — Est-ce une erreur de Dubois ? Du Moulin ne cite pas Eudes de Boran à Cisei et ne le fait nommer à Bernay qu'en 1123. D'ailleurs, la prise de Cisei se place avant le naufrage de la Blanche Nef (1120).

(2) *Hist. de Normandie*, citée ci-dessus, p. 327 et suiv. — *Cf.* aussi : du Bois, *op. cit.*

(3) Célèbre par ses cruautés ; c'est lui qui coupait les mains et les pieds des bûcherons de la forêt de Brotonne.

Au XIIIe siècle, un chanoine de Bayeux, Hugues de Boran, ne nous est pas inconnu. Nous l'avons déjà vu auprès de ses cousins du Beauvaisis avec lesquels il était en relations, conclure des actes, et faire des largesses à Saint-Martin-des-Nonnettes (1232, 1237, 1240, etc...). Il allait encore à Boran en 1271 comme paraît bien l'indiquer cette mention de l'*antiquus cartularius ecclesiae Bajocensis* (1).

Hugues de Boran, grand chantre, sur le point de faire un voyage en France, donne, s'il lui arrive malheur en route, à l'église de Bayeux, tout le revenu de l'année courante, soit environ 260 livres qu'il perçoit en raison de sa dignité aux Oubeaux et à Neuilly (2) [à Bayeux le 25 septembre 1271].

Voici l'acte mentionné :

Anno M° CC° Lxxj°, die veneris ante festum beati Michaelis in monte Gargano, mense septembris, venerabilis dominus Hugo de Bourran, cantor Bajocensis, volens iter arripere eundi in Franciam, congregatis canonicis in capitulo si aliquid ei humanitus in predicto itinere accideret, hoc est, si in fata decideret, donavit et concessit ecclesiae bajocensi fructus suos, redditus, et obventiones anni presentis, quos habet et qui sibi debentur apud les Aubiaus (3) et apud Nuilleum (4), ratione cantorie baiocensis, in quibuscumque rebus existantet undecumque sibi debeantur ad emendum redditus, ad a[u]gmentum communie baiocensis, qui distribuentur, tempore Adventus, canonicis et vicariis servientibus in ecclesia, secundum consuetudinem ecclesie baiocensis, supra id quod de communia eo tempore distribui consuevit. Fructus autem predictui et debita inferius annotantur, videlicet : decima de Landis (5) ; decima de marescis (6), VIII libras ; decima de Fommichon (7), XLiij libras ; decima de magnis pratis, XXXiiij libras ; decima de parvis pratis, Xiiij libras ; decima de Flamens C solidos ; decima de Albeliis (1), Lxx libras ; decima de Vado

---

(1) Ms. 193 du chapitre de Bayeux, folio 98.
(2) Communes du canton d'Isigny.
(3) Les Oubeaux, canton d'Isigny, arr^t de Bayeux.
(4) Neuilly-la-Forêt, *id., ibid.*
(5) Les Landes, à Neuilly et aux Oubeaux.
(6) Les marais de Neuilly.
(7) Fumichon, hameau de Neuilly.

tonoso XX solidos ; sextarium bladi inter IJ⁰ˢ sextarios frumenti; decima molendinorum episcopi de Nuilleio xvj libras. Summa precedentium, circa ij C et lx libras.

(Bibl. du chapitre de Bayeux, ms. n° 193, f° 98).

Après la mort d'Hugues (1), un obit à sa mémoire fut célébré chaque année, le 7 septembre, à la cathédrale de Bayeux (2).

A partir du xiv° siècle, on trouve fixés à Neuilly, siège de la baronnie épiscopale (3), des sires de Boran. Ils sont dits venir de Senlis ; mais la présence des dîmes du grand chantre Hugues dans cette paroisse donne à penser qu'ils étaient depuis un siècle au moins dans ce coin du Bessin. Leur demeure, s'est depuis nommée la Borannerie. C'est aujourd'hui une grosse ferme qui ne conserve rien des anciennes constructions.

THOMAS DE BORAN servit avec distinction les rois Jean et Charles VII. Il suivit Bertrand du Guesclin en Espagne, où le roi Charles l'avait envoyé avec une armée contre Pierre le Cruel, roi de Castille. Il ne se passa guère d'affaires durant cette guerre où Thomas de Boran n'assistât et où il ne donnât des preuves d'un courage héroïque. Il fit surtout paraître sa valeur dans

---

(1) Hugues de Boran est encore mentionné au f° 84, dans une charte du 31 mai 1247, par laquelle Béatrix, veuve de Roger Suhart, seigneur de Monfreville, résigne entre les mains du chapitre de Bayeux les droits qu'elle pouvait avoir sur les maisons d'Alexandre Bouvet, à Bayeux. Il n'est pas encore grand chantre, mais simplement chanoine : ...*istis presentibus : Heberto, decano ; Hugone, archidiacono ; Silvestro, canonico ; Hugone de Boran*, etc...

(2) *Mémoires de Béziers* pour servir à l'état historique du diocèse de Bayeux, I, p. 390. — Dans l'obituaire de la cathédrale, rédigé en 1581 (Bibl. du chapitre, ms. 140), on lit au 7 sept. : (*Obitus*) *Hugonis de Bourrain, cantoris sacerdotis VIJ lb. XIIJ s.*

(3) D'où son ancien nom de Neuilly-l'Evêque, aujourd'hui : Neuilly-la-Forêt.

la bataille du Montiel (14 mars 1369) où le roi de
Castille, assisté des Maures et des Sarrazins, perdit la
liberté et ensuite la vie, par ordre de son frère naturel,
Henri de Transtamarre. Celui-ci, témoin du courage
que le brave Boran avait fait paraître dans cette occasion et dans toutes les autres, lui témoigna sa gratitude
en lui faisant quitter ses armes qui étaient de
gueules (1) à trois étoiles d'argent (2), et lui ordonna
de prendre d'argent au lion rampant de sable (3),
armé (4) et lampassé (5) de gueules, accompagné de
trois têtes de Maures, de profil, aussi de sable, entor-
tillées d'argent, posées 2 et 1 (6). Sa postérité a
toujours conservé ses armoiries, qu'on voyait encore
ainsi figurées il y a peu d'années sur une litre funèbre
de l'église de Castilly, que fit disparaître un récent
badigeon auquel n'eut pas le bon goût de s'opposer le
comte de Kergolay, héritier du sang des Boran et du
château de Castilly (7).

Au xvᵉ siècle, les Boran possédaient à Neuilly : 1° le
manoir de la Chaussée pavée (conduisant de l'église
au château-fort, dont un donjon subsiste, avec la
chapelle) ; 2° la Borannerie ; 3° le lieu Saint-Jean.

---

(1) Fonds rouge, cette couleur signifie charité, vaillance,
hardiesse, générosité. *Note des papiers de Mˡˡᵉ du Tertre.*

(2) Indication confirmée par les notes de M. le chanoine Guérin,
de Trévières.

(3) C'est-à-dire noir. *Note des papiers du Tertre.*

(4) Se dit des animaux en parlant des parties que la nature
leur a données pour se défendre. *Papiers du Tertre.*

(5) Dont la langue paraît hors de la gueule *Papiers du Tertre.*

(6) C'est-à-dire deux en haut et une en bas, ainsi : ∴ *Papiers
du Tertre.*

(7) Notes de M. le chanoine Guérin. — Clairambault (n° 1229)
rapporte une pièce avec un sceau rond de 18 ᵐ/ₘ, où Thomas de
Boran, écuyer, donne quittance de gages pour les guerres de
Basse-Normandie (Bayeux, 22 décembre 1374). L'écu porte trois
têtes de Maures accompagnées d'un lion en abîme. Légende
détruite.

Ceci ressort d'un partage entre trois frères qui reçurent chacun l'une de ces trois parts.

Jean de Boran. — Il épousa, vers 1450, Mariette, fille du sieur de Castilly, Henri de Bretteville (1), à la mort de qui il devint seigneur de Castilly (2).

On lui connaît trois enfants :

1° Roger, qui suit ;

2° Geffroy, qui suivra ;

3° Catherine (3).

Roger de Boran, seigneur de Castilly et [curé (4)] de Breteville, mourut en 1502, laissant Castilly à son frère puiné :

Geffroy de Boran, qui servit la France plus de vingt-quatre ans, notamment pendant les guerres d'Italie, sous Charles VIII et Louis XII (5).

---

(1) Et de Lisette de Surville. Cette note et la plupart de celles qui suivront sont dues à l'érudite obligeance de M. le chanoine Guérin, curé-doyen de Trévières, au diocèse de Bayeux, sans l'extrême amabilité de qui mon chapitre sur les Boran normands n'existerait pour ainsi dire pas.

(2) Castilly, relevant du roi, était un fief indivisible, revenant à l'aîné. Le 24 septembre 1484, Jean de Boran, aux assises de Bayeux, fait hommage de ce fief au roi.

Monfault, faisant la recherche des nobles de la contrée, trouva, en 1463, dans la sergenterie d'Isigny, élection de Bayeux, Jean de Boran, qui ne fut point reconnu noble, mais envoyé payer taille. Il fut annobli aux francs-fiefs en 1470. Dans la recherche de 1523, on trouve à l'article Lambert, en 1453, Jean Lambert et Jeanne de Boran, son épouse, sires de Champ-repud. D'autres copies disent Jeanne de *Brucem* ; elles ont peut-être raison.

(3) Elle épousa Ancel du Chatel, seigneur de la Mare et de Courcy. *Recherche de 1523.*

(4) Ne serait-ce pas un mot mal lu, pour *sire ?*

(5) En 1512, il fait serment de bien et loyaument servir le roi quand il serait commandé. Dans la recherche de 1523, où il ne paraît pas. on trouve à l'article Suhard que Vincent Suhard, de Crouay, avait épousé demoiselle Rolline de Boran.

Il laissa :

1° Richard, qui suit ;

2° Jean (1).

RICHARD DE BORAN, sieur de Castilly, comparut pour la recherche de 1540 (2) ; il produisit une généalogie et différentes pièces à la fin desquelles on lit la mention : *en double et en difficulté*. Il épousa, en 1529 (ou 1559 ?), demoiselle Catherine Picot, dont il eut deux fils (3) :

1° Guillaume (4) ;

2° Geffroy, qui suit.

GEFFROY (II) DE BORAN. Il épousa, le 24 mars 1596, Jeanne le Héricy, d'une noble et nombreuse famille (5). Il fut maintenu noble après avoir comparu et justifié ses titres devant le sieur Roissy (1598-9) (6). Seigneur de Castilly à la mort de son père, il laissa :

---

(1) Il alla demeurer à Neuilly et sa noblesse y fut trouvée bonne en 1598. Il eut trois fils : Jean, Richard et Lambert. Jean, écuyer, mourut, laissant une veuve. (Rôles de 1639-1640, où Richard est dit écuyer et pauvre.)

(2) Bibl. de Rouen, Y-46, fonds Martainville, ou encore 116, plus ancien et plus exact. *Chanoine Guérin.*

(3) Chamillard : Recherche de la noblesse de la généralité de Caen. Il les dit annoblis aux francs-fiefs de 1470, portant d'argent au lion rampant de sable, avec deux casques de même, l'un en chef, l'autre en pointe. Ce dernier détail est une erreur. *Chanoine Deslandes.* — R. de B. a probablement aussi une fille : Marie de Boran, qui épousa en 1567 Michel Théroulde, fils de Jean. *Chamillard, op. cit.,* p. 728.

(4) Est-ce une sœur ou descendante de ce Guillaume que Guillemette de Boran qui épousa Guillaume d'Amours ? (Chamillart, *op. cit.,* p. 14).

(5) Qui donna des seigneurs à Fierville-la-Campagne, Etreham, Fort-Vaussieux, etc...

(6) Dans la recherche de 1624 (Rouen, Y-16-20 partie) on trouve une généalogie et mention de 12 pièces (1497-1612) produites par six membres de la famille. A la fin, on lit : *justifieront plus amplement de leur trisayeul.* Leurs armes sont figurées d'argent au lion de sable armé d'or, accompagné de trois têtes de Maures de même, de profil, tortillées d'argent.

1° Gilles, qui suit ;
2° Julien (1) ;
3° Jeanne-Jacqueline (2).

GILLES DE BORAN, sieur de Castilly, guerroya en Flandres et en Allemagne sous Louis XIII ; il épousa, en 1636, demoiselle Marie de la Dangie, dont il était veuf quatre ans plus tard (3) ; il en eut deux fils :

1° Philippe, qui suit ;
2° François (4).

PHILIPPE DE BORAN, écuyer, seigneur de Castilly, et créé marquis de Castilly en mai 1683 (5), seigneur de

---

(1) Julien de Boran, écuyer, fils de Geffroy, fut seigneur de Semilly, demeurant à Mestry, sergenterie d'Issigny. Par contrat audiencé à Formigny, le 26 septembre 1638, il acheta de Jean de Bretteville, sieur de Normandville-en-Vierville, pour 2.118 livres, des terres plantées et une maison sise à Formigny, et en plus les droits seigneuriaux allant à Normandville. — Il épousa Jeanne de la Rocque, dont il eut une fille : Jeanne, qu'il maria le 30 avril 1652 à Louis de Pierrepont, seigneur de Saint-Lambert commune de Neuilly). D'où il se pourrait que le patronage de Mestry appartint en partie aux Pierrepont, lorsque le marquis Philippe de Boran et ses successeurs s'en déclaraient possesseurs. — Semilly, devenu ferme, a encore une tour carrée avec des meurtrières.

(2) Et probablement une autre fille : Gilette, qu'on voit épouser en 1621 Robert de la Ménardière (Chamillard, op. cit., p. 436).

(3) Rôles 1639-1640.

(4) Il devint conseiller du roi en sa cour et parlement de Rouen, demeurant pour l'ordinaire à Rouen, et à Paris, rue Chappon, paroisse Saint-Nicolas-des-Champs. (Bibl. nat., mss., pièces originales, tome 416, art. 9.303, pièce 1. Il s'agit d'une somme d'argent sur laquelle avait opposition Mme Marguerite Jolly, veuve de Charles de Trudaine. Elle renonça à cette opposition le 30 août 1679.)

(5) Note Guérin, confirmée par une pièce du 14 août 1683. (Bibl. nat., ms., t. 416, art. 9.303, pièce 7) : reçu de gages et le premier où figure le titre de marquis. Rappelons ici que les Boran furent maintenus nobles par Chamillart en 1666, comme annoblis aux francs-fiefs.

l'Isle, la Bretonnière et Rupalley, avec le patronage des églises de Castilly, Mestry (1), et Saint-Pierre-la-Folie. Bachelier, puis licencié en droit canonique et civil, avocat au parlement de Rouen, il résida souvent dans cette ville, près de son frère François (2).

Laissant le barreau, il fut (avant 1660) capitaine, puis général des gardes-côtes au département de Grandcamp. Il quitta Rouen pour Castilly, où il fit édifier un nouveau château (3).

De son épouse, Thérèse Senot, il eut :

1° Pierre-Augustin, qui suit ;

2° Marie (4).

Pierre-Augustin de Boran, deuxième marquis de Castilly. Il eut de grandes difficultés avec ses cousins (5) de la branche Boran de Mosles (6), au sujet de l'héri-

---

(1) Sur le patronage de cette église, *cf.* p. 185, note 1 ; et 187, note 1.

(2) Dans le ms. fonds français 18.942 de la Bibl. nat., on lit : Castilly, appartient au sieur de Castilly, qui a encore un frère. Ils portent le surnom de Boran, qui est une honnête famille. Ils sont gens de cœur qui ne se mêlent que de leurs affaires. Riches, ensemble, de 10.000 livres de rente.

(3) Celui qui existe encore de nos jours.

(4) Elle épousa Raphaël de Faoucq à qui elle donna deux filles, et un fils : Isaac II de Jucoville, né en 1724. Il fut à Fontenoy sous le maréchal de Saxe, tomba malade après la campagne, et mourut à Bayeux chez son oncle, M. de Boran-Castilly, le 3 février 1746, moins d'un mois après la mort dudit oncle. On l'enterra à l'église Saint-André de Bayeux, démolie en 1751 *Histoire de Bayeux*, par Béziers). Cette Marie de Boran est connue par de grandes libéralités et fondations en faveur des pauvres et des malades. Elle fit de sa maison un orphelinat, par autorisation royale du 25 avril 1767.

(5) Ou plutôt ses cousines :, *a)* X*** [descendante de Jeanne-Jacqueline, fille héritière de la moitié des biens de Geffroy (II) (qui aurait possédé la terre de Mosles)] épouse de Henri Nangon, seigneur des Marets, résidant au château des Marets, à Nacqueville ; *b)* Reine-Hélène-Françoise de Boran, épouse du seigneur d'Omonville.

(6) Dans les archives communales d'Engranville (mairie de

tage de son père (1720). Ces Boran de Mosles descendaient probablement de Jullien de Boran, puisqu'une pièce du procès fait remonter à des possessions de son père, Geffroy (II) de Boran. Pierre-Augustin dut renoncer à ses droits, mais je n'ai pu démêler au juste en quoi ils consistaient (1).

Il termina la construction du nouveau château de Castilly, commencée par son père, et mourut dans son hôtel de Bayeux, le 8 janvier 1746, laissant deux enfants qu'il avait eus de son épouse : Thérèse-Elizabeth de la Paintrerie (2).

1° Marie, qui suivra ;
2° Jean-Claude-Pierre, qui suit :

JEAN-CLAUDE-PIERRE DE BORAN, dernier marquis de Castilly et dernier des Boran mâles, mourut sans alliance à l'âge de vingt ans, en son château de Castilly, le 6 septembre 1750. Tous ses biens, qui étaient considérables, passèrent à sa sœur :

MARIE-THÉRÈSE DE BORAN. Elle avait épousé, le 27 février 1734, Charles-Antoine de Faudoas, marquis de Canisy, cornette aux chevau-légers de Bretagne ; elle apportait 80.000 livres de dot ; lui, 220.000 et le beau château de Canisy (3).

Formigny), il y a trace d'une branche qualifiée seigneurs de Molles. — Dans les archives de La Cambe, note de la sépulture d'une Boran de Mosles dans la chapelle de Thère (transept nord de l'église de La Cambe).

(1) Bibl. nat., mss., pièces originales, t. 416. Il paraît s'agir entre autres choses du patronage de l'église de Mestry.

(2) La Paintrerie, commune de Canchy.

(3) Ils eurent trois filles (qui devinrent la marquise de Pierrepont, la marquise de Courtanval, et Mme de Beaurepaire) et un fils : Auguste-Hervé, capitaine de cavalerie. Mme de Beaurepaire, veuve, ayant eu à la Révolution l'imprudence d'écrire à une amie que *sa chienne venait de lui donner trois républicains*, fut arrêtée et condamnée à mort le 25 prairial an II, avec son frère, rentré d'émigration, et sa fille âgée de dix-huit ans.

Par le mariage d'une Faudras avec un Kergolay, Castilly est aujourd'hui dans cette dernière famille. Le château a été remanié ; il y a un chartrier où la plupart des notes qui précèdent ont été relevées par M. le chanoine Guérin, ainsi que dans les archives notariales des environs (1).

***

Je tiens à rendre hommage en terminant aux personnes qui m'aidèrent dans mon travail: M. Demouy, curé de Boran, émule et ami de notre secrétaire, le chanoine Pihan ; M. Depoin, qui m'a donné de précieuses notes et la compagnie de son nom si autorisé ; MM. Deslandes (2), Guérin, et Le Mâle, doctes chanoines bayeusains, auxquels je dois presque tout sur les Boran de Normandie.

---

(1) Il y a soixante ans, on lisait l'inscription d'un Boran dans l'église de Neuilly-la-Forêt. Elle a disparu avec toutes celles des Castilly lors de restaurations contemporaines, désastreuses.

(2) Récemment décédé.

ICONOGRAPHIE

I

PLANS ET CARTES

1° Cartes des environs de Chantilly (Galerie des dessins. Musée Condé, à Chantilly). On y distingue très nettement le plan du prieuré et du château.

2° Cartes de l'état-major aux différentes échelles.

3° Plan du prieuré. (Archives de l'Oise, Qh. prieuré de Boran.)

II

LITHOGRAPHIE

1° Du prieuré de Saint-Martin au début du XIX° siècle. (*Circa*, 1820). Il existe des exemplaires coloriés.

III

PHOTOGRAPHIES

1° Clichés des Monuments historiques et du Service photographique de l'armée :

N°⁵ 301 : Ensemble de l'église.
    302 : Chœur.
    303 : Verrière.
    304 : Facade ouest.
    305 et 307 : Clocher.
    306 : Nef.
    3.916 : Stalle.
    239 et 240 : Ferme de Morancy.
    298 et 299 : Extérieur du donjon de Morancy.
    241 et 300 : Intérieur du donjon de Morancy.

2° Un certain nombre de cartes postales (Eglise, Château, Prieuré, Vues diverses).

IV

PORTRAITS DE Mme DE PARABÈRE

1° Santerre (1658-1717) : Le régent et Mme de Parabère sous les traits d'Adam et d'Eve. — (Palais impérial de Vienne.)

2° Esquisse du n° 1. — (Collection de la famille du peintre Santerre).

3° Coypel Antoine (1661-1722) : Mme de Parabère. — (Musée de Caen.) — Elle est représentée en buste. Blin de Fontenay y a ajouté une guirlande qu'elle noue, tandis qu'un négrillon lui présente une corbeille de fleurs.

4° Copie du précédent. — (Musée de Versailles.)

5° Baudran (XIXe s.) : Héliogravure d'après le tableau précédent. — (Cabinet des Estampes.)

6° Largillière (1656-1756) : Mme de Parabère en grands atours. — (Ancienne collection Houdetôt.)

7° (*Pour mémoire*). Le portrait disparu de Mme de P. en carmélite peint sur les ordres du duc de Richelieu.

8° Van Loo (1684-1745) : Tableau disparu gravé ci-dessous (n° 9).

9° Chéreau : gravure du n° 8. Mme de Parabère tenant une tourterelle (*reproduit en frontispice du présent volume*). — (Cabinet des estampes.)

10° Estampe imitant le n° 9, très décolletée. Elle s'est vendue à Paris en 1719 et 1720. Il y a quatre vers au-dessous. Elle n'est pas signée et Mme de P. n'y est pas nommée. « A Paris, chez *Crépy le fils, rue Saint-Jacques.* » — (Cabinet des Estampes.)

11° Delpech (XIXe s.) : Lithographie inspirée du n° 3, sans le négrillon, avec fac-simile de la signature de Mme de P. — (Cabinet des Estampes.)

12° Interprétation du n° 11, dans le style *Trianon Impératrice*, pour illustrer les *Reines du monde* de Jules Janin. Il y figure les armes des Parabère. — (Cabinet des Estampes.)

13° Petite gravure sur acier dans le goût romantique. — (Cabinet des Estampes.)

N.-B. — Les diverses pièces du Cabinet des Estampes se trouvent réunies dans le recueil de Parini.

CHARTES ET DOCUMENTS

DU PRIEURÉ

DE SAINT-MARTIN DE BORAN

1. — *Mathieu II, comte de Beaumont-sur-Oise, assure
la première dotation du prieuré de religieuses qu'il
fonde à Boran.*

(1151-1161.)

En déficit.

Ind. Charte de l'évêque Barthélemi, n° 2 ci-après.

2. — *Barthélémi, évêque de Beauvais, et son clergé se
rendent à Boran pour bénir l'aître de Saint-Martin, à
la prière des pauvres religieuses ; désirant secourir
leur indigence, le prélat institue une confrérie ouverte
à tout bienfaiteur du couvent. Le comte Mathieu II
et sa femme Aélis s'y agrègent. Ils assignent une
rente sur leur grange de Boran. Mathieu avait, auparavant, donné la dîme des agneaux, du lin et du
chanvre de sa terre de Boran ; sa femme et ses
enfants, Mathieu, Philippe et autres, y consentent.*

(1161.)

13

Anno ab Incarnatione Domini M° C° LXI, Bartholomeus, gratia Dei Belvacensis episcopus, cum clericis suis ad ecclesiam Sancti Martini de *Borrenc* venit, ibique (*a*) rogatu pauperum sanctimonialium, atrium benedixit (*b*) et, pro paupertate earum ibi (*c*) Deo servientium, fraternitatem constituit ut quicumque (*d*) in eam intrare vellet et de suis facultatibus Deo et suis pauperibus monialibus ibi (*e*) degentibus aliquid daret, ejus miseretur Omnipotens. Quod audiens (*f*) Matheus comes (*g*) de Bellomonte et Adelais uxor sua, in fraternitatem illam intraverunt, et ut participes fraternitatis illius in regno Dei essent, in perpetuam elemosinam modium (*h*) de vinagio (1), annuatim reddendum in granchia (*i*) sua de *Borrenc* Deo et sanctimonialibus dederunt.

Hujus rei testes Episcopus Belvacensis cum clericis suis, et milites (*j*) multi existunt.

Et hoc concesserunt filii sui Matheus et Philippus et alii, in perpetuum. Et antea dederat (*k*) decimam agnorum et lini et camni (*l*) ejusdem ville ; quod

---

(1) Bien que le texte fourni par les deux copies latines porte « vinagio », les analyses françaises donnent à penser que sur l'original il y avait « ivernagio », car elles traduisent l'une et l'autre « un muid de bled ». L'imputation de la rente sur une grange est à elle seule caractéristique.

L'extrait fait par le notaire François Le Jeune mérite d'être transcrit :

« Première liasse concernant ce qui est dans l'estendue du territoire de Borenc.

« Premier, un acte scellé d'un sceau de Berthellemi, évesque de Beauvais en 1168 (*sic*), par lequel il appert que le dit Seigneur Evesque estant venu audit St Martin lès Borenc pour bénir le monastère, y ayant institué une confrairie afin que tous ceux et celles qui voudroient y estre receu, apert Mathieu comte de Beaumont et Adelays sa femme pour estre associé à ladite confrairie, avoir donné à perpétuelle aumosne un muid de bled à prendre sur leur grange et seigneurie de Borenc, et auparavant avoient donné audit prieuré de St Martin la dismé d'anneau (*sic*), lin et chanvres, ainsi qu'il est au long porté par le dit acte. »

benigne ipse et uxor sua et filii sui communiter concesserunt quando (*m*) cartam istam sigillo suo confirmari fecit, teste (*n*) Petro de *Borrenc*, Drocone de *Sillecort*, Petro de Asneriis (*o*), Ricardo de *Borrenc* (*p*) militibus ; (*q*) Bernerio Lasneria, Hugone *de Letre*, Henrico de Bellomonte, Anselmo capellano, Deelino clerico (1).

Texte établi d'après C et D

(*a*) C *ajoute* a. — (*b*) D *omet* et. — (*c*) C *ibidem*. — (*d*) D *omet* in eam. — (*e*) C *ibidem*. — (*f*) C quo audiente. — (*g*) C *omet* comes. — (*h*) D *omet* de. — (*i*) D *omet* sua. — (*j*) D ejus *au lieu de* multi. — (*k*) D dederunt. — (*l*) D cervi. — (*m*) C quandam. — (*n*) *corriger* testibus. — (*o*) D Aneriis. — (*p*) D *omet* militibus. — (*q*) C *finit ici par* etc.

A. Original *en déficit*.

B. Vidimus confirmatif du garde du scel de Chambly en 1446 (perdu).

C. Copie (incomplète) de Mabillon « ex chartario Sancti Martini ». Bibl. Nat., ms. lat. 12.682, fol. 206 (avec la date fautive 1169).

D. Extrait des registres de Saint Martin de Borrenc (*sic*), fait au XVIII° s. ; Collection Bucquet-Aux Cousteaux, t. XL, p. 25. (Bibl. munic. de Beauvais.)

Ind. a. Extrait « collationné aux originaux estans en parchemin par moi François le Jeune, notaire royal à Precy, pour ce faire lesdits originaux mis en mes mains et à l'instant rendu, le cinquiesme decembre mil six cens quatre vins neuf ». — Arch. de l'Oise, Boran, portef. 4.

b. Extrait abbregé des lettres et chartres du prieuré de Saint Martin lès Borreng (XVII° s., sans date), « Borreng, n° 6 ». — (Arch. de l'Oise, *ib.*).

---

(1) Dailin (*Daalinus scriba*), greffier du comte Mathieu II, figure dans une charte de celui-ci (pour l'abbaye de Val-Notre-Dame) non datée, mais attribuée à l'année 1173 par Douët d'Arcq (*Recherches historiques sur les anciens comtes de Beaumont-sur-Oise*, p. 22, n° 17).

Anseaume paraît être le chapelain de Mathieu II, non encore connu, que Foulques remplaça après 1174 (*Ibid.*, p. 26, n° 24).

La pièce que nous éditons a échappé à Douët d'Arcq.

3. — *Le pape Alexandre III adresse à Héloïse II, abbesse du Paraclet, une bulle confirmant celles de ses devanciers qui placent ce monastère sous la protection directe du Saint-Siège et, parmi ses dépendances, est compris le monastère de Boran qui, au 1er septembre 1157, n'y était point encore rattaché. — (Extrait.)*

(Paris, 6 avril 1163.)

Alexander episcopus, servus servorum Dei, dilectis in Xristo Heloisse, abbatisse (1), ceteris que sororibus in Oratorio Sancti Spiritus quod in pago Trecensi situm est, divino famulatui mancipatis, tam presentibus quam futuris, in perpetuum. Ad hoc nobis a provisore omnium bonorum Deo pastoralis officii cura commissa est, ut beneplacentem Deo religionem laboremus statuere, et stabilitam exacta diligentia conservare. Ea propter, dilecte in Domino filie, vestris justis postulationibus clementer annuimus, et prefatum monasterium in quo divino mancipato estis obsequio, sub beati Petri et nostra protectione suscepimus et presentis scripti privilegio communimus, statuentes ut quascumque possessiones, quecumque bona in agris, vineis, pratis, silvis, molendinis, aquis, decimis seu aliis que idem monasterium in presentiarum juste et canonice possidet, aut in futurum... poterit adipisci, firma vobis, eisque qui post vos successerint, et illibata permaneant, in quibus hec specialiter duximus annotanda. *(Suit une longue énumération tirée des bulles du pape Eugène III, du 1er novembre 1147, et du pape Adrien IV, du 1er septembre 1157, à laquelle s'ajoutent)* Loca vero de Pomaria, Triagnello, Borrenco, Leavalle, Neoforto, Sancti Flavii, quemadmodum vobis rationa-

---

(1) Héloïse II ; la première Héloïse (l'amie de Pierre Abailard) cessa de vivre en 1143.

biliter concessa sunt, cum universis appendiciis suis (1).

Datum Parisius, per manum Hermanni, sancte Romane ecclesie subdiaconi et notarii, VII idus aprilis, indictione x, Incarnationis Dominice anno M° C° LXIII°, pontificatus vero domini Alexandri pape III anno quarto.

Edit. Lalore, *Collection des principaux cartulaires du diocèse de Troyes*, Paris, 1878, in-8°, t. II, p. 22, n° 12, d'après le *Cartulaire du Paraclet*, du XIVᵉ s., ms. 2884 de la Bibliothèque de Troyes (Stein, n° 2020).

---

4. — *L'archevêque de Rouen, Hugues III d'Amiens, confirme la donation faite au prieuré de Boran par Godefroi de Jouy-le-Comte pour la dot de sa fille, d'un muid de blé de rente, à prendre tous les ans sur les champarts de « Beherval » (2).*

(1161-11 novembre 1164.)

En déficit.

Roricus de Conflans signe en un acte d'Hugues, archevêque de Rouen (S. d.) *Titres de Boran.*

Willelmus de Marines est témoin en un acte de **Hugues**, archevêque de Rouen (s. d. vers 1160). *Titre du prieuré de Boran.*

Ind. Dʳ Leblond, *Notes pour le Nobiliaire du Beauvaisis*, t. I, p. 205, t. II, p. 436.

---

(1) Les fondations énumérées dans ce paragraphe se trouvent déjà, sauf Boran, dans la bulle de 1157.

Lalore dénomme ce dernier prieuré : « *Saint-Martin de Boran ou Saint-Martin-aux-Nonnains* ».

(2) Ce titre est indiqué en ces termes et sans date, par l'*Extrait abrégé des lettres et chartres du prieuré de Boran*, Beherval, n° 39.

Le rédacteur, reproduisant la forme archaïque du nom de

5. — *Ives de Beaumont donne au prieuré de Saint-Martin de Boran la sixième partie du vin qu'il percevait au pressoir de Boran.*

(1170.)

En déficit.

Ind. Extrait abrégé des lettres et chartes, Borreng, n° 11.

---

6. — *Mathieu, comte de Beaumont-sur-Oise, complète le don des menues dîmes de Boran au prieuré de Saint-Martin.*

(1161-1ᵉʳ juillet 1177.)

En déficit.

Ind. Extrait abbregé des lettres et chartres du prieuré de Saint-Martin-lès-Borreng, Borreng 2, en ces termes :

« Secondement Mathieu de Beaumont donne en pure aumosne audit prieuré la dixme de ses vignes, de line [laine], de chanvre, de lin, de fruictz, de veaux, d'oisons, de poulletz, d'agneaux,

---

la localité, ne pouvait sans doute l'identifier. Il s'agit vraisemblablement de Berval, commune de Grisy, canton de Marines, en Vexin, du diocèse de Rouen avant la Révolution. Cependant, dans l'analyse de la pièce suivante, le même rédacteur traduit « Beherval » par « Bornel » (canton de Méru, Oise).

Nous n'avons pas retrouvé ce titre et cependant il paraît s'identifier avec un acte de « Hugues, archevêque de Rouen » qui aurait été signé par « Roricus de Conflans » et se trouverait dans les titres de Saint-Martin de Boran, d'après une indication relevée dans les *Mémoires de la Société académique*, 1910, p. 205.

Hugues III, archevêque de Rouen, mourut le 11 novembre 1164. D'autre part, le monastère fut dédié en 1161. Ces dates circonscrivent la période pendant laquelle cette charte fut donnée.

Il n'existe aux Archives de Boran aucune pièce concernant des revenus à Berval. Ceux-ci ont dû être cédés par échange ou par vente à un autre établissement ayant des propriétés à Grisy ou aux alentours.

d'asnes et de chevaulx, un muid de bled avec toute la dixme qui lui appartenoit dans Borreng. » (1).

---

7. — *Pierre des Prés assigne quinze setiers de froment livré sans mouture, et cinq sols parisis de rente annuelle sur le moulin du comte Mathieu, à Bornel, pour la dot de sa fille, religieuse à Boran ; il y fait consentir son fils Pierre et l'oncle maternel de celui-ci, Thibaud de Bruyères.*

(Sans date.)

† Notum sit quod ego Petrus de Pratis, propter filiam meam ibi reponendam, dedimus... Concessit Petrus filius Petri de Pratis, Theobaldus de Brueriis avunculus ejus...

A. Original *en déficit*.
B. Extrait inséré par le Dr Leblond, avec la mention *Titres de Borrenc*, dans les *Notes sur le Nobiliaire du Beauvaisis*, t. II, p. 602.

Ind. par l'analyse suivante dans le manuscrit intitulé : « Extrait abbregé des lettres et chartes du Prieuré de Saint Martin les Borreng » :
« Boornel, 50. Tiltre portant la donation de quinze sextiers de forment touts les ans et cinqs sols de rente, faicte par Pierre des Prez à la charge de recepvoir sa fille au nombre des religieuses de Saint-Martin, et ladite redebvance se prend sur

---

(1) L'ordre sériel donné à cette pièce provient d'une erreur de lecture qui a fait attribuer à l'an 1113 une charte de Hugues de Beaumont qui est, ainsi que l'original le porte, de l'an 1193.

S'il s'agit, comme c'est probable, de Mathieu II, l'acte se place entre 1161, date de la donation partielle des menues dîmes, et le 1er juillet 1177, date probable de la mort de ce comte. (f. Depoin, *Recueil des chartes et documents de Saint-Martin-des-Champs*, t. II, p. 356, note 466.

le moulin de Mathieu, comte, de Boornel ; laquelle donation son fils Pierre des Prez et son oncle ont appreuvez entendant ledit Pierre des Prez que ledit musnier livre le bled moulu dans ledit prieuré de Saint-Martin sans prendre mouture. »

---

8. — *Mathieu III, comte de Beaumont, avec l'agrément de sa femme, Eliénor I de Vermandois, et de son frère Philippe de Beaumont, inféode à perpétuité à Richard de Boran, cinq muids de froment à prendre annuellement sur sa dime de Boran, après que les moines de Saint-Léonor auront pris la redime et un muid d'orge, et les moniales de Boran un muid de froment.*

(1179.)

In nomine sancte et individue Trinitatis, amen.

Noverint universi t. p. q. f. quod ego Matheus, comes Bellimontis, Elienor comitissa uxore mea et Philippo fratre meo annuentibus, dono in feodum Ricardo de Borrengo et heredi suo in decima mea de Borrengo quinque modios frumenti in perpetuum et annuatim percipiendos. Tali autem tenore quod monachi beati Leonorii de Bellomonte in eadem primitus redecimam et preterea unum modium ordei capient et moniales quoque Beati Martini de Borrengo unum modium frumenti capient. Post predictos vero monachos Beati Leonorii de Bellomonte et post moniales de Borrengi antequam aliquis in predicta decima aliquid accipiat, prenominatus R. de Borrenc et heres suus pretaxatos quinque modios frumenti accipiet. Et propter hos quinque modios et propter aliud homo legius est. Et propterea unum mensem stationis annuatim Bellomonte faciet. Et quicumque vero decime prenominate custos extiterit, jam sepedicto Ri. bonam fidelitatem faciet quod suos pred. quinque modios frumenti usque ad festum Beate Marie quod est in septembri reddiderit ; et quod illud frumentum de tali quale ad grangiam.

venerit nec mutatum nec pejoratum fuerit. Actum est
hoc publice, istis viris astantibus et testificantibus
quorum nomina subtitulantur : Theobaudus videlicet de Moranglia, Petrus de Borrengo, Petrus de Ron-
cherollis, Theobaldus de Campaniis, Ivo Siccus, Natalis
de Baernia, Hugo de *Luchi*, Odo prepositus, Warnerius
de Nosiaco, Girardus *Hardellunt*. Hoc autem ut ratum
et inconcussum permaneat, ego M. comes Bellimontis
et E. comitissa, uxor mea, sigillorum nostrorum auto-
ritate communimus et confirmamus. Anno Incarnati
Verbi M° C° LXX° IX°.

A. Original *en déficit.*

B. Vidimus de l'official de Beauvais, octobre 1237. Portef. **2**,
liasse Boran.

C. Vidimus de l'official de Beauvais, relatant que « domnus
Hugo de Borrenc clericus » lui a présenté les lettres par lesquelles
« vir nobilis dominus Matheus, quondam comes Bellimontis et
Helienor ejus uxor donaverunt in feodo domino Ricaldo (*sic*)
militi de Borrenc quondam patri ipsius Hugonis » les 5 muids
de froment vendus par ce dernier. Novembre 1237.

D. Copie dans dans la Coll. Baluze, LV, 415. — *E.* Copie
d'Afforty, *Coll. de Senlis*, XIV, 610.

Z. Copie dans la Collection Bucquet Auxcousteaux, t. XL, p. 25,
d'après B (Bibliothèque de Beauvais).

Edit. J. Depoin, *Recueil des chartes et documents de Saint-
Martin des Champs*, n° 453.

Ind. Borrelli de Serres, *Réunion des provinces septentrionales
à la Couronne*, p. XIII. — D' Leblond, *Notes pour le Nobiliaire
du Beauvaisis*, t. I, pp. 54, 99, 169.

---

9. — *Le pape Alexandre III confirme, sous menace
d'excommunication, aux religieuses de Boran la
jouissance d'une rente d'un muid de blé sur les
champarts de Bornel à elles donnée par Godefroi de
Jouy-le-Comte.*

(1161-30 août 1181.)

En déficit.

Ind. Extrait abbregé des lettres et chartes, Beherval n° 40, en ces termes : « Confirmation de la donation dudit Godeffroy de Jouy par le pape Alexandre, avec excommunication portée contre ceux qui voudront empescher lesdites Dames et Religieuses de Saint Martin de la jouissance dudit muid de bled. » — Voir n° 4 ci-dessus.

---

10. — *Mathieu III, comte de Beaumont et seigneur du Valois, pour l'âme de sa sœur Aélis, dame de l'Isle-Adam, et celle de sa femme Eliénor, fille du comte Raoul de Valois, donne aux religieuses de Boran dix sols parisis sur le tonlieu de Chambly.*

(1187.)

Noverint universi quod ego Matheus comes Bellimontis et dominus Valesie, pro anima Aelidis sororis mee et pro anima Alienor uxoris mee (a) filie Radulfi comitis Pontiensis sanctimonialibus de Borrenc [donavi] X solidos paris., [tali modo ut] eos in teloneo Cambliaci recipient, prima die lune Adventus, et eodem die (1) anniversarium Aelidis sororis mee facient.
Actum anno Domini M° C° LXXXVII.

(a) C Elienoris comitisse uxoris mee.

A. Original *en déficit.*

---

(1) Le premier lundi de l'Avent est intentionnellement choisi comme ramenant l'anniversaire de la mort d'Aélis de Beaumont, sœur de Mathieu II. Or elle mourut un 4 décembre (Nécrologe de S‌t Léonor de Beaumont-sur-Oise, dans les *Mémoires de la Société historique du Vexin*, XXXV, 7). La coïncidence du quantième et de la férie ne convient pas à l'année 1187. Dès 1190, Anseau II de l'Isle-Adam, veuf d'Aélis, était remarié à Eve de Garlande-Tournan. (Depoin, Appendices au *Cartulaire de Saint-Martin de Pontoise*, p. 420.)
Il se pourrait qu'à l'anniversaire du décès ait été préféré celui des funérailles, et que la dame de l'Isle-Adam ait été inhumée le lundi 7 décembre 1187.

B. Copie dans la Collection Bucquet-Aux Cousteaux, XL, 25. Bibl. munic. de Beauvais.

C. Extrait analytique dans un manuscrit édité par le Dr Leblond, *Notes pour le Nobiliaire du Beauvaisis*, t. I, p. 55.

Ind. Extraict abbrégé, Chambly, n° 38.

---

11. — *Philippe de Dreux, évêque de Beauvais, sur le rapport de Lancelin, doyen de son Chapitre, constate le don fait aux religieuses de Boran, par Adam IV de l'Isle-Adam, pour l'âme de sa bru, femme d'Anseau II et fille de Mathieu II, comte de Beaumont, d'un muid de froment, mesure de Pontoise, sur le moulin de Valmondois.*

(1187.)

Ego Philippus Dei gratia Belvacensis episcopus universis fidelibus salutem. Debemus diligenter opere providere ne donationes facte ecclesiis que nostre jurisdictioni sunt commisse, aliquorum improbitate in irritum revocentur ; et si forte super his orta fuerit dubitatio, litterarum custodie veritate commendata, ad littere testimonium recurratur. Igitur notum facimus universis quod, ex testimonio Lancelini, decani Belvacensis, didicimus quod Adam de Insula, intuitu pietatis, pro anima uxoris filii sui Anselli, assensu et petitione ejusdem A[nselli] et fratrum suorum Ade et Theobaldi, Sanctimonialibus de *Borranc* unum modium frumenti ad mensuram Pontisare in perpetuam elemosinam donavit in molendino de *Vaumondois* singulis annis recipiendum ab octavis Nativitatis Domini, usque dum perfecte accipiatur. Ut autem rata permaneat hec donatio, nos ita didicisse testimonio pred. Lancelini Belvacensis decani perhibemus.

Actum anno Incarnationis Dominice M° C° **LXXX° VII°.**

Collatio facta fuit cum originalibus litteris supra-scriptis XXVIII* die martii anni Domini M° CCCC° secundo, post Pascha, per me [*Signé :*] A. de Baye.

Pièce sur parchemin. Portef. 4, liasse Vermandois (*sic*).

---

12. — *Hugues, vicomte de Beaumont-sur-Oise, pour la fondation d'un chapelain, donne aux religieuses de Boran un muid et demi de blé sur le grand moulin de Persan et deux muids et demi de blé sur le pressoir d'Ernencourt pour l'âme de sa femme Santisme. Son frère Guillaume donne un demi-muid de vin sur sa vigne de Nointel, et deux sous beauvaisins de rente à Neuilly-en-Thelle ; Adam, frère de Hugues, donne 4 sous et demi et tout son domaine sur des vignes à Bernes. Témoins : Geofroi de Paris, Jeudoin de Boran, Guillaume Blancgernon, Thibaud de Molincourt et son fils Jean, Hugues du Déluge.*

- (Fin du XII° siècle.)

Sciant tam presentes quam futuri quod Ego Hugo viecomes Bellimontis dedi et concessi sanctimonialibus beati Martini de *Borrenc* ibidem deo servientibus ad tenendum Capellanum : unum modium bladi et dimidium recipiendum singulis annis in grandi molendino de *Parcenc*. Et duos modios vini capiendos singulis annis in pressorio de *Ernolcurt* pro anima mea et pro animabus patris mei et matris mee et pro animabus antecessorum meorum et pro anima uxoris mee Sanctissime in perpetuam elemosinam. Willermus vero frater meus dedit et concessit prefatis sanctimonialibus in perpetuam elemosinam dimidium modium vini super quandam vineam de *Noytel* quam predictus Hugo tenet que vinea ibidem nostre vinee est contigua singulis annis recipiendum pro anima sua et pro animabus patris sui et matris sue et antecessorum et preterea duos solidos Belvacensis monete capiendos singulis annis in villa Nulliaci ad faciendum anniversarium matris sue et hos duos solidos annuatim persolvet Canonicis Sancti Vincentii in festo Sancti Remigii. Preterea Adam frater sepefati Hugonis dedit et concessit, in perpetuum beneficium, antedictis sanctimonialibus quatuor solidos et sex denarios et totum dominium super quasdam vineas de *Baedne* singulis annis reddendos in Octavis Sancti Dionisii ad anniversarium matris sue faciendum. Et ut hee donationes Elemosinarum Rate et inconcusse permaneant sigilli mei munimine roboravi et confirmavi. Hiis testibus. Petro presbitero de Brueriis. Gaufrido parisiensi. Jeldewino de *Borrenc*. Willermo Albogernobado. Theobaldo de *Morlencurt*. Johanne filio suo. Hugone de *Deluge* (1).

Original sur parchemin, portef. 4, 1. Persan. Fente traversant la charte et le repli. Au dos, écr. du xɪɪ⁰ s., *de Baene. Prœnc*, et

---

(1) Hugues du Déluge est témoin d'une charte de Gautier de Moy pour l'abbaye de Lannoy en 1183 (Dʳ Leblond, *Nobiliaire*, I, p. 248). Thibaud et son fils Jean de Molencourt (localité disparue, commune de Blacourt, canton du Coudray-Saint-Germer) sont probablement l'aïeul et le père des deux frères, Thibaud et Jean de Molencourt cités dans une charte de Hugues II de Beaumont, en 1213 ; leur oncle, Hugues II était alors marié à sa seconde femme Ade ; Santisme, la première, pour laquelle il fonde une chapellenie à Boran, a disparu prématurément et sans lignage. Les filles et héritières de Hugues, Béatrice et Marguerite, étaient nées d'Ade. (*Cf.* Dʳ Leblond, *Nobiliaire*, t. I, p. 56). La forme *Morlencourt* est un archaïsme.

Blancgernon est le surnom d'une branche des chevaliers de Chambly.

Le prénom de Joudoin de Boran rappelle le « Joudouinus miles » qui souscrit une charte de Mathieu I en 1110, où le surnom de Boran n'est attribué à aucun des autres témoins.

Les belles-sœurs Ade, dame de Persan, veuve de Hugues, et Emeline, dame d'Ernencourt, veuve de Guillaume, sont citées comme veuves en mars 1224, nouv. st. (Douët d'Arcq, *Recherches sur les comtes de Beaumont-sur-Oise*, p. 109.)

en bas, à droite, le chiffre LIX (59). Ecr. du xvᵉ s. : *du moulin de Persenc... du vin de Noytel.*

Abréviations : sci = sancti, aia = anima, q = qua... Willo = Willermo, sup = super, ppetuam = perpetuam ; rares *m* finals élidés, qd = quod, vo = vero, frat = frater, pretea = preterea.

---

13. — *Ives de Beaumont donnant deux muids de froment sur ses blés de Saint-Leu-d'Esserent au couvent de Boran, pour y recevoir deux de ses filles, Guillaume de Mello dont il tenait cette rente en fief le confirme du consentement de Roscée, femme d'Ives, de son fils et de ses filles, en présence de maître Gautier, chapelain, Eudes d'Angivilliers et autres.*

(1190.)

Noverit universitas fidelium tam presentium quam futurorum quod Ivo de Bellomonte monialibus Sancti Martini de Borrenc pro duabus filiabus suis ibidem monialibus factis, dedit duos modios frumenti singulis annis in bladis suis Sancti Lupi infra festum beati Remigii recipiendos in perpetuum. Ego vero Willelmus de Merloto, cujus feodo hoc spectabat, assensu filiorum meorum Renaudi scilicet et Petri et assensu Roscedis uxoris Ivonis prescripti et filii sui, et filiarum suarum, hoc totum laudavi et concessi et garandire spopondi. Quod ut ratum foret et inconvulsum permaneret, presentem paginam sigillo meo auctorizavi. Hujus rei testes sunt : Magister Gauterius capellanus, Odo de Angiviler. Baldoinus Arrotet. Johannes de Fontanis et alii plures.

Actum anno ab Incarnatione Domini Mᵒ Cᵒ· XCᵉ·

Original jadis scellé. Portef. 2, liasse Boran.

Ind. Dʳ Leblond, *Notes pour le Nobiliaire du Beauvaisis*, t. I, p. 55 ; t. II, p. 451 et 452.

14. — *Ives de Beaumont, frère de Hugues II de Beaumont, ayant doté ses filles Marguerite et Béatrice, religieuses à Boran, Hugues confirme la donation faite
à cette intention au monastère, de la sixième partie
du champart de Boran, avec jouissance viagère pour
les deux sœurs.*

(1193.)

Ego Hugo de Béllomonte notum facio t. p. q. f.
quod Ivo frater meus dedit in elemosinam perpetuam
ecclesie de *Borran* sextam partem campipartis de
Borran quam tenebat, tam bladii quam ordei et avene,
tam libere quam quiete possidebant, tali siquidem
conditione, quod Margarita et Biatriz filie ejusdem
Yvonis illam sextam partem campipartis predicte
quamdiu vixerint ad usus suos proprios in pace habebunt, et ad voluntatem suam faciendam, excepto uno
modio bladii quod ecclesia jamdicta in campiparte
illa habebat. Si vero unam sororum videlicet Marga-
rite et Beatriz mori contigerit, Reliqua totam campipartem jamdictam · quamdiu vixerit habebit. Post
decessum vero illarum, tota campipars sepedicta ad
ecclesiam de *Borren* (*sic*) in perpetuum et sine contradictione in pace remanebit. Quod ut ratum sit et stabile
predictam cartulam sigilli mei munimine roboravi.
Actum anno Domini Mᵒ Cᵒ XCᵒ IIIᵒ.

Original jadis scellé. Portef. 2, liasse Boran.

---

15. — *Philippe de Beaumont, frère du comte
Mathieu III, ratifie l'aumône faite par Renaud
Aiguillon aux nonnes de Boran d'une rente de deux
muids de blé sur le moulin de Bornel.*

(1194.)

In nomine sancte et individue Trinitatis, amen.
Noverit universitas fidelium ad quos littere presentes
pervenerint, quod ego Philippus frater Mathei comites
Bellimontis, elemosinam quam Renaldus Aculeus
donavit sanctimonialibus Beati Martini de *Borrenc,*
scilicet duos modios bladi singulis annis capiendos in
molendino Bornelli concedo.
Actum anno [Domini] M°.C° **LXXXX IIII°**.

A. Original *en déficit.* — *B.* Copie d'après *A,* dans la Collection
Bucquet-Aux Cousteaux, XL, 25 (Bibliothèque municipale de
Beauvais).

Ind. a. Extrait des lettres et chartes, par François Le Jeune,
2ᵉ liasse, n° 2. — *b.* Autre extrait des actes originaux, collationné
par le même, notaire à Précy, le 5 décembre 1639. — Portef. 1,
liasse 4, Sᵗ Martin de Boran.

---

16. — *Philippe de Beaumont confirme un autre don,
d'une rente de deux muids de blé, par le comte Mathieu III, sur le moulin de Bornel, payable avant
qu'aucun prélèvement n'ait été fait par le seigneur.*

(1194.)

En déficit.

Ind. Extrait abrégé des lettres et chartes, Bornel, n° 51.

---

17. — *Philippe de Beaumont, du consentement de ses
frères, le comte Mathieu III et Jean, donne aux
nonnes deux muids de froment de rente, à Belléglise,
l'un sur la grange, l'autre sur le moulin.*

(1191-2 avril 1195.)

In nomine sancte et individue Trinitatis, amen.
Noverint universi t. p. q. f. quod ego Philippus de

Bellomonte, assensu et voluntate Mathei comitis de Bellomonte et domini Valesie, fratris mei, et Johannis fratris mei, monialibus de Borrengo in elemosinam in perpetuum, duos modios frumenti apud Beriecclesiam, unum in granchia mea et alterum in molendino meo singulis annis accipiendos, do et concedo pro anima mea et fratrum meorum et antecessorum meorum et successorum meorum et, pro hac elemosina, diem anniversarii sui singulis annis celebrabunt. Ut autem hoc ratum et inconvulsum in perpetuum permenaeat, sigilli mei impressione hanc kartam corroboro.

Testes affuerunt : Theobaudus de Roncherolis. Ricardus de Borrengo. Petrus de Borrengo. Girardus de *Lis.* Warinus major. Robertus clericus.

Anno Incarnati Verbi M° XC° .... (partie effacée).

Original jadis scellé, portef. 1, liasse Belléglise.

Ind. Extraict abbrégé des lettres et chartes, Belle-Eglise, n° 14, avec la date erronée 1210.

Ind. Mabillon, *Extraits du chartrier de Boran,* fol. 206, avec la date erronée 1190. L'état de la pièce permet d'affirmer que la date est incomplètement conservée. Il y avait au moins un chiffre après XC ; la pièce est donc au plus tôt de 1191. Philippe de Beaumont est mort un 2 avril, et, à partir de janvier 1194 (nouv. style) il ne figure plus dans les actes de son frère. Il faut attribuer cette abstention à la maladie et non à son décès antérieur, puisqu'on a des actes de lui datés de 1194 (après le 10 avril). C'est en 1195 que Mathieu III accorde des chartes confirmant les libéralités de son cadet. — La date attribuée à la charte 530 du *Recueil de Saint-Martin-des-Champs* (t. III, p. 124) doit donc être rectifiée et se lire : 1195, après le 2 avril.

---

18. — *L'ex-comtesse de Beaumont-sur-Oise Eliénor I de Vermandois, comtesse de Saint-Quentin, et dame de Valois, donne au prieuré de Boran, deux muids de blé, à prendre chaque année sur ses moulins de Crépy.*

(Paris, décembre 1195.)

14

In nomine Sancte et individue Trinitatis. Ego Elyenor (*a*). comitissa Sancti Quintini et domina Valesi, notum facio omnibus ad quos presentes littere pervenerint, quod pro anime mee et antecessorum meorum remedio, sanctimonialibus de *Borreno* dedi et concessi in perpetuam elemosinam duos modios segetis ad modium Crispiacensem, in molendinis meis de Crispiaco, inter festum Sancti Remigii et Natale Domini annuatim percipiendos. Predicte vero sanctimoniales, quamdiu vixero, anniversarium matris mee in ecclesia sua facient singulis annis ; et post decessum meum, anniversarium meum celebrabunt ; et in die anniversarii habebunt (*c*) pictanciam de dicta elemosina. Quod ut ratum sit et inconcussum, presentem paginam sigilli mei appositione, et testium annotatione corroborare precepi. Testes sunt : Petrus, decanus Sancti Thome de Crispiaco ; Droco, clericus meus ; Petrus de Vaus, Stephanus de Bonolio, Theobaldus de Seri, milites mei.

Actum Parisus, anno Dominice Incarnationis millesimo ducentesimo tercio, mense decembri.

(*a*) C Ellenor. — (*b*) C mensuram. — (*c*) pitanciam.

A. Original *en déficit*. — B. *Cartulaire de la collégiale de Saint-Thomas de Crépy-en-Valois*, pièce 159. — C. Copie de D. Grenier, d'après B, Coll. Moreau, XCV, 175-176. — D. Copie sur papier, de 1748, A. N. K 185, n° 55.

Edit. Douët d'Arcq. *Recherches historiques sur les comtes de Beaumont-sur-Oise*, p. 59, n° 78.

---

19. — *La comtesse Eliénor de Saint-Quentin, séparée de Mathieu III de Beaumont, dans une grande charte aumônière, assigne deux muids de grain aux religieuses de Boran sur son moulin de Crépy-en-Valois.*

(Sans date, avant Pâques 1196.)

Sancto Leonorio, unum modium ; Leprosis de *Cham-beli*, duos modios ; sanctimonialibus de *Borrene*, duos modios [regetis] : isti quinque modii ad molendinum de Crispeto accipientur.

A. Original inconnu. — B. Copie de 1748, Arch. Nat. K. 185, n° 54.

Edit. Douët d'Arcq, *Recherches sur les comtes de Beaumont*, page 55.

---

20. — *Le roi Philippe-Auguste confirme la charte aumônière de la comtesse Eliénor.*

(1195.)

Cartulaire de Philippe-Auguste, Bibl. nat., 9852, fol. 1120.

Edit. Douët d'Arcq, p. 58.

---

21. — *Hugues de Beaumont confirme les dons faits aux religieuses de Boran par Guillaume son frère, d'une demi-vigne à Nointel pour les abreuver de vin en Carême, et de huit journets de terre à Neuilly pour qu'elles s'achètent des souliers ; de l'aveu de sa femme Ade et de ses filles Béatrice et Marguerite, il concède le reste du domaine de Neuilly à sa sœur Houdebour, sa vie durant, et ajoute quelques dispositions agréées par son frère Ives en faveur de Julienne et Houdebour, leurs sœurs.*

(1203.)

Ego Hugo de Bellomonte notum facio t. p. q. f. quod Willermus de Bellomonte frater meus assensu Yvonis fratris nostri dedit sanctimonialibus de *Borran* in perpetuam elemosinam medietatem vinee sue de *Noytel* ut in quadragesima possint habere vinum ad bibendum, et apud *Nuulli* octo jornettos terre arabilis

juxta domum *Joceaume* ad emendos sotulares sanctimonialium jamdictarum. Residuum vero jamdicte
terre, que est juxta domum jamdictam et octo jornettos
jamdictos, ad peticionem uxoris mee Ade, Beatricis et
Margarete filiarum mearum, Hudebergi sorori mee
concessi et in elemosinam dedi, ad voluntatem suam
faciendam et in perpetuum possidendam. Preterea
hospitem unum, videlicet *Renconin del Plessey*, et
quicquid in eo juris jamdictus Willelmus habebat
sepedictus Willelmus dedit et in perpetuum concessit
possidendum. Quicquid vere juris habebat in Herberto,
famulo suo, et totam campipartem quam habebat apud
Puiseus ecclesie de *Borran* dedit in perpetuam elemosinam ; Taly (*sic*) siquidem conditione quod in die
anniversarii sui ex illius campipartis et jamdicte
Herberty medietate, sanctimoniales dicte ecclesie singulis annis unam pitanciam habeant. Alteram vero
medietatem campipartis et Herberty sepedicty Juliana
et Huedebergis sorores sue ad usus suos, quamdiu
vixerint, in pace, habebunt. Si vero unam dictarum
sororum mori contingerit, reliqua totam medietatem
quamdiu vixerit, habebit. Post decessum vero illarum
tota medietas illa ad coquinam sanctimonialium
sine contradictione revertetur. Preterea Ivo jamdictus
frater (*sic*) meus Hudebergi sorory mee supradicte
dedit in perpetuum ad voluntatem suam faciendam,
quatuor nummos censuales, ad festum Sancti Remigii
reddendos, super unum arpennum terre juxta *Gulnel* (?)
quod Herbertus jamdictus tenet. Quod ut ratum sit et
stabile, presentem cartulam sigilli mei munimine
roboravi.

Actum anno Domini millesimo CC° III°.

A. Original *en déficit*.

B. Vidimus de Gieffroy de Senlis, garde du scel de la prévôté
de Beaumont, du jeudi 31 mai 1412, collationné à l'original
(Portef. 4, 1. Neuilly-en-Thelle).

22. — *Girard de Valengoujard fait recevoir sa fille Isabeau dans la communauté de Boran et la dote d'une rente d'un demi-muid de blé et d'un muid d'avoine sur la dîme d'Andeville, du consentement de sa femme Agnès. Thibaud de Valengoujard, seigneur féodal, approuve cette libéralité ainsi qu'une autre d'Isabeau Fennie.*

(1206.)

Notum sit omnibus tam futuris quam presentibus quod Girardus de *Valengueiart* monialibus Sancti Martini de Borrenc pro Isabelle filia sua, ibidem moniale facta, dedit in elemosina, assensu Annetis uxoris sue, unum modium avene et dimidium modium bladii, singulis annis in decima de Unblevilla infra festum Sancti Remigii recipiendum inperpetuum. Similiter Isabellis Fennia predictis monialibus Sancti Martini de Borrenc dedit in elemosina, assensu Philipi Fennii patris sui, dimidium modium bladii in dicta decima Unbleville infra festum Sancti Remigii annuatim recipiendos. Ego vero Tiobaldus de Valengueiart, cujus feodi hoc totum est, istas elemosinas laudavi et concessi, et guarandire spopundi. Quod ut ratum et firmum teneatur, paginam istam sigillo meo munivi.
Actum anno Domini M° CC° VI°.

A. Original jadis scellé, portefeuille 1, liasse Ambleville (*sic*). — B. Vidimus jadis scellé, du 22 juin 1462, donné par « Jehan de Joisel, prestre, chanoine de l'église Saint-Quiriace et garde de par le Roy nostre sire du seel de la prevosté de Provins » ; sur l'original présenté et lu devant lui par « Denis Clement, clerc tabellion juré et establi ad ce faire en lad. prevosté ». (*Ibid.*)

Extr. Dr Leblond, *Notes pour le Nobiliaire du Beauvaisis*, t. II, p. 789.

23. — *Haimard et Mahaud, sa femme, prennent à charge de trente sols de rente, des Dames de Boran, un arpent et demi de terre au Tronc-Gondoul, proche les terres de Persan.*

(1210.)

En déficit.

Ind. Extrait abregé des lettres et chartes, Perchent, n° 22. — L'analyste donne à cet « Hamardus », mari de « Maltilde », le titre de « seigneur de Beaumont ». C'est une qualification abusive.

———————————————

24. — *Jean, comte de Beaumont, du consentement de la comtesse Jeanne, sa femme, abandonne aux religieuses la dîme d'un arpent et un quartier de vigne qu'elles ont acquis depuis peu, et les autorise à opérer le bornage de trois arpents.*

(1214.)

Ego Johannes comes Bellimontis notum facio presentibus pariter et futuris quod, assensu Johanne uxoris mee comitisse Bellimontis, ecclesie Beati Martini de Borrengo et sanctimonialibus ibidem Deo servientibus dedi et in perpetuam elemosinam possidendam concessi decimationem unius arpenti vinee et unius quarterii quod nuper adquisierunt, et preterea concessi eis ut metas tribus arpentis vinearum imponant. Ut hoc ratum habeatur, sigilli mei munimine feci corroborari.

Actum [anno] Incarnati verbi M° C° C° quarto decimo.

Original jadis scellé, portef. 2, liasse Boran.

Ind. Collection Bucquet-Aux Cousteaux, XL, 25 (Bibliothèque municipale de Beauvais).

25. — *Etienne de Sancerre notifie que, de son assentiment, sa femme Eliénor (Eliénor de Soissons,
comtesse de Beaumont, veuve de Mathieu III)
renonce à la dîme qu'elle avait droit de prélever sur
cinq quartiers de vigne à Boran, donnés aux Religieuses, près la Croix Sire Mathieu.*

(Balleu, 1214.)

Ego Stephanus de Sacrocesare notum facio omnibus
ad quos littere iste pervenerint, quod Elienor uxor mea
de assensu et voluntate mea quitavit decimam quandam vinearum quinque quarteriorum videlicet in
territorio de *Borenc* et de Brueriis sitorum, Ecclesie
Sancti Martini de *Borenc* et sanctimonialibus ibidem
Deo servientibus et concessit eis de assensu meo ut
metas imponant in tribus arpentis vinearum juxta
crucem Domni Mathei que erant in viaria. Et ut hec
omnia sint et firma, sigillorum nostrorum munimine
roboravimus.

Actum publice apud Ballotum, anno Incarnati Verbi
M° CC° quarto decimo.

Original jadis scellé, portef. 2, liasse Boran.

---

26. — *Le doyen de Boran constate qu'Ives de Beaumont
a donné aux religieuses, sur une maison qu'il possède à Puiseux-le-Hauberger, huit deniers, un
setier d'avoine et deux chapons de rente à la Saint-
Martin.*

(1215.)

En déficit.

Ind. Extrait abrégé des lettres et chartes, Puiseux, n° 25.

27. *— Philippe de Dreux, évêque de Beauvais, notifie l'aumône de 17 sous de cens, à Morency, sur la maison du maire Richard et de son consentement, par Raoul de Morency aux moniales de Boran.*

(1216.)

Philippus Dei gratia *Belvacensis episcopus*, omnibus p. et f. in perpetuum. Notum facimus omnibus quod Radulfus de Morenchivilla dedit in perpetuam elemosinam ecclesie monialium Beati Martini de *Borrench* ibidem Deo servientium decem et septem solidos annui census apud Morenchivillam in domo Majoris in octabii B. Dionisii percipiendos, ita tamen quod Beatrix monialis, neptis ejusdem [lacune] B. moniales Beati Martini habebant totum censum ad predictos usus. Terra autem pro qua census ille redditur, sita est super caminum inter viam Martini Avain et Bruerias. Ricardus vero major de Morenchivilla, frater predicti Radulfi, qui dominus erat feodi, elemosinam illam approbavit et jus quod in ea ratione feodi habebat in manu nostra resignavit. Et nos ad petitionem ipsius investivimus priorissam domus Beati Martini de *Borrench* de elemosina supradicta.

Actum anno ab Incarnatione Domini millesimo ducentesimo sexto decimo.

A. Original *en déficit.* — *B.* Vidimus de « Jehan Le Cordier, clerc, garde du scel de la prévôté de Beaumont, en l'an de grace mil trois cens et quarante quatre, vint et sept jours d'avrilg ». Portef. 4, liasse Morancy.

---

28. *— Philippe, évêque de Beauvais, confirme le don fait par Thibaud de La Boissière à la communauté de Boran, pour la réception de sa fille, d'un muid de blé qui lui était dû à Puiseux.*

(1190-3 novembre 1217.)

Thibaud de La Boissière figure en 1190, dans une charte de Mathieu III, comte de Beaumont (Douët d'Arcq, *Recherches hist. sur les comtes de Beaumont-sur-Oise*, p. 53, n° 63), dont il avait épousé la cousine-germaine Marie, sœur d'Ives de Beaumont. (*Ibid.*, p. 102, n° 154.) Il en eut deux fils, Jean et Thibaud, vivants en 1223 (*Ibid.*)

Nous avons pris 1190 comme l'une des limites de date de cet acte : l'autre est celle de la mort de l'évêque Philippe de Dreux.

En déficit.

Ind. Extrait abrégé des lettres et chartes, Puiseux, n° 27 (avec le nom erroné de « Teobalde de Basere »).

---

29. — *Philippe, évêque de Beauvais, approuve la donation au Prieuré par Pierre, seigneur de Puiseux-le-Hauberger, d'un muid de froment sur la dîme de Puiseux.*

(1200-3 novembre 1217.)

Cet acte pourrait avoir comme limites les dates extrêmes du long pontificat de Philippe de Dreux (juillet 1175-3 novembre 1217) si nous ne savions par les chartes de Mathieu III, comte de Beaumont, que jusqu'en 1199, Raoul, seigneur de Puiseux, fut au nombre des chevaliers de son entourage. (*Cf.* Douët d'Arcq, *Recherches hist. sur les comtes de Beaumont-sur-Oise*, p. 40, n° 46).

A. Original *en déficit*. (*Ind. Extrait abrégé des lettres et chartes,* Puiseux, n° 54.)

B. Vidimus du garde du scel de Beaumont-sur-Oise, perdu. (*Ind. Ibid.*, Puiseux, n° 28.)

---

30. — *Devant l'officialité de Beauvais, Hémeri Halot ou Hemeric Haloth, de Chambly, sa femme et son frère, vendent aux religieuses, moyennant seize livres parisis, un demi-arpent de terre à Morency et un petit dîmage à Croy.*

(1200 ?-1218.)

En déficit.

Ind. a. François Le Jeune, *Extrait des titres originaux,* collationnés le 5 décembre 1689 (avec la date 1218). — *b. Extrait abrégé des lettres et chartes,* Croy et Morency, n° 29 (avec la date 1200).

---

31. — *Ives de Beaumont donne aux Religieuses un hôte à Puiseux. Barthélemi Langlois.*

1218.)

Ego Ivo de Bellomonte notum [facio omnibus] quod dedi quemdam hospitem meum, Bartholomeum Anglici quem habebam in Putheolis, sanctimonialibus de *Borrenc.*

Actum anno [Domini] M° CC° XVIII.

En déficit.

Copié dans la Collection Bucquet-Aux Cousteaux, XL, 25 (Bibliothèque municipale de Beauvais).

---

32. — *Eudes, doyen de Boran, notifie qu'Ives, chevalier de Beaumont, a donné à l'église un hôte, Barthélemi Langlois, qu'il avait à Puiseux.*

(1219.)

Ego Odo, decanus de Borrenco, notum facio quod dominus Ivo, miles de Bellomonte, dedit ecclesie... hospitem unum, nomine Bartholomeum Angeliri (?) quem habebat apud Putheolos (1) .... 1219. *Titres de Boran.*

---

(1) Il faut lire « Anglici », d'après la pièce précédente.

En déficit.

Extrait dans le manuscrit publié par le Dr Leblond, *Notes sur le Nobiliaire du Beauvaisis*, t. I, p. 57.

---

33. — *'Accord entre les religieux et Robert Chopin, seigneur de Morency, par lequel, pour terminer un différend touchant la dîme de Croy, revendiquée par Robert et un demi-arpent de terre à Morency, que les religieuses lui contestaient, Robert renonce à ses prétentions sur la dîme de Croy, et le couvent lui cède la dîme de Morency avec le demi-arpent en litige, sous condition d'acquitter chaque année une rente d'une mine d'avoine.*

(1220.)

En déficit.

Ind. *Extraict abbrégé des lettres et chartes*, Croy, n° 23.

---

34. — *Jean, comte de Beaumont, notifie le don par sa femme Jeanne de Garlande aux religieuses de Boran, de cent sols parisis sur le cens de Raray et un muid de blé au moulin de Pontarmé, à percevoir annuellement.*

(1220.)

Ego Johannes, comes Bellimontis, universis notum facio presentibus pariter et futuris quod Johanna comitissa, uxor mea, de assensu et voluntate mea pro remedio anime sue et omnium antecessorum suorum, dedit in perpetuam elemosinam domui monialium de Bosrenc, centum solidos Parisiensis monete annuatim

in censu de Rarraio (1) in festo Sancti Remigii percipiendos et unum modium bladi in molendino de **Ponte**
Helmeri singulis annis a monialibus ejusdem loci
percipiendum. Et ut perpetuam stabilitatem optinetur,
ego et prefata uxor mea presentem cartam conscribi
et sigillorum nostrorum impressionibus fecimus communiri.

Actum anno gratie M° CC° vicesimo.

A. Original jadis scellé. Portef. 1, liasse Asnières.

B. Copie avec traduction, certifiée par De Fourcroy, notaire
royal au bailliage de Beaumont, le 5 août 1677, en présence de
Mᵣᵉ Pierre Le Clerc, prêtre-curé et aumônier ordinaire du Roy,
curé de Borenc (signature : Pᵣᵉ Le Clerc de la Tournelle) ; de
Mᵣᵉ Pierre Nangot, directeur des filles religieuses dudit prieuré
(signature : P. Nangot). Signatures autographes de « Sᵣ Marie
de Grieu, prieure de Sᵗ Martin » et « Sᵣ Françoise de Crécy,
cellerière ». — *Ibid.*

---

35. — *Guillaume de Thourotte, chevalier, seigneur de*
Persan, du consentement de sa femme Béatrice de
Beaumont, concède aux religieuses de Boran six
mines de blé de rente sur sa grange de Neuilly-en-
Thelle en échange d'un four et de deux hôtes à Pui-
seux-le-Hauberger.

(Avril 1222.)

Universis Xristi fideribus litteras presentes inspecturis, Guillelmus de Torota miles, dominus de *Parcenc*,
salutem in Domino. Noverit universitas vesti quod
cum querela verteretur inter me ex una parte et

---

(1) La terre de Raray (cant. de Pont-Stᵉ-Maxence) et sans
doute aussi le moulin de Pontarmé (cant. de Senlis) provenaient
de la succession de Guillaume de Garlande, dont l'une des trois
filles, Jeanne, avait épousé Jean, comte de Beaumont (Douët
d'Arcq, *Recherches*, p. 82, n° 108).

moniales Beati Martini de Borrenc ex altera super duobus hospitibus, scilicet Bernardo et Rogero et quodam furno que dicte moniales possidebant apud *Puiseux* de elemosina domini lvonis de Bellimonte, et jamdiu litigatum fuisset, tandem, Deo volente, in hunc modum sopita est : videlicet quod nominate moniales concesserunt mihi et heredibus meis predictum furnum, prefatos duos hospites in perpetuum possidendos ; ego siquidem, in recompensatione hujus concessionis, assensu et consensu Beatricis uxoris mee et heredum meorum dedi et concessi sepefatis monialibus sex minas bladi in horreo meo de Nulliaco, singulis annis infra festum sancti Remigii reddendas. Quot ut ratum et inconcussum permaneat, presentem cartam sigilli mei munimine roboravi.

Actum anno gratie millesimo CC° XXII°, mense aprilis.

A. Original *en déficit*. — B. Vidimus de Pierre de la Garde, garde du scel establi de par le Roy en la prevosté de Chambli, et Jehan de Crouy, tabellion juré et establi en lad. prevosté, le 4 décembre 1377 (Portef. 4, 1. Neuilly-en-Thelle). — C. Vidimus du notaire A. de Baye, daté de 1402, après Pâques (Portef. 4, liasse St-Martin de Boran).

Extr. sommaire, *Notes sur le Nobiliaire de Beauvais*, par le Dʳ Leblond, p. 792.

---

36. — *Milon, évêque de Beauvais, confirme la vente faite par Ermengard, abbesse du Paraclet, à son ami cher et familier Jean des Vignes, prévôt de Paris, pour 80 livres parisis, d'une maison sise entre les villes de Viarmes et d'Asnières, que le vénérable comte Jean de Beaumont, de bonne mémoire, avait aumônée au prieuré de Boran.*

(Février 1225, nouv. style.)

M[ilo], Dei gratia Belvacensis episcopus, omnibus ad quos presentes littere pervenerint, salutatem et dilec-

tionis plenitudinem. Noverint universi quod nos litteras
Ermenjardis, abbatisse de Paraclito, totiusque ejusdem
ecclesie conventus, vidimus in hac forma ;

Ermenjardis, abbatissa ecclesie de Paraclito, totusque
ejusdem esslesie conventus, omnibus presentes litteras
inspecturis, salutem. Noverint universi quod nos, ex
assensu Conventus nostri, pro utilitate ecclesie nostre
facienda, concurrente dilecto et familiari amico,
Johanne de Vineis, tunc temporis Parisiensi preposito,
et ejus heredibus, vendidimus domum nostram inter
villam de *Wirmes* et villam de *Asnieres* sitam, cum
terra et vineis et pratis et omnibus eidem domui
appendentibus, quam vir venerabilis, bone memorie,
Johannes, comes Bellimontis nobis ad domum nostram
de *Borrenc* in elemosinam contulit, libere tenendam et
ab omni censuali debito et justicie secularis subjectione
prorsus absolutam, sicut in carta dicti Johannis comitis,
quam dicto Johanni de Vineis pro octoginta libris
parisiensium, quas de eodem per venditionem recepi-
mus, reddidimus, plenius continetur, in perpetuum jure
hereditario possidendam. Volumus etiam, et communi
assensu rogantes, petimus dominum nostrum, dominum
regem Francie Ludovicum, et venerabilem patrem
nostrum, Milonem Belvacensem episcopum, quod ipsi,
quantum pertinet ad ipsorum dignitates et autoritates
vendicionem domus dicte, quam dicto Johanni pro
commodo ecclesie nostre fecimus, litteris suis super hoc
ei datis, velint confirmare, ne ipsum, vel heredes ejus,
super hoc valeamus molestare. Nos autem, ad dicte
venditionis confirmationem, presentem cartam ei
tradidimus, sigillo nostro roboratam (1).

Nos vero, visis abbatisse et conventus litteris, pro
commodo ecclesie, sicut predictum est, confectis pro
commodo ecclesie, benignissime peticioni sue consen-

---

(1) La date de la supplique n'est pas indiquée. Douët d'Arcq
observe qu'elle est postérieure au décès du comte Jean (15 mars
1223). Elle est probablement des mêmes mois et an que l'acte
épiscopal, ce qui explique l'omission de la date.

tientes, presentem cartam dilecto Johanni tradi fecimus, sigillo nostro roboratam.

Actum anno Incarnacionis dominice, millesimo ducentisimo vicesimo quarto, mense februario.

Original jadis scellé, Arch. Nat. S 4093, n° 32 (Commanderie d'Ivry-le-Temple).

Edit. Douët d'Arcq, *Recherches historiques sur les anciens comtes de Beaumont-sur-Oise,* p. 113, n° CLXVIII.

---

37. — *Guillaume de Thourotte, chevalier, et sa femme Béatrice de Beaumont donnent une rente perpétuelle de trois mines de blé sur leur moulin de Persan aux religieuses de Boran, sous réserve de jouissance viagère en faveur de la prieure Houdebour, tante maternelle de Béatrice.*

(Mai 1225.)

Ego Guillelmus miles de Torota (*a*) notum facio omnibus presentes litteras inspecturis quod ego et uxor mea nomine *Biatris* dedimus et concessimus monialibus Sancti Martini de Borrenc tres minas bladii in perpetuam elemosinam in molendinis nostris de *Perchenc* (*b*) singulis annis in festo sancti Remigii (*c*) percipiendas. Hoc autem ut ratum et inseparabile (*sic*) permaneat, presentes litteras mei sigilli munimine roboravi. Ita quod recipient elemosinam prefatam post mortem Houdeburgis priorisse, matertere prenominate Beatricis uxoris mee.

Actum anno gratie M° CC° vicesimo quinto, mense maio.

(*a*) B Willelmus de Torota. — (*b*) B Percent. —(*c*) B récipiendas post mortem Heudeburgis priorisse, matertere Beatricis, uxoris mee.

A. Original portef. 4, liasse Persan (sceau perdu).
B. Copie dans le manuscrit édité par le D\u2071 Leblond, *Notes sur le Nobiliaire du Beauvaisis,* t. II, p. 733.

Ind. Extrait abbrégé des lettres et chartes, Perchent, n° 56.

38. — *Milon, évêque de Beauvais, pour l'âme de sa feue sœur Marie de Pomponne, aumône au couvent de Chambrefontaine, diocèse de Meaux, un muid de blé sur sa dîme de Boran, qu'il avait acquis des Frères de l'Hôtel-Dieu de Paris, auxquels le comte Jean l'avait donné* (1).

(Beauvais, juillet 1228.)

Milo permissione divina Belvacensis ecclesie minister humilis, omnibus presentes litteras inspecturis, rei geste noticiam cum salute. Noverint universi quod nos, divine pietatis intuitu et ob remedium anime domine Marie de Pomponia (2), defuncte sororis nostre, in puram et perpetuam elemosinam contulimus monasterio Camerifontis Meldensis dyocesis unum modium bladi annui redditus percipiendum ab eodem monasterio annuatim in decimam nostram de *Bosren* quam emimus a fratribus domus Dei Beate Marie Parisiensis, quam decimam bone memorie Johannes comes Bellimontis super Ysaram dictis fratribus predicte Domus Dei Beate Marie Parisiensis in elemosinam donavit. Quod ut ratum permaneat, presentem paginam sigilli nostri munimine confirmamus.

Actum Belvaci, in festo Sancti Martini estivalis, anno Damini M° CC° XX° octavo, mense julio.

A. Original perdu. — B. Vidimus analytique et confirmation de Robert, évêque de Beauvais, juin 1245 (perdu). — C. Autre confirmation de Guillaume, évêque de Beauvais, avril 1250 (perdu). — D. Vidimus de A, B, C, par l'Official de Meaux, « anno Domini

---

(1) Cette pièce se trouve dans le fonds de Boran, sans doute parce qu'elle a été versée au chartrier lors de l'acquisition de cette dîme par les religieuses.

(2) Milon, évêque de Beauvais, était frère de Gaucher, seigneur de Nanteuil, d'après le P. Anselme, qui ne parle pas de sa sœur Marie.

M° CCC° quarto decimo, die mercurii post festum beati Andree apostoli (décembre 1314). Archives de l'Oise, *Prieuré de Saint-Martin de Boran*, portef. 2, liasse Boran-Chambly.

---

39. — *Ermengard, abbesse du Paraclet, approuve l'échange conclu entre la prieure Houdebour de Boran, et le roi Louis IX.*

(Août 1228.)

Ermengardis (*a*), Dei permissione abbatissa (*b*) Paracliti, et ejusdem loci conventus, omnibus presens scriptum inspecturis, salutem in vero (*c*) salutari. Universitati vestre notum facimus et testificamur (*d*) quod H[oudeburgis] priorissa de *Borenc* (*e*) et ejusdem loci conventus vendiderunt domino nostro regi Francorum Ludovico grangiam suam, cum omnibus pertinenciis suis, que erat juxta locum qui tunc dicebatur *Cuimont* et nunc dicitur Regalis mons, in usum abbatie quam dominus noster rex Francorum Ludovicus predictus, pro anima patris sui Ludovici regis, in loco predicto (*f*) edificavit, convertendam. Pertinencia (*g*) vero (*h*) grangie et que cum illa venduntur vel excambiuntur, sunt hec : LXXX jornalia (*i*) terre juxta grangiam, II arpenta terre apud Sanctum Martinum de Colle, campipars IIII arpentorum (*j*) terre, scilicet III apud *Baloy* (*k*), I apud Sanctum Martinum de Colle, V arpenta et dimidium pratorum, III arpenta bosci in Bornelio (*l*), III modios et dimidium bladi ad mensuram Bellimontis in molendinis (*m*) predicti loci, dimidium quarterium terre apud Asnerias, que erat ad medietatem, unam masuram (*n*) que est juxta monasterium Asneriarum (*o*), esiamenta herbagiorum (*p*) que moniales habebant in Parco. Pro omnibus supradictis, tam pro venditione quam pro excambio, dedit dominus Rex dicte Priorisse de *Borenc* (*q*) et ejusdem loci conventui, assensu utriusque partis, totam (*r*)

15

terram arabilem quam habebat apud Baernam, scilicet XXXII arpenta et V modios avène annui redditus super redditum quem habet (s) dominus Rex in eadem villa ; ad pontem Bellimontis VII libras et VI solidos Parisiensium annui redditus. Pro precio vero edificii domorum, dedit eis dominus Rex LXXX libras et XV solidos Parisiensium (t) pro domibus suis in alium locum reedificandis. Hanc venditionem et hoc excambium nos et noster conventus, et Priorissa et conventus de *Borenc*, volumus, concessimus (u) et laudavimus. Quod ut firmum et stabile permaneat (v), presens scriptum sigillorum nostrorum munimine fecimus communiri.

Actum anno Domini M° CC° XXVIII°, mense augusti.

(Texte établi d'après B et C.)

A. Original non retrouvé. — *B.* Copie du XVII° s., avec description du sceau portant pour légende « ERMENGELIS (*sic*) DEI PERMISSIONE ABBATISSA ». Arch. de l'Oise, fonds de Saint-Martin-de-Boran, portef. 2, liasse Boran. — *C.* Copie authentique, collationnée sur *A*, le 6 mai 1729, aux Archives de l'Aube, fonds du Paraclet.

Edit. Lalore, *Collection des principaux Cartulaires du diocèse de Troyes*, II, 180, n° 193, d'après *C.*

(a) Ermengeliz *B*, Emengardis *C*. Le nom de cette abbesse du Paraclet est certainement « Ermengardis ». — (b) abatissa *B*. — (c) nostro *B*. — (d) *B* omet « et testificamur ». — (e) Borano *B*. — (f) *B* omet « in loco predicto ». — (g) « pertinenciæ » relié à la phrase précédente. — (h) autem *B*. — (i) jorneria *C*. — (k) Bolvy *C*. — (l) Bornerio *C*. — (m) molendino *C*. — (n) una masura *C*. — (o) ennortarim anoriarum *B*. — (p) esiament herbergagiorum *B* ; esiamenta herbagiorum *C*. — (q) Borenco *B*. — (r) *C* omet « totam ». — (s) redditus quos *B*, habebat *C*. — (t) parisienses *C*. — (u) confessimus *B*. — (v) permaneret *B*.

40. — *Le roi Louis IX notifie qu'ayant fondé, au lieu dit Cuimont et maintenant appelé Royaumont, une abbaye pour le repos de l'âme de son père, Louis VIII, il a acquis de la prieure de Boran, Houdebour, une grange, voisine de ce lieu, pour être affectée aux usages du monastère, ainsi que toutes ses dépendances, savoir : 80 journaux de terre attenants ; deux arpents à Saint-Martin-du-Tertre (de Colle), le champart de quatre arpents de terre, trois à Belloy et un à Saint-Martin, cinq arpents et demi de prés, trois arpents de bois à Bornel, trois muids et demi de blé, mesure du lieu, sur les moulins de Beaumont, un quartier de terre en métayage à Asnières-sur-Oise, une masure touchant au moûtier (église) d'Asnières, les aisements des herbages que les moniales avaient au Parc ; en échange, le roi abandonne aux moniales 32 arpents de terre labourable à Bernes, 5 muids d'avoine sur les revenus royaux en cette ville, 7 livres 6 sols de rente sur le pont de Beaumont ; de plus, en compensation des bâtiments compris dans la vente, elles reçoivent une somme de 50 livres 15 sols parisis.*

(Septembre 1228.)

Ludovicus Dei gratia Francorum rex, omnibus hoc scriptum inspecturis, salutem in Domino. Universitati vestre notum facimus quod H. (1), priorissa de Borrenco et ejusdem loci conventus vendiderunt nobis granchiam suam cum omnibus proventibus suis que erat juxta locum qui tunc dicebatur *Cuimont* et modo dicitur Regalismons in usum abbatie quam nos, pro anima felicis memorie Lud[ovici] patris nostri in loco predicto edificavimus, convertendam. Pertinentie

---

(1) Le nom de cette prieure n'est pas Héloïse comme on l'a supposé par confusion avec l'abbesse du Paraclet, Héloïse II, qui précéda Ermengurd, mais Houdebour, *Heldeburgis.*

autem granchie et que cum illa venduntur vel excambiuntur sunt hec : quatuorviginti jornalia terre juxta
granchiam. Duo arpenta terre apud Sanctum Martinum de Colle. Campipars quatuor arpentorum terre,
scilicet trium apud *Beeloy,* unius apud Sanctum Martinum de Colle. Quinque arpenta et dimidium pratorum, tria arpenta bosci in Bornelio, tres modios et
dimidium bladi ad mensuram Bellimontis in molendinis predicti loci, dimidium quarterium terre apud
Asnerias que erat ad medietatem, una masura qué est
juxta monasterium Asneriarum, esaementa herbagiorum que moniales habebant in Parcho. Pro omnibus
supradictis tam pro venditione quam pro excambio,
dedimus dicte Priorisse de Borrenco et ejusdem loci
conventui, assensu uniusque partis, totam terram
arabilem quam habebamus apud Baernam, scilicet
triginta duo arpenta, et quinque modios avene annui
redditus super redditum quem habemus in eadem villa
ad festum sancti Remigii persolvendos ; ad pontem
Bellimontis septem libras et sex solidos paris. annui
redditus ad dictum terminum persolvendos, et de hiis
omnibus debemus eis portare legitimam garendiam.
Pro precio vero ediflcii domorum dedimus eis quinqua-
ginta libras et quindecim solidos paris. pro redditibus
ad opus dicti prioratus de Borrenco, de consilio Episcopi
Belvacensis, emendis. Hanc venditionem et hoc excambium abbatissa Paracliti et ejusdem loci conventus de
Borrenco voluerunt, concesserunt et laudaverunt. In
cujus rei testimonium presentem paginam sigilli nostri
munimine fecimus communiri.

Actum anno Domini millesimo ducentesimo vicesimo
octavo, mense septembri.

A. Original jadis scellé, portef. 2, liasse Boran. (Deux trous
ronds dans le repli du parchemin.)

B. Copie collationnée par Noblet, secrétaire du roi, greffier de
la Chambre des Comptes, en 1754: Archives nationales, K 189,
n° 109.

Edit. Douët d'Arcq, *Recherches historiques...,* p. 115, n° CLXIX,
d'après *B.*

41. — *Milon, évêque de Beauvais, confirme la vente faite au roi par la prieure et le couvent de Boran.*

(Octobre 1228.)

Milo permissione divina Belvacensis ecclesie minister humilis, omnibus presentem paginam inspecturis, salutem in Domino. Universitati·vestre notum facimus quod H[oudeburgis] priorissa de *Borrenc* et ejusdem loci conventus vendiderunt domino nostro Regi Francorum Ludovico grangiam suam (*suit le texte de l'échange tel qu'il figure au. diplôme royal*)...........
..... laudaverunt. Nos autem ad preces earum dictam venditionem et dictum excambium, salvo jure nostro, concessimus et confirmavimus. Et ad hujus rei confirmationem, presens scriptum sigilli nostri munimine fecimus robarari.

Actum anno Domini M° CC° XX° VIII°, mense octobri.

A. Original jadis scellé, portef. 1, liasse Boran.
B. Copie de Mabillon, ms. lat. 12.682, fol. 206.

---

42. — *Le doyen, le sous-chantre et l'official de Beauvais, choisis comme arbitres, règlent un différend entre les religieuses de Boran et Marie, comtesse de Grandpré, au sujet de douze années d'arrérages d'une rente léguée au couvent par Jeanne, comtesse de Beaumont, sœur de Marie.*

(Juin 1232.)

G. decanus, B. succentor, et Officialis Belvacenses, omnibus presentes litteras inspecturis, in Domino salutem. Noverint universi quod cum causa verteretur, coram nobis, auctoritate apostolica, inter Priorissam et moniales de *Borranc*, ex una parte et M[ariam] comitissam Grandisprati, ex altera, super eo quod dicte moniales petebant ab ipsa Comitissa, centum solidos parisiens. annuos, et pro arreragiis duodecim annorum (1); sexaginta libras paris., quos centum solidos bone memorie nobilis mulier domina Johanna, quondam comitissa Bellimontis, soror ipsius M(arie) comitisse legavit et dedit in elemosinam dictis monialibus annuatim, percipiendos et habendos in festo beati Remigii ad censum suum, apud *Raroi*, ut dicebant; et tandem Priorissa, pro se et pro cenventu suo, et magistro Guillelmo, dicte Comitisse clerico, per litteras ipsius Comitisse patentes ad comparendum et transigendum et jurandum dato, coram nobis in jure constitutis recognoverunt in presentia nostra pro bono pacis inter ipsos taliter esse ordinatum quod dicta Priorissa, pro se et pro Conventu suo dictam Comitissam et ejus heredes, de dictis centum solidis, in perpetuum quittavit. Arreragia autem dictarum sexaginta libr. et decem lib. parisiens. in lite facta, consciencie ipsius comitisse reliquit; et magister Guillelmus, in recompensationem dictorum centum sol., tres arpennos pratorum quos dicta Comitissa habet in praeria de Aneriis, unum videlicet arpennum vocatur arpennum subtus calceiam; alii vero duo vocantur pratum de Noa, dictis monialibus dedit et jam eas in possessionem corporalem misit. Ita quod dicta Priorissa et Conventus de *Borrench* inperpetuum possidebunt pacifice et habebunt dictos tres arpennos pratorum ad censum duodecim denariorum singulis annis, in Nativitate Beati Johannis apud *Wirmes* solvendorum; et dicta Comitissa et ejus heredes sub censu isto dictis monialibus garantire tenentur, nec possunt de cetero ab aliquo cogi distrahere dicta prata nisi velint. Promisit autem dictus Magister G[uillelmus] quod, infra festum beate Marie Magda-

---

(1) Cette indication fait remonter au moins au 1ᵉʳ octobre 1219 la mort de la comtesse Jeanne, la rente étant payable à la Saint-Remi, et 12 années d'arrérages étant échues. En 1220, Jean approuvait des libéralités testamentaires de sa femme. (Douët d'Arcq. p. 84 et suiv.)

lene, litteras dicte Comitisse dictis monialibus dari procurabit, de recompensatione ista et donatione, fideliter et in perpetuum observanda ; quod, nisi faceret, decem libras, nomine pene, dictis monialibus sub fidei religione se promisit soluturum ; et de hoc jurisdictioni nostre se subposuit : retenta nobis, de assensu utriusque partis, jurisdictione nostra animadvertendi, secundum justiciam, in ipsam Comitissam et ejus heredes, vel ipsius servientes, si contra hec predicta aliquid presument temere attemptare. Quod ut ratum permaneat et firmum, sigillorum nostrorum impressionibus fecimus presentes litteras communiri.

Actum anno Domini millesimo ducentesimo tricesimo secundo, mense junio.

Original jadis scellé, portant au dos ces mentions : « LXIII » et « de prez de Virmes » (xvᵉ s.). (Portef. 1, Asnières.)

Ind. Coll. Bucquet-Aux Cousteaux, XL, 25.

---

43. — *Marie de Garlande, dite comtesse de Grandpré, abandonne pour terminer un procès pendant devant les juges apostoliques, trois arpents dans sa prairie d'Asnières-sur-Oise aux religieuses de Boran, en compensation de cent sous de rente perpétuelle assignée par sa sœur, la comtesse Jeanne de Beaumont, sur les cens de Raray, dont douze années d'arrérages restaient dus ; le couvent renonce à les réclamer, non plus que dix livres déjà dépensées pour les frais du procès, et paiera pour les prés qu'il reçoit un cens perpétuel de douze sols à la donatrice, à Viarmes.*

(Juillet 1237.)

Ego Maria dicta comitissa Grandis Prati u. p. l. i. notum facio quod, cum controversia verteretur inter me, ex una parte, et Priorissam et conventum de Borrano ex altera, coram Decano, Succentore et Officiale

Belvacensibus, judicibus a Domino Papa delegatis, super centum solidis parisiensium annuatim persolvendis et super sexaginta libris parisiensium pro arreragiis duodecim annorum quos a me petebant ; quos centum solidos bone memorie Johanna quondam comitissa Bellimontis soror mea, legavit et dedit in elemosinam dictis monialibus, annuatim percipiendos ad censum suum de *Rarei* ut dicebant ; tandem communicato bonorum virorum consilio, cum prefatis monialibus composui sub hac forma : quod ego, in recompensationem dictorum centum solidorum, tres arpennos pratorum quos habebam in praeria de Asneriis, quorum duo vocantur pratum de Noa, alius pratum subtus Calceiam, dictis monialibus dedi et assignavi, et eas in possessionem misi corporalem. Ita tamen quod prefate Priorissa et conventus de Borrano dictos tres arpennos pratorum in perpetuum possidebant sub annuo censu duodecim nummorum in nativitate beati Johannis Baptiste persolvendorum apud *Wirmes*. Ego vero et heredes mei sub isto censu dicta prata eisdem garantire tenemur, et sic de dictis centum solidorum et sexaginta libris paris. pro arreragiis duodecim annorum et de decem libris pro expensis in lite factis, supradicta Priorissa et conventus de Borrano me et heredes meos penitus quitaverunt et absolverunt. In cujus rei testimonium presentes litteras sigilli mei munimine feci roborari.

Actum anno Domini millesimo ducentesimo tricesimo secundo, mense julio.

Original jadis scellé, portef. 1, liasse Asnières.

---

44. — *Le roi Louis IX atteste que Hugues de Boran, clerc, s'est dessaisi entre ses mains de cinq muids de blé d'hivernage qu'il prenait annuellement dans le dimage de Boran, tels que son père et ses neveux en*

*ont joui, en la grange de l'évêque mouvant du Roi,
pour son fief de Beaumont ; à la prière de Hugues, il
en investit les moniales de Boran auxquelles celui-ci
les a vendus moyennant 230 livres parisis.*

(Vincennes, mars 1233, n. st.)

Ludovicus Dei gratia Francorum rex. Noverint
universi pres. pariter et futuri quod Hugo de Borrenco,
clericus, in nostra presentia constitutus, recognovit se
pro ducentis et triginta libris paris. vendidisse Priorisse
et conventui monialium de Borrenco quinque modios
ibernagii quos habebat in decima de *Borrenc* singulis
annis, in granchia ejusdem loci que est Episcopi Belvacensis, ubi colligitur decima de *Borrenc*, annuatim
percipiendos ad mensuram Bellimontis coagitatam
(*sic*) ; eodem modo in omnibus quo pater et nepotes
ipsius Hugonis dictos quinque modios bladi usque
modo percipere consueverunt et ab eisdem monialibus
in perpetuum possidendos. Quia vero predicti quinque
modii bladi de nostro movebant feodo, Nos, ad suppli-
cationem predictorum Hugonis et monialium, vendi-
tioni predicte favorem, benignum prebuimus et assensum. Idem autem Hugo se de dictis quinque modiis
bladi in manu nostra dissaisivit, et Nos, ad petitionem
ipsius, de illis predicta investivimus moniales. Super
venditione itaque supradicta idem Hugo tenetur rectam
portare garantiam eisdem monialibus, sicut idipsum
confessus est coram nobis. In cujus rei testimonium et
munimen, predictas litteras sigilli nostri appensione
fecimus roborari.

Actum apud Vicenas, anno gratie M° CC° tricesimo
secundo, mense marcio.

Original jadis scellé, portef. 2, liasse Boran.

45. — *Hugues de Boran, ayant obtenu l'adhésion du roi, opère la vente approuvée par celui-ci, du consentement de ses neveux, Thibaud, chevalier de Boulanville, Richard, clerc, Adam et Ansoud, laïcs.*

(Mars 1233, n. st.)

Ego Hugo de *Borrenc*, clericus, notum facio o. p, l. i. quod ego vendidi Priorisse et conventui monialium de *Borrenc*, pro ducentis et triginta libris paris. quinque modios ibernagii quos habebam in decima de Borrenc annuatum percipiendos ad mensuram Bellimontis coagitatam eodem modo in omnibus quo patér meus et nepotes mei dictos quinque modios bladi usque modo percipere consueverunt. Hanc autem venditionem feci da voluntate domini Regis, de cujus feodo movebant prenominati quinque modii bladi, et de consensu nepotum meorum, horum scilicet : domini Theobaldi militis, Ricardi clerici, Ade et Ansoldi laicorum. Et sciendum quod dictis monialibus super prenominatis quinque modiis bladi rectam teneor portare garantiam. In cujus rei testimonium et munimen presentibus litteris sigilli mei appensione roboravi.

Actum anno gratie M° CC° tricesimo secundo, mense martio.

A, Original jadis scellé. Portef. 2, liasse Boran. — *B,* Vidimus de Geffroy de Senlis, garde de par Mgr le duc d'Orléans de la chastellerie de Beaumont-sur-Oyse, et Guillermin Lucas, clerc tabellion juré en lad. chastellerie, du 17 mars 1397 (1398 n. st.), collationné sur *A.* — Portef. 2, liasse Boran.

Extr. D' Leblond, *Notes pour le Nobiliaire du Beauvaisis,* t. I, p. 99-100.

46. — *Milo, évêque de Beauvais, confirme le don de Hugues de Boran.*

(1233.)

Milo Dei gratia Belvacensis episcopus, u. p. l. i. salutem in Domino. Noverint universi quod in nostra presentia constitutus Hugo de *Borrenc*, clericus, recognovit se pro ducentis et triginta libris paris., vendidisse Priorisse et conventui monialium de Borrenco, quinque modios ibernagii quos habebat in decima de Borrenco singulis annis, in granchia nostra de *Borrenc*, percipiendos ad mensuram Belli montis coagitatam, eodem modo quo pater et antecessores ipsius Hugonis consueverunt percipere usque modo. Nos autem ad petitionem dictarum monialium, et ipsius Hugonis, dictam venditionem laudavimus et sigilli nostri karactere appenso presentibus communivimus.

Datum *Borrenc*, die Jovis post festum SS. Jacobi et Xristofori. Anno Domini M° CC° tricesimo tercio.

A. Original jadis scellé, portef. 2, liasse Boran.

Ind. Collection Bucquet-Aux Cousteaulx, XL, 25. — *Pouillé*, page 206.

---

47. — *Le roi Louis IX reporte sur le travers du pont de Beaumont une rente de 12 livres octroyée par le comte Jean au prieuré de Saint-Léonor, sur la grange de Bernes, cette grange ayant été cédée depuis aux religieuses de Boran (1).*

(Beaumont-sur-Oise, janvier 1235, n. st.)

Edit. Depoin, *Recueil des chartes de Saint-Martin-des-Champs*, t. IV, p. 100, n° 935.

---

(1) Cette pièce n'intéressant qu'indirectement le prieuré de Boran, nous ne la reproduisons pas.

48. — *Testament de Jean de Ronqueroles en faveur des abbayes du Val et de Royaumont et du prieuré de Boran.*

(1237.)

In nomine Patris et Filii et Spiritus Sancti, amen. Ego Johannes de *Ronkeroles* sciens nichil morte certius et nichil incertius hora mortis, de consensu et voluntate dilectissime matris mee, et Hugonis, fratris mei, et sororum mearum, Valli Beate Marie, duas hostisias apud Asnerias sitas, quarum tenet unam Guiardus de Atrio, et aliam Hugo Anglicus et pro eis reddunt quilibet decem solidos parisiensium annuatim in festo Beate Marie in septembri. Item do, lego, eidem abbatie, unum arpentum vinee site sub parco Asneriarum. Item unum arpentum prati apud Asnerias, quod a me tenetur ad medietatem. Item quatuor arpenta terre, de quibus duo sedent juxta pontem *de There*, et alia duo in guarenna. Item, sanctimonialibus de *Borrenc*, do, lego, similiter post decessum, tria arpenta terre site sub domo eorumdem, supra, aquam Ysare. Item, abbatie Regalismontis, quinque arpenta nemoris sita inter nemora Asneriarum, juxta nemora Regalis Montis do, lego, similiter post decessum meum habenda pariter et possidenda. In cujus rei memoriam, presentibus litteris sigillum meum apposui. Actum anno Domini M° CC° XXX° septimo.

A. Original jadis scellé, A. N. S 4.194, n° 26.

Edit. Douët d'Arcq, *Recherches historiques sur les comtes de Beaumont-sur-Oise*, p. 118, n° 178.

---

49. — *L'official de Beauvais reçoit de dom Hugues de Boran, clerc du Roi, la déclaration qu'il a vendu à la prieure de Boran pour 230 livres parisis, une rente de cinq muids d'hivernage à la mesure de Beaumont,*

sur, la dîme de Boran, et que les religieuses ont obtenu du roi et de l'évêque de Beauvais des lettres confirmatives de cette acquisition.

(Novembre 1237.)

U. p. l. v. Officialis Belvacensis, sal. Noverit universitas vestra quod constitutus in presentia nostra dominus Hugo de *Borrenc*, clericus Regis, recognovit se pro ducentis et triginta libris paris. vendidisse Priorisse et conventui de *Borrenc* quinque modios hibernagii quos habebat in decima de *Borrenc* singulis annis in granchia Domini Episcopi Belvacensis apud *Borrenc,* percipiendos ad mensuram Bellimontis coagitatam eodem modo in omnibus quo pater et antecessores ipsius Hugonis consueverunt percipere usque modo. Recognovit etiam dictus H. quod dicte moniales habent litteras domini Milonis, quondam episcopi Belvacensis, et litteras domini Ludovici Regis de approbatione et confirmatione istius venditionis. Recognovit etiam dictus H. quod cum vir nobilis dominus Matheus, quondam comes Bellimontis et *Helienor* ejus uxor, donaverint in feodum domino Ricaldo, militi de *Borrenc,* quondam patris (*sic*) ipsius Hugonis, et litteras super hoc eidem R[icaldo] concesserunt, ut rata semper permaneat et firma donatio, et dictus Hugo dictas litteras comitis et comitisse dictis Priorisse et conventui, ad confirmationem venditionis predicte, tradidisset, tandem quia aliquis articulus in dictis litteris continebatur qui dicto Hug[oni] et ejus heredibus erat necessarius, supplicavit humiliter a nobis... dictas litteras... sibi reddi... et nos precibus annuentes, ...permisimus dictas litteras... non cancellatas, non abolitas nec in aliqua parte viciatas, dicto Hugoni reddi. (*Suit le texte des lettres vidimées.*) Acta sunt hec et relecta transcripta coram nobis anno Domini M° CC° XXX° septimo, mense novembri.

50. — *Richard, prêtre, Thibaud, chevalier, Adam et Ansoud, fils de feu Gui de Boulonville, chevalier, approuvent la vente faite par leur oncle maternel Hugues de Boran aux religieuses, de cinq muids de blé d'hivernage sur la grange du sire évêque de Beauvais, jadis du comte de Beaumont, à Boran, mouvant du fief dotal de dame Liénoire, leur mère.*

(Février 1238, n. st.)

O. p. l. o. Officialis Belvacensis, salutem in Domino. Universitati vestre notum facimus quod, in nostra constituti presentia, dominus Ricardus presbiter, Theobaldus miles, Adam et Ansoldus fratres, filii quondam Guidonis de *Bolonville* militis, venditionem factam monialibus de *Borrenc* a Hugo[ne] de *Borrenc* avunculo eorum de quinque modiis bladi ibernagii redditus annui in grangia Domini Belvacensis Episcopi apud *Borrenc* que fuit Comitis Bellimontis, moventibus ex maritagio domine Leonorie matris eorum sicut coram nobis fuerunt confessi, voluerunt et laudaverunt, fidem prestantes corporalem quod de cetero de dictis quinque modiis bladi nichil reclamabunt vel reclamari facient per se vel per alium, ratione alicujus juris. In cujus rei testimonium, presentes litteras sigillo curie **Belvacensis** fecimus communiri.

Actum anno Domini M° CC° tricesimo septimo, mense februario.

Original jadis scellé, portef. 2, liasse Boran.

---

51. — *Guilaume de Litz, chevalier, donne au couvent de Saint-Martin de Boran trois mines de blé d'hiver et quatre sous parisis de rente sur sa maison de Litz.*

(1238.)

Notum sit omnibus p. l. i. quod ego Guillermus de *Lis* miles dedi et concessi in perpetuam elemosinam conventui Sancti Martini de *Borrenc* tres minas bladi hyemalis et quatuor solidos parisienses singulis annis reddendos in crastinum sancti Remigii in domum meam apud *Lis*. In cujus rei testimonium et munimen, presentes litteras sigilli mei munimine roboravi.

Actum anno Domini millesimo CC° XXX° VIII°.

A. Original perdu. — *B.* Vidimus de Tanguy du Chastel, conseiller, chambellan du roy et garde la prevosté de Paris, l'an de grace mil quatre cents et quinze, le samedi VII° jour du mois de mars, d'après l'original scellé en queue double et cire blanche. — Portef. 4, liasse Le Lys.

Ind. Dr Leblond, *Notes pour le Nobiliaire du Beauvaisis*, t. I, page 416.

---

52. — *Hugues de Boran, chanoine de Roye, approuve l'échange de la vigne des Saules, tenue de lui par Jean Borgine, contre six deniers de rente, fait avec les moniales de Boran par ce dernier.*

(1239.)

Ego Hugo de *Borrenc*, canonicus de Roia, notum facio o. p. l. o. quod ego venditionem et excambium quod Johannes dictus Borgine fecit monialibus Sancti Martini de *Borrenc* de quodam arpento vinee quod tenebat ad censum de me, pro sex denariis singulis annis ad festum Sancti Remigii percipiendis, que vinea vocatur vinea de Salicibus, hoc autem volui, laudavi et concessi, salvo jure meo. In cujus rei testimonium presentibus litteris sigillum meum apposui.

Actum anno Domini M° CC° XXX° nono.

Original jadis scellé. Portef. 2, liasse Boran.

53. — *Isabeau, prieure de Boran, fait un accord avec les moines de Froidmont.*

(1239.)

Nous n'avons pu retrouver cette pièce, citée par l'auteur du *Pouillé du diocèse de Beauvais* en 1707.

---

54. — *Hugues, chevalier de Boran (?), amortit trois arpents de terre, proche la porte du prieuré, donnés aux religieuses par Anceline et son fils Jean.*

(1240.)

En déficit.

Ind. Extrait abrégé des lettres et chartes, Borreng, n° 43.

---

55. — *L'évêque de Beauvais, Robert de Cressonsacq, autorise les religieuses à aliéner dix muids de blé de rente tant pour l'augmentation du luminaire en la fête de Saint-Pierre, pour laquelle elles professent une dévotion spéciale, que pour accroître leur portion congrue.*

(1240.)

En déficit.

Ind. Extrait abrégé des lettres et chartes, Borreng, n° 10.

---

56. — *Robert, évêque de Beauvais, confirme la donation de son devancier Milon à l'église de Chambrefontaine d'une rente à Boran.*

(Juin 1241.)

Robertus Dei gratia, Belvacensis episcopus o. p. l. i. sal. in D. Notum facimus quod cum pie memorie Milo, quondam Belvacensis episcopus, dedisset in perpetuam elemosinam ecclesie Camerifontis, Meldensis diocesis, unum modium bladi annuatim percipiendum apud *Bosreng*, quem modium idem Episcopus emit a fratribus Domus Dei Beate Marie Parisiensis, de elemosina bone memorie Johannis, comitis Bellimontis super Ysaram, predictis fratribus dicte Domus Dei facta, sicut in litteris prefati Episcopi vidimus contineri, et sicut ex bonorum virorum testimonio intelleximus, Nos predictum modium bladi, quantum in nobis est, memorate ecclesie Camerifontis concessimus et confirmavimus, in perpetuum possidendum. In cujus rei testimonium et confirmationem presentes litteras · sigilli nostri munimine fecimus roborari.

Actum anno Domini M° CC° XL°· primo, mense junio.

Vidimus de l'Official de Beauvais, mercredi après la Saint-André 1314. Portef. 2, 1. Boran-Chambly.

---

57. — *Une confirmation par l'évêque G., datée d'avril 1250, est insérie au même transcrit.*

Voir le n° 38 ci-dessus.

---

58. — *Aleaume de Saint-Souplet, chevalier, ayant donné naguère aux moniales de Boran, un muid de blé*

d'hivernage sur les revenus des terres de Goële que tiennent de lui les moines de Chambrefontaine, et plus tard, Aleaume et son gendre Gui de Jagny, chevalier, mari de sa fille Agnès, ayant affermé ces terres auxdits moines pour 5 muids et demi de blé d'hiver, Pierre, évêque de Meaux, constate que, de leur consentement, les religieuses percevront leur muid de blé sur ce fermage. Biseuil de Forfry, chevalier, ayant cette terre dans son fief, apporte son acceptation aux contractants.

(Jeudi avant Pâques, 17 avril 1242, n. st.)

Petrus, Dei gratia Meldensis episcopus, universis p. l. i. salutem in Domino. Noverit universitas vestra quod cum Alermus de Sancto Suppleto, miles, dudum in elemosinam perpetuam contulisset monialibus de Borrenco unum modium bladi hybernagii percipiendum annuatim super proventibus terrarum de *Goële* quod ecclesia Camerefontis ab ipso milite excolebat, et dictus Alermus et Guido de *Jahegni*, miles, et domina *Agnes*, uxor ejus, filia dicti Alermi, totas dictas terras ad prefatam ecclesiam ad modiationem concessissent et contulissent pro quinque modiis et dimidium bladi hibernagii, excepta grueria, tali modo quod dicta ecclesia Camerefontis predictum modium de dicta summa modiationis prefatis monialibus redderet annuatim ; religiosi viri Abbas et conventus Camerefontis promiserunt coram nobis quod ipsi redderent predictis monialibus de Borrenco singulis annis et porterent, infra quindenam beati Martini hiemalis, predictum modium bladi in granchia Camerefontis de *Goële*, de blado quod creverit in terris supradictis, sine separatione, ad solitam mensuram dicte granchie. Bisolius vero de Forferiaco, miles, de cujus feodo dicta terra movisse dicebatur, laudavit et concessit, fide data in manu nostra, predictum modium, super dictis proventibus, monialibus predictis perpetuo in manu mortua possidendum. Que omnia ut rata et inconcussa permaneant, presentes litteras sigilli nostri munimine duximus roborari.

Actum anno Domini M° CC° quadragesimo primo, die jovis ante Resurrectionem Domini.

Original jadis scellé, portef. 4, liasse Saint-Martin-lès-Boran.

Au dos, d'une écriture du XIII° siècle : « de la Chambrefontaine f f f » et le chiffre IIII[x] VI.

---

59. — *Véri, seigneur de Marolles, dònne à Saint-Martin de Boran une rente d'un muid de méteil dans sa grange de Courcelles.*

(Septembre 1242.)

A tous ceux qui ces lettres verront ou orront Estienne le Bercher, garde de par le Roy n[re] sire du séel de la prevosté de Chambli, salut. Savoir faisons que nous et Jehan le Hagues, tabellion du Roy n[re] sire en lad. prevosté, l'an de grace mil CCCC et vint sept, ou mois de juillet, vint deux jours, veismes, teneismes ung chartier (*sic*) anciennement fait et escript, touchant plusieurs cens, rentes et muyages de blés, vins et de plusieurs autres choses qui sont redevables chascun à la prioré de l'église Saint Martin les *Borrenc*, entre lesquelx est escript et faite mention en l'un des feuilles d'icellui chartrier (*sic*) ce qui s'ensuit, et la clause d'icellui avons veu et leu, mot après autre, sain et entier.

Carta bladii de *Corcelles*.

Universis Xristi fidelibus Vericus, miles, dominus de Marolis, salutem in Domino. Noverint universi quod ego delego et in perpetuam elemosinam concedo ecclesie Beate Martini de *Borrenc* unum modium bladi meditulis, ad mensuram de Bellomonte, annis singulis percipiendum et solvendum sine aliqua difficultate in grangia mea de *Corcelles*, in festo Sancti Remigii in capite octobris. Quod ut ratum et firmum permaneat in futurum, pro me et successoribus meis, hoc sigillo confirmo. Actum anno Domini M° CC° quadragesimo secundo, mense septembri.

En tesmoing de laquelle vision, nous au present transcript et vidimus, avons mis le seel de lad. prevosté, et fu fait l'an et jour premiers dis.

Vidimus du 14 juillet 1427, d'après un ancien chartrier des cens, rentes et muyages du prieuré.

Portefeuille 4, liasse Courcelles.

Ind. Extrait des lettres et chartes, Courcelles n° 77, qui attribue cet acte à « Henry, seigneur de Morlay ».

---

60. — *Lettre de l'abeesse dou Paraclet que il ne soient que XX nonains en la prieurré de Bosranc.*

(Mai 1244.)

Universis presentes litteras inspecturis, É[rmengardis], Paraclitensis ecclesie ministra humilis, eternam in Domino salutem. Cum valde sit inhonestum et indecens ut in agro Domini assidue laborantes compellantur inedia (a) mendicare, cum scriptum sit : « Non alligabis os bovis triturantis », huic malo in parte remedia curavimus, adhibere. Ad universorum igitur noticiam volumus pervenire, quod, cum moniales prioratus nostri de *Bosrenc*, quarum numerus superfluus facultatum excedit in pluribus quantitatem, a parte optima Marie quam elegerant, cogantur penitus recedere ut Marte operibus perseverent, ita quod unguenti suavitas a muscis mordentibus paupertatis auferatur, ordinare voluimus, de consensu conventus nostri, quod dictarum monialium numerus minuatur, et ad certum reducatur, statuentes, et observandum in virtute obediencie districte precipientes, ne amodo aliqua in predicto prioratu in monialem vel sororem recipiatur quousque, procedente tempore, ad XX deveniant pre

dicti prioratus moniales. Tamen si statum dicti prioratus, divina Providentie clementia, ad fortunam
devenire contingerit pinguiorem, nos numerum ante
dictum augere poterimus, secundum quod utilitate
Ecclesie melius videbimus expedire. Quod si aliquid,
quod non credimus, contra statutum nostrum fuerit
attemptatum, irritum reputemus et inane. Ut autem
firmitatem habebant superius annotata, sigillorum
nostrorum munimine fecimus eadem roborari (1).

Datum anno Domini M° CC° XL° quarto, mense
maio.

(a) Ce mot est, par une faute de typographie, imprimé dans
l'édition Lalore « media ».

Archives de l'Aube, *Cartulaire du Paraclet*, fol. 188 v°.

Edit. Lalore, *Collection des princ. Cartul. du dioc. de Troyes*,
t. II, p. 216, n° 238.

**61. — *Confirmacion de l'évesque de Biauvez que il ne
soient que XX nonains en la prieurré de Bosranc.***

(Août 1244.)

Robertus, divina miseratione Belvacensis episcopus.
Universis presentes litteras inspecturis, eternam in
Domino salutem. Cum valde sit inhonestum (*suit le
texte des lettres de l'abbesse du Paraclet*)..... Ne
autem huic statuto nostro possit aliquis in posterum
contraire, presentium testimonio litterarum illud confir-
mandum duximus, sub anathematis vinculo districtius
inhibentes ne aliqua monialis recipiatur ibidem, nisi
prius numero coarcto, sicut superius est expressum.
Quod ut ratum permaneat et stabile perseveret, sigillum nostrum presentibus litteris duximus apponendum.

---

(1) Il fut fait, à la même date, un acte semblable pour le
prieuré de Trainel. (*Ibid.*, n° 239.)

Actum anno Domini M° CC° XL° quarto, mense augusto.

Archives de l'Aube, *Cartulaire du Paraclet*, fol. 263 et 266.

Edit. Lalore, ouvr. cité, p. 217, n° 240.

---

62. — *Bulle du pape Innocent IV excluant les prieures des couvents qui dépendent du Paraclet, de la participation à l'élection des abbesses en venant s'adjoindre à la communauté résidant à la maison-mère, ce qu'elles faisaient jusque-là.*

Edit. Lalore, *Collection des princ. Cartulaires du dioc. de Troyes*, II, 42, n° 16.

---

63. — *Pierre de Treigny, chevalier, donne au prieuré de Boran un setier de blé sur les dîmes de Bruyères, appartenant au chapitre de Saint-Pierre de Beauvais.*

(Septembre 1249.)

Ego Petrus de Triangulo, miles, ... Noverint universi quod ego, pro remedio anime uxoris mee (1), monialibus Sancti Martini de *Borrenc* concessi unum sextarium bladi in granchia mea de Brueriis.

Septembre 1243. *Titres du prieuré de Borrenc.*

En déficit.

Extr. cité dans les *Notes sur le Nobiliaire du Beauvaisis*, par le D' Leblond, t. II, p. 763.

Ind. Extraits des contrats, par Fr. Le Jeune, du 5 décembre 1589 (avec la date : septembre 1249).

---

(1) Marie, femme de Pierre de Treigny, est citée en mai 1243. (D' Leblond, *Nobiliaire, ibid.*)

64. — *Hugues de Boran, chanoine de Notre-Dame de Bayeux, approuve le don à l'église Saint-Martin de Boran d'une pièce de vigne mouvant de son fief.*

(Juillet 1250.)

Universis Xristi fidelibus presentes litteras inspecturis, Hugo de *Borenc* Beate Marie Baiocensis canonicus, salutem in Domino. Noverint universi quod Hugo dictus *Lude* de *Borenc* Dei misericordia motus coram me dedit in remissione anime sue in puram elemosinam post decessum suum ecclesie Beati Martini de *Borenc* unam peceam vinee, in territorio quod dicitur *au forches*, de me moventis ad sex denarios censuales annuatim, et unam peceam vinee sue ad viam *Wadinoise* similiter de me moventis ad sex denarios annui census. Dictus vero Hugo dictas vineas tenebit et possidebit quamdiu vixerit, et post decessum dicti Hugonis, predicte vinee, de asensu meo proprio, ad manum mortua mvenient et remanebunt ecclesie Sancti Martini de *Borrenc*. Hanc autem elemosinam dictis sanctimonialibus factam volo, concedo et approbo..... et pres. litteras sigilli mei munimine dignum duxi roborandas.

Actum anno Domini M° ducentesimo quinquagesimo, mense julio.

Original jadis scellé, portef. 2, liasse Boran.

---

65. — *Guillaume de Gretz, évêque de Beauvais, confirme l'approbation donnée par son devancier à l'affectation de dix mines de blé, sur les revenus du monastère, pour la célébration de la fête de Saint-Pierre par l'illumination de l'église et la distribution d'une pitance au couvent.*

(Septembre 1250.)

U. p. l. i. G[uillelmus] miseratione divina Belvacensis episcopus, in Domino salutem. Noverint universi quod, sicut in litteris bone memorie R (a) [Roberti] quondam Belvacensis episcopi predecessoris nostri, vidimus contineri, Priorissa de Borrenco et moniales ibidem commorantes, servitium beati Petri apostoli ampliare cupientes, voluerunt et ordinaverunt quod de cetero, singulis annis in festivitatibus beati Petri, decem mine bladi de bonis monasterii antedicti ad emendum luminare et ad pitanciam monialium ibidem Deo deservientium dividantur, ipsi supplicantes humiliter ac (b) devote ut earum ordinationi suam preberet assensum. Ipse vero postulationi earum pio concurrens assensu, ordinationem predictam voluit et approbavit et auctoritate ordinaria confirmavit. Nos vero eandem ordinationem volumus, approbamus et auctoritate nostra confirmamus, precipientes sub pena excommunicationis, predictam ordinationem firmiter observari. In cujus rei testimonium et munimen, presentes litteras sigilli nostri munimine fecimus roborari.

Datum anno Domini M° CC° (c) quinquagesimo, mense septembri.

(a) « E. » B. — (b) « et » B. — (c) millesimo ducentesimo B.

A. Original Portef. 2, liasse Boran. — B. Copie du xviiie siècle. ms. lat. 12.682, fol. 209.

Ind. *Extrait abrégé des lettres et chartes*, Prieuré, n° 45.

---

66. — *Guillaume Ier de Gretz, évêque de Beauvais, confirme la donation aux religieux de Saint-Martin par Hugues de Boran, seigneur de la ville, de trois quartiers de vigne et de deux parcelles de terre, formant ensemble un journal et demi, au terroir de Boran.*

(1250.)

En déficit.

Ind. Extrait abrégé des lettres et chartes, Borreng, n° 12, dont nous reproduisons les termes.

---

67. — *Le même prélat confirme une donation de Hugues Lude, de Boran au prieuré, de trois quartiers de terre vers les Fourches patibulaires.*

(Février 1253, n. st.)

U. p. i. l. Guillelmus miseratione divina Belvacensis ecclesie episcopus, salutem in Domino. Noveritis quod cum Hugo *Ludes* de Borrenco dum viverat, in puram et perpetuam elemosinam contulisset ecclesie monialium Sancti Martini de Borrenco tria quarteria vinee site versus furcas, moventis de domino venerabilis viri Hugonis de Borrenco archidiaconi Baiocensis, et quemdam jornellum terre arabilis site apud Vascellos, moventis de dominio heredum defuncti Nevelonis de *Ranqueroles* quondam militis, et etiam dimidium jornellum terre arabilis site in valle Hugonis ; prout Guillelmus clericus, Bartholomeus et Maria, filii et heredes predicti Hugonis *Ludes*, asseruerunt in presentia nostra constituti, iidem Guillelmus, Bartholomeus frater ejus et Maria eorum soror, omnium predictarum rerum elemosinam, a dicto patre suo factam ecclesie et monialibus predictis, laudaverunt et approbaverunt coram nobis : ita tamen quod prenominatus Guillelmus clericus, quamdiu vixerit, tenebit et habebit omnes res predictas ; et in recognitionem juris dicte ecclesie et monialium, predictus G. dictis monialibus, vel mandato ipsarum, reddet decem solidos paris. ad festum Sancti Remigii annuatim. Prefato vero Guillelmo viam universe carnis ingresso, omnes res predicte ad ecclesiam et moniales predictas devenient, libere, pacifice et quiete. Promiserunt autem predicti Guill., Bartholomeus et Maria, Roberto ipsius marito ad hoc auctoritatem prestante, et dictam elemosinam concedente et volente, fide prestita corporali, quod contra dictam elemosinam per se nec per alium venient in futurum. In cujus rei testimonium ad petitionem dictarum partium, pres. litteras nostro sigillo fecimus sigillari.

Datum anno Domini M° CC° quinquagesimo secundo, mense februario.

Original jadis scellé: Portef. 2, liasse Boran.

Ind. Mabillon, ms. lat. 12.682, fol. 206.

---

68. — *Donation de Hugues et Eudes de Ronquerolles.*

(Février 1253, n. st.)

Hugo et *Eudes de Ronkeroles* donnent aux religieuses de *Borrenc* des terres... « moventes de heredibus defuncti Nivelonis de *Ronkeroles*. 1252, mense februario ».

En déficit.

Ind. Notes sur le Nobiliaire du Beauvaisis, par le D⁺ Leblond, t. II, page 632.

---

69. — *Nouvelle charte de Hugues, sire de Boran, chantre de Bayeux, sur la donation de Hugues Lude.*

(Avril 1255.)

Universis Christi fidelibus presentes litteras inspecturis, ego Hugo de *Borrenc,* cantor Baiocensis, salutem in Domino. Noverint universi quod Hugo dictus *Lude* de *Borrenc,* Dei misericordia motus, coram me dedit et concessit in remissione anime sue, in puram elemosinam et perpetuam, post decessum suum ecclesie Beati Martini de *Borrenc* et sanctimonialibus ejusdem loci, ibidem Deo servientibus, unam peceam vinee site in territorio quod dicitur *Auforches*, de me moventis ad sex denarios censuales annuatim, et unam aliam peceam vinee site ad viam *Waudinoisse* similiter de me moventis ad sex denarios annui census. Dictus vero Hugo dictas vineas tenebit et possidebit quamdiu vixerit, et post decessum dicti Hugonis predicte vinee de assensu meo proprio ad manum mortuam venient et remanebunt et ecclesie (*sic*) Sancti Martini de *Borrenc* et sanctimoniales ejusdem loci predictas vineas libere, quiete et pacifice per dictum censum in perpetuum tenebunt, et manu mortua, possidebunt. Hanc autem elemosinam dicte ecclesie et sanctimonialibus factam volo, concedo et approbo, quantum ad me pertinet et facere debeam atque possim ; et quod presens pagina majoris firmitatis ac perpetue stabilitatis robur obtineat, presentes litteras sigilli mei munimine dignum duxi roborandas.

Actum anno Domini M° CC° quinquagesimo quinto, mense aprili.

Original jadis scellé. Portef. 2, liasse Boran.

---

70. — *Le chevalier Renaud de Champagnes, avec l'agrément de dame Jeanne, sa femme, pour le repos de l'âme de leur fille Jeanne, inhumée à Saint-Martin de Boran, et pour qu'elle soit du nombre des élus, donne aux religieuses deux journaux de terre labourable à Crouy.*

(1er novembre 1257.)

Ego Reginaldus de Campaniis miles, notum facio omnibus t. p. q. f. presentes litteras audituris et visuris, quod ego, de assensu et voluntate domine Johanne uxoris mee, caritatis intuitu, dedi et concessi in puram et perpetuam elemosinam ecclesie sanctimonialium Sancti Martini juxta Borrencum pro remedio anime dilecte Johanne filie nostre que in dicta ecclesia ecclesiastice traditur sepulture, ad ejusdem Johanne electionem, et pro remedio anime mee et dicte Johanne uxoris mee, et amicorum et antecessorum nostrorum, duo jornalia terre arabilis sita in territorio de *Croy*, in loco qui dicitur *la pointe* de [ponte] de *Tremblei* perpetuo libere et quiete, in honere duorum denariorum Parisiensium monete, censualium mihi vel heredibus meis, singulis annis in festo Sancti Remigii reddendorum, possidenda..... Quod ut firmum et stabile permaneat in perpetuum, presentes litteras inde factas, de consensu et voluntate predicte Johanne uxoris mee, sigilli mei munimine dignas duxi roborandas.

Actum anno Domini M° CC° quinquagesimo septimo, mense novembrio intrante.

A. Original jadis scellé, rongé sur deux lignes, Portef. 4, liasse Crouy. — *B.* Traduction française sur papier, du xvᵉ s., d'après *A* complet.

Ind. Dʳ Leblond, *Notes pour le Nobiliaire du Beauvaisis*, t. I, p. 170.

---

71. — *Confirmation au prieuré d'un pré à la Fosse Patourel*

(1261.)

Apparoit un tiltre touchant le defferent d'un demy arpent de pré lequel, pour accorder les parties, a esté donné aux Dames de Saint-Martin, et ledit pré s'appelle la Fosse Patourel. Mil deux cents soixante et un.

En déficit.

Ind. Extrait des lettres et chartes, la Fosse Patourel, n° 13. (Cet acte est placé aussitôt après ceux concernant Boran.)

**72. — *Enquête au sujet du déplacement d'un chemin
passant devant la porte du prieuré, allant à la Croix-
Saint-Martin, faite par ordre de l'évêque Guillaume
de Gretz, pour régler une contestation entre la dame
de Seilerville, veuve de Nivelon I*r de Ronquerolles, et
les religieuses* (Extraits).**

(1257-1267.)

Testes senes, valitudinarii et illi de quorum morte
vel absentia dubitabatur, de mandato venerabilis patris
nostri G[uillelmi] Belvacensis episcopi, super discordia
que movetur inter Priorissam et conventum Sancti
Martini de Borrenco ex una parte, et dominam de
Seilleville et heredes domini Nevelonis de *Ronkeroles* (1)
quondam mariti dicte domine de *Seilleville*, ex cetera.

Flamandus dictus *Boulengier*, juratus, dixit quod via
que est ante portam domus monialium Sancti Martini
de *Borrencq* et vadit ad crucem que dicitur Crux Sancti
Martini, non solebat esse ubi nunc est, sed maius versus
Borrencum solebat esse predicta via, et bene sunt
XL* anni elapsi et amplius, quod dicte moniales vineas
fecerunt et plantaverunt in via predicta que erat versus
Borrencum et adhuc ibi sunt vinee, et viam fecerunt
ubi nunc est, sine contradictione et reclamatione aliqua.
Et ipse nunquam vidit nec audivit quod aliquis dominus ab antiquo, neque etiam dominus Nevelo quondam
maritus dicte domine de *Seillevile* et pater dictorum
heredum; neque rex, neque comes, neque aliquis alius
dominus, a tempore fundationis ecclesie Sancti Martini

---

(1) Nivelon II vivait en 1268 avec son père Ansoud, chevalier
(Ms. l. 5.471, fol. 267). Parmi les chartes de Froidmont citées dans
ce volume provenant de Gaignières, il s'en trouve une de
« Jehanne de Ronquerolles, dame de Seuleville, jadis femme et
espouse de feu mon très-cher seigneur et mari monsieur Regnault
de Soisy, chevalier », associée à « Jehens de Soisy, dit Tritain,
escuyer, aisné fil et hoir dudit chevalier, qui est datée de 1364.
Jeanne était veuve dès 1361. (*Ibid.*, fol. 42 et 260.)

ubi moniales predicte commorantur, haberet vel peteret in predicta viaria..... aliquid dominium..... Via que est ultra crucem, que vadit ad Crucem domini Mathei, magis erat larga, et moniales pro voluntate sua minoraverunt eam bene usque ad medietatem vel amplius, sicut patet per metas ibi existentes, et illam partem dederunt ad censum Wiardo dicto *Challe*, tali conditione quod plantaret vineas..... Dicte moniales viam que erat ultra vineam domini Hugonis de Borrenco que ibat usque ad Crucem domini Mathei, removerunt et minoraverunt, pro voluntate sua et fecerunt viam ubi nunc est et mutaverunt..... nemine contradicente.

Moniales, ubicumque habent terras arabiles ad campos, in territorio de Borrenco, licet eisdem, de antiqua consuetudine, vias arare que vadunt per terras suas, sine contradictione..... neque vidit, neque audivit quod aliquis dominus, vel cliens dominorum aliquorum, earum carrugas acciperet pro dictarum viarum aratione..... Gilebertus dictus *le Gordier*, juratus..... vidit quamdam domum juxta illum locum ubi est nunc ortus monialium.....

Blavius de *Pressi*, juratus, dixit quod XII^m anni sunt elapsi quo ipse recessit a servicio dictarum monialium, et per sex annos integros servivit eisdem... ipse arabat terras dicte domus atque viarias..... et fuit verberatus a domino Colardo dicto *Choisel*, de Sancto Lupo milite ; et dictus Colardus, de mandato prepositi de Bellomonte, emendavit Priorisse dictam verberationem — nunquam vidit neque audivit quod dominus Nevelo qui tunc temporis erat dominus de Borrenco. petiisset emendam a dicto Colardo milite, ratione verberationis facte in dicta viaria.

Enquête sur parchemin, sans date. Ecriture de la seconde moitié du XIIIe s., portef. 2, l. Boran.

73. — *Jean du Caillou, garde de la prévôté de Beauvais, choisi pour arbitre par deux habitants, qui se disputaient le pré Jean Patoul, à Boran, adjuge le pré litigieux aux dames de Saint-Martin.*

(Août 1268.)

Je Jehans du Kaillou, garde de la prevosté le Roy de Beaumont seur Aise fay a savoir a touz chaus qui ces presentes lettres verront et orrunt que cumme descort fut meuz entre Pierres Meriun d'une part et Jehen Barat de Borrenc de l'autre, ce est a savoir de demi arpent de pré seant delès le pré que l'en apele le pré Jehen Patoul, le que pré celui Pierres et Jehans desus diz requeroient li ungs contre l'autre, par conseil de bonne gent après s'acordèrent en tele manière que il s'en midrent sus moi a fere ma volenté. Toutes ces choses dites et oïes, par le conseil que je en oï et quie cil qui bien le pevent fere si comme il m'avoient donné le povoir si comme il est desus dit, je le donne aus dames de Saint Martin de Pborrent (*sic*), et toutes ches choses conforme je, par mon scel, en l'an dé Nottre Saigneur mil deus cens soissante et wit ou mois d'aoust.

A. Original jadis scellé, portef. 2, liasse Boran.

Ind. Extrait abrégé des lettres et chartes, n° 13, avec une lecture de date inexacte (1261), et la dénomination modifiée « la Fossé Patourel ».

---

74. — *Ansoud de Noïntel, Eustasse (ou Witasse) sa femme et Jean leur fils, passent des actes avec le prieuré de Boran.*

(1282-1283.)

Ansoldus de Noïentello, miles, Eustasia uxor ejus. 1282. — Jean, leur fils, 1283. *Titres du prieuré de Boran.*

Actes en déficit.

Ind. Dr Leblond, *Notes sur le Nobiliaire du Beauvaisis,* t. II, page 547.

---

75. — *Sœur Agnès, prieure de Boran, partage le domaine de nombreuses propriétés avec le couvent d'Hérivaux qui en aura les deux tiers ; ces propriétés sont situées à Valpendant, Avenières, La Brosse du Flas et autres lieux* (Extrait).

(Octobre 1289.)

Universis p. l. i. soror *Agnes,* humilis priorissa de Borrenco, Belvacensis diocesis, totusque ejusdem loci conventus, salutem in Domino. Noverint universi quod cum inter nos, ex una parte, et abbatem et conventum Beate Marie Herivallis ex altera, questio verteretur super rebus que inferius continentur....., tandem..... concorditer..... sic ordinamus..... Tria arpenta que Rex tenet in Valle pendenti, de suo monasterio proprio, moventia de feodo magistri Radulfi dicti *Lebadre* ; .....Item unum arpentum situm apud *Avenieres,* quod super rebus que inferius continentur (1)..., tandem..... duo arpenta sita apud Brociam *du Flas* que tenent abbas et conventus de Valle Beate Marie, contigua ex una parte terre domicelle Johanne quondam uxoris defuncti Godefredi... Item, dimidium arpentum quod tenet Johannes de Soilliaco..., etc. (*Alia sequantur.*) De

---

(1) Le riche chartrier d'Hérivaux, complètement dépouillé, ne fournit pas de lumières sur l'origine des droits partagés entre cette communauté et celle de Boran. Les comtes de Beaumont firent diverses libéralités à Hérivaux, cet objet n'y est pas compris. En décembre 1219, une charte de Bouchard, doyen de Boran, constate que les moines du Lay ont reconnu devoir à ceux d'Hérivaux une rente de vin à Moreauval, au terroir de Beaumont-sur-Oise.

his omnibus abbas et conventus Herivallis habebunt
duas partes, nos et conventus noster terciam partem.

Datum anno Domini millesimo CC° octogesimo nono,
mense octobri.

Original jadis scellé. Archives de Seine-et-Oise, fonds d'Hérivaux, carton 4.

---

76. — *Le roi Philippe IV, considérant l'extrême indigence des nonnains de Boran, dont l'alimentation
n'est pas assurée, leur accorde la dîme du pain et du
vin de la table royale, toutes les fois que les souverains résident en leur manoir d'Asnières-sur-Oise.*

(Neufmarché-en-Bray, novembre 1289.)

Philippus, Dei gratia Francorum rex. Notum facimus
u. p. q. f. quod nos, miserabili oneri paupertatis et indi-
gentie cotidiani victus quibus dilecte nobis in Christo
Priorissa et conventus Sancti Martini juxta Borrencum,
ordinis Sancti Benedicti, nobis referentibus quibus
fidem in hiis et multo majoribus adhibemus, non mo-
dicum comprimuntur, ita quod fere mendicare compel-
luntur, ex animo condolentes, volentes aliquantulum
tantæ earumdem inopiæ, pietatis intuitu, subvenire :
Priorissæ et conventui memoratis ad sustentationem
ipsarum, divini amoris intuitu et pro remedio ac salute
anime nostre, et animarum inclite recordationis regis
Philippi genitoris nostri, et regine Ysabellis genitricis
nostre, necnon et aliorum predecessorum, contulimus et
concessimus, in puram et perpetuam elemosinam, decimam panis et vini qui et quod in domo nostra Asneriarum deinceps expendentur, quociens et quandocum-
que contigerit nos et carissimam conjugem nostram
Reginam Francie ac heredem regni Francie, necnon
reges et reginas Francie, successores nostros, ibidem
imposterum pariter commorari, et quemlibet nostrum

17

pro se ; volentes ex nunc et concedentes quod eadem Priorissa et conventus in jamdicto monasterio suo degentes et amodo morature, quocienscumque nos et predicti successores nostri vel alius eorumdem, aderimus in prefata domo, nostram decimam predictorum percipiant et habeant in futurum pacifice et quiete. Quod ut perpetuae firmitatis robur obtineat, impressione sigilli nostri presentes litteras fecimus communiri.

Actum apud Novum Mercatum in Brayo, anno Domini millesimo ducentesimo octogesimo nono, mense novembri.

A. Original perdu. — *B.* Copie du xviie s., pour Mabillon, ms. lat. 12.682, fol. 210.

---

77. — *Le cardinal Cholet, légat du Saint-Siège (dont le nom appartient à l'histoire de France par la part qu'il prit aux affaires publiques), laisse dans son testament rédigé en l'abbaye de Montier-la-Celle, près de Troyes et scellé le 1er Dimanche de l'Avent de l'an 1289, 40 livres parisis au prieuré de Boran (1).*

Ind. Deladreue, **Hist. de Saint-Lucien de Beauvais.**

---

78. — *Le roi Philippe IV, en considération de la dévotion et de la pauvreté des religieuses de Boran, leur aumône, pour le repos éternel de ses prédécesseurs, de lui-même et de sa très chère épouse Jeanne, reine de France, soixante charretées de bois, de quatre*

---

(1) Voir sur Jean Cholet, Chan. Müller, *Etude sur Jean Cholet,* Beauvais (1882).

moules chaque, annuellement, que le bailli royal de Senlis leur fera délivrer en forêt de Halatte.

(Asnières-sur-Oise, mai 1299.)

Philipus, Dei gratia Francorum rex. Notum facimus universis, tam presentibus quam futuris quod Nos, attendentes devotionem et paupertatem monialium de Borrenco, ipsis, intuitu pretatis et ob predecessorum nostrorum, nostrae et charissimae consortis nostrae Johannae, Dei gratia Francorum reginae, animarum remedium et salutem sexaginta quadrigatas bosci, quamlibet quatuor modulos continentem in foresta nostra *Halate*, circa festum beate Marie Magdalene capiendas infra vendam, annis singulis in perpetuum, ad usum suum ardendi, concedimus et donamus ; baillivio nostro Silvanectensi moderno et suis successoribus qui pro tempore fuerint dantes, tenore presentium, in mandatis ut ipsis monialibus, aut earum mandato, dictas sexaginta quadragatas bosci, anno quolibet in futurum, circa dictum festum in foresta predicta infra vendam, juxta prefate concessionis nostre tenorem, absque alterius expectatione mandati, sine difficultate quacumque faciat liberari (1). Quod ut ratum et stabile perpetuo perseveret, presentibus nostrum fecimus apponi sigillum.

---

(1) Cette redevance, transformée en numéraire, ayant été plus tard contestée aux religieuses, elles firent dresser un mémoire qui relate les indications suivantes :

L'ordonnance de 1669, au titre XX, révoqua tous les droits d'usage accordés dans les forêts de la couronne, et transforma les redevances en nature en rentes, dont le montant sera prélevé sur le produit des ventes de bois. L'ordonnance de 1695, art. 49, maintint tous les établissements religieux ou charitables en leurs droits, les dispensant d'en produire les titres, en fournissant la preuve de leur possession ancienne. La rente de 20 livres, correspondant aux 60 charretées de chacune 4 moules, en voies de bois, figure dans l'état arrêté en 1682 par le Conseil du roi pour être remis au receveur des domaines et bois de la couronne.

Actum apud Asnerias (*a*), anno Domini mil° ducen-
tiss° nonagess° (*b*) nono, mense maio.

(*a*) Asinarias *C.* — (*b*) ducentesimo nonagesimo nono *C.*

A. Original perdu. — *B.* Copie ancienne. Arch. de l'Oise, fonds
Saint-Martin de Boran, portef. 4, liasse Halatte, portant cette
mention, du xvii° s. : « Il faut chercher la coppie de ce tiltre
au greffe de la prévosté de Beaumont où a esté faict le vidimus
cotté au dos LXXVI, ou en la Chambre des comptes. — *B. B*
Autres copies, des xvii° et xviii° siècles, portef. 4.

---

79. — *Compromis entre les religieuses de Boran et le
Chapitre de Beauvais concernant la dîme de terres
proche la fosse sise au Val Huon (Vallis Hugonis).*

(1302.)

Signalé dans l'Inventaire des Archives du Chapitre, comme
concernant « quatre mines de terre ».
Bibliothèque de Beauvais, Collection Bucquet-Aux Cousteaux,
t. XXXIII, p. 133.

---

80. — *Philippe et Nevelon, écuyers, fils de feu Bisent de
Morancy, dont les monnains de Boran tenaient trois
journaux de terre labourable à Morancy-la-Ville,
transforment le champart à la neuvième gerbe, qu'ils
avaient sur ce champ, en un franc cens de trois sols,
à condition que le couvent donnera ces terres à
surcens pour y planter des vignes.*

(Décembre 1313.)

A tous..... Jehan Hydeus, garde du scel de la
prevosté de Biaumont seur Oyse, salut. Saichent tout,
comme religieuses dames la prieuse et le couvent de
l'église Saint Martin de Borrenc aient et tiengnent trois

journieux de terre arable séans au terrouer de Moranci
la Ville, tenant d'une part à la terre Witace du Plessié,
et à Phelippe de Morenci et à Nevelon son frère,
escuiers, d'autre part, mouvant desdits Philippe et
Nevelon son frère, escuiers, à champart de huit la nueve.
Adecertes par devant nous vindrent present Phelippe
de Morenci et Nevelon son frère escuiers dessus nommés, effans de feu Bisent de Morenci escuier ; et recongnurent de leur bonne volentés, sans force et non pas
à ce contrains, que pour le prouffit d'eus et de çeus
qui d'eus et de leurs hers auront cause, il ont mis les
devans dis trois journiex de terre..... à trois sols
parisis de franc cens..... aus octaves saint Denis, en
tel condition que lesd. religieuses doivent baillier lad.
terre à seurcens pour planter vingne où elles verront
que le pourfit d'eus et de leur église sera..... En compensation..... les devandites religieuses ont quitté et
délessié..... audis escuiers..... sis mines d'avène à
la mesure de Mellou que lesd. religieuses avoient
chascun an seur le tenssement de la ville de Morenci.

En tesmoing de ce nous avons séellées ces lettres...
en l'an de grace mil trois cens et tresze, le vendredi
après feste sainte Luce ou mois de decembre.

Original jadis scellé, portef. 4, liasse Morancy.

---

81. — *Le maire et les habitants d'Asnières-sur-Oise
reconnaissent aux religieuses de Boran le droit de
faire paître leurs troupeaux sur les pâturages commu-
naux d'Asnières.*

(1320.)

En déficit.

Ind. Extrait abrégé des lettres et chartes, Asnières, n° 62.

---

82. — *Extrait de la prisée des châtellenies de Beaumont, d'Asnières et de Chambly*

(1331.)

Ce sont les églises qui sont en l'espécial garde du Roy et qu'il tient tout admorti, et à la value de ce qu'elles ont en la prévosté de Beaumont :

. . . .

Saint Martin de Borrenc a un prieuré de nonains qui vaut II° livres de terre.

Arch. nat., P. 26, coté 34.

Edit. Douët d'Arcq, *Recherches historiques...*, p. 208.

---

83. — *Extrait de l'état des revenus de prieuré de Saint-Godegrand de l'Isle-Adam, dressé par Dom Bertrand de Pibrac.*

(1340.)

Item supra decimam Abbatis Beate Marie de Valle et Priorisse de Borra VIII sextaria bladi.

Ind. Eugène Darras, *Chartes du prieuré de Saint-Godegrand* (en cours d'impression).

---

84. — *Compensation accordée par Guillaume, seigneur de Bruyères-sur-Oise, aux religieuses de Boran, pour libérer d'une rente à elles due sa maison de Fontenelle, qu'il a vendue.*

(1341.)

Guillaume, seigneur de Bruières et Jehanne sa femme, aiants vendu une maison, dit Fontenelles, avec ses appartenances, sur laquelle les religieuses de Saint-Martin avaient à prendre tous les ans quatre mines de bled ; en recompense de quoy ladite Dame, de l'autorité de son mary, donne auxdites Religieuses deux journaulx de terre au terroir de Bruieres, au lieudit Praeles, sans aucunes charges ; passé l'an mil trois cens quarante et un.

En déficit.

Ind. Extraict abbrégé des lettres et chartes du prieuré de Saint-Martin-lès-Borreng. Bruières, n° 66.

---

85. — *Lettres du garde du scel de la prévôté de Beaumont sur cet accord.*

(22 juin 1347.)

A tous ceuls qui ces lettres verront, Jehan le Cordier, clerc, garde du scél de la prévosté de Beaumont sur Oise, salut. Comme Guillaume de Bruières, escuier, fils de feu Guillaume de Bruières l'ainzné et damoiselle Jehanne sa fame, eussent vendu la maison de Sentevallet avec les appartenances, qui sont du propre héritage de ladite damoiselle à certaine personne, sur la granche de laquelle maison les Religieuses de Saint Martin de Borrenc avoient et prenoient chascun an quatre mines de blé duquel blé il fut teu dudit vendeur à ladite vente feré. Saichent tuit que pardevant nous... ledit Guillaume de Bruières et Jehan de Villers, procureur de damoiselle Jehanne, fame dudit escuier en restor et recompensation, baillent auxdites religieuses une pièce de terre contenant deux journaux au terroir de Bruières au lieu que lon dit Praelez tenant à Henri de la Sengle escuier — laquelle fu jadis plantée en aunoy et est du fief dudit Guillaume de Brières...

En tesmoing de ce nous avons séellé ces lettres dudit

séel, l'an de grâce mil trois cents quarante et VII, le juedi vint et deux jour de juing.

Original, d'une encre très pâle, portef. 2, llasse Boran.

---

86. — *Bail emphytéotique d'une pièce de terre à Puiseux, à charge d'une redevance d'un setier de noix.*

(1347.)

Bail d'une pièce de terre séante à Puiseux, à longues années, faict par les Dames et Religieuses de Saint Martin à Pierre le May, demeurant audit Puiseux, par le moyen duquel bail ledit preneur est oblegé de payer touts les ans à la Saint Martin d'hyver un grand sextier de bonne noixe ; passé l'an mil trois cents quarantes septs.

Ind. Extrait des lettres et chartes, Puiseux, n° 24.

---

87. — *Legs fait au Prieuré de Boran par Mathieu de Bruyères.*

Mathieu de Bruières donne aux Religieuses de Saint Martin douze sols parisis, de laquelle somme il encharge l'exécuteur de son testament, Simon de Bruières.

En déficit.

Ind. Extrait des lettres et chartes, n° 67. Cet acte, non daté, est classé entre ceux de 1341 (n° 84) et de 1351 (n° 88).

---

88. — *Accord entre les Religieuses de Boran et Jean de Bruyères.*

(1351.)

Accort de Jehan de Bruieres avec les Dames prieure et Religieuses de Saint Martin, touchant dix sept sols de rente annuelle à prendre sur touts ses biens à la saint Rhémy, laquelle somme il a accordé payer audit jour, à la charge d'un laisseau de fil pour coudre ses manchettes ; passé l'an de gracé mil trois [cent] cinquante et un.

Ind. Extrait des lettres et chartes, n° 68.

---

89. — *Sentence des Requêtes du Palais validant un accord entre les créanciers de feu madame Jeanne, veuve d'Adam du Caillou seigneur du Lay, en confirmant l'adjudication de ses biens immobiliers, à charge de servir une rente viagère à Pierre de Précy, chevalier, et de payer les redevances dues aux couvents de Saint-Leu-d'Esserent et de Boran (Extrait).*

(13 novembre 1352.)

A tous ceus qui ces présentes lettres verront, les gens tenant les requestes du Roy nostre Sire à Paris, commissaires en ceste partie, salut. Comme par vertu de lettres du Roy nostre sire contenans ceste fourme (*suit la teneur de la commission, en date du 8 septembre 1352*), maistre Jehan Maguille, procureur de honorable homme et discret maistre Jehan d'Erquery, doyen de Noion, clerc et conseiller du roy nostre sire, d'une part, et dan Pierre Le François, procureur des religieux de Saint-Leu, et Sicart Le Barbier, porteur des lettres de feu Jehan de Saint Martin et procureur des religieuses, prieuse et couvent de Saint Martin deles Bourrent, et

Pierre de Heudouville et Thomas d'Yaubonne, tuteurs
et curateurs des enffens sousaagiez de feu Raymon de
Crouy, et monsieur Pierre de Précy, chevalier, Jehan
Lespart, Jehan du Caillou dit Maigret et Pierre Le Carré
de Chanbli en leurs personnes pour tant comme a
chascun povoit toucher, d'autre, se feussent aujourduy
comparuz en jugement pardevant nous et nous appor-
tèrent une cédule d'accort fait entre euls, si comme euls
disoient, bailliée en escript par devant nous en la
manière qui ensuit :

Comme, à la requeste de honorable homme et discret
messire Jehan d'Erquery, doyen de Noion et conseiller
du Roy nostre sire, les héritages que deffuncte madame
Jehanne du Caillou, jadis femme feu Monsieur Adam
du Caillou, seigneur de Lay, avoit et tenoit en son vivant
en la ville de Saint Leu et eu terroir de environ, eussent
esté criés et subhastez au siege de Senlis pour paier
ledit Monsieur Jehan de certain et plusieurs sommes
d'argent et de grain èsquelles le curateur qui par la
court du parlement avoit esté donné aus biens vacans
et gissans de ladicte deffuncte avoit esté condempné par
arrest dudit parlement, aux quiex cris se estoient
opposez les religieux, prieur et couvent de Saint Leu,
les religieuses, prieure et couvent de Saint Martin les
Bourrent, Monsieur Pierres de Précy, chevalier, Charles
Lespart de Saint Leu, Jehan de Caillou dit Maigret,
Pierres le Quarré de Chanbli, Siquart le Barbier, procureur des hers de feu Jehan de Saint Martin, Pierres de
Houdouville (*sic*) et Thomas d'Yaubonne, tuteurs et
curateurs des enffans souzaagiés de feu Raymon de
Crouy, tous pour contribuer aux deniers de ladite
vendue. Item lidis messire Pierres de Précy et Jehan
Lespart afin de mettre ladite vente au néant. Item
lesdis religieus de Saint Leu et religieuses de Borrent
afin que l'acheteur emportast les diz héritages chargiez
de la rente annuelle et perpétuelle qui leur estoit deue
sur yceus, c'est assavoir ausdis religieus de Saint Leu
un muy de blé de disme et de champars, et aus dites
religieuses II muys de froument chascun an perpétue-

ment. Pour laquelle opposition maintenir les dis opposans estoient adjourné, contre ledit doyen pardevant Nos Seigneurs tenant les Resquestes du Roy à Paris à l'andemain de la Saint Martin d'iver l'an present. Se sont les parties présentées, et ont renoncié lesdis chevalier et Jehan Lespart à l'opposition que il avoient faite afin de mettre ladite vendue au néant, et demourant leur opposition en vertu, en tant comme elle peut valoir, afin de contribuer aus deniers, et salve audit chevalier la rente à vie que il a sur les dis héritages. En seur que tout consentirent et accordèrent ledit doyen qui les diz héritages faisoit vendre et le dit chevalier qui estoit acheteur et dernier enchérisseur plus offrant, que les héritages soient et demeurent chargiez desdites rentes dettes aux religieus et religieuses..... Si est ordonné par Nos dis Seigneurs au bailli et au prévost de Senlis que il baille le décret à l'acheteur plus offrant et envoie les deniers devant nosdis seigneurs à l'endemain de la feste saint Nicholas d'iver pour faire par yceux la distribution..... si comme de raison sera.....

En tesmoing de ce nous avons mis à ces présentes lettre le seel aus causes desdites Requestes.

Donné le mardi XIIIe jour de novembre l'an de grace mil CCC cinquante et deux.

---

90. — *Bail de terres à Belloy.*

(2 septembre 1353.)

Devant Jacques de la Croix, garde du seel de la prévosté de Beaumont sur Oise, Noel Lenglois de la paroisse de Nully..... recognut que pour son grant prouffit faire à son povoir il avoit prins et retenu à ferme, de la Saint Remy proche venant jusques à la fin de douze ans entresuivans et accomplis sans intervalle..... de rel. dames et honnestes Madame la prieuse et couvent de Saint Martin jouxte Borenc..... deus arpens de terre séans ou terrouer de Beelloy, au lieu que len dit les Vagniaux..... item, tout et tel droit et partie comme led. religieuses ont et pueent avoir ès champars de la ville terre et appartenances de Fresnay esquiex les religieux de Saint Leu et ou Lay et les hoirs mons⁏ Gervaise de Fresnoy ont leur droit et leur part. Et fu fait ce marchié en tele manière et condicion que led. preneur doit aquiter lesd. terres de toutes chóses chacun an, et les fumera une fois bien et deument de bons fiens, laquelle fumeure sera veue et regardée de par les gens desd. Religieuses avant que elle soit enterrée..... pour ..... six mines de blé tel que ladite terre doit porter et quatre mines d'avoine bonne, sèche, loyale et marchande..... l'an de grace mil trois cens cinquante et trois, le lundi second jour de septembre.

Orig. portef. 1, liasse Belloy.

---

91. — *Bail de terres à Crouy.*

Bail faict et passé à Guillaume du Moustier et Perronnel sa femme par les Dames et Religieuses du prieuré de Saint Martin, d'une pièce de terre au terroir de Crouy, au lieu dit la Tranchée des Fosses, à la charge que lesdits preneurs payeront douzes deniers de rente touts les ans sy la terre les doibt, ou plus lesdits Religieuses le payeront, à la charge que lesd. preneurs payeront touts les ans à la Saint Rhemy audit prieuré quatre meinnes de bled porté ou non porté ; passé l'an mil trois cents cinquante trois.

Ind. Extrait des lettres et chartes, Crouy, n° 37.

92. — *Gaultier Le Pasticier, prévôt de Beaumont, à la requête des religieuses de Boran, condamne Jean de Bergy, chevalier, seigneur de Persan, et Jeanne de Chambly, sa femme, à payer une rente de cinq muids d'avoine aux religieuses de Boran.*

(18 juin 1355.)

A tous..... Gaultier le Pasticier, prévost de Beaumont sur Oise, salut. Sachent tout que en noz plains plez tenuz à Beaumont lan de grace mil trois cens cinquante cinq le jeudi XVIIIᵉ jour de juing, fu fait ce qui sensuit. Du descort meu pardevant nous entre les Religieuses, prieuse et couvent de Saint Martin lès Borrenc d'une part, et noble homme monsʳ Jehan de Bergy, chevalier, seigneur de Parcenc, à cause de ma dame Jehanne de Chambly, sa femme, d'autre part. Sur ce que les dites Religieuses requéroient contre ledit chevalier que il feust condempnez et contraint à rendre et paier ausd. Religieuses huit muys d'avoine, c'est assavoir trois muys du restant de cinq muys du terme de la Saint Remy l'an mil CCC cinquante et trois, et cinq muys du terme de la Saint Remy l'an mil CCC cinquante quatre, et que icelles Religieuses feussent tenues en la possession et saisine de prendre et parcevoir chacun an cinq muys d'avoine au terme de la Saint Remy de rente annuelle et perpétuelle seur la terre que ledit chevalier à cause de sa femme a à Berne, et ledit chevalier condempné ès despens desd. Religieuses. Et disoient icelles Religieuses que icelles du nom et à cause de leur dite église estoient et avoient esté par long et ancien temps en bonne et souffisant saisine et possession de prendre et parcevoir chacun an au terme de la Saint Remy cinq muys d'avoine de rente sur lad. terre de Berne et que de ce estoient chartrées et privillégiées, et que de cinq muys du terme de la saint Remy l'an mil CCCLIII le dit chevalier estoit obligiez par lettres séellées soubs son séel ausd. Religieuses dont leur estoit deu de restat trois muys et que du terme

de la saint Remy l'an mil CCCLIIII leur estoient deubz
cinq muys..... Ledit chevalier, par Pierre Berard son
procureur, nya les fins proposez de la part des. Religieuses. Et fu jour assigné ausdites parties à baillier
par escript, de la partie desdites Religieuses, leurdite
demande, et à procéder et aler avant en oultre, si
comme la raison seroit. Et tant fu procédé que par
nostre jugement et par droit avons condempné ledit
chevalier en la demande desd. religieuses et en leurs
despens, la tauxation réservée par devers nous. En
tesmoing de ce nous avons séellées ces lettres de notre
propre séel duquel nous usons, l'an et jour premiers
dis, et à greigneur confirmacion des choses dessusdites et approbacion de nostre séel, nous avons requis
à honnorable homme et saige Jaques de La Croix, garde
du séel de la prévosté dudit Beaumont que il mette en
ces lettres ledit séel avecques le nostres. Et nous,
Jacqués dessus nommé, à la peticion et requeste dudit
prévost ly avons mis, en l'an et jour premiers dis.

A. Original d'écriture pâlie, sceaux perdus. — *B.* Vidimus de
Pierre des Essars, chevalier seigneur de Willerval et de la Mote
de Tilly, conseiller et chambellan du Roy, et garde de la prévosté
de Paris, l'an de grace 1412, le jeudi 22e jour du mois de
septembre. (Portef. 1, liasse Berne).

---

93. — *Damoiselle Mabile du Bos, dame de compagnie de
Marie de Saint-Pol, comtesse de Pembroke et dame
de Valence, fait don au prieuré de Boran de sept
arpents de terre sis à Neuilly-en-Thelle.*

(22 juin 1356.)

A tous..... Guillaume Scaize, garde de la prévosté
de Paris, salut. Savoir faisons que, en la présence de
Jean Testart et Pierres de Lyons, clercs notaires du
Roy..... en son chastellet de Paris, pour ce personel-

ment establie damoiselle Mabile du Bos, demourant
avec noble et poissant Dame Madame Marie de Saint
Pol, comtesse de Painbrok et dame de Valence, atendent
et considérent la grant parfaite amour affeçon et bonne
volonté que elle a à Religieuses Dames et honestes la
prieuze et couvent du Moustier de Saint Martin lès
Borrenc et le saint service divin qu'il font dévotement
en leurd. Moustier, de nuict et de jour, continuelment
et incessamment, et considérent le bon nom, fame et
renommée, considération et honeste vie de elles, elle,
bien sachant de sa conscience toute enformée des choses
dessus dites, eue regard et considération aux choses
dessusdites et pour mieux et plus continuelment servir
à Dieu et augmentacion et accroissement du service
divin, et pour estre consort et participant avec elle
ladite Madame Marie, et l'ame de noble recordation
mons' Aymart de Valence, jadis seigneur-mari de lad.
dame Marie, à tous ses autres bienfaiteurs et amis, ès
prières et oraisons et bienfais d'icelles religieuses, et de
leurs successeresses..... A ycelles reigieuses, donna...
perpétuelment, sept journels et demi de terre en deux
pièces, l'une contenant six journels, ou forez de Ven-
niaux, ten. d. p. à damoizelle Marie de Nully et d. p. à
Alipson de Beaumont, et joint contreval le grant chemin ; et l'autre contenant un arpent, à la fosse des
Hayées du Mesnil, tenant d. c. au prestre de Croy et
au bout dessous au chemin qui va de Croy à Beloy,
tout mouvant du champart que l'on dit de Morency, que
lad. damoiselle se disoit avoir au terrouer entre Fresnoy
et Croy, en la conté de Beaumont..... En tesmoing de
ce, nous avons mis le séel de la prévosté de Paris, l'an
de grace mil trois cens cinquante six, le mardi XXIIe
jour de juing.

A. Original jadis scellé, Arch. de l'Oise, portef. 4, liasse Neuilly.
— *B.* Copie du xviie s., pour Mabillon, ms. lat. 12.682, fol. 211.

94. — *Le roi Jean II confirme la rente de deux muids de blé léguée aux religieuses de Boran par Philippe, frère du comte de Beaumont, et contestée par les moines de Royaumont.*

(30 janvier 1363, n. st.)

Jehan, par la grace de Dieu, roy de France, à tous ceulx qui ces présentes lettres verront et orront, salut. Savoir faisons que comme descort feust meus ou espérés à mouvoir entre les povres religieuses prieuse et couvent de Saint Martin les Borrenc, de l'ordre Saint Benoist ou diocèse de Beauvès d. p. et les religieux abbé et couvent de Royaumont de l'ordre de Citiaux, d. p., pour raison de ce que lesd. religieuses disoient estre en possession et saisine de tel temps et si ancien qu'il n'est mémoire du contraire, de prendre, lever et percevoir tous les ans deux muys de froument, de la mesure de Beaumont sur Oyse, c'est assavoir ung muy sur la grange de Belleéglise et l'autre muy sur le moulin dud. lieu, au jour de feste saint Remy ou chef d'octobre, par don fait à elles de feu Phelippes de Beaumont, frère jadis du comte dé Beaumont, seigneur de Valois, pour le temps ; lesquelles grange et moulin les dis Religieux de Royaumont tiennent à présent. Et toutevoie ilz ont refusé à paier lad. rente ausd. religieux par cinq années derraines, si comme elles disoient. Les dis Religieus disant d'autre part que pour les guerres il n'avoient peu labourer. Et aussi que le moulin n'avoit pas tourné, et pour ce requeroient remission ; avec ce disoient que lesd. Religieuses leur avoient eu en couvent (*sic*) de contribuer à la réfection dudit moulin. Finablement, pour bien de paix et concorde, lesdites parties estans par devant nos amez et feaux conseilliers les généraulx reformateurs de nostre Royaume par nous ordenés à Paris, c'est assavoir la prieuse dud. lieu pour lui et pour son couvent d'une part, et l'abbé de Royaumont et dampt Climens, procureur de lad. église d'autre part, sur les dis descors ont accordé en la manière qui s'ensuit :

C'est assavoir que, pour les arrérages de lad. rente du temps passé, les dis religieux de Royaumont rendront et paieront aux dites religieuses de Borrenc cinq muys de fourment aus termes qui enssuivent, c'est assavoir un muy de fourment entre cy et Pasques communians prochaines venant ; duquel muy sont rabatus quatre sextiers que lesdis religieux de Royaumont ont baillé par manière de prest ausdittes Religieuses de Borrenc et dont ils ont lettres d'icelles, lesquelles lettres il leur convient rendre ; et un autre muy dedens la feste de saint Jehan Baptiste après ensuivant ; et les trois muys dedens la feste saint Remy ou chief d'octobre, après ensuivant, avec la rente annuelle qui, depuis la date de ces lettres perpétuellement escherront (*sic*) audit jour. Et bien ont confessé en vérité lesd. Religieux que lesd. Religieuses ne sont point tenues de rien mettre ne contribuer aux réfections et réparations desdittes grange et moulin. Et le seurplus des arrérages lad. prieure pour lui et pour son couvent quitta de grace et remist auxdits religieux de Royaumont, lesdittes chartres desd. religieuses de Borrenc demourant en leurs vertus.

Donné à Paris, le penultime jour de janvier, l'an de grace mil trois cent soixante deus.

Par les Réformateurs en la Chambre : accord. Fulco

A. Original jadis scellé. — *B.* Vidimus de 1381, ainsi conçu : « Geffroy de Senlis, garde du séel de la chastellenie de Beaumont sur Oyse, salut. Saichent tuit que nous et Jehan Le Bercher, clerc tabellion juré en ladite chastellenie, l'an de grace mil trois cent quatre vint et un, le jeudi six jours de juing, veismes, tenismes et leusmes mot à mot une lettre saines et entérines de scel et d'escripture, contenant la fourme qui enssuit..... Et nous, Geffroy de Senlis, dessus nommé, avons séellé ces lettres du séel de ladite chastellenie en l'an et jour premiers dis. » (Portef. 1, liasse Bernes).

C. Vidimus de 1396, ainsi conçu : « A tous ceux qui ces présentes lettres verront ou orront Gieuffroy de Senlis, garde de par mons' le duc d'Orléans du seel de la chastellenie de Beaumont sur Oise, salut. Savoir faisons que pardevant Raoulet Paulier, clerc tabellion juré et estably de par icellui seigneur en lad. chastellerie furent apportées, à lui présentées et par icellui leues et receues unes lettres escriptes en parchemin, données par deffunct très noble mémoire Jehan, jadis par la grace de Dieu roy de France, seellées en cire blanche du seel du chastellet de Paris, lequel seel estoit un peu cassé, en l'escripture de l'emprainte d'icellui, au dessoubs de la fleur de lis de lad. emprainte, et l'escripture des dites lettres saine et entière, le leundi cinq jours ou mois de février l'an de grace mil trois cents quatre vins et seize, contenant icelles lettres la fourme qui censuit... En tesmoing de ce nous, Geffroy (*sic*) de Senlis dessus nommé, à la relations dudit tabellion, avons mis à ce présent vidimus ou transcript le seel dessus dit. Ce fu fait l'an et jour premier dessus dis.

Portef. 1, liasse Belléglise.

---

95. — *Arrêt du Parlement de Paris, rendu au nom du roi Jean II, condamnant Hugues de Vienne, chevalier, de son consentement, à payer aux religieuses de Boran vingt-cinq muis de grain à Bernes pour cinq années d'arrérages, de 1358 à 1362, d'une rente que leur doit la seigneurie de Persan. (Extrait.)*

(Paris, 22 mars, 13 et 21 avril 1363.)

Datum per copiam in Parlamento sub sigillo Castelleti Parisiensis, XXI° die aprilis, anno Domini millesimo quadringentesimo secundo.

Jehan par la grace de Dieu roy de France, à tous..... sur le plait et procès pendant par devant noz amez et feaulx conseilliers les généraulx réformateurs de nostre Royaume par nous ordonnez à Paris, entre les parties cy dessoubz nommées et déclarées, de la licence de nos diz conseilliers a esté accordé entre ycelles parties selon la forme et teneur d'une cédule escripte en papier, baillée à nos diz conseilliers, de laquelle la teneur s'ensuit :

« Sur le descort meu entre religieuses dames et honnestes la prieuse et le couvent de Saint Martin lez Borrenc d'une part, et noble homme messire Hugues de Vienne, chevalier, d'autre part, sur la demande de vint et cinq muys d'avoine que lesdites Religieuses disoient à elles estre deuz sur la terre dudit chevalier à Berne pour l'an mil CCC cinquante huit, LIX, LX, LXI, soixante deux, pour chacune année cinq muys, dont elles avoient eu deux muys, traictié est entre lesdites parties en la manière qui s'ensuit. C'est assavoir que desdits vint et trois muys de reste les Religieuses seront paiées promptement de soixante et quatre escus pour huit muys en vins ou en grains, au pris que Jehan Mabile et Jehan le Vallet, qui eulx seront jurez sur ce, diront et rapporteront ; et à la saint Remy prouchaine venant, elles auront six muys d'avoine en nature, et du seurplus desdis vingt et trois muys lesd. Religieuses s'en mistrent en l'ordonnance et conscience dudit chevalier, veuz leurs chartres et privillèges. Et les despens faiz d'une partie et d'autre sont compensez, sans en riens rendre l'un à l'autre. Fait presens Jehan d'Artois, bailli de Rains, Pierre Crochart, prévost de Beaumont, Gautier Le Pasticier, Jehan Le Harengier, Bernart Barbe, messire Adam de la Sengle, prestre, messire Nichole Potier, Jaquet Traboulart, Pierre de la Rue, Jehan de la Rue, Jehan Le Sellier et Loys Pasture, le XXII° jour de mars, l'an mil trois cens soixante et deux.

Auquel accord tenir et garder nos diz conseilliers ont condempné par arrest lesdites parties, du consentement de leurs procureurs, c'est assavoir du consentement de maistre Pierre Le Gros, procureur desdites Religieuses, et maistres Pierre Doussire, procureur dudit chevalier. En tesmoing de ce nous avons fait mettre notre séel du Chastellet de Paris en l'absence du grant, à ces présentes lettres.

Donné à Paris le XIII° jour d'avril, l'an de grace mil trois cens soixante trois.

Collatio facta est.

Signé : N. DE BAYE.

A. Original, portef. 1, liasse Bernes. — *B.* Vidimus de Pierre des Essarts, garde de la prévôté de Paris, du 22 septembre 1912 (*Ibid.*)

---

96. — *Transaction entre sœur Alis du Deffoys, prieure de Boran, et messire Pierre de Précy, seigneur de Boran, concernant cinq années d'arrérages d'une rente de deux muids de froment.*

(2 juillet 1364.)

A tous ceuls qui ces présentes lettres verront ou orront, Frémin de Berne, garde du séel de la prévosté de Beaumont-sur-Oyse, salut. Saichent tous que par devant nous vindrent personelment religieuse dame et honeste Suer Alis du Deffoys, humble prieuse de Saint Martin jouxte Borrenc, pour elle et pour tout le couvent dudit lieu dont elle se fist fort, d'une part ; et noble homme messire Pierre de Précy, chevalier, seigneur de Borrenc, d'autre part, lesquelles parties confessèrent devant nous que, seur le descort meu entre lesd. Religieuses demanderesses et led. seigneur de Borrenc deffendeur, pour reson de ce que lesd. Religieuses demandoient aud. chevalier dix muis de fourment à la mesure de Saint Leu pour les arrérages de cinq années passées de certaine rente sur les champs que led. chevalier a en la ville et ou terrouer de Saint Leu chacun an deux muys, c'est assavoir pour la Saint Remy l'an mil CCC cinquante huit, cinquante neuf, soixante, soixante et un et soixante deux ; et aussi lesdites Religieuses disoient eux avoir droit de prendre chascun an un mui de blé à la mesure de Chambli seur les dismes que led. chevalier a à Chambli lequel mui leur estoit deu pour les cinq années dessus dites ; lesditès parties firent accort en la manière qui s'ensuit..... ledit chevalier paiera ausd. Religieuses pour les arrérages des dismes de Chambli vint et quatre mines de blé, tel

comme il croistra, à la Saint Martin d'iver qui sera
l'an 1365, douze mines, et à la Saint Martin d'iver
ensuivant douze mines, et à chascune Saint Martin
d'iver prouchaine douze mines jusque à tant que lad.
somme soit paiée, et quant à la rente qui escharra d'ici
en avant, c'est assavoir les deux muis de fourment sur
les champs de Saint Leu et le mui de blé qui se paie
sur la disme de Chambli, lesd. Religieuses prenront sur
les granches de Saint Leu et de Chambli tous les ans
d'ici en avant..... Item seur ce que lesd. Religieuses
disoient devoir prendre chascun an seur un pressoir
bannier que led. chevalier doit avoir tous les ans en la
ville de Borrenc, quatorse sextiers de vin et le sisième
que led. pressoir povoit gaengnier ; et pour ce que led.
pressoir estoit deffait, requeroient lesd. Religieuses que
led. chevalier feust contraint de loy refaire et de paier
les arrérages ; accordé fu desd. parties que led. chevalier demourra quitte des arrérages parmi ce qu'il a
promis, et en enconvenant de faire refaire led. pressoir
dedens un an prochain venant, par quoi lesd. Religieuses puissent jouir et prendre leurs rentes sur ledit
pressoir. Et quant aux autres choses que lesd. parties
pourroient demander les uns aux autres, ils compteront
ensemble et satefieront parmi ce que bon compte pourra
apporter l'une partie envers l'autre.....[*Suivent les
clauses de style.*]

En tesmoing de ce nous avons séellé ces lettres dudit
séel l'an de grâce mil trois cent soixante et quatre, le
second jour de juilliet.

Orig. portef. 2, l. Boran-Chambly.

97. — *Bail des terres de Neuilly consenti par la prieure Alis du Deffois.*

(21 décembre 1366.)

Hue Prévost, garde du séel establi de par le roy en la prévosté de Chambli, et Jehan de Crouy, tabellion juré, notiflent que « François Le Sueur, demeurant à Nuilli recognu qu'il avoit pris à moison de grain des maintenant jusques à cinq ans ensuivans et accomplis, de religieuse personne et honneste Alips du Deffois, prieuse de Saint Martin de Borrenc et de ses successeresses prieuses, trois journex de terre seans ou terrouer de Nuilli, tenant à Madame de Ronel, la prinze faite par le pris de quatre mines de grain, les deux pars blés et la tierce avoine ». — 21 décembre 1366.

Original Portef. 4, liasse Neuilly-en-Thelle.

---

98. — *Cession de droits sur une maison à Senlis, au Marché du Samedi.*

(1402.)

Les Dames religieuses, prieure et couvent de Saint-Martin passent certain droit qu'elles ont sur une maison à Senlis, au Marché du Samedi, à Husson de Nouray, demeurant audit Senlis, lequel se tient content dudit droict ; et ledit preneur s'oblige d'acquiter lesd. Religieuses envers les seigneurs fonciers de qui ladite maison relève, de tout ce qu'il leur peut appartenir ; et en outre ledit preneur est tenu payer ausd. Religieuses touts les ans à Pasques, huict sols parisis de rente, soubs l'obligation de touts ses biens : fait et passé à Senlis, l'an mil quatre cents et deux.

En déficit.

Ind. Extraict abbregé des lettres et chartres, Senlis, n° 81.

99. — *Adjudication, par le prévôt de Senlis, de propriétés en déshérence à Senlis chargées de rentes envers le prieuré de Boran.* (Extrait.)

(1399-1402.)

Regnault de Creil, prévost de Senlis..... Savoir faisons que nous avons fait extraire des registres des criées des héritages de lad. prévosté par Jehan de Warmondois, clerc juré d'icelle, ce qui s'ensuit : « Nous avons vendu de par le Roy nostre sire à **Jehan de Nouroy**, boulengier, le pris et somme de 12 deniers par., les héritages cy après declairiez qui jadis furent à deffunt Raoul Choppin et à Eudeline, sa femme, aux biens et héritages desquielx, comme vacans, a esté donné curateur Robin de Nouroy, c'est assavoir une maison séant à Senliz, ou marchié au samedis, tenans à la place où l'on vend les toilles et fillez, d'une part, et aux maisons qui furent Galeran le Potier d'autre part (1), mouvant des Religieux de Royaumont à une obole de cens, et chargée lad. maison de vint solz par. de rente annuelle envers les prieuse et couvent de Borrenc sur Oise ; et est pour paier lesd. Religieuses de la somme de quarante sols à elle deubs d'arrérages. Lesquels héritages, à défaut de biens-meubles, ont été prins et mis en la main du Roy par Thomas Le Couvreur, sergent en lad. prévosté..... et ont été criez par quatre quinzaines, dont la première commença le XIIIe septembre l'an mil trois cens IIII^{xx} et XIX....., à la troisième fut présent Huchon de Nauroy qui tant en son nom comme à cause de sa femme, s'opposa aux criées ci-dessus ». — 18 février 1401 (1402, nouv. st.).

Portef. 4, 1. Senlis.

---

(1) La description donnée dans l'acte du 11 mars 1402, n. st., est plus complète : « tenans de tous costez aus maisons qui furent Galeran le Potier et que tiennent les hoirs Jehan Judas, aboutant d'un costé à la place où l'en vent les toiles et fillez aux

— Le même prévôt met fin à l'opposition formulée
par Guillaume de Giresme (mort au cours de l'instance)
et sa femme Alips, fille et héritière de Jehan Judas,
comme tuteur des autres enfans soubzaagiez dud. deffunt ; Huchon de Nouroy et Robert Malet à cause de
sa femme et comme tuteur de Belet sereur de sad.
femme, enfants dud. Jehan Judas ; Honoré Guilleu,
tuteur des enfants dud. Guillaume de Giresme. Huchon
demeure acquéreur à charge des cens et rentes dus.

Vidimus de Tanguy du Châtel, garde de la prévosté de Paris,
du 7 mars 1415. Portef. 1.

---

100. — *Le duc Louis d'Orléans, comte de Beaumont,
confirme les dames de Boran dans leur droit de
prendre cinq muids d'avoine sur la terre de Persan
et ordonne au bailli de Valois de les leur fournir sur
les revenus de Bernes, qui est dite des appartenances
de la seigneurie de Persan.*

(12 janvier 1404, n. st.)

A tous ceus qui ces présentes lettres verront ou
orront Gieufroy de Senlis, garde de par Monsieur le
duc d'Orléans du séel de la chastellerie de Beaumont
sur Oyse, salut. Sachent tuit que Florent le Roy, clerc,
tabellion juré et establi de par icelui seigneur en ladite
chastellenre, le jeudy quatorzième jour de février, l'an
mil quatre cens et trois, vist, tint et leust, mot après
autre, bien et diligamment, unes lettres patentes séellées du séel de mondit seigneur le duc, en cire ver-
meille et queue pendant, saines et entières de séel et
d'escripture, desquels la teneur s'ensuit :

Louis, fils de Roy de France, duc d'Orléans, comte de
Valois de Blois et de Beaumont et seigneur de Coucy,
au bailli de Valois ou à son lieutenant, salut. Nous
avons receu la suplication des Religieuses, prieuse et
couvent de Saint Martin lès Borrent, contenant que

elles ont droit et sont en possession et saisine d'avoir,
prandre et percevoir chacun an sur la terre et appartenances de Persent, cinq muids d'avoine au terme de
la Saint Remi ou au moins une fois en l'an ; de laquelle
rente elles ne ont été payées depuis que lad. terre a esté
mise en nostre main, en leur grant grief, préjudice et
dommage, requérant sur ce nostre provision.

Sur laquelle requeste nous avons fait faire information tant de leur droit comme de leur possession ;
laquelle veue et visitée par les gens de nostre conseil,
nous voulons et vous mandons que, par le commis à
recevoir les rentes et revenus de la terre de Berne que
l'en dit estre des appartenances de lad. terre de Persent,
vous faites payer lesd. Religieuses de leurd. rente et des
arrérages qui leur en pevent estre deubs depuis que
ladite terre est mise en nostre main, et par raportant
ces présentes ou vidimus d'icelles, quittance desd.
Religieuses et les originaux des titres qu'elles se dient
avoir de lad. rente, pour collationner à certain vidimus
ou coppies attachées à ladite information, ce qui aura
esté payé et sera par led. commis nous voulons et
ordonnons estre alloué en ses comptes et rabatu de sa
recette par les gens et auditeurs de nos comptes,
nonobstant ordonnances, mandemens et deffenses quelconques à ce contraires.

Donné à Paris le douziesme jour de janvier, l'an de
grace mil quatre cens et trois.

Ainsi signé : Par Monseigneur le duc, à la relation
du Conseil, estant en la Chambre des Comptes : De la
Rivière.

En tesmoing de ce, nous, à la relation dudit tabellion
juré, avons séellé cest présent transcript ou vidimus
du séel de la chastellénie de Beaumont. Ce fu fait l'an
et jour dessusdits. Signé : Le Roy, et séellé.

Collationné par le greffier de la Chambre le 14 octobre 1744.   Signé : Noblet.

101. — *Jeanne du Plessié, prieure de Boran, s'accorde avec Pierre de Précy le jeune, seigneur du lieu, au sujet d'une rente de 28 setiers de vin que le couvent avait droit de prendre sur les pressoirs de la seigneurie dont l'acte énonce les propriétaires depuis plus d'un siècle ; on y signale les dépréciations subies par la valeur des biens à Boran en raison de « la commotion des nobles contre les non nobles » et des guerres survenues depuis.*

(8 juillet 1407.)

A tous ceuls qui ces présentes lettres verront et orront seur Jehanne du Plessié, prieuse de l'église de Saint Martin lès Bourrenc, et tout le couvent de ce mesme lieu, de l'ordre de saint Benoist, salut en nostre Seigneur. Comme nous eussions droit de prendre sur deux pressouers qui jadis furent assis en l'ostel du seigneur de Bourenc ou lieu dit la Conté, vint et huit sextiers de vin premiers et avant tous, et sur le reme- nant ayons droit de prendre le VI⁰ pot de la gaigne desdis pressouers ; lesquielx pressouers furent jadis, l'un à Loys de Melun, escuier, à cause de damoiselle Perrenelle de Ronqueroles sa femme, fille de feu mes- sire Nouvelon de Ronqueroles, et l'autre fut à la damoi- selle de Ronel, fille de feu messire Hue de Ronel ; et il soit ainsi que ledit Loys et sadite femme vendirent ja pieça à sire Pierre des Essars et Jehanne sa femme toute la terre qu'ils avoient en la ville de Borrenc avec ledit pressouer ; et depuis vint ladite terre par succes- sion, à messire Robert de Lorris, lequel ot espousé la fille de sire Pierre et de ladite Jehanne ; laquelle terre de Borrenc fut baillié par eschange par ledit messire Robert à messire Guy Le Bouteiller et madame Blanche de Chauvegny, sa mère, à l'encontre de la terre de Ermenonville, laquelle estoit audit messire Guy, et tantost après led. messire Guy et sadite mère vendirent à messire Pierre de Précy, jadis chevalier, lad. terre de Borrenc et led. pressouoir, lequel pressouoir estoit tout desmoly et à non valoir quand lad. terre et pressouoir furent vendus aud. messire Pierre de Précy, et fut levée des grant guerres, et pau avant led. guerres lad* ville de Borrenc estoit plus notable que elle n'est de présent, jusques au temps que la comotion fut des nobles contre les non nobles et que, par fortune des guerres et de mortalités, furent les dis pressouoirs à non valoir, et tantost après suer Alips de Defoys nostre devancière prieuse audit Saint Martin fist appeler ledit messire Pierre de Précy pardevant le prévost de Beaumont, et encontre ledit messire Pierre de Précy contendit que il fust condempnés de faire mettre led. pressouoir en estat bon et suffisant et de paier les arrérages qui estoient escheus, et cependant escherroient doresnavant, c'est assavoir quatorze sextiers de vin qui font la moitié des dessusdis vint et huit sextiers de vin, avec le VI* pot de la gaigne dudit pressouoir chacun an. Après lequel appointement ledit chevalier alla de vie à trespassement sans riens avoir fait audit pressouoir, et délaissa Pierre de Précy, son filg mendre d'ans, son héritier auquel, partage, division et traitté fait par ses tuteurs ou de lui aians la garde avec ses cohoirs, demoura lad. terre et pressouoir, et puet bien avoir quarante deux ans ou environ que led. appointement fut fait entre lesd. chevalier et prieuse par quoy les lettres dud. traittié et appointement demourerent expuées de tout, abolies et amenties par prescription de temps, pour ce que nous ou nos devancieres prieuses n'avons aucunement fait devoir de aucunement estre paiées dud. vin de tout le temps passé ne ne sommes encore aucunement de ce paiées. Et pour ce que procès est ou pouroit estre espéré à mouvoir entre nous, d'une part, et ledit Pierre de Précy escuier, seigneur dud. Borrenc, d'autre part, sur ce que contre lui nous pourions ou aurions intencion de dire que led. feu Messire Pierre de Précy, père dud. Pierre en son vivant, tenoit et possessoit et estoit seigneur propriétaire dud. pressouoir sur lequel nous avons droit de prendre les dis quatorze sextiers avec le VI* pot de la gaigne dudit

pressouoir, et que par la deffaulte avoit laissié led.
pressouoir venir en ruyne... par quoy nous pourrions
contendre contre luy qu'il nous paiast les arrérages,
depuis la mort de son père, et de la partie dudit escuier
au contraire pouroit estre dit, que par fortune des
guerres et mortalités, lad. ville de Borrenc est empirée
des trois pars ou de mieulx, comme il peut aparoir au
regard de ladite prieuré où il souloit avoir avant lesd.
guerres vint et huit dames de religion qui toutes y
avoient honorablement leur vie et estat et pour le
présent il n'y a pas pour vivre la prieuse avec une
sienne compiengne... Sur quoy nous avons fait les
traitiés et acords... Ledit Pierre a la place ou estoit led.
pressouer fera faire un pressouer à vin... qui demourra
chargié envers nostre église chacun an en douze sextiers
de vin... et demeure ledit escuier quite de tous les arrérages. Ce fu fait le vendredi VIIIᵉ jour de juillet, l'an
mil quatre cens et sept.

Original, portef. 2.

---

102. — *Ratification de la transaction précédente par sœur Jeanne des Barres, abbesse du Paraclet.*

(14 juillet 1407.)

A tous ceux qui ces lettres verront, Suer Jehanne des
Barres, humble abbesse du Paraclist, salut en nostre
Seigneur. Savoir faisons que nous, a plain deuement
informée que la transaction, traittié et accord fait entre
la prieuse et couvent de Saint Martin lez Bourrent (*sic*)
et noble homme Pierre de Précy, seigneur dudit lieu
de Borrent, lequel accort est contenu ès lettres parmi
lesquelles ces présentes sont annexées et pour l'évident
prouffit et utilité de lad. église dud. Saint Martin de
Bourrent, pour obvier au dommage d'icelle ; icelui

traittié et accort nous approuvons, louons et ratiffions par ces présentes, voulons et consentons qu'il prengne et sortisse son effect selond la forme et teneur. Et pour ce que ladicte maison de Saint Martin de Borrent (*sic*) est subgette et des membres de nostredite église du Paraclist, promettons avoir agréable, ferme et estable, en tant qu'il nous puet toucher, tout ce qui contenu est ès lettres dudit accort, parmi lesquelles ces présentes sont annexées. En tesmoiñg de ce, nous avons séellé ces lettres de notre séel duquel nous usons communément en nos besoignés.

Ce fu fait en nostredite église du Paraclist le onzième jour du mois de juillet, l'an de grace mil quatre cens et sept.

Original jadis scellé, portef. 2, l. Boran.

---

103. — *La prieure Marguerite de Foulx donne à bail trois quartiers de terre à Bruyères.*

(1415.)

A tous...... seur Margueritte de Foulx, prieuse de l'église Saint Martin lez Borrenc et le couvent de ce mesmes lieu, salut. Savoir faisons que pour le cler et évident prouffit de lad. églize, nous avons baillé, cédé, quicté, délaissé et transporté, à tiltre de chief cens portant amende, à Raoul Chauvin et à Marie, sa femme, et au seurvivant d'eulx deux, demourans à Bruierez, preneurs ; c'est assavoir une pièce de terre contenant trois quartiers ou environ, séant au terrouer dud. Bruieres ou lieu dit le Val des Grez, ten. d. p. et d'autre à Maistre Florens Bonnel, item une autre pièce de terre contenant demi arpent séant au lieu dit Goupeilleres. Ces bail foit moyennant et parmy le pris et somme de trois sols parisis de chief cens portant admende. En

tesmoing de ce nous avons mis à ces lettres le seel de
lad. églize.

Ce fu fait l'an de grace mil quatre cens et quinze, ou
mois [*en blanc*].

Original jadis scellé, portef. 1, liasse portant à tort « Bon-
nières » pour « Bruières ».

Ind. Extrait des lettres et chartes, Bruyères, n° 69,

---

104. — *Ratification de cet accensement par sœur Jeanne de La Borde, abbesse du Paraclet.*

A tous ceux qui ces présentes lettres verront, nous,
suer Jehanne de la Borde, humble abbesse de l'église
du Paraclet ou dioceze de Troyes, salut en nostre Seigneur. Savoir faisons que nous, veues et visitées les
lettres de bail faites par nostre Religieuse Marguerite
de Folz, nostre Religieuse et prieuse de l'église de Saint
Martin lez Bourrant, parmy lesquelles ces présentes
nos lettres sont infixées soubz nostre grant scel, icelles
lettres et tous le contenu en icelles confermons, louons,
agréons et consentons, et voulons ledit bail tenu ferme
et estable, sans ce que nous, ne autre pour nous, le
puisse ou doye aucunement empescher pour le temps
advenir, pour quelque cause que ce soit ou puisse estre.

En tesmoing de ce, nous avons mis à ces lettres
nostredit grand séel, qui furent faictes le vint et
ungyesme jour de mai, l'an mil quatre cens et quinze.

Original portef. 2, l. Boran (sceau perdu).

---

106. — *Jeanne de La Borde, abbesse du Paraclet, considérant que les guerres prolongées ont mis en grande
désolation le prieuré de Boran, privé de ses revenus
par la ruine du pays, au point que les religieuses
seraient réduites par la pénurie de vivres, à cesser le
service divin en abandonnant leur monastère, autorise la prieure, Marguerite de Folz, à aliéner une rente
d'un muid et demi d'avoine pour se procurer des
moyens de subsistance.*

(11 juin 1415.)

A tous ..... Tenguy du Chastel, chevalier conseillier
chambellan du Roy notre sire, garde de la prévosté de
Paris, salut. Savoir faisons que nous, l'an de grace mil
quatre cens et quinze, le samedi XXII° jour de juing,
veismes unes lettres seelées, comme il apparoit, du seel
de l'abbesse du Paraclet en double queue et en cire vert
desquelles la teneur sensuit :

« A tous..... suer Jehanne de la Borde, humble
abbesse de l'église du Paraclet, savoir faisons que pour
ce que nous nous avons esté et sommes pleinement et
souffisamment informées et acertenées que, tant par la
fortune des guerres et gens d'armes qui ont esté très
longuement et par plusieurs et diverses fois estré,
séjourné et fréquenté au pais et lieu d'environ la prioré
de Saint Martin les Bourrenc membre et subgiette de
nous et de nostre église, comme pour la povretté des
fermiers et admoisonneurs des biens et terres et possessions appendans et appartenans à lad. église de
Saint Martin, desquels on n'a peu ne ne puet bonnement estre paié, par le moien de ce qu'ils ont esté et sont
dommagez et intéressez à cause desd. gens d'armes en
plusieurs poins et manières, lad. prioré et église de
Saint Martin est en mout grande désolacion, et que
bonnement on n'y avoit peu pourveoir ne remedier,
obstant les choses devant dites ; Nous, à la supplicacion
et requeste à nous seur ce deuement faite par nostre
bien amée religieuse Marguerite de Folz, prieure de

lad. église de Saint Martin et les religieuses, qu'ils estoient et sont en voye de laisser et eulx partir de lad. église de Saint Martin et ilec cesser à dire le service divin, pour la grande ruine et désolation de lad. église de Saint Martin, et aussi pour ce que lad. prieure et ses religieuses auroient grant deffaultes de vivre qui estoit et pouvoit estre une grant esclandre et par aventure, ou tres grant blasme, vitupère et lésion de nous et de nostre religion, avons appointé et ordonné et donnons par ces présentes plain povoir, congié, licence et mandement espécial à nostredite prieuse de Saint Martin, de vendre pour une fois, pour et ou nom de lad. prioré, a tousjours perpétuelment, ou à temps de telle personne ou personnes, et pour tel pris et somme d'argent que bon semblera à lad. prieure, un muy et demi de forment ou autre grain que lad. église a droit ou a coustume de prendre, gaigier, lever, exigier, recevoir et percevoir chascun an, sur l'abbaye de Royaumont... En tesmoing de ce, nous avons mis à ces lettres nostre séel duquel nous usons en nos besoignes et affaires, et de lad. église, le onzeyesme de juing, l'an mil quatre cens et quinze. »

Et nous à ce présent transcript avons mis le scel de lad⁰ prévosté de Paris l'an et jour dessus premiers diz.

Orig., portef. 4, liasse Saint-Martin-lès-Boran.

---

106. — *Renaud Poucin, curé de Bernes et maître de l'Hôtel-Dieu de Beaumont, prend à bail de la prieure, Marguerite de Folz, des terres à Bernes.*

(1ᵉʳ août 1416.)

Sachent tuit que je Regnault Poucin, prestre curé de Berne et maistre de l'ostel Dieu de Beaumont, confesse debvoir bien et loialment à humble (*sic*) prieuse seur Margueritte de Folz, prieuse de l'esglise Saint Martin

de Borrenc la somme de douze sextiers de grain, c'est
assavoir II pars (*a*) et le tiers advoine pour cause de deux
pièces de terres à madite dame appartenant et séans ou
terrouer de Berne, c'est assavoir entre lad. ville de
Berne et Beaumont, l'une pièce tenant d. p. au petit
marcé de lad. ville de Berne et d'autre part aux Aulnois,
et l'aultre pièce tenant d. p. au viex chemin de lille du
viex pont et d. p. aux terre que Raoulet Chauvin tient
de Tybouville, aboutant du bout sur la rivière et d. bout
au chemin qui va des pierres du Mesnil Saint Denis à
Beaumont. Lesquelles pièces dessus dites je cóngnois
avoir prises de mad. dame dès maintenant jusques à
trois ans et trois despeulles, pour chacun an XII sextiers
comme dessus est dit, au terme saint Martin d'iver...

Celles choses dessusdites je certiffie estre vray, tesmoing mon signe manuel et le séel ouquel on dit
« Hostel Dieu ». Ce fu fait l'an mil IIIIe et seize, le premier jour d'aoust.

(*a*) Le mot « blé » omis, doit être suppléé.

Original jadis scellé, signé Poucin, portef. 1, liasse Bernes.

**107. — *Reconnaissance à dame Nicholle Sierre, prieure,
des arrérages d'une rente due sur l'hôtel des religieux
de Saint-Victor, à Amblainville.***

(8 mars 1478.)

« Simon Thibault, garde de par le Roy nostre sire du
seel de la prévosté de Chambly, et Jehan Laurens, clerc
tabellion juré en ladite prévosté », notifient que « Guillaume le Moeullain, laboureur demeurant à Sandrecourt
en la paroisse d'Amblainville », confessa devoir à « religieuse et honneste personne dame Nicholle Seire,
prieuze du prioré Saint Martin juxte Borreng »,
26 mines de blé, mesure de Pontoise, à cause des arré-

rages d'une rente « que lad. prieure a droit de prendre
sur l'ostel, terres, fermes et dismes de Saint Victor
d'Amblainville, appartenant aux religieux abbé et couvent de Saint-Victor leez Paris, duquel ostel et ferme
led. débiteur a esté fermier le temps passé ». — Chambly, 8 mars 1477 (1478, n. st.).

Original, portef. 1, 1. Amblainville.

Ed. Mémoires Soc. Acad. de l'Oise, XIV, 531.

---

108. — *Déclaration des nouveaux acquêts du prieuré par dame Nicole de Cierray, prieure.*

(29 septembre 1481.)

Simon Musset et Mathurin Gaillart, licenciés ès lois,
conseillers et auditeurs des comptes de Madame la
Duchesse d'Orléans et commissaires de par le Roy sur
le fait des finances des francs fiefs et nouveaux
acquest aians courts à présent, par l'ordonnance
d'icelluy seigneur, en toutes les terres et seignories de
madite dame, fiefs, arrière fiefs, ressorts et terres encla-
vées en icelles, savoir faisons que — est comparue —
dame Nicolle de Scieuray (1), prieure de Saint Martin
de Borranc, laquelle, obtempérant au commandement
à elle fait, nous a déclaré..... Plusieurs terres en fris-
che et savart que peut valoir par an cent sols......
Le 19e jour de septembre, l'an 1481.

Portef. 1, liasse Boran.

---

(1) Cierray, canton de Pacy-sur-Eure, arrond. d'Evreux.

109. — *Achat de terres par la prieure Nicole de Cierray.*

(21 mars 1482, n. st.)

Devant les mêmes, Pernot Jorlain et Guillemecte Enguerrenne, sa femme, demeurant à Borrenc, vendent à dame Nicolle de Syerre, quatre pièces de terre à Boran, à eux venues « par le trespas de feu Guillermin Pennesel, grand père de ladite Guillemecte » : 1 quartier 1/2, lieudit Entre-deux-Voyes, au mesme lieu, et ung petit au dessoubs, ung quartier de terre, un quartier de terre au lieudit Rome ; demy arpent à la Nonecte, pour 52 sols parisis.

Ind. Extrait des contracts, portef. 4, 1. Saint-Martin de Borenc.

---

110. — *Autre acquisition par la même prieure.*

(28 mars 1482, n. st.)

A tous..... Jehan Laurens, garde de par le Roy nostre sire du scel de la prévosté de Chambly, et Robert Lermite, clerc tabellion juré, commis et estably de par icelui seigneur en lad. prévosté, salut. Savoir faisons que par devant nous vindrent..... Jehan Viret, manouvrier, et Perrotte la Mollecte, sa femme, demourans à Borrenc ou conté de Beaumont sur Oize ; icelle Perrotte souffisamment licenciée et auctorisée par sondit mary quand ad ce ; recongnurent et confessèrent de leurs bonnes voulentez sans force ou contrainte aucune, avoir vendu, cédé, transporté et délaissié et promis garendir, délivrer et deffendre de tous troubles et autres empeschemens quelzconques envers et contre toutes personnes en jugement et hors, toutesfoys que mestier et requis en seront, à leurs propres cousts et despens, à religieuse et honneste dame Dame Nicolle de Syerre, religieuse du Paraclet ou diocèse de Troyes en Champaigne, prieuse du prioré Saint Martin dudit Borrenc, ad ce présente, achecteresse et acquesteresse, pour elle et ses successeresses prieuses, c'est assavoir une pièce de terre contenant trois quartiers ou environ, situez et assis ou terrouer dudit Borrenc, au lieu dit entre deux Voyes, tenant d'un costé à Perrot Jorlain à cause de sa femme, et d'autre costé à icelle Dame, à Simonnet Le Bas et d'autre bout à la voierie Saint Martin dudit Borrenc. Item trois quartiers de terre, séant au dessus du Bocquet Morin... Item demy arpent de terre assis derrière le Viel Four Saint-Martin dudit Borrenc, tenant de toutes pars à icelle Dame, que les dis vendeurs disoient et affermèrent à eulx compecter, et appartenir à cause d'icelle Perrotte de son propre héritage, à elle venu et escheu par le deceps et trespas de feu Perrin Mollet, grand père d'icelle Perrotte, en son vivant demourant audit Borrenc ; à la censive du seigneur de Borrenc, aux charges que ce peult devoir. Ceste vente faicte ausdites charges moiennant et parmy le pris et somme de soixante quatre sols parisis..... Les dits vendeurs..... s'en dessaisirent et desvestirent en nos mains comme souveraine pour le Roy nostre sire, au proufft de ladite Dame.

Fait et passé audit Chambly le vingt et ung^me jour de mars, l'an mil quatre cens quatre vingt et ung.

Orig. port. 2, l. Boran.

Ind. Extraict des contracts, portef. 4, l. Saint-Martin de Boran.

---

111. — *Reconnaissance à la prieure, dame Nicolle de Cierrey, par Jean Bachelier, maître du pont de Beaumont, d'une rente de 16 mines de blé sur les anciens moulins de Beaumont ; tant qu'il en sera propriétaire, cette redevance sera payée (Extrait).*

(7 septembre 1492.)

A tous..... Anthoine Paillart, garde de par le roy du scel de la prévosté de Chambly, et Jehan Dessoubz le Moustier, clerc tabellion juré commis et estably de par ledit seigneur en lad. prévosté, salut. Savoir faisons que par devant nous vint Jehan Bachelier, marchant maistre du pont de Beaumont sur Oize, lequel de son bon gré, franche et libéralle voulenté, par ces présentes lettres promet et gaige rendre et paier doresnavant par chacun an à religieuse et honneste personne dame Nicolle de Cyerre, prieuse du prioré conventuel Saint Martin les Borrenc, de l'ordre de Saint Benoist, ou conté dud. Beaumont, et ses successeresses, le nombre et quantité de seize mines de blé moulture, mesure dudit Beaumont, prins ès molins dud. Beaumont, dont ledit recongnoissant est propriétaire, tant et si long-temps que led. Jehan Bachelier sera détenteur desd. moulins.

Expédition sur parchemin, signée des notaires. Portef. 1, liasse Beaumont.

---

112. — *Procès en nouvelleté contre les religieuses de Boran (intenté par le chapitre de Beauvais), touchant la dîme de cinq arpents de terre devant la porte desdites religieuses, et plusieurs autres non bien désignées.*

(1501.)

Indiqué en ces termes dans l'inventaire des Archives du Chapitre. — Bibliothèque municipale de Beauvais, Collection Bucquet-Aux Cousteaux, t. XXXIII, p. 133.

---

113. — *Le verdier de la forêt de Carnelle, garde du sceau de la châtellenie de Beaumont, constate le bail d'un quartier de terre « pour faire vigne » consenti par la prieure de Boran, dame Jacqueline de La Rivière, et le Conseil des discrètes du monastère.*

(25 mai 1516.)

A tous..... Jaques le Houdoyer, verdier de la forest de Carnelle et garde de par le Roy n. sire du scel de la chastellenie de Beaumont sur Oize, salut. Savoir faisons que pardevant Jehan de Saint Leu et Jaques Masson, notaires jurez dud. seigneur et de par lui establiz en lad. chastellenie, comparurent vénérables et religieuses personnes dame Jacqueline de la Rivière prieuse du prieuré de mons' Sainct Martin lez Borrencq, membre deppendant de l'abbaye du Paracleu au diocèse de Troyes en Champaignes, sœurs Katherine Clermont, chantre, Katherine de Roulant, soubz chantre, Jehanne le Febvre, soubsprieuze, Anastasie de la Rivière, trésorière, et Péronnelle Benoiste, toutes religieuses et faisans à présent tout le couvent dud. prieuré; lesquelles confessèrent avoir baillé, à tiltre de franc cens, à Julien de la Fontaine, laboureur de vignes aud. Borrenc, un quartier de terre pour faire vigne, au lieudit les quatre voyes, tenant d'un bout sur la voyrie du seigneur de Borrencq et d'autre à Jehan Poirée, moiennant un denier parisis de cens, quatre sols parisis et une poulle de rente, le 25° jour du mois de may, l'an mil cinq cens et seize.

Portef. 4, liasse Saint-Martin-lès-Boran.

---

114. — *Sœur Jacqueline de La Rivière, prieure, acquiert une terre à Boran, à la Fosse du Truflé.*

(10 janv. 1517, n. st.)

A tous..... Michel Le Bel, procureur du Roy nostre sire au baileiage et conté de Beaumont sur Oize, aiant à présent la garde du séel de la ville et chastellenie dudit Beaumont pour ledit seigneur, ledit office de garde actuellement vacant pour le décès et trespas de deffunct Jacques Le Houdoyer, naguères possesseur et exerçant ledit office, salut. Savoir faisons que par devant Jehan de Sainct Leu, notaire du Roy, nostredit seigneur et de par lui commis et estably en lad. ville et chastellenie, comparurent en leur personnes Adrian Bellebouche, laboureur, et Marguerite Cire, sa femme, demourant à Borenc ; et recongnurent... avoir vendu... à Sœur Jacqueline de La Rivière, prieuse de l'église et prioré conventuel monsieur Saint Martin les Borenc, de l'ordre du Paraclet, une pièce de terre contenant trois arpens, audit Boreng, au lieu la Fosse du Trufle... mouvant des seigneurs de Bruières, pour la somme de trente six livres tournois... ès présences de Jehan Karoteau, clerc tabellion juré aud. Beaumont, et autres, le dixiesme jour de janvier mil cinq cens et seize.

Orig. portef. 2, liasse Boran.

Au dos, ensaisinement par Guillaume de Fourcroy, seigneur de Bruyères (10 avril 1516 avant Pasques 1517) et Jehan de Trossy ayant la garde noble de Loyse de Trossy, sa fille (formule non remplie ni signée).

---

115. — *Jacqueline de La Rivière, « prieure antique » de Boran, achète pour le prieuré une terre à Boran, à la Fosse George.*

(31 mai 1522.)

A tous..... « Pierre de la Porte, licencié ès loix, garde de par le Roy du séel de la ville et chastellenie de Beaumont sur Oize », notifie que devant « Jacques Masson et Jehan de Saint Leu, notaires jurez et de par led. seigneur establis en lad. chastellenie », Jehan Bellebouche l'aisné, laboureur à Borrenc, et Perrette de Fourcroy, sa femme, ont vendu à « religieuse et honneste personne dame Jacqueline de la Rivière, anticque prieuse du prioré Sainct Martin, acheteresse pour elle et ledit prioré », 5 quartiers de terre à Boran, lieudit la Fosse George, « le dernier jour de may, l'an mil cinq cens vingt et deux ».

116. — *Achat de terrains contigus au précédent, fait par Guillaume Méry, prêtre, au nom des religieuses.*

(5 juillet 1522.)

Devant les notaires de Beaumont, Pierre Vaultier et Jehan Lespart, vente de cinq quartiers de terre contigus aux précédents, par Pierre de Fourcroy dit le Nepveu, « aux religieuses, prieuse et couvent, absentes, ce acceptant par venerable et discrette personne messire Guillaume Mery, leur procureur », moyennant 20 livres tournois.

Orig.. portef. 2, 1. Boran.

---

117. — *Le Conseil du Roi ordonne une information contre les auteurs d'attentats commis sur les religieuses de Boran qui ont été insultées et dépouillées violemment de récoltes leur appartenant.*

(9 août 1522.)

François par la grace de Dieu roy de France, au premier huissier de n᷍ Parlement ou autre nostre sergent sur ce requis, salut. Receu avons humble supplicacion des religieuses prieuse et couvent de Saint Martin les Boran estant de fondacion et dotacion et augmentacion royal, en eulx grievement complaignant que, à cause de leur dit prieuré et esglise qui sont, comme dit est de fondacion, dotacion et augmentacion royal, ils ont plusieurs terres labourables, lesquelles cette présente année ils ont faict labourer, fumer et semer de grain, et entre autres leur compètent et appartiennent une pièce de terre cont. deux arp. de terre ou environ, tenant d. cousté à la rivière d'Oize, d. c. à une voirrie about. d. b. au fossé de la grand vorie (sic), et d. b. à la voirrie là ou anciennement estoit la justice dud. Bourren, sauf à

icelle pièce de terre plus a plain a déclarer en temps et
lieu ; de laquelle lesd. complaignans, tant pour elles
que leurs prédécesseurs, ont toujours jouy et usé plainement et paisiblement et quiètement de toutes dixmes
soit qu'ils les tiennent en leur main, ou qu'ils les baillent à ferme ou moison de grain, et de ce sont en bonne
possession et saisine, que ung nommé Richard Picot,
Geoffroy de Bidoche ne autres ne puissent prétendre
aulcun droit de disme en lad. pièce de terre, ne que à
icelle disme paier ils les puissent contraindre, oultre
leur voloir et consentement, en possession et saysine
que si lesd. Picot, Bidoche ne autres s'estoyent efforcez
de voloir prendre par force ou aultrement lesd. dismes
en lad. pièce de terre, le contredire et empescher, et
les contraindre à leur rendre et restituer tout ce qu'ils
en auroyent prins et perceuz, et tout ce que dit est faire
réparer par justice, et que desd. possessions et saysines
et autres servans à la matière desd. complaignans tant
pour elles que leurs prédécesseurs et ceulx dont ils ont
le droict et cause ont jouy et usé plainement et paisiblement par ung, dix, vingt, trente, XLes, L^{es}, cent ans
et plus, et par tèl et si long temps qu'il n'est mémoire
du contraire et qu'il souffit et doit soffire à bonne
possession et saysine avoir acquise, garder, retenir, et
par les dernières années et exprès au veu et sceu desd.
Picot, Bidoche et aultres qui l'ont volu veoir et sçavoir ;
néanmoins lesd. complaignans estant en leur possessions et saysines, lesd. Picot, Bidoche et certains autres
leurs alliez et complices, puis an et jour et moingz de
temps en ça, de leur auctorité et sans congé, licence ou
consentement desd. complaignans, se sont efforcez de
faict et de force et à puissance d'armes, et de faict ont
prins et emportez grande quantité de gerbes qu'ils ont
chargé ou faict charger sur leurs cherettes ou cheriotz,
et non contens de ce, pour ce que lesd. supplians et
complices ont volu résister à la mallice des dessus dits
et leurs complices, ils leur ont osté leur voille qu'elles
sont tenues porter sur leurs testes, les ont décoiffées les
aulcunes d'icelles, batu et mutillé jusques à grant

effusion de sanc, qui est en leur tres grant grief, et en les troublant et empeschant en leurs possessions et saysines...: en commettant portz d'armes, force et violances publicques..... au contampt et irrévérence de justice : si comme lesd. complaignans dient, requèrant sur ce nostre pourvision.

Pourquoi Nous, ces choses considérées, qui ne volons telles entreprinses avoir lieu, mais les malfaicteurs et iceux perpetrans estre pugniz et à ung chacun son droit estre gardé, te mandons et commettons par ces présentes que, appelé ceulx qui pour ce seront à appeler à comparerir par devant toy sur lad. pièce et terre pour tous lieux contempceulx, maintiens et gardes de par nous lesd. complaignans en leursd. possessions et saysines..... restablissement faict réaulment et de faict des choses prinses.... et avec ce informe toy diligemment secrettement sur la prinse d'icelles gerbes, infraction de nre dite sauvegarde, ports d'armes, *voyes de faict (effacé)*, battures, excès, effusion de sang *(deux mots effacés)* commis en leurs personnes..... et icelle information par toy faicte, renvoye la féablement close et scellée par devers led. bailly de Beaumont, pour icelle veue, décerner adjornement personnel et prinse de corps contre les délinquans...

Donné à Paris le neuf⁰ jour d'aoust l'an de grace mil cinq cens vingt deux et de nostre règne le huitiesme.

Sur le repli : Par le Conseil, Saugeon.

Portef. 2, liasse Boran.

---

118. — *Marguerite de Billy, abbesse de Saint-Remi de Senlis, autorise une de ses religieuses, Magdeleine du Buisson, à se faire recevoir comme professe au prieuré de Boran.*

(14 août 1526,

Nous Marguerite de Billy, humble abbesse de Saint Remy lès Senlis et tout le couvent dud. lieu, de l'ordre de saint Benoist, de la pétition et requeste de Madame la prieuse de Saint Martin de Borrenc au diocèse de Beauvais, donnons congié et licence à Magdeleine du Buisson, religieuse et professe de notre dite église, consentant ladite Magdeleine estre receue à lad. église de Borrenc, comme une de vos religieuses et professe en servant à lad. église comme les autres religieuses dud. lieu, que madame Anastase de la Rivière, prieuse dudit lieu de Borrenc, a tenu et tient dès maintenant pour sa religieuse, à la charge de la nourrir, alimenter et entretenir comme les autres ses religieuses, sans plus retourner en notredite église et abbaye, ne prétendant aucun droit en icelle.

En tesmoing de ce, nous avons séellé ces présentes lettres des seaulx d'abbesse et couvent, le XIIII° jour

Original, portef. 4, 1. Saint-Martin de Boran (sceaux perdus).

---

119. — *La prieure de Boran, comparant devant le prévôt de Beaumont, fait constater que Messire Jehan Erier, prêtre, révendiquant le bénéfice d'un arrangement qu'il aurait obtenu de sa devancière Jacqueline de La Rivière, accepte de s'en remettre au serment qu'elle prêtera. (Extrait.)*

(16 février 1527, n. st.)

Le samedi 16° jour de febvrier l'an mil cinq cens et vint sis, pardev. nous, Anthoine Le Bel, prévost de Beaumont-sur-Oyse en garde pour le Roy, en jugement à l'audience de la cause, entre les Religieuses, demanderesses, ladite prieuse présente garnie de conseil, contre messire Jehan Erier, prêtre défendeur comparant par Jehan Lespart son procureur, ledit défendeur a offert

à lad. demanderesse lui passer hypothèque selon ses
conclusions pourveu qu'il soit déclairé, la vigne dont il
est question n'estre subgeste envers icelle demanderesse,
pour ce qu'il maintient luy avoir esté promis ainsi par
dame Jacqueline de La Rivière lors prieuse. Et de ce
se submet et raporte au serment d'icelle demanderesse.
Sur quoy par lad. dame ou son Conseil a esté requis
déclaration qui luy a esté octroyée.

Signé : Karoceau (sic), av. par.

Portef. 2, 1. Boran.

---

120. — *Dame Anastase de La Rivière, prieure, Catherine
Chevet, chantre, et les sœurs Magdeleine du Buisson,
Antoinette du Verger et Péronelle Benoît, s'accordent
avec le procureur et l'évêque de Beauvais, grand
dîmeur de Boran, au sujet d'un dîmage contesté.*

(17 mars 1527, n. st.)

Le 17ᵉ jour de mars, l'an mil VᶜXXVI, sur le différent
qui estoit entre monsʳ l'évesque et conte de Beauvais,
grand dismeur les Bourrenc, et dame Anastaze de la
Rivière, prieuse de Saint Martin de Bourrenc, pour la
disme que mond. sgnr prétendait aux grains et fruitz
provenant des terres et vignes dud. prioré, acordé est
entre Mʳ Isnard Dasteyn, son chanoine de Beauvais,
secrétère dud. Révérend et son procureur suffisamment
fourni de lettres de procuration de l'an mil Vᶜ XXIII,
et lad. dame Anastaze, prieuse, du consentement de
seurs Catherine Chevet, chantre, Magdeleine du Buys-
son, Antoinette du Vergier et Péronelle Benoit, religieuses, capitulairement assemblées, que un arpent de
terre à Boran, au Molin à vent, 2 arp. à Charpenterre,
1 arpent 1/2 aux Vasseaulx et 3 quartiers auprès Saint-
Martin, quartier et demi à Rome, 1/2 arpent au Bouquet
de la Nonette, 7 quartiers sus la rivière d'Oise auprès

du pont Theve, 1 arpent de vigne au Clos Saint Martin, 1/2 arpent auprès la croix messire Mathieu, de toutes lesd. terres et vignes au dîmage de B. les religieuses n'en payeront aucune dîme. Pour le reste, les parties s'en remettent à l'arbitrage de Michel Chartier et Guillaume Poyret, advocas en la court de Parlement ». Témoins mess^re Guillaume Hemery, chappellein du prioré, Robert Dardaine, serviteur de lad. maison.

> (Signature : Sr *Anastase de la Rivière, Dastoyn* (paraphe).

Portef. 2, liasse Boran.

---

121. — *Dame Anastaise de La Rivière, prieure, assistée de sœur Magdeleine du Buisson, l'une de ses religieuses, comparaît à l'audience du prévôt de Beaumont pour soutenir un procès contre un fermier défaillant et se soumet au serment litis-décisoire.*

(5 novembre 1527.)

Le jeudi 5e jour du mois de novembre mil cinq cens et vingt sept, par devant nous Anthoine Lebel, prévost de Beaumont-sur-Oize, en garde pour le Roy n. s., en jugement aud. Bt., en l'audience de la cause entre dame Anastaize de la Rivière, prieuse de l'église et prioré conventuel mons^r sainct Martin de Borrencq demanderesse, présente en sa personne et garnie de conseil, assistée de sœur Magdaleine, religieuse dud. lieu, d. p., et Jehan Danary, deffendeur, comparant par Jaques Masson, son procureur, d. p. s'est icelle demanderesse submise au serment du deffendeur, de sa requeste, que ledit Danery soit condempné à luy rendre 18 mynes d'avoine restans de plus grande quantité au plus hault pris que tel grain a valu, vault et vauldra depuis que paiement en deust avoir été fait, sur les

grans dixmes de Borrenc dont il est à présent fermier,
et s'il n'a pas prins le bail à la charge de luy payer
lad. avoine et autre grain prétendu par elle. — Renvoi
à huitaine pour recevoir le serment du fermier.

Portéf. 2, 1. Boran.

---

122. — *Accord entre le procureur de la prieure
Anastaise de La Rivière, et Guy Queruel, seigneur
de Boran.*

(25 septembre 1529.)

Pardevant Pierre Montigne et Jehan Maheut, notaires
du Roy notre sire ou chastellet de Paris du nombre
ordinaire et ancien des soixante, furent présens en
leurs personnes, Révérend père en Dieu Guillaume de
Rolland, abbé de l'abbaye de Ferranceaulx ou nom et
comme procureur stipullant et soy faisant et portant
fort en ceste partie de Religieuse et devotte Dame seur
Anastaize de La Rivière, prieuse du prieuré Sainct
Martin près Borren de l'ordre Sainct Benoist et par
laquelle il promet faire ratiffier et avoir agréable le
contenu en ces présentes quant mestier et requis en
sera, d'une part, et noble homme Guy Queruel, seigneur
de Borren, d'autre part, disans lesd. parties esd. noms
que lesd. Dame prieuse et Seigneur de Borren estoient
en voye d'entrer en grant involution de procès tant pour
raison de certaine quantité de grain que ladicte Dame
prétendoit avoir droit de prendre sur les champars dud.
lieu de Borran que a cause de certains droictz et devoirs
seigneuriaulx que led. seigneur de Borren maintenoit
luy estre deubz par icelle dame et ses prédécesseresses
prieuses ; pour aquoy obvier icelles parties esd. noms
confessèrent avoir transigé acordé et pacifié en la forme
et manière qui sensuict : c'est assavoir que led. seigneur
de Borren a promis, sera tenu, promet et gaige bailler,

livrer et paier doresenavant par chacun an le jour
Sainct Martin diver a lad. Dame prieuse ou au porteur
sa vie durant vingt mines de grain, mesure de Beaumont, les deux pars blé et le tiers avoyne première
année de payement commençant au jour de Sainct
Martin diver prochain venant et continuer toute lad.
vie durant de ladicte dame sans préjudice des tiltres,
droictz et deffences de chacune desd. parties et partant
led. seigneur de Borran joyra de son droit de justice
comme luy et ses prédécesseurs ont acoustumé d'en
joyr par condicion que ses officiers ne pourront prendre
les bestes d'icelle Dame fors qu'ilz soient trouvées en
dommaige aux blez, grains ou prairies dud. seigneur
ou d'aucuns de ses subjectz en temps défendu ouquel
cas lad. Dame prieuse sera tenue paier ce qu'il appar-
tiendra par raison au dit de gens à ce congnoissans.
Et oultre demourront quites toutes les terres acquises
par cydevant, tant par les prédécesseresses d'icelle
Dame que par elle de tout droit et devoir seigneurial
qu'ilz devoient, doivent et peuvent devoir aud. seigneur
de Borren. Et aussi led. seigneur de Borren demeure
quite de tous les deniers que icelle Dame eust peu et
pourroit demander sur les deniers d'icelle seigneurie
dudit Borren. Et pourra boutter lad. Dame et faire
pasturer ses bestes ou lieudit la grant Noue et autres
lieux communs a pasturer et user en toutes saisons
que bon luy semblera, non obstant les fossez que led.
seigneur a fait faire en icelle noue car ainsi a esté
accordé. Promettans lesd. parties esd. noms et chacune
d'elles en droit, avoir pour bien agréable, ferme et
estable à tousjours toutes et chacunes les choses dessus
dites sans jamais à nul jour par elles ne par aultres
aller, venir, faire venir ou dire contre en aucune
manière. Aincois rendre et payer l'une d'elles à
l'autre et sans aucun plet ou procès tous coustz,
fraiz, missions despens, dommaiges et interrestz
qui faictz, euz, soufferts et soustenuz seroient par
deffault des choses dessus dites ou d'aucunes
d'icelles non faictes, tenues et non acomplies par

la manière que dit est, soubz l'obligation c'est
assavoir du revenu et temporel de ladite prieuse de
Sainct Martin et de tous et chacuns les biens meubles
et immeubles dudit seigneur de Borren et de ses hoirs
présens et advenir que chacune desd. parties esd. noms
en ont pour ce du tout submis et submectent à la
jurisdiction et contraincte de ladite prévosté de Paris
et de toutes autres justices ou trouvez seront. Et renon-
cèrent en ce faisant à toutes choses contraires à ces
présentes, leur contenu et effect. Faict et passé double
cestuy pour led. Révérend oud. nom, le samedi vingt
cinq° jour de septembre, l'an mil cinq cens vingt neuf.

[Signé] : Maheut et Montigne
avec paraphes.

Au dos : Accord avec le seigneur de Borran faict par Dame
Anastase.

Original parchemin, portef. 2, liasse Boran.

---

123. — *Bail d'une « terre à faire vigne » à Boran,
lieudit « Pollengne », par la prieure, Antoinette du
Verger, assistée de sa communauté.*

(28 avril 1540.)

A tous, Pierre de la Porte, licencié ès loix, garde du
scel de Beaumont, notifie que devant Robert Vaultier
et Nicollas de Saint Leu, notaires aud. lieu, noble
dame Anthoinette du Verger, prieure du prioré Saint
Martin lez Borrencq, tant en son nom que comme soy
faisant fort de sœurs Magdaleine du Buisson, chantre,
Françoise Wartensan, trésorière, Jehanne de Ricquar-
ville et Marguerite de Bernes, professes aud. prioré,
baille à chef cens à Martin Lucas, marchand pescheur,
dem¹ à Borrencq, une pièce de terre à faire vigne à
Borrencq, lieudit Pollengne, contenant demi arpent
mesure du Roy, tenant à discrette personne messire
Jehan Mauger, mouvant de lad. Dame prieure, pour
8 sols par. et 2 poulles de rente.

Au verso : Ratification de ce bail par noble dame Katherine de Brie, prieure, sœur Antoinette de Saincte Christine, cellerière, Souveraine de Boullard, Jehanne de Ricarville, religieuses, 18 février 1575.

Portef. 2, 1. Boran.

---

124. — *Renouvellement, par la prieure Antoinette du Verger et son conseil, à noble Pierre Dalleré, archer des ordonnances du roi, fils de Dimanche d'Alleré et de Nicole Thibault, héritière de David Thibault et Thomasse de Merien, d'un bail emphytéotique consenti en 1475 à Pierre de Merien, bisaïeul de Nicole.*

(27 juin 1541.)

A tous..... Anthoine de Sainct Leu, garde de par le Roy du scel de la ville et chastellenie de Beaumont sur Oise et tabellion audit lieu pour notre dit seigneur, savoir faisons que par devant Anthoine d'Eaubonne et Robert Vauttier, notaires du Roy nostredit seigneur et de par luy commis, ordonnez et establis en ladite ville et chastellenie, furent présentes nobles et religieuses personnes dame Anthoinette du Verger, prieuse par la grace divine du prieuré Saint Martin lès Borrencq, sœurs Françoise de Warensan, soubz prieuse, Magdeleine du Buisson, Marguerite de Bernes, Jehanne de Richarville et Anthoinette du Verger... lesquelles... ratifient et ont pour agréable, ou prouffict et utilité de noble personne Pierre Dalleré, archer des ordonnances du Roy nostre sire soubz la charge du seigneur de Beaumont voysin, fils de noble personne Dimenche d'Alleré, seigneur dudit lieu et de damoiselle Nicolle Thibault, fille et héritière de deffunct David Thibault et Thomasse de Meryon (*sic*), jadis ses père et mère, demeurant à Nully..... certain contract et bail en emphitéose de 99 ans et 99 despoulles, faict par leurs prédécesseresses, prieuse et religieuses de Saint Martin, au prouffit de deffunct Pierre de Merien (*sic*), bisaïeul de la dite damoiselle, le neufiesme jour de janvier l'an de grace mil quatre cens soixante et quinze, de deux pièces de terre contenans l'une huit arpens et l'autre deux journaulx, sises ès terroir de Nully, à la charge de neuf mines de grain, les deux parts blé et le tiers avoine..... cette renouvation faite en consideration du prouffit et utilité dudit prieuré, et que ledit prieuré, et que ledit contract et bail estoit hors le temps d'estre impugné..... moyennant vingt mines de blé fourment du creu de Nully.

Portef. 4, liasse Neuilly.

---

125. — *Echange entre la prieure Antoinette du Verger et Michel Lucas pour favoriser la plantation de vignes à Boran* (Extrait.)

A tous..... « Leonoire de Sainct Leu, garde pour le roy n. s. du scel aux contracts de la ville la chastelleine de Beaumont-sur-Oize », notifie que « pardevant Nicolas de Sainct Leu, notaire royal juré..... comparurent devottes relligieuses dame Anthoinette du Verger, prieure, Magdaleine du Buisson, chantre, Marguerite de Bernes, soubschantre, Souveraine Boullard, Jehanne de Riearviler, Anthoinette du Verger, Anthoinette de Saincte Xristine, toutes religieuses profex (*sic*) assemblez ensemble pour conclure et délibérer de faire et passer ce qui s'ensuit, d'une part, et Michault Lucas... d'autre part. » — Conclusion d'échange de terres portant sur un demi arpent de terrain que Lucas a l'intention de mettre en vignes. Présence de Jehan Longue espée, sergent, et Pierre de Monceau, escuier, demeurant au Bois Herpin. — 22 mai 1555.

Portef. 2, liasse Boran.

126. — *Témoignages recueillis par Nicolas de Gaast,
greffier de bailliage, dans une enquête relative au
droit de pâture revendiqué pour leur bétail par les
Dames de Boran, demanderesses, contre Jehan de
Fourcroy, seigneur de Bruyères en partie, et Poupart,
fermier, défenseurs (Extraits).*

(25 janvier 1565, n. st.)

Du vingt cinquiesme jour de janvyer l'an 1564.

Anthoine Le Veau, vacquier aux Aulbains, dem\ à
Noisi, aagé de 70 ans, dit que, depuis 40 ans les Religieuses de Saint Martin ont envoyé et faict pasturer
leur bestail blancq et à cornes, mesmes leurs bestes
porcelines, ès patits, marets, et communes de Bruyères.

Jacqueline Thiboult, femme de Pierre Jorlain, demourant à Noisi, aagée de 72 ans, dit avoir veu subsecuti-
vement quatre prieures et dames, c'est assavoir dame
Katherine, la première, la seconde dame Anastaize, la
tierce dame Anthoinette niepce du sir de Borrenc, et
celle qui est de présent ; et dit estre memoratifve que
du temps de son sixiesme mari qui seroit déceddé deux
ans a ou environ, lequel estoit du village de Bernes, elle
seroit allée du lieu de Noisi audit Bernes ; en quoy
faisant elle auroit veu souventes fois les bestiaulx desd.
Religieuses pasturans èsdites communes de Bruyères et
encore plus oultre, joignant un viel chemin venant du
Mesnil Saint Denys jusque la rivière d'Oise près le lieu
qu'on appelle la Maison Blanche.

Jehan Jorlain, laboureur, aagé de 60 ans ou environ...
a oy dire que ledit prieuré est de fondation d'un comte
de Beaumont nommé Mathieu... a fait sa résidensse aud.
prieuré, 18 ans environ. Est record que ung jour qu'il
fut appelé par deffuncte dame Katherine, prieure dud.
prieuré, a veoir avecq deffunct Jehan de Sainct Leu,
procureur d'icelle dame, y a bien 40 ans et plus, aucunes
chartres de la fondation dudit prieuré et qu'il feyt et
oyt la lecture que feyt ledit dé Sainct Leu d'aucunes de
ces chartres par lesquelles estoit porté que les Reli-

gieuses avoient droit de pasturer, non seullement ès communes de Bernes, Bruyères et Borrencq, mais aussy jusques en la ville de Creil ; et si dict estre le bruit et commune voix et renommée au pays.

Denis Godart, laboureur, démourant à Borrencq, aagé de 72 ans..... a oy dire ledict prieuré avoir esté fondé par feu nommé le comte Mathieu, comte de Beaumont sur Oise... et dict que entre autres droicts les Religieuses ont droict de pasturer leurs bestiaulx ès patits et communes tant de Bruyères, Bernes que Borrencq et lieux circonvoisins ; le sçait parce qu'il a oy lire les chartres faisant mention desd. droicts, qu'il estoit demourant et résidant serviteur chartier audit prieuré soubz dame Katherine lors prieuré... depuis lequel temps il a toujours veu continuelment les Religieuses et Prieure envoyer leurs bestiaulx pasturer esdits pastits, ...sans trouble ne empeschement, ...et que en icelles communes et pastits il y a ung lieu et plasse vuelgairement appelé Chante Rayne, qui est audessoubs dud. lieu de Saint Martin (1).

Barbe Sevestre, femme de Jehan Jorlain, aagée de 57 ans, dit qu'elle sçait la situation dudit prieuré, auquel elle auroit esté mise pour estre rendue religieuse quarante ans ou envyron, du temps de dame Jacqueline lors prieure... et a oy faire lecture par deffunte dame Annastaise prieure, sur laquelle ladite dame Jacqueline s'estoit desmise d'icelluy prieuré, aucunes chartres et tiltres faisant mention desd. droits de pasturage. De faict lorsqu'elle faisoit sa residence aud. prieuré que fut environ ledit temps de 40 ans, elle auroit veu mener et condhuire par les serviteurs du prieuré èsdits pastits les bestiaulx... et depuis led. temps auroit veu continuellement en toute saison les vachers et pastres de bestail mener leurs bestiaulx, et auroit aydé à les faire passer

---

(1) Dans une autre déposition, cet emplacement est défini « ung pastis et commun estant entre le village de Bruyères et les Aulbains ».

par dedans Bruyères, pour aler ès grands marestz et
pastits dudit Bruyères au veu et sceu des seigneurs et
autres habitans dud. lieu.

**127. — *Transaction entre le seigneur de Boran, Gui
Karuel, chevalier, et noble dame Gabrielle des Cars,
prieure, assistée des religieuses de Boran, touchant les
droits de pâture, voirie, pressurage et autres.***

(28 décembre 1566.)

A tous ceulx qui ces présentes lettres verront Lenoire
de Saint Leu garde pour le Roy nostre sire du scel aux
contracts de la ville et chastellenie de Beaumont-sur-
Oize, salut. Scavoir faisons que pardevant Nicolas de
Saint Leu et Adrien Lespart, notaires pour le Roy nostre
dit seigneur et de par luy jurez, commis ordonnez et
establis en ladite ville et chastellenye. Comparurent en
leurs personnes M** Guy Karuel chevalier seigneur de
Borenq, d'une part, Et nobles Dame Gabrielle Descars,
prieure du prieuré Saint Martin lez Borenq, Marguerite
de Bernes, soubzprieure, Souveraine Boullard, chantre,
Jeanne de Ricarville soubz chantre, Anthoinette de
Sainte Cristine, celeriere, toutes Religieuses profex dudit
prieuré, toutes congregez et assemblez capitulairement
au son de la cloche et chappitre pour traicter et adviser
des affaires d'icelle, mesme pour l'affaire qui soffre :
disans lesd. partyes que plusieurs procex se seroient
par cy devant meuz entre eulx pardevant le bailly de
Beaumont de la part dudit seigneur demandeur les
aucunes en matière d'arrest et saisies qui depuis
auroient esté joinct et conduit par ung mesma
moyen à l'encontre desdites religieuses, prieure et
couvent opposans, lesd. saisies faictes à la
requeste dud. seigneur sur plus** pièces de vignes
et terres labourables appartenant audit prieuré
scituez et assizes au terroir dudit Borrenc a faute

de les avoir baillé par déclaration et advouez tenir de luy
montrèr les tiltres en vertu desquels ils possédoient
lesdits héritages et ce suivant et en vertu de certaine
lettre Royaux en forme de papier terrier par lesquelles
estoit mandé et luy estoit permis de faire saisir tous
les héritages assis dedans sadite seigneurie et haulte
justice par faulte de les lui avoir baillé par adveux et
dénombrement, prétendans par ledit seigneur lesd. héritaiges saisiz appartenant aud. Prieuré mentionné esd.
procex estré tenus et mouvans de luy quoy que ce soit
assis au dedans sadite terre, seigneurie et haulte justice
de Borenq, s'il n'apparoissoit du contraire mesme estre
seul seigneur hault justicier et conséquemment voyer
dudit Borenq et que au dedans d'icélle seigneurie et
justice ledit prieuré estoit assiz et enclavé et comme tel
n'avoit droict de justice audit lieu, et autres raison par
luy maintenus par les procex desd. saisis ; et au
contraire lesdites Dames prieure et Religeiuses auroit
maintenus par leurs deffences et causes d'oppositions
quilz n'estoient ny led. prieuré subjet en rien à la justice dud. seigneur et n'avoit nul droict de juridiction et
connoissance en icelluy prieuré, fut sur lesdites Religieuses ny sur leurs serviteurs domestiques d'icelluy
lieu ny autrement et aussy que les héritaiges que ledit
sieur avoit faict saisir et arrester estoient de l'ancienne
fondation et dotation dudit prieuré. Et par ce moyen
n'estoit en rien subjet envers ledit seigneur. Néantmoings fait offres que en leur montrant suffisament
estre tenues de luy et les advouer tenir de luy et non
autrement et aussy de la part dudit seigneur de Borenc
faict offre que en luy montrant par leurs chartres lesdits
héritages estre de leur fondation, de soy départir desdites saisies ; esquels procex auroit esté tellement pro-
ceddé que après enqueste faictes par chascunes des
partyes et figure faicte du terrier dudit Borenq à la
diligence dudit seigneur que par sentence donnée dudit
bailly le vingt septième jour d'apvril mil cinq cens
soixante et six, auroit esté dict que à bonne et
juste cause lesdites Dames et Religieuses s'estoient

opposez ausdits saisie et arest faictz à la requeste dudit seigneur de Borenq, à elle donnez main levée a pure et a plain des choses saisies et icelle absoulte des demandes et conclusions d'icelluy seigneur sans préjudice touteffois du droict de justice prétendus par icelluy seigneur et icelluy sieur condamnez ex despens ; dont ledit seigneur auroit appellé et son appelle rellevé en la cour de parlement à Paris ou les parties estoient en voye d'entrer en plus grands fraiz que devant et sy y avoit encore ung autre procex intenté de la part dudit sieur contre un nomé Nicolas de Neuz pour lequel lesd. Religieuses hors lad. Dame auroient pris la cause comme leur mercenaire pour raison de ce que ledit Neuz auroit botté ung noyer estant en la voirye viz à viz de la grant porte dudit prieuré que ledit seigneur maintenoit luy appartenir comme seigneur voyer dudit Borenq. Et au contraire lesdites Religieuses disoient ledit noyer avoir par elles ou leurs prédécesseresses planté et en estre en jouissance et possession d'en avoir prins les fruicts, mesmes des autres arbres estant sur la voirye au devant dudit prieuré comme disant icelle leurs appartenir au moyen desquels procex et différendz et autres proceds à mouvoir entre lesd. parties pour les droictz qu'ilz prétendoient avoir l'un alencontre de l'autre, ils estoient en voyes de frayer grand deniers et encourir en grand pertes, despens, dommages et inthérests, pour à quoi obvier et aux divisions et querelles qu'ils avoient l'un contre l'autre à l'occasion desdits procex par le moyen de leurs bons amis désirans leurs biens, le vingt sixiesme jour d'octobre dernier passé mil cinq cens soixante et six Assemblez à ceste fin, lesd. seigneur et Dames en la ville de Paris ont transigé, pacifié et accordé entre eux en la forme et manière qui s'en suict. C'est aseavoir que en l'esgard de la justice que led. seigneur prétendoit sur les domestiques dud. prieuré a esté accordé que led. seigneur et ses officiers auroit connoissance sur les serviteurs domestiques dud. prieuré en cas de crime seullement et non pour la civillité comme

estans assiz dedans sad. seigneurie et non sur les
Religieuses, prieure et couvent dud. lieu sur lesquelles
il n'aura aucune juridiction ny connoissance, soit a
l'enclos ou autrement. Quant aux voiryes communes et
grand chemin de ladite seigneurie et haulte justice de
Boreng, demoureront et appartiendront aud. seigneur
selon la coustume du bailliage de Senlis, Néantmoings
a esté accordé que lesdites religieuses et prieure auront
et leurs demeurera à leurs profict les noyers et arbres
de présent plantez sur ladite voirye entre une croix
appelléé la Croix rompue estant à l'opposite du bois
d'icelluy prieuré et une autre croix qui est sur le chemin
et voiryes tendant dud. Borenq à Bruyères au bout du
clos de vigne dudit prieuré appellée la Croix Saint
Martin, sur laquelle voirye entre lesd. deux croix, lesd.
Religieuses pouront planter des arbres le long des
terres sans enpescher led. chemin, et desdits arbres,
entre deux croix seullement, en prenderont les fruicts.
Plus a esté accordé que le bestail dud. prieuré pourra
paturer sur tout le terrouer, voyries et chemins dud.
Borenq comme les habitans dud. lieu, hostes et
subjets dud. seigneur de Borenq ; que doresnavant la
vendange provenant des vignes apartenant ausdites
Religieuses et prieuré pourra par eux et leurs gens estre
mené au pressoir dudit seigneur de Borenc pour y estre
pressoré sans pour ce payer aucun droict de pressorage
ny tribut ; que les terres estant de présent des appartenances dud. prieuré assize et enclavée dedans les
fins et limittes de lad. seigneurie et justice de Borenq
ne seront subjettes ne redevables d'aucuns droict de
cens, champart ny autres charges envers led. seigneur.
La pièce de quatre arpens de terre délaissée par cy
devant audit prieuré par l'accord faict par led. seigneur
de Borenq et sœur Anthoinette du Verger, naguères
prieure dudit prieuré demeurera ausd. Religieuses,
prieure et couvent saufe qu'elle sera mesurée, sans en
payer aucune charges envers led. seigneur de Borenq.
Et sera tenue ladite prieure de Saint Martin bailler par
déclaration aud. seigneur de Borenq les terres qu'elle

tient de présent estant de l'acquisition desdites Religieuses et prieure qui par cy devant ont esté ecquise
audit prieuré sans aucune charges à fin de connoistre
ce qui est tenus dudit seigneur et qui a esté aquis ; Et
en ce faisant lesdites Religieuses renonceront à tous
drois qu'elles ont prétendus contre led. seigneur en lad.
seigneurie. Moyennant ce que dessus se sont lesd.
parties respectivement désistez et départyes de tous
procex et différends qu'ils ont tant à Borenq, Beaumont
sur Oize que en la Cour de parlement et ailleurs pour
raison des choses dessus dites, le tout sans aucuns
despens, dommages ny inthérests acquérir l'un contre
l'autre selon et ainsy qu'il est déclaré et couché par
lesd. articles dudit accort faict entre lesd. seigneurs de
Borenq et Dames dudit Saint Martin soubz leurs signatures led. jour vingt sixieme jour d'octobre en présence
des tesmoings y dénommez par eux présentement
reconnuz et confessez. Lequel acort tel que dessus et
qu'il a esté couché esd. articles lesd. seigneurs et Dames
et semblablement lesd. Religieuses ont ratiffiez corro-
boré et ont pour agréables par cès présentes pardevant
lesd. nottaires soubsignez. Consentans icelluy sortir son
plain et entrer effet, Mesmes led. Dame et Religieuses
suivant le contenu esdits articles ou aucuns d'iceux,
renonce et renoncent à tous droits qu'elles disoient
avoir sur ladite seigneurie semblablément led. seigneur
a renoncé à tel droict qu'il pouvoit prétendre au moyen
desdits procex audit prieuré, le tout suivant ledit
accord ; et de faict ont icelles partyes iceluy accord
consenty, approuvé et accordé pour demeurer en bonne
pacification de paix et obvier à fraix et despens dès
maintenant à tousjours, dont lesd. partyes se sont tenue
pour bien comptent sy comme ils disoient pardevant
lesd. nottaires exmains desquels ils promisrent par la
foy et serment de leurs corps et soubz l'obligation
assavoir led. seigneur de tous et ung chacun ses biens
et héritages envers lsed. Religieuses, prieures et couvent
de Saint Martin. Et lesd. prieure et religieuses envers
led. seigneur tout le revenu et temporel dud. prieuré, a

tenir entretenir et avoir pour agréable par chascune d'elles à tousjours le contenu cy dessus sans jamais et à nul jour y contrevenir en quelque manière que ce soit ne puis estre, sur paine de toutes pertes, despens, dommages et interest payer qui ensuipvre s'en pourroient. Renonceant en ce faisant à toutes choses générallement quelconques à ces lettres contraires, mesme au droict disant général renonciation non valloir. Fait et passé au chappitre dudit prieuré ex présence de honnorable homme Mᵉ Henry de Turmenies, procureur du Roy à Beaumont, noble homme Nicolas de Belloy, escuier seigneur du Lyx, Charles le Grant aussy essuier seigneur des Marest, honnorables hommes Mᵉ Jean le Seueur procureur ex sièges Royaux dud. Beaumont et Mery Fayolles le Muet, estant sergent desd. seigneurs de Borenq, de lad. Dame Religieuses audit Saint Martin, ensemble desd. susdits tesmoings le vingt huictième jour de décembre l'an mil cinq cens soixante et six, les présentes servant pour lesdites dames prieure et Religieuses. Collation faicte par led. Lespart gardien du Minut, signé de Saint Leu et Lespart avecq paraphe.

Collationné la présente coppie à son original estant en parchemin trouvé semblable et à l'instant rendu par les nottaires roiaux à Beaumont sur Oize soubsigné cejourdhui samedy dix-septiesme jour d'avril mil six cents quatre vingt huit après midi.

[Signé :] de Turmenys.
Tesson.

A. Original parchemin, portef. 1, liasse Boran. — *B*. Copie collationnée, du 17 avril 1688. (*Ibid.*)

---

128. — *Compromis entre la prieure de Boran et les fermiers des grosses dîmes, qui n'ont pu acquitter, en raison des troubles, la redevance due au monastère.*

(27 mai 1568.)

Accord entre noble dame Gabrielle Descars, prieuse du prieuré monsieur Saint Martin près Borrenc et Jehan Maussel et Loys Marguet, laboureurs à B., fermiers des grosses dîmes, pour « demeurer quittes de 6 muids de grain que les Religieuses ont droit de prendre et parcevoir chacun an sur lesd. dixmes, deux pars bled et le tiers avoine, escheus au jour Saint Martin, à la descharge de Monsr de Beauvais, que, à raison des troubles qui ont esté muz parcidevant, lesd. fermiers ne pourroient avoir satisfait au payement dudit grain jusques à cejourd'hui et sont demeurés quittes moyennant la quantité de grain qu'ils lui prometent livrer : six mynes de bled forment pour semer, dix mynes de bled méteil et quatre mynes d'orge, deux cent de gerbes de froment et ung cent de gerbes d'avoine, et seront tenus bailler ungne mine de bled pour évitter aux frais de justice. — 27 mai 1568.

129-131. — *Baux consentis par la prieure Gabrielle des Cars à Asnières et à Bruyères-sur-Oise.*

(1565-1572.)

Devant Nicolas Naret, substitut commis establi et ordonné en la réception des contrats qui exèdent du tabellionnage royal de la baillye d'Asnières sur Oyze pour l'absence du tabellion et notaires royaulx de Senlis, vénérable et discrette personne frère Didier Gallois, prebstre, dem^t en l'ab. de Saint Martin les Borenc, procureur de noble dame Gabrielle des Cars, prieuse du prioré Saint Martin, afferme à Mathieu Sallentin, marchand à Asnières, un arpent du domaine de la prieuré aud. Asnières, l. d. la Chaussée, ten. au seg^r de Viarmes et aux Relig. de la Victoire, pour 60 sols tournois (28 janvier 1565).

Portef. 1, liasse Asnières.

Liénoire de Saint Leu, garde du scel de la prévôté de Beaumont sur Oise, constate, en présence de Didier Galloix, prêtre, demeurant à Boran, et de Guillaume Le Clerc, praticien à Beaumont, que pardevant Nicolas de Saint-Leu, notaire audit lieu, Eustache Auchoix, demeurant au prieuré Saint Martin de Boran, déclare avoir reçu à titre de chef-cens un quartier de friche à Bruyères, lieudit Balingam, pour trois deniers tournois de cens, cinq sols parisis et une poule de rente, de « noble et religieuse personne Gabrielle Descarts prieuse, Souveraine Boullart chantre, Katherine de Brye, Marguerite de Bernes soubzprieure, et Anthoine de [Sainte] Christine, toutes religieuses professes dudit prieuré, toutes engregées et assemblées ensemble pour les affaires dudit prieuré ». (10 mai 1570.)

Portef. 4, liasse Bruyères.

Jacques Dollé, « procureur ou bailliage et siège présidial de Senlis, garde du scel aux contractz de la baillie, establi par le Roy en ceste ville et chastellenie », notifie que, devant « Nicolas Naret, substitud ad ce commis, establi et ordonné à la réception des contractz et exercices du tabellionnage royal de la branche d'Asnières, en l'absence du tabellion et notaires royaux de Senlis... Me Didier Gallois, procureur de dame Gabrielle des Quars... a fait bail de deux pièces de pré à Asnières tenant « au sieur de Viermes » pour trois cents et demi bottes de foin. (7 février 1572, nouv. st.)

Portef. 1, liasse Asnières.

---

132. — *Acquisition, par « noble dame Gabrielle des Cars, pour 24 livres tournois, de 18 verges de vigne à la Cornouillère, vendues par « Clement Marin du Fresne, mennouvrier à Bruyères ».*
(juillet 1571.)

Ensaisinement autographe, au verso, par le seigneur ; signé « Caruel ».

133. — *Accord avec Charles de Fresnoy, écuyer seigneur de Baillon, demeurant à Neuilly.*

(17 janvier 1572, n. st.)

Conclu devant les notaires Nicolas de Saint Leu et Anceaulme Le Bel avec « noble dame sœur Gabrielle Descars, prieure, Catherine de Brie, sous prieure, Souveraine Boullart, chantre, Anthoinette de Sainte-Christine, cellerière », par lequel il assume tous les frais du procès éventuel que pourrait leur intenter « Anne du Fay, écuyer, archer de la Compaguie de Mgr le Mareschal » au sujet du bail qu'elles lui ont fait de 8 arpents et 2 journaux de terre.

Portef. 4, liasse Neuilly.

---

134. — *Perrine ou Perrotte Balone, religieuse du Paraclet, essaie de prendre possession du prieuré de Boran, occupé déjà par dame Catherine de Brie.*

(11 avril 1573.)

In nomine Domini, amen. Tenore hujus publici procuratorii instrumenti omnibus pateat — quod anno Domini mil° quingent° septuag° tercio, — in mea Georgii Remi presbiteri, auctoritate apostolica notarii publici, necnon venerabilis curie Trecensis tabelionis jurati, Trecis juxta edictum regium immatriculati, curati de Ferosiis, ibique commorantis, soror Perreta seu Perrina Balone, religiosa expresse profecta abbatie de Paracleto — priorissa Sancti Martini juxta Borrencum... spontanea voluntate... constituit... suos procuratores... magistrum Nicolaum Le Clerc presbiterum, decanum christianitatis Marniaci, dicte Trecensis diocesis (*un blanc*) absentes, tanquam presentes... pro ea, vigore collationis sibi facte de dicto prioratu, possessionem corporalem... dicti prioratus... capiendum.

Collation a été faite à l'original dont la copie est ci-dessus... laquelle coppie avons delaissée à dame Katherine de Brie, prieure dudit prieuré Saint-Martin, ce requérant. Fait le XI° jour d'apvril an que dessus. (Signé) : N. Leclerc.

Copie certifiée, portef. 2, 1. Boran.

---

135. — *La prieure Catherine de Brie s'oppose à la réception par le Roi de l'acte de foi et hommage de la dame de Persan.*

(7 septembre 1574.)

Requête de « dame Katherine de Brye, prieure du prieuré de Monsr Saint Martin de Colle lès Borrencq » à « Monsr le bailly gouverneur de Beaumont sur Oize par le Roy nostre sire et monsg[r] le duc d'Alençon, fils et frère de Roy, conte de Beaumont », le priant de « ne point recevoir la Dame de Persencq a faire hommage de sa terre, antmoins que en son adveu et denombrement elle ne se charge suivant le précédent dénombrement, de payer [au prieuré] les 5 muys d'avoine [dus sur la terre de Persan] à cause de certain eschange faict entre le conte [de Beaumont] et la prieure dud. prieuré.

---

136. — *Ensaisinements donnés par la dame de Boran, Catherine de Karuel, et par les seigneurs de Belloy.*

(1577-1580.)

Ventes à « honorable homme sire Nicolas Paumart, bourgeois et maire de la ville de Beauvais, par divers particuliers, de terres mouvant de Madame de Boran, devant Guillaume Lambert et Nicolas Houppin, notaires en la prévôté d'Angy (10 avril 1579), avec ensaisinement par « Katherine de Karuel » (sign. autogr.) dame de Bellebrune et de Borenq, daté du 20 avril 1581 ; devant Lambert et Houppin le 29 décembre 1578 (même signature autographe de la dame de Boran) ; devant Nicolas Leuillier, garde du scel, Pierre Le Mugnier et Nicolas Houppin, tabellions royaux d'Angy, le 4 mars 1581 (même signature) ; devant Guillaume de la Fosse, garde du scel de Beaumont le 23 octobre 1580 (même sign. ; messire Alexandre Andrieu, prêtre, est constamment témoin des ensaisinements).

— Acquisition par le dit « honorable homme Nicolas Paumart », qualifié seulement « marchand dem^t à Beauvais » d'une pièce à Morengles, près la vallée de Beauce, mouvant du seigneur dudit Morengles, devant Ancelme Le Bel, notaire au bailliage de Beaumont, le 16 octobre 1577, par Claude Preudhomme, laboureur à Borenq, et Katherine de la Fosse, sa femme ; témoins hon. hommes Guillaume et Adrian de la Fosse, l'un père et l'autre oncle de ladite Katherine (ensaisinement par noble homme Mre Claude de Belloy, tuteur de François de B., fils mineur de feu Anthoine de B., en son vivant chev., seig. de Belloy et de Morengles (sign. aut. Debelloy).

Portef. 3, 1. Boran-Morenoy.

137-139. — *Actes où intervient la prieure Catherine de Brie.*

(1574-1582.)

Noël de Sainct Leu, garde pour le Roy du scel aux contracts sentences et jugements du baillaige et conté de Beaumont sur Oize », notifie que « pardevant Jehan de Saint Vaast, notaire roial juré commis en lad. ville », Claude Villain, laboureur au Mesnil Saint Denis, et « Guillaumette Bultel, sa femme, paravant luy veufve de feu Symon Prudhomme, reconnaissent avoir pris à ferme de noble Katherine de Brie, prieure du prieuré de Monsieur Saint Martin de Boran, et de sœur Anthoinette de Saincte Xristine, trésorière, religieuse dud. prieuré, bailleresses, la grant pièce contenant 17 arpens, au territoire de Bernes, lieudit les Orgeulx, tenant aux prez de l'hopital de Bernes et à Mre Henry de Turmenyes, procureur du roy à Beaumont ; item 7 arpens et demi près le lieu appelé la Maison Neufve... sur le chemin des Pierrettes du Mesnil Saint Denis ; item 1 arpent 17 perches audit lieu des Orgeulx, tenant à la damoiselle de Persancq ; ...pour 86 muids 1/2 de grain, les deux parts blé et le tiers avoine... duquel grain sera baillé 46 muids à damoiselle Anthoinette du Verger, prieure du prieuré de Laval, pour un droit de pencion tant qu'elle durera, sauf à sur ce desduire les decymes et emprunets du Roy non acoustumez : ...et 6 chappons. 20 octobre 1574, en présence de Mre Didier Galloix, presbtre, curé de La Chapelle Godefroy, N. Cheruelle, P. Dame, S. Lucas et J. Lesueur, procureurs.

Portef. 1, liasse Mesnil.

— Acte portant les signatures autographes de « KDE BRIE (prieure), S. de Boullart, Jehanne de Ricarville et A. de Scte Xrinne (*sic*) », religieuses. — 18 février 1575.

Portef. 2, liasse Boran.

— Devant Anceaulme Le Bel et Antoine Canu, notaires à Beaumont, vente d'une terre dans la mouvance de Saint Martin à Bruyères. 29 mars 1575. — Ensaisinement au dos de l'acte, daté de 1578, par « Katherine de Brie, par la permission divine prieure dudit prieuré ». (Souscriptions autographes de KDE

BRIE (en majuscules, le K inséré dans le D), de « S. de Boullart, A. de Scte Xrine (*sic*), Marie de Monstierol-lier ».

Portef. 4, 1. Bruyères.

Devant Jacques de Saint Leu et Nicolas de Gaast, notaires à Beaumont, la prieure et les sœurs Boullart de Sainte Christine et de « Monstreraullier » font échange de parcelles de terres à Bruyères avec Guyon Lucas, pescheur, et Marguerite Chrestien, sa femme. — 16 mai 1582.

Portef. 4, 1. Bruyères.

---

140. — *Réduction de fermage motivée par les ravages des gens de guerre.*

(19 décembre 1590.)

Accord passé devant Pierre Hars, notaire, et entre la prieure Catherine et Nicolas Cain, fermier des terres du prieuré à Bernes (1), « sur ce que ledit Cain estoit sur le point de former opposition pour avoir diminution d'un tiers de la redevance sur les deux dernières années escheues à la Saint Martin d'iver dernier passé, obstant le ravaige des gens de guerre qui luy avoient tout gasté, et dissipé les grains par lui recueillis sur lesdites terres... En considération de ces pertes, icelle damie... accorde que pour la moison qui escherra doresnavant à cause desd. terres, led. Cain ne sera tenu que de payer la quantité de 64 muids de grain, les deux parts blé et le tiers avoyne... pour le temps restant à parfaire dud. bail ; demourant quitte icelluy Cain vers lad. Dame des moisons précédentes ».

Portef. 1, 1. Bernes.

---

(1) Le bail sous seing privé d'un arpent de terre au terroir de Bernes à Nicolas Cain, marchand audit lieu, fut fait pour neuf ans par la prieure assistée des sœurs Boullart et de « Monstrarollier » le 2 mars 1586. — (*Ibid.*).

141-144. — *Baux faits par la prieure Catherine de Brie.*
(1591-1592.)

Guillaume de la Fosse, g. du scel de Beaumont, constate un bail fait par la prieure Catherine de Brie. présent « Gui Savary, praticien, greffier ordinaire de la prévosté de Boran ». — 5 juillet 1591.

Portef. 4, l. Bruyères.

Devant Jean Labbé, seigneur de Chantepie, lieutenant général au bailliage de Mello, prévost et garde de la justice de Précy pour madame de Lanssac, dame dudit lieu, la prieure Catherine fait un bail aux enchères « à longues années, pour 99 ans » de terres à Précy. — 4 mars 1592.

Portef. 4, l. Précy.

Ce bail fut cassé à la requête de Charlotte de Parisis, et une convention nouvelle lui fut substituée le 7 mars 1611, devant le notaire Charles Doulcet, et le témoin Pierre Catine, prêtre, demeurant à Saint-Martin.

Dans ce second acte, les deux prieures sont qualifiées *abbesses du prieuré de Boran.*

Guillaume de la Fosse, garde pour le Roy du scel aux contracts..... de Beaumont, notifie que pardevant Pierre Haye, notaire royal audit bailliage, Raoulland Richer, marchand laboureur au Mesnil Saint Denis..... à pris à ferme de « devote et religieuse personne sœur Catherine de Brye, prieure bailleresse », 17 arpens, lieudit les Argeulx, tenant aux héritiers feu maistre Henry de Turmegnies, procureur du roy au comté de Beaumont, 7 arpens tenant aux héritiers de M. Antoine Caron, luy vivant recepveur pour le Roy aud. Beaumont ; 1 arp. 17 p. tenant au seigneur de Persan, et 1 arp. 3 p. aud. Bernes, lieudit Quintelette, ten. aux héritiers feu M* Robert de Fourcroy luy vivant, advocat et procureur au bailliage de B', et 1 arp. 1/2, lieudit le Chemin du Fossez, pour 2 mines de grain par arpent, les deux parts blé mestail et le tiers avoine, le tout rendu au couvent, plus deux livres de cire ou 50 sols tournois au choix du preneur, en présence de discrète personne M° Martin Omont, prebstre vicaire de Bruyères. — 22 avril 1592.

Portef. 1, liasse Mesnil.

---

145. — *Prise de possession par la prieure Charlotte de Parisis.*

(15 septembre 1596.)

Acte de fulmination de bulles apostoliques de nostre St Père le Pape Clément VIII, datées du 20 février 1595, de provision dudit prioré, avec translation de l'ordre de Cluny à celuy de St Benoist, par M° Claude Gouyne, doyen et official de Beauvais, en faveur de sœur Charlotte de Parisis, religieuse de la Franche Abbaye aux Bois lès Beauxlieux, ordre de Cisteaux, sur la résignation de sœur Alexandre de Marans ; lesdites bulles présentées par Mre Guillaume d'Albos, escuier, seigneur d'Hérouville, fondé à ce de procuration spéciale, après serment pris de ladite Parisis selon la forme envoyée de Cour de Rome, avec mandement au doyen de Beaumont de la mettre en possession réelle et actuelle dudit prieuré et de toutes ses appartenances. Ledit acte de fulmination en date du 15 septembre 1596, signé Gouyne et Pellé, avec paraphes.

Pouillé du diocèse de Beauvais.

---

146. — *Lettres de souffrance accordées par l'évêque-comte de Beauvais à François de Ravenel, pour la seigneurie de Bury ou fief de Fouilleuse.*

(1596.)

Claude Gourne, docteur ès decrets, doyen de l'église de Beauvais, vicaire général de R. P. en Dieu messire René Potier, nommé par le Roy évesque et comte de Beauvais, vidame de Gerberoy, pair de France, à tous... savoir faisons que cejourd'hui est comparu Mʳᵉ François Bigard, procureur au siège présidial de Beauvais, au nom de Messire Antoine Duhamel, chevalier, seigneur de Bellenglise, tuteur et curateur de damoiselle Françoise de Ravenele, fille mineure de deffunt messire Eustache de Ravenel, vivant chevalier, seigneur de Rantigny Fouilleuse, fondé de procuration passée pardevant Le Couvreur, notaire royal ès Bois Nostre Dame, terroir de Mareuil, prévost forain de Roye, le septiesme octobre, l'an présent mil V° IIII ˣˣ seize, signé Le Couvreur et Anthoine Duhamel..... lequel nous a remonstré que à lad. demoiselle, et à cause de la succession dudit..... Eustache..... père de lad. damoiselle, est escheu un fief, terre et seigneurie de Bury, autrement appelé Fouilleuze, tenu et mouvant de mondit seigneur à cause de sa comté de Beauvais..... ladite damoiselle n'estant en aage capable, lui donnons souffrance pour jouyr..... dudit fief..... le 13ᵉ jour de décembre 1596.

Par le commandement de mondit sʳ vicaire général, PELLÉ.

Orig. jadis scellé, portef. 2, 1. Boran.

147-151. — *Actes de la prieure Charlotte de Parisis.*

(1595-1600.)

Titre nouvel pour la jouissance d'une rente de 16 mines de blé moulturé, sur les deux moulins anciens assis sous le pont de Beaumont, par Antoine Domilier, marchand à Bt., devant Charles Abraham, notaire au bailliage de Bt. ; notifié par le garde du scel Guillaume de la Fosse. — 6 juin 1595.

Portef. 1, liasse Beaumont.

Guillaume de la Fosse, garde du scel de Beaumont, notifie que devant Pierre Haye, notaire audit bailliage, bail a été fait de terres à Boran par « sœur dame Charlotte de Parisis, prieure de Saint Martin lès Borrenq, sœur Marie de Montheraullier et sœur Alexandre de Marans », à Mahiet Lucas, laboureur ; témoins, Gilles d'Abos, sieur de Herville, le chapelain J. Le Febure et Mre Fiacre Le Clerc, lieutenant de la prévôté de Gouvieux. — 21 janvier 1596.

Portef. 4, l. Saint-Martin de Boran.

Devant G. de la Fosse, g. du s. de Beaumont, reconnaissance de bail à Neuilly passée à honneste personne Estienne Boutifart, facteur et entreteneur des affaires de noble dame Charlotte de Parisis, prieure de Boran. — 14 mai 1598.

Portef. 4, l. Neuilly.

G. de la Fosse, g. d. s., notifie que devant Michel Bart, not. royal, Jehan Le Fébure, chapelain du prieuré Saint Martin de Boran, procureur de dame Charlotte de Parisis, prieure, sœurs Marie de « Montherouillier » et Alexandre de « Marax », religieuses, fait bail desd. terres à Alex. Hardy, laboureur à Nully en Thelle ; tém. Estienné Boutifart, factèur et entremetteur des affaires dud. Prioré, pour 1 setier de grain par arpent. — 23 sept. 1599.

Portef. 1, l. Bernes.

Mesurage de terres à Boran et environs, par Georges Crosnyer, mesureur au présidial de Senlis, pour hon. homme Nicolas de Malingen, cons. et secv. du roi, seig. de Troussures. — 20 déc. 1600.

Portef. 3, l. Boran-Morency.

152. — *Placet au Roi*

(Début du XVIIe siècle.)

Pour Saint Martin de Borrenc

Le Roy saint Louis voulant fonder l'abbaye de Royaumont, a eschangé quelques domaines avec les Prieure, Religieuses et Couvent de Saint Martin de Borrenc de la licence de l'évesque de Beauvais.

Le Roy *a promis garentie perpetuelle* ausd. Religieuses de ce qu'il leur a donné, et entr'autres, de quelques terres, au nombre de 25 ou 30 arpens.

Elles y ont esté maintenues par plusieurs arrestz avec les seigneurs des lieux, mesme avec un fils de France, comte de Beaumont.

Neansmoins, comme pendant les guerres civiles pour la religion, le couvent fut déserté et pillé, le seigneur de Persant a usurpé lesd. terres estans dans son territoire.

Led. Prieuré s'estant restably depuis 25 ans, la closture remise, la régularité restablie, ces bonnes religieuses pensent au recouvrement de leurs biens.

Elles voyent l'abbaye de Royaumont jouir de leur patrimoine, et le s^r de Persant jouir de l'eschange à elles baillé par le Roy qui en doit perpetuelle garantie par les lettres patentes qu'elles ont en bonne forme.

Or, aujourd'hui le Roy leur garend possède par la confiscation les choses dont est question ; et est facile de se libérer et de donner auxd. religieuses des lettres de confirmation de leur droit et restablissement de la jouissance.

Note d'une belle et très rapide écriture aristocratique, du début du XVIIe siècle (non signée ni datée).
Portef. 2, liasse Boran.

153. — *Lettres de rescision accordées à une veuve que le « mauvais mesnage » de son mari oblige à renoncer à sa succession.*

(7 juillet 1609.)

Le roi Henri IV accorde des lettres de rescision pour des contrats faits par feu Jehan Tallon, dont « le mauvais mesnage » a obligé sa veuve, Anne de Dourlens, dem[t] à Litz, à renoncer à la succession : ventes du 9 mai 1597 et 24 avril 1598 à dam[lle] Marie de Vuignacourt vefve de Michel de Beronne, escuier, de 2 mines de terres labourables, et du 19 novembre 1601 à Me Anthoine de Vaulx, élu en l'élection de Clermont.

Portef. 2, liasse Divers.

154-155. — *Baux faits par la prieure — qualifiée aussi abbesse de Boran — Charlotte de Parisis.*

(1606-1614.)

G. de la Fosse, g. d. s., notifie que devant Pierre Haye, notaire, Ch. Angelin, marchand, dem[t] sur le bord de la rivière d'Oise, sous les ponts de Beaumont, prend à bail, à Belléglise, 29 arp. ou environ pour 150 liv. tourn. par an, de noble dame Charlotte de Parisis, prieure, Marie [de] Montherouillier et s. Alex. de Masans (*sic*). Témoins Jehan Le Febvre, chapelain, Gilles Joye, serviteur domestique aud. lieu (acte passé au prieuré). — 6 janvier 1606.

G. de la Fosse, g. d. s., notifie que dev. Ch. Doulcet, not. aud. lieu, dame Charlotte de Parisi, abbesse du prieuré de Saint Martin lès Borrencq, sœurs Marie de Monteraulier, Alex. de Marens et Hélène de Grouchet, religieuses, ont renouvelé son bail à Ch. Angelin p. 165 liv. ; témoins M[e] Fr. Lellé, prebstre, Me Henry

Longuespée, proc. ; acte passé « en ladite abbaye » le 6 nov. 1613.

Portef. 1, liasse Belléglise.

Bail par la même Prieure des terres de Neuilly. — 19 avril 1614.

Portef. 4, liasse Neuilly.

---

156. — *Après la mort de Charlotte de Parisis, le prieuré, disputé à Marie de la Salle par Hélène de Grouchet, est finalement conféré à Marie Tardieu, religieuse de Pont-aux-Dames.*

Information de vie et mœurs de Dame Hélène de Grouchet, Religieuse du monastère dudit Borenc et administratrice de l'Hostel Dieu et hospital de Beaumont, faite le 1ᵉʳ juillet 1626 par Mᵉ Antoine Froissart, official de Beauvais.

Acte de fulmination de bulles apostoliques de N. S. P. le pape Urbain VIII, en date du 5 août de provision dud. prioré en faveur de sʳ Hélène Grouchet, obtenues à cause de la simonie et confidence commise par sœur Marie de la Salle, avec mandement à tout prestre, beneficier ou notaire apostolique, de la mettre en possession corporelle, réelle et actuelle dudit prioré. Le dit acte en date du *(en blanc)* 1626 et signé Froissart (official dudit Beauvais).

Acte de fulmination de ladite bulle par Mᵉ Denis Le Blanc, official de Paris, commissaire à ce député, en date du 30 avril 1627, portant mandement à tous prestres ou notaires apostoliques de mettre ladite Tardieu en possession dudit prioré.

Autre acte de fulmination par ledit Le Blanc d'une autre bulle datée du 29 avril 1627, portant provision dudit prioré comme vacant par la mort de Charlotte de

Parisis, adressé à tous prestres ou notaires apostoliques.

Copie de bulles apostoliques de N. S. P. le Pape Urbain VIII en date du 7 septembre 1626, de provision dudit priouré de Boranc en faveur de sœur Marie Tardieu, Religieuse de Pont aux Dames, diocèse de Meaux, vacante par l'incapacité de sœur Marie de la Salle.

Copie du « Forma juramenti » de ladite sœur Tardieu

Archives de l'Oise. Pouillé du diocèse de Beauvais (1).

157-162. — *Acquisitions faites par la prieure Marie Tardieu et sa future coadjutrice Françoise Tardieu, dans l'intérêt du prieuré.*

(1632-1633.)

Devant Antoine Savary, notaire royal au bailliage et comté de Beaumont, résidant à Borrenc, Anthoinette Lucas, veuve de Michel Le Bas, dem^t à Borang, vend à « devote et religieuse dame sœur Marye Tardieu, dame et prieure du prieuré Saint Martin de Colle lès Borang, acceptante par Guillaume Porthais, prebstre et chapellain de ladite dame acheptresse, trois quartiers de terre à Borang, lieudit la Pierre, près Saint-Martin, pour 37 livres 30 sols ; témoins, Claude Bourgeois, couvreur en chaulme, et Rieulle Ouranger, vigneron. — 14 mai 1632.

Devant le même notaire, Toussaint Bouteille, vigneron, à Borrenc, et Anthoinette Bellegueule sa femme vendent à « devotte et religieuse dame sœur Marie de

---

(1) Le même registre contient la mention suivante, concernant les provisions données :

« Il y en a seulement dans les insinuations ecclésiastiques en 1557, 1570, 1596, 1597, 1626, 1627. »

Tardieu, prieuré, présente, 13 perches de pré, lieudit le Cubœuf, tenant aux héritiers de feu M⁰ Anthoine Cœurderoy, pour 16 liv. 12 sols tournois. — 22 juin 1632.

Nicolas Roze, garde du scel du bailliage de Beaumont, notifie que devant le même notaire sœur Marye Tardieu (mêmes titres) a acquis : 1° de Rieulle Mauger, vigneron, 2 perches 1/4 de vigne à la Cornoillère, pour 60 s. tt. ; 2° de Guy Jorláin, sergent en la justice de Boran, 9 perches de terre au même triage, pour 20 liv. ts. ; 3° de Jacques Parisis, tailleur d'habits, et Martin Hautecloche, aussi sergent, et Catherine Pinsson, sa femme, un quartier de terre et 2 perches 1/2 de vigne audit lieu, pour 33 liv. ts. ; présents le chapelain et Jehan Savary, sergent en la justice de Boran..... (De tous ces comparants, la femme Hautecloche seule a déclaré ne savoir signer.) — 16 décembre 1632.

Devant les mêmes, Jacques Meaux, mennouvrier à Borang, et sa femme, Marguerite Favière, veuve de Nicolas Courtois, vendent à « madamoiselle Françoise de Tardieu, demᵗ à Paris, estant de present au prieuré de Saint Martin de Colle, 18 perches de vigne à Borang, lieudit le Cornouiller, pour 11 liv. ts., présents le chapelain, Nicolas Courtois, fils de ladite Favière, et J. Savary, sergent. — 17 décembre 1632.

Etienne Flan, chéron à Neuilly en Thelle, vend à Françoise Tardieu, pour 13 liv. ts., 6 verges de vigne, lieudit près Saint Martin. — 22 février 1633.

Devant Antoine Savary, François Cœurderoy, laboureur à Morency, héritier bénéficiaire de René Cœurderoy et Gabriel Framery, marchand à Beaumont, vendent à damoiselle Françoise Tardieu, demᵗ au prieuré de Saint Martin, 3 quartiers de terre lieudit sous Saint Martin, pour 92 livres. — 6 mars 1633.

— Guy le Bel, bourgeois de Paris, vend à la même un quartier de vignes près Saint Martin pour 60 livres. — 17 août 1633, présent Jehan Savary, sergent.

Portef. 3, llasse Boran.

163. — *Le pape Urbain VIII, en raison des nombreuses infirmités de la prieure Marie Tardieu, lui désigne pour coadjutrice Françoise Tardieu, née de parents nobles, étant dans sa vingt-deuxième année.*

(Rome, Saint-Pierre, 8 février 1634.)

Urbanus episcopus servus servorum Dei, Dilecte in Christo Francisce *Tardieu* alias Angelice nuncupate, moniali prioratus Sancti Martini de Borranc, *Lescot* (1) nuncupati, Belvacensis diocesis, salutem et apostolicam benedictionem. ......Sane pro parte dilecte filie in Christo Marie *Tardieu*, alias soror Maria de Passione nuncupate, priorisse prioratus conventualis monialium S. M. de B., *Lescot* nuncupati, ... nobis nuper exhibita petitio continebat quod ipsa trigemum septimum sue etatis annum agens, ob varias quibus continuo in lecto detinetur corporis infirmitates, nempe ex insigni viscerum dyscratia, febribus putridis, iisque malignis, ac naturali intemperie calida sicca perodica hemicrania ac reumatismis frequentibus quibus accedit imminens phtiseos periculum tam ex innata pulmonis infirmitate impressa, quam a gemina gibbositate de cetero regimini et administrationi dicti prioratus quem detinet in spiritualibus et temporalibus intendere ac illius onera sibi incombentia per se ipsam prout ingeru necessitas requirit pro sui officii debito perferre non potest......... quare..... fuit humiliter supplicatum quatenus Te eidem Marie coadjutricem in regimine..... constituere..... dignaremur..... Nos tibi qui, ut asseris, ordinem ipsum in dicto prioratu cujus monialis esse dignosceris expresse professa et in vigesimo secundo tue etatis anno, nondum tamen completo, constituta ac de nobili genere ex utroque parente procreata existens..... te eidem Marie priorisse quoadvixerit..... in

---

(1) Sans doute pour *L'Escole*, traduction fantaisiste de « de Colle ».

coadjutricem perpetuam..... constituimus et deputa-
mus.....

Datum Rome apud Sanctum Petrum, anno Incarnationis Dominice millesimo sexagesimo tricesimo quarto,
sexto idus februarii, pontificatus nostri anno duode-
cimo.

L'an mil six cens trente cinq, le lundy treiziesme
jour du moys d'aoust, les présentes bulles apostolic-
ques de coadjutorerie du prieuré conventuel Sainct
Martin lez Borrangs, ordre saint Bénoist, diocèse de
Beauvais, ont esté insinuées, ce requérant discrette
personne maistre Fránçois Jacquet, pbre confesseur
des dames religieuses dudit prieuré pour et au nom de
révérende dame sœur Françoise Tardieu, dit Angelicque, religieuse dudit prieuré dénommée ès dites
bulles de l'autre part, et registrées suivant l'édict au
Registre du Greffe royal des Insinuations ecclésiastiques du diocèse de Beauvais par moy greffier propriétaire dudit greffe soubzsigné.   FREMANT.

---

164. — *Consentement préalable donné à la délivrance
de la bulle par la prieure et par cinq professes.*

(26 janvier 1634.)

Anno Incarnationis Dominice MDCXXXIIII die vige-
sima januarii, dicte Maria per dominos Petrum Nicolaum et Philippum *Eschinart* procuratores suos Deputationi Coadjutorie et litterarum expeditioni consensit
juravit.   Signé : FRAN(SIS)CUS ROSOLINUS.

Anno die et mense eisdem, Domine Joanna *de Filleau*
dicta de Saincte Magdaleine, Helena *de Grouchet* dicta
de Saincte Croix, Elisabetha *Truffard* dicta *de Saint
François*, *Anthoinette Tillier* dicta *de Saint Joseph*,
Maria des Essarts, dicta *de Sainte Marthe*, moniales
expresse professe dicti, prioratus ac illius saniorem par-

tem representantes, per supradictos procuratores cons-
titutióni et deputationi eisdem consenserunt.

Signé : Fran(cis)cus Rosolinus.

165-170. — *Documents concernant les Pajot,*
seigneurs de Plouy.

(1601-1644.)

Devant Houppin, not. à Angy, bail, le 7 avril 1601, de
33 arpents, à Boran, de terres indivises entre Nicolas
le Barbier, marchand bourgeois de Beauvais, et noble
homme Mᵉ Phillebert Pajot, advocat en parlement,
seigʳ de Plouys Louvet, Limermont et Bohardier, dᵗ à
Beauvais, mary et bail de dame Jehanne le Barbier,
sa fᵉ, et Nicolas le Barbier, marchand bourgeois de
Beauvais, y dèmᵗ, paroisse Saint-Etienne.

Devant Pierre Aux Cousteaux, garde des sceaux
d'Angy, et Nicolas Bourrée, notaire royal, bail par noble
homme Mᵉ Philebert Payot, sieur du Plouis, conseiller
de roy et lieutenant en l'élection de Beauvais [agissant
seul], de 31 arpents de terre à Boran, Morency, etc.,
dont deux arpents l. d. Sous-Saint-Martin, ten. aux héritiers Mʳˢ Vespazien Noyel de Senlis (12 juillet 1625.)

Devant Pierre Malingre, garde des sceaux d'Angy, et
Jacques de Raye, garde notte héréditaire, bail par noble
homme Mᵉ Philebert Pajot, conseiller et lieutenant pour
le Roy en l'élection de Beauvais, mari et bail de dame
Jehenne le Barbier. — 14 mai 1614.
Autre bail ès-mêmes qualités, le 13 août 1624.

Cession d'un bail à lui fait par le sieur Pajot, demeurant à Beauvais, de ces 31 arpents de terre, consentie
par « Balthazard Seigneuret, archer de la connestaberie

de France, », à Pierre Hérissant, laboureur. — Devant
Ch. Doulcet, notaire à Beaumont. — 13 novembre 1633.

Partage de biens, le 21 septembre 1634, entre dame
Jeanne Le Barbier, femme autorisée par justice au
refus de Monsieur Pajot, son mari, Jean Navelle et
Maurice Gignart, marchand à Beauvais, tant pour eux
que comme pour Marguerite Le Barbier, femme de
Salomon Mallet, autorisée par justice, Marguerite
Hariel, vefve de Pierre Michel, Jeanne Picart, vefve de
Nicolas Bigot, Charles Duquesne, représentant Denise
Picart sa mère, Adrien Maistre, se faisant fort de sa
mère, héritiers partiaires de deffunct Nicolas de
Malinguehen, sieur de Troussures, et encore héritiers
seuls des propres de dame Jeanne Perrol, leur ayeule,
d'une part ; — M⁰ Claude Evrard, greffier de la justice
de Monchy-le-Châtel ; Jean Evrard, marchand aud.
lieu, tant en leurs noms que, comme ledit M⁰ Claude
Evrard, ayant les droits cédez de feu dame Marie
Paumart, vivant femme en dernières noces de Mⁿ Jaques du Mont, vivant demⁱ à Monchy, leur mère ; et
encore comme héritiers d'icelle Marie Paumart avec
René du Mont, leur frère. — 21 sept. 1634.

Devant Pierre Aux Cousteaux, garde des sceaux
d'Angy, Pierre de Nully et Nicolas Havyn, notaires,
bail de 31 arpens de terres par noble homme M⁰ Phi-
libert Pajot, sieur du Plouys, conseiler du roy au présidial de Beauvais, mary et bail de damoiselle Jehanne
Le Barbier, héritiers partiaires de def. Monsʳ de Troussures, et ayant les droits de deffuncts Marg. Hariel,
veuve de feu Pierre Michel, et encore des enfants de
feu Marie Hariel, veuve de (*en blanc*) Le Maistre, et de
honneste personne Simphorien Duquesne, tant en son
nom qu comme soy faisant fort de ses frères et sœurs
enfants et héritiers de defⁱ Denise Picart, veuve de
Nicolas Duquesne, aussi héritiers partiaires dedit feu
sʳ de Troussures. — 25 juillet 1644.

Portef. 3, liasse Boran-Morency.

171-174. — *Actes de la prieure Françoise Tardieu.*

(1636-1650.)

Bail de terres à Neuilly, par la prieure Françoise Tardieu, devant Nicolas Rose, garde du scel, et Antoine Savary, notaire à Beaumont. — 14 mars 1636.

Portef. 4, liasse Neuilly.

Nicolas Roze, garde du scel de Beaumont, notifie que dev^t « Antoine Ravary, notaire roial audit lieu, residant à Borancq..... devotte dame sœur Françoise Tardieu, prieure du prieuré de Saint Martin de Boran, en présence des sœurs Jehanne Filleau, Hélaine de Grochet, a loué pour 6 ans à Jehan Chefdeville, marchand drapier à Beaumont, 29 arpens à Berne, pour 250 livres tournois. — 15 mai 1637, « en présence de reverand père Jehan Le Febure, religieux jacobin ».

Portef. 1, liasse Mesnil.

Devant Louis Le Masson, notaire royal héréditaire au bailliage de Beaumont, bail de terres à Boran par Françoise Tardieu, « prieure du prieuré Saint Martin de Colle, près de Boran ». — 1645.

Portef. 4, liasse Neuilly.

— Mention comme témoins d'actes, d'Anthoine Pillon, prêtre, chapelain demeurant à Saint Martin de Boran, en 1638, et de Hubert Houillon, prêtre, confesseur des Religieuses, en 1647.

Portef. 1, liasse Précy.

Bail par Françoise Tardieu, assistée de Jeanne Filleau et Hélène de Grouchet, au nom de la communauté, pardevant Charles Doulcet, notaire à Beaumont, à honneste personne Jehan de Saint Leu, marchand à Beaumont, de 30 arpens, pour 300 livres tournois « et à charge d'aller quéri à Amblainville un muid de blé et un d'avoine ». — 9 juillet 1649, en présence de « discrette personne Mᵉ Hubert Houillon, prebstre chapelain du prieuré ».

175. — *Echange de terres à Boran et à Morency.*

(1649-1650.)

Devant Louis Le Masson, garde des sceaux de Beaumont, notaire héréd. résidant à Pressy, dame Françoise Tardieu, prieure de Sᵗ-M. de Colle, sœurs Jeanne Filleau, Hélaine Grouchet, Elis. Truffart, Anth. Le Tellier, Marye des Essarz, Renée de Boullan dict le Maire, Marye Hébert, Fr. de Besanson, Geneviève Reverend, Genev. de Chuges, Noelle le Comte, Fr. de Crécy, Marye Chabert, Marye Le Roux, et Marguerite Le Vacher, font échange de terres avec noble homme Ancelme Macaire, cons. du Roy au présidial de Beauvais, se faisant fort de ses frères noble homme Louis Foy, conseiller du Roy et son procureur aux juridictions royales de Beauvais, et dame Marie Foy (*sic*), son épouse ; et noble homme Jean Foy, avocat en Parlement. — 22 sept. 1649.

Grosse sur laquelle sont portés les ensaisinements signés par divers seigneurs, notamment Maupeou, conseiller au Parlᵗ, sgr du fief de Bruyères en partie et de la Pairadde pour le tout (27 février 1650) ; M. de Morangle (juillet 1651) ; François Roze, sieur de la Rose et de Chennevières (16 déc. 1652).

176. — *Présentation d'un homme « vivant et mourant ».*

(1650.)

Devant Louis Le Masson, notaire à Précy, au grand parloir conventuel, Françoise Tardieu, prieure, Hélaine

de Grouchet, Elizabet Truffart, Anthoinette Le Thellier,
Renée Lemaire, dicte de Boullan, Marie Hébert, Geneviefve de Chuy, Noelle Leconte, Françoise de Crécy,
Marye Chabert, Marye le Roulx, Marguerite Le Vacher,
et Angélique de Marigny, religieuses, par suite de
l'acquisition précédente, du 22 septembre 1649, « pour
satisfaire à la coutume du bailliage de Senlis », présen-
tent « à hault et puissant seigneur Mre Henry de Hardencourt, chevallier et conseiller du Roy en ses conseils
d'Estat et privé, maréchal de camp en ses armées et
gouverneur pour Sa Majesté de Malsac en Lorraine,
seigneur de Rosières, Toquet et dudit Borang..... la
personne de Thomas Courtin, filz de honnorable homme
Thomas Courtin, bourgeois de Paris, y demeurant rue
Montorgueil, paroisse de St Eustache, aagé de seize ans
ou environ ; de moienne taille, aiant le poil blon, pour,
et au jour quy arrivera le decedz dudit Courtin le Jeune,
paier audit sieur les droits pour ce deubz ; mesmes
audit cas... advouer, fournir et bailler autres personnes
en sa place et satisfaire en tout suivant et au désir de
la coustume. » Présents, Guillaume Domilier, procureur
à Beaumont, Claude Jouvin, praticien à Précy. — 7 septembre 1650.

Portef. 3, liasse Boran, Morency.

---

177. — *Les religieuses abandonnent à l'élu de Senlis,
Antoine du Mesnil, contre douze arpents de terre à
Bruyères, cent livres de rente que leur devait le
couvent d'Hérivaux.*

(1650.)

Devant Charles Doulcet, notaire, la prieure de Saint-
Martin de Colle, Françoise Tardieur, et ses sœurs :
Hélène de Grouchet, Elisabeth Traffard, Antoinette Le
Tellier, René de Boulay, Marie Hébert, Françoise de

Besançon, Geneviève de Chuye, Noelle le Comte, Françoise de Crécy, Marie Chabert, Marie Le Roux, Marguerite Le Vacher, Angélique de Marigny et Andrée de Guiry, toutes religieuses profex dud. lieu, baillent par titre d'échange à noble homme Anthoine du Mesnil, conseiller du roi, esleu en l'eslection de Senlis, le principal et arrérages de « cent livres de rente constituée par les Religieuse prieure et convent de l'abbaye de Herivault au profit desd. religieuses par contrat passé sous le seel du Chastelet de Paris en date du (*en blanc*) mil six cens (*en blanc*), racheptable au denier vingt, lequel contrat est présentement aux mains dudit sieur du Mesnil, contre 12 arpens de terre en trois pièces au terroir de Bruyères, tenant à la dame de Bruyères et autres (mesurés en quartiers et verges), sans soulte, à charge de laisser jouir le fermier moy^t 90 l. t. d'argent et un cochon. Prés. Mre Houbert Houillon, prestre habitué audit prieuré. — 9 décembre 1650.

Portef. 4, liasse Bruyères.

Au dos est l'ensaisinement signé « Maupeou » donné par le « conseiller du Roy ordinaire en ses conseils et en sa cour de Parl., seig. de Bruyères et des fiefs de Flavy, Brunel et Chennevières en partie, et de la Perrade pour le tout. — A Paris, le 22 novembre 1651.

178-180. — *Démélés avec les religieux de Saint-Victor au sujet des dîmes d'Amblainville.*

(1652.)

Françoise Tardieu, prieure de Saint-Martin de Boran, déclare à NN. SS. des Requêtes du Parlement qu'elle ne peut accepter l'option proposée le 26 janvier 1652 par déclaration au greffe de la Cour par Jean Giraud, procureur des religieux de Saint-Victor, de payer la redevance de 2 muids 1/2 de grain due aux dames de

Boran sur les dîmes d'Amblainville, « les deux tiers blé et un tiers avoine, mesure de Mouchy », conformément à l'arrêt rendu le 16 janvier qui leur accorde la faculté d'opter. « Griefs » de procédure dans lesquels elle réclame la mesure de Beaumont, « celle de Mouchy étant presque de moitié plus petite ». Le titre, il est vrai, ne spécifie pas la mesure, mais au cas où elle n'est pas indiquée, « les prestations se doibvent faire, ou à la mesure du lieu et territoire où se recueillent les grains sur lesquels la redevance est perceptible, ou de la justice ou bailliage dans le ressort duquel le territoire est scitué, ou de la plus proche ville et marché, ou à la mesure du lieu où la redevance est payable, ou selon l'usage de la prestation ». Or les dîmes se recueillent à Amblainville « où les grains se mesurent, se vendent, s'acheptent et se reçoipvent à la mesure de Ponthoise, qui est plus grande d'un tiers que celle de Beaumont, le muid de Ponthoise estant de 12 septiers, et celui de Beaumont n'est que de huict ». Le lieu est du ressort du bailliage de Chaumont, « duquel l'appelante se contente quoique plus petite du thiers que celle d'Amblainville » ; les plus proches marchés sont ceux de Pontoise et Beaumont, « Mouchy qui n'est qu'un meschant village en estant deux fois plus esloigné que ces deux villes » ; le lieu où la redevance se paie, Boran, est du ressort de Beaumont. La redevance s'est toujours payée à la mesure de Beaumont, et la prieure produit des cueilloirs et une quittance d'un paiement fait en 1562 par Jean de Machy, aïeul de la dame Deslions, fermière actuelle. Elle reproche aux religieux d'avoir « par perfidie » supprimé systématiquement leurs quittances, parce qu'elles leur eussent donné tort.

Lettres royaux permettant à sœur Françoise Tardieu et aux religieuses de Boran de rectifier la demande, présentée par inadvertance, d'une année de rente sur les dîmes d'Amblainville, contre Marie Deslyons, veuve de feu Etienne de Machy, fermier de Saint Victor, qui leur doit 29 années d'arrérages. — 20 mars 1652.

Sentence condamnant les religieux de Saint Victor à continuer la rente de 2 muids 1/2 de grain sur la dîme d'Amblainville, rendue au profit de Françoise Tardieu, prieure, contre Marie Deslyons, veuve d'Estienne de Machy, fermier des grosses dîmes (1), par les Requêtes du Palais (16 janvier 1652). — Arrêt confirmatif de la Cour, sur appel de Saint-Victor (6 septembre 1653).

Portef. 1, liasse Amblainville.

---

181. — *Arpentage à Crouy.*
(1652.)

Arpentage de terres à la requête de nobles dames Françoise Tardieu, prieure, Eslesne de Grouchet, Elisabeth Troufart, Marie Heber, Geneviève des Chouys, assemblées au son du timbre au grand parloir. — 7 mai 1652.

Portef. 3, liasse Boran, Crouy, etc.

182-183. — *Ensaisinement d'immeubles vendus à Crouy.*
(1630-1654.)

Sur un contrat devant Louis Le Masson, notaire à Précy, par damoiselle Jehanne du Mesnil, veuve de noble homme Louis de Bienne, en son vivant escuier, et noble homme Phlipe Hugebrocq, escuier, sieur du Mesnil, et damoiselle Jehanne de Villers, sa femme.

---

(1) Le procès était pendant depuis 1648.

(Sign. *Jeane du Mesnil*, écr. sénilé ; *I. de Villers*). —
27 juillet 1630.

Sur une vente devant Antoine Savary, notaire à
Boran, par « Charles de Cerkeulx, escuier, sieur de
Bouqueval et du fief de Villers ». — 25 avril 1647,
30 juin 1654.

Portef. 4, liasse Crouy.

184-191. — *Actes concernant la communauté sous Françoise Tardieu.*

(1654-1669.)

Catherine Choppin fut reçue en 1654 religieuse.
Elle était fille de Laurent Choppin, march. bourg. de
Paris, et de Louise Pimpernelle. La pension de 200 liv.
qui lui fut constituée donna lieu à des emprunts intéressant diverses personnes, et qu'il est assez malaisé
d'éclairvir.

— François Rozè, garde du séel de Beaumont,
notifie que pardevant « Nicolas de Fourcroy, notaire
roial héréditaire aud. bailliage, dame Françoise Tardieu, mère prieure... et sœurs Heslaine de Grouchet,
Elisabeth Truffart, Renée de Boullan, Marie Hebert et
Françoise de Chuis, toutes religieuses profex » ont fait
bail à Nicolas Doulcet, marchand à Beaumont, de
30 arpens, pour 360 livres. — 16 aoust 1656, en présence
de M͏ᵉ Remy Trisse, chapelain à Beaumont, et Marin
Meslaine, jardinier aud. prieuré.

Portef. 1, liasse Mesnil.

— Acte passé devant René Moreau, tabellion juré au
bailliage et châtellenie de Viermes (Viarmes), pour
M. Masé Le Boullenger, seigneur du lieu. — 12 mai 1657.

Portef. 2, liasse Boran.

Vente devant Nicolas de Fourcroy, notaire royal héréditaire à Beaumont, pour 175 liv. d'argent, soit en tout 1.611 livres 14 sols, de terres à Bruyères (mouvant de M. de Maupeou, seigneur de Bruyères) et à Bernes (mouvant du marquis de Persan), par Pierre de Camps, laboureur, de Saint Leu, au prieuré représenté par dame Françoise Tardieu, merre prieure, sœurs Hellaine de Grouchet, Renée de Boullan, Marie Hebert, Françoise de Bezançon, Geneviève de Chuyes, Noelle le Compte, Fr. de Cresy, Marie Chabert, Marie Le Roux, Angélique de Marigny, Andrée de Guiry, Marie de la Coste, Angélique de Cresy, Jeanne de Boullan, Cath. Courtin, Magdelaine Tisserand, Magd. de Chuyes, Marie Breget, Magd. Villain et Louise Guérin. — (23 octobre 1662.)

— Quittance de 1.611 liv. 14 sols dus par M. Rebertier, abbé de Saint Vincent, aux Religieuses en l'acquit de Pierre de Camps, fermier des dîmes de son monostère, à Neuilly, en compte sur les arrérages dus, sans approuver la clause du contrat portant que lad. somme liquide tous l'arriéré du fermier.

Portef. 1, llasse Bruyères.

— Baux sous-seings privés, portant les signatures autographes de la prieure Françoise Tardieu et de quatre religieuses, Hélène de Grouchet, Renée de Boulan, Françoise de Besançon, Geneviefve de Chuyes (Chuye *dans le second acte*). — 9 août, 13 janvier 1666 et 25 avril 1668.)

Portef. 2, llasse Boran.

— Pierre Joly, escuier, seigneur de Byonville, capitaine du chasteau de Borenc, renonce aux droits qui lui étaient dus sur la vente d'une pièce de terre à Boran, acquise par la prieure Françoise Tardieu ; témoin, le curé de Boran, conseiller et aumônier ordinaire du roy, Pierre Le Clerc [qui signe en ajoutant au dessous de son nom : « de la Tournelle »]. — 28 avril 1668.

Portef. 2, llasse Boran.

— Devant Nicolas de Fourcroy, notaire, et François de Turmenyes, garde du scel de Beaumont, bail par « dame Françoise Tardieu, prieure du prieuré de Saint Martin de Colle, lès Boran, et sœurs Hélène de Grouchet, Marie Hébert, Françoise de Besançon, Geneviefve de Chuyes, Françoise de Crécy », de 30 arpents de terre ou environ aux terroirs de Persan, Bernes et Bruyères, à Charles de la Porte le jeune, receveur de la terre et seigneurie de Marests.

Portef. 1, liasse Bernes.

183-184. — *Permission de sortir à certaines religieuses par l'évêque.*

(1661-1674.)

Demande faite à ce sujet par lettre à Monseigneur de Beauvais, du 3 avril 1674, par sœur Marie de l'Incarnation, religieuse dud. couvent, affligée d'un mal incurable de dureté de mamelle avec fièvre, pour aller à Saint Reyne, et deux certificats de MM. Renaudot et Vaillant, médecins de Paris.

Pareille demande par lettre du comte de Rochefort, pour sœur Angélique de Marigny, dite du Saint Sacrement, affligée d'un grand rhumatisme sur les espaules et bras, pour aller aux eaux de Bourbon ; certifficat à ce sujet de MM. Rainssart, Talloüe et Tiffamet, médecins de Paris. Permission à elle donnée par Monseigneur de Beauvais pour y aller avec Madame l'abbesse de Caen, à condition d'estre de retour aud. monastère de Borenc 40 jours après son départ dudit Borenc ; du 13 mai 1661.

Permission dudit s' évesque du 7 février 1665, ladite sœur de Marigny de sortir de son couvent de Borenc pour aller à Nostre-Dame de Dilection de L'Aigle, ordre de Saint Benoist, diocèse d'Evreux, et yestablir la Régularité possible, à la réquisition de sœur Renée de Foulongue, supérieure desdites religieuses de L'aigle, et en conséquence de l'acte de permission des vicaires généraux dudit Evreux pour ladite introduction, et à condition que lad. sœur de Marigny se fera accompagner de personnes de piété et probité de l'autre sexe, et d'y demeurer aussi longtemps qu'il plaira audit évesque.

Pouillé du diocèse de Beauvais.

---

195. — *Aveu passé à l'Abbé de Royaumont par la prieure Marie-Denise de Grieu.*

(5 août 1677.)

C'est la déclaration des héritages que tiennent et advouent à tenir à droit de cens portant lodz et ventes, saisine et amende quand le cas y eschet, Marie Denise de Grieu, prieure, et autres religieuses du couvent de Saint Martin de Cole lez Borenc, y demeurant de fondation royale... de Mre Alphonse Louis de Lorraine, abbé de Royaumont : 1) un arpent de pré en la prairie d'Agnières, l. d. les prés au dessous de la Chaussée, chargé de 4 den. de cens... 2) deux autres arpens en lad. prairie, lieudit la Noue... chargés de 8 deniers... le 5ᵉ jour d'aoust 1677, en la présence de Mre Pierre Leclerc, prestre, curé et aumosnier ord^re du Roy, curé de Borenc, et de Mre Pierre Nangot, prestre, directeur des filles religieuses dud. prieuré.

Signatures autógraphes :
Sr Marie de Grieu, prieure de Saint Martin.
P^re Leclerc de la Tournelle. — P. Nangot.
Sr Françoise de Crécy, cellerière.

Orig. sur papier, portef. 1, liasse Asnières.

196-201. — *Actes passé sous le priorat de Marie de Grieu.*
(1677-1692.)

— Bail fait au nom du couvent par Pierre Le Clerc, prêtre, curé de Boran, fondé de pouvoir des prieure et religieuses de Boran, en présence de Jean Michel, prêtre, chapelain de Boran. — 1677.

Portef. 2, liasse Boran.

— Actes signés par la prieure Marie de Grieu. — (23 septembre 1679 et 26 juin 1689.)

Ibid.

— Pardev^t François Le Jeune, notaire à Précy, « dame Marie de Grieu, prieure, dame Françoise Tardieu, antienne prieure, sœurs Hélène de Gruchy, Françoise de Besançon, Geneviefve de Thuis (*sic*), Angélicque de Marigny, Françoise de Crécy, Andrée de Guiry, Marie Berger, Angelicque de Crecy, Magdeleine Villain, Judicq Martel, Catherine Lebert, Marie Ferret, Marie de Santigny, Marie Anne Carré, Marguerite Desnoyes, Françoise Choppin, s'accordent avec Messire Nicolas Charré, chanoine régulier de Sainte Geneviefve de Paris, prieur de la paroisse de Neuilly, au sujet des dîmes de 8 arpents de terre, moy^t 33 l. 4 s. 3 d. pour les fruits, de rente annuelle. — 26 mai 1682.

Portef. 4, liasse Neuilly.

— Achat par la prieure Marie de Grieu de quinze perches de vigne à Bruyères, lieudit les Ravines, moyennant 115 livres. — 16 octobre 1684.

Portef. 3, liasse Bruyères.

— Dom Jean Héricart, religieux bénédictin, rédige et signe un aveu fait aux religieuses par Charles Morderet. — 7 octobre 1686.

— Bail de terres à Neuilly par la prieure Marie de
Grieu, assistée des sœurs Françoise de Besançon, Gene-
viève de Chuys, Andrée de Guiry et Angélique de
Crécy. — 21 octobre 1692.

Portef. 4, liasse Neuilly

— Les mêmes religieuses figurent dans un nouveau
bail consenti le 22 janvier 1703.

Ibid.

202-207. — *Constitution à Pierre Hachette, bourgeois de
Paris, d'une rente non rachetable de 31 livres 5 sols,
pour la somme de 500 livres reçue de lui, par César
de Turménies, sergent des eaux et forêts, au nom de
son père, Ancelme, gouverneur des pages de l'écurie
du roi, demeurant à Beaumont (1627). Titres concernant cette rente, dont la prieure Marie de Grieu
accepte le rachat.*

(1698.)

A tous... Louis Seguier... garde de la prévosté de
Paris... pardevant Jacques Roussel et Simon Le Mercier [notaires au Châtelet], fut présent Cézar de Turmenies, sergent dangereux des eaues et forests de
Beaumont, y demeurant, estant de présent en cette ville
de Paris logé à la pointe Saint-Eustache, à l'enseigne
du Pan, tant en son nom que comme procureur de
noble homme Ancelme de Turmenies son père, gouverneur des paiges de l'escurie du Roy, dem^t aud.
Beaumont, et de Françoise Roze, veufve de feu
Mre Nicolas de Saint Leu, vivant proc^r aud. Beaumont...
lequel a confessé avoir vendu à noble homme Pierre
Hachette, bourgeois de Paris, y dem^t en sa maison scise
sur le Petit Pont, à l'enseigne des Quatre Vents,

paroisse Saint Germain le Vieil, 31 liv. 5 sols de rente
moyᵗ 500 livres, non rachèptables, assises sur tous leurs
biens. — 26 juin 1627.

— Barbe de Sᵗ Leu, femme de Cesar de Turmenies,
approuve et ratifie le contrat précédent devant Jehan
Le Bel, notaire à Beaumont, Nicolas Roze, garde héréditaire pour le roy du scel aux contrats de Bᵗ. —
14 avril 1632.

— Titre nouvel devant Nicolas Roze, g. et n., par led.
époux à noble Mᵉ Robert Le Gastelier, audᵣ en la Ch.
des comptes, demᵗ rue Sᵗ Antoine, et dame Catherine
Hachette, sa femme. — 3 juillet 1646.

— Devant François Roze, g. et n., Mᵉ Nicolas de T.,
sœur de Bellisle, Jean de T., sergent dangereux des
eaues et forests de B., Marthe de T., fille émancippée
t procédante soubz l'authorité de Mᵣ Jean Roze, thiers
referendaire et procureur postulant au bailliage de B.,
son curateur, lesd. de T. enfans et héritiers de def.
Mᵣ Cezar de T. et Barbe de Sᵗ Leu, leurs père et mère,
et encore led. Mᵉ Jean Roze comme tuteur des enf.
mineurs de defᵗ Mᵉ Jean de Gaast et Marthe de Saint
Leu, qui estoient héritiers de defᵗ Françoise Rose,
vᵉ Mᵉ Nicolas de Sᵗ Leu, leur mère, passent titre nouvel
à la veuve de Robert Le Gastellier, fille de Pierre
Hachette. — 13 septembre 1656.

— Même acte par Jeanne Boucher, veuve de Nic. de
T. Bellisle, tutrice de ses enfants, Catherine Le Doux,
veuve de Jean de T., greffier de la baronnie de Maffliers, tutrice de ses enfants, et Marthe de T., fille
majeure, à Pierre Domilliers, proc. à Bᵗ, et Magdeleine
de Gaast, sa femme, fille de Jean de Gaast. — 20 novembre 1692.

— Messire Nicolas Domilliers, conseiler et secrétaire
du roi, rachète lad. rente de la prieure Marie de Grieu
pour 799 liv. 10 sols. — 25 novembre 1698.

208. — *Fondation de Catherine Berlin.*

(1698.)

Devant François Le Jeune, notaire à Précy, Catherine Bertin, fille majeure, dem᎒ au prieuré de Saint Martin, fonde, en versant 1.000 livres, deux messes perpétuelles de requiem pour son père, Pierre Bertin, mort en janvier 1678, et sa mère, Françoise Sanson, morte le 25 avril 1680 ; donation acceptée par dame Marie de Grieu, prieure ; sœurs Andrée de Guiry, sous-prieure, Françoise de Besançon, doienne, Marie Berger, Madelaine Villain, Marie Anne Carré, Catherine Choppin, Catherine Hébert, Marie Ferret, Marie de Santigny, Marguerite Desnoie, Françoise Choppin, Elisabeth Guetta, Marguerite Berré, Agnès Terrier, Marie Marguerite de Guiri, Anne Courtin, Jeanne Angiroux, Marguerite et Catherine Duporquier, Marie Marguerite de Bonnaire, Marie Lucas et Anne Catherine des Essarts, qui s'obligent de faire célébrer lesdites messes et « les faire inscrire sur le mémorial et obittié de lad. église ». — 23 avril 1698, présent François Meline, agent des affaires des dames, et Ant. Bonnel, jardinier.

Portef. 3, liasse Boran.

109-213. — *Autres actes passés sous Marie de Grieu.*

(1701.)

Devant François Lejeune, à la fois garde des petits sceaux aux contrats, et notaire royal tabellion, garde notes héréditaire, contrôleur et greffier des arbitrages en la paroisse de Précy, lieux circonvoisins, despendans du bailliage et comté de Beaumont et châtellenie de Creil, résidant à Précy, Charles Colleau, garçon fils de défunt Claude Colleau et de Marie Gontier, reconnaît avoir pris à bail de dame Marie de Grieu, prieure, 3 arp.

de terre à Perseng, en présence de François Meline, agent des affaires de lad. dame, dem' aud. prieuré. — 6 déc. 1701.

François Le Jeune, garde du scel de Beaumont, notifie que devant ledit Le Jeune, notaire résident à Précy, dame Marie de Grieu, prieure, a fait bail de terres à Bernes, à Charles Colleau, garçon, fils de défunt Claude Colleau et Marie Gontier, ses père et mère, demeurant à Beaumont, en présence de François Meline, agent des affaires de ladite dame, demeurant au prieuré, et Louis Fanfarre, maréchal, demeurant à Bernes. — 6 décembre 1702.

— Bail devant le même notaire et garde, par la prieure Marie de Grieu, à Nicolas Boucher et Nicolas Allais, marchands fruitiers à Jouy, des grosses dîmes de Jouy le Compte pour ; 132 liv., 10 poulets, dinde mal (mâle) et trois cens de pommes de roinette grosses et moiennes ». — 21 juin 1703.

— Le bail suivant est fait par François Méline, agent des affaires du prieuré, le 25 juin 1709 (1).

— Devant François Lejeune, notaire à Précy, Charles Colleau, maître des carrosses et coches de Beaumont à Paris, dem' ordinairement aud. Beaumont, continue le bail de 3 arp. de terre à Persang, lieud. le chemin du Pont-Pinard ; témoin, M᷊ Louis Caron, greffier de la justice de Boran, y demeurant (2). — 16 avril 1714.

---

(1) Ce bail fut renouvelé au même preneur le 9 octobre 1734 par la prieure Levasseur, la sous-prieure Marguerite de Guiry et la dépositaire Robineau.

(2) François Méline figure encore le 10 avril 1714 comme agent des religieuses ; sont cités après lui : Antoine Bonnel (4 mai 1716),

— Bail fait au nom du prieuré par Antoine Bonnel, agent des affaires des dames prieure et religieuses, devant le notaire de Précy, François le Jeune ; témoin Charles Grignon, maître d'école, et Jean de Breban, vigneron, d⁺ à Précy. — 11 octobre 1714.

Portef. 3, liasse Bruyères, Boran.

---

214. — *Rectification de bornage à Boran.*

(1722.)

Consentement sous seings privés, à une rectification de bornage en faveur des religieuses, par deux habitants de Boran, donné « au couvent de Saint Martin, en présence de M⁺ Jean Henri Cochois, prêtre, abbé de Saint Cheron et visiteur dudit monastère, et de M⁺ Jacques Broutier, confesseur. (Sign. Broutier, Labbé Cochois). — 11 mai 1722. (Il n'est pas parlé de prieure ni de communauté.)

Portef. 4, liasse Bruyères

---

215. — *Testament de messire François de La Roque, doyen de la faculté de théologie de Paris.*

(1713.

Par devant les conseillers du roy, notaires au Chatelet de Paris soussignez, fut présent messire François de la

---

Louis Legendre (10 juin 1719), Louis Moreau (6 juillet 1722), François d'Alichamp (23 novembre 1723, 23 novembre 1724), Jean-Marie Ballagny (juin 1735). Portef. 4, liasse Neuilly.

Roque, prestre, docteur de la faculté de théologie de Paris, et doyen d'icelle, demeurant porte Saint Michel, paroisse Saint Cosme, estant au lit, malade de corps, dans une chambre au deuxième étage sur le derrière, ayant veue sur une petite cour de la maison appartenante aux RR. PP. Jacobins, dont la veuve Philippot, maître chandelière, est principale locataire, toutefois sain d'esprit, comme est apparu aux notaires soussignez par ses entretiens, lequel dans la veue de la mort dont il désire n'être prévenu avant d'avoir ordonné de ses dernières volontez, a fait son testament qu'il a dicté ainsi qu'il ensuit :

Après avoir recommandé son ame à Dieu et supplié sa divine majesté de lui faire miséricorde, implorant l'intercession de la Sainte Vierge Marie et le secours de tous les saints, ordonne l'inhumation de son corps dans l'église de la paroisse où il décédera, recommande que ses funérailles soient faites sans tantures, et avec le plus de modestie et de simplicité que faire se pourra, se rapportant du tout à la piété et prudence du sieur exécuteur du présent testament cy après nommé, ordonne qu'il soit dit incessamment après son deceds un service en l'église des RR. PP. Jacobins de cette ville à son intention et pour le repos de son âme.

Donne et lègue à la nommée Catherine, actuellement au service dudit sieur testateur, l'usufruit et jouissance sa vie durant à compter du jour du deceds dud. testateur de la rente de cinquante livres à luy deubs par les Dames religieuses de Saint Martin de Bourent, pour récompense des services à luy rendus par ladite Catherine, et outre les gages qui se trouveront luy être deubs, et à l'égard du fonds et principal de lad. rente de 50 liv., ledit testateur le donne, lègue et remet aux dites dames religieuses de Saint Martin de Baurens, à condition par elles de payer très ponctuellement à lad Catherine, sadite vie durant seulement, les arrérages de lad. rente.

Donne et lègue au sieur Ribault, son neveu, procureur du roy d'une justice en Bourbonnois proche Gannat, lequel est marié et chargé de plusieurs enfans, la somme de six mil livres une fois payée, en effet de la succession dudit sieur testateur, et ce pour tous les droits qu'ils pourroit prétendre en sa succession, de laquelle au moyen dudit legs, ledit légataire sera tenu de s'abstenir.

Donne et lègue à Jean Ribault, autre son neveu non marié, dem^t dans la province de Bourbonnois, la somme de quatre mil livres aussy une fois, payée en effet de lad. succession, pour tous droits qu'il pouvoit prétendre en icelle et dont il sera tenu de s'abstenir.

Donne et lègue à Me Gilbert Ribault, prestre, autre neveu dud. sieur testateur, deux cens livres de rente et pension viagère, sa vie durant, pour ses droits en lad. succession.

Donne et lègue à demoiselle Catherine Ribault, autre niepce dud. sieur testateur, épouse du sieur de La Chaise, avocat, pareils deux cens livres de rente et pension sa vie durant seulement, aussy pour ses droits en lad. succession.

Donne et lègue à Mlle de la Roque, sa cousine, veuve d'un gentilhomme, demeurante proche Montluçon, cent livres de pension, sa vie durant seulement.

Donne et lègue à lad. veuve Phelippot, chez laquelle il demeure, et à sa fille, à chacune la somme de vingt livres, qui est quarante livres en reconnaissance des peines et soins qu'elles prennent auprès dud. sieur testateur.

Et quant au surplus de tous ses biens, après le présent testament accomply, led. sieur testateur donne et lègue led. surplus, en quoy qu'il puisse consister et sans réserve à tous les enfans dud. s^r Ribault, procureur du Roy en Bourbonnois, ses arrière neveux lesquels il institue ses légataires universels également entre eux dud. surplus, pour en disposer librement en toute propriété.

Et pour exécuter le présent testament led. sieur testateur a choisy Me Pierre Catol, prestre, chanoine de l'église de Meaux, son bon amy, le priant de prendre la peine et d'agréer son bureau, sa petite table en bois de cèdre garnie d'une écritoire d'argent, tous les tableaux estans dans sa chambre, et tous ses manuscrits et papiers de littérature.

L'an 1713, le 4ᵉ jour de février, sur les 11 heures du matin. — Signé : Vallet. — (Copie collationnée par Le Roy et Valet, le 6 novembre 1713.)

Reçu de 37 liv. 10 sols, pour la portion de la rente de 50 liv. entre le décès du sʳ de la Roque et celui de Catherine Pothon, par son frère, François P., compagnon tisserand, dᵗ à Paris, rue des Postes, paroisse Saint-Etienne du Mont. — 7 novembre 1713.

Portef. 3, liasse Boran.

---

216. — *Donation d'une rente perpétuelle de 65 livres sur le Trésor, faite au prieuré par sœur Marguerite Esmery, reçue professe un an auparavant.*

(1724.)

Devant François Le Jeune, tabellion garde notes héréditaire à Précy, Marguerite Estienne Le Vasseur, prieure, Marguerite Desnoye, sous prieure et dépositaire, Catherine Le Bert, doyenne, Marie Anne Courtin, Jeanne Angiroux, cellerière, Catherine Bertin, secrétaire du chapitre, Marguerite du Parquier, Marie Lucas, Jeanne de Buquoit, Marie Magdelaine Ganneron, Marie Marguerite Robert, Andrée Françoise Delalande, Catherine Robineau, Marie Guibillon de la Vieuville, religieuses, acceptent le don de 65 livres de rente perpétuelle sur le Trésor, qui leur est fait par Florent Esmeri, marchand bourgeois de Paris, demeurant rue de la Ferronnerie, paroisse des Saints Innocents, et donnᵗ Marguerite Esmeri, fille majeure dud. sʳ Esmeri et de defᵗᵉ damᵉˡˡᵉ Marguerite Chapelon, novice aud. couvent, laquelle a dit qu'elle a eu le bonheur d'estre admise à faire profession et estre admise au nombre des religieuses du chœur dud. couvent, où depuis longtemps elle désiroit ardemment se consacrer à Dieu pour le reste de ses jours, et dans lequel elle a pris l'habit il y a un an, et afin de n'estre point à la charge dudit couvent du consentement de son père, elle cède et délaisse ladite rente. — 17 avril 1724, au parloir, présents Mlle Catherine Chapelon, fille majeure dem^t au couvent de Saint Magloire, sa tante maternelle, Pierre et François Esmery, ses frères, Me Claude François Sauvage, chapelain de l'église de Paris, Me Jacques Droutier, pr., licencié de la fac. de Paris, confesseur audit prieuré.

------

217. — *Les Religieuses constituent une rente à Claude Guénier, capitaine des chasses de Royaumont, au denier vingt, pour un prêt qu'il leur a fait.*

(1726.)

Constitution, devant Jacques Thibaut, notaire à Saint Leu d'Esserent, d'une rente de 150 liv., moyennant une somme de 3.000 liv., par Estienne Le Vasseur, prieure titulaire, Marg. des Vosges, sous prieure, Elizabeth Guetat, Agnès Terrier, Marie Anne Courtin, Jeanne Angiroux, Marie Lucas, Cath. Bertin, Marg. du Parquet, Marie Ganneron, Jeanne Louise du Bucquoy, Fr. de la Lande, Marg. Vuatier, Eliz. de Chermont, Cath. Robineau, Marie de la Vieuville, Marie Anne Herbin, Marg. Emery, Marie Anne Daras, Marie Lalot à Claude Guenin, capitaine des chasses de Royaumont ; tém. René Maingot, agent des affaires, et Pierre Poncet, sacristain du prieuré. — 25 octobre 1726.

Portef. 4, liasse Saint-Martin de Boran.

218-224. — *Titres de propriété des biens légués par Suzanne Douceur, veuve Carbonnier, à Saint-Martin-les-Nonnains, où elle résidait.*

(1676-1726.)

— Devant Jacques d'Alichamp, tab. juré au bail. et chât. de Viermes p' messire Auguste Macé le Boullanger, seig' dud. Viermes et autres lieux, cons. du Roy en ses conseils, m'' des req'''' ord. de son hostel et prés en son grand conseil, Nicolas Martel, chevaucheur ord'' du Roy d' à Luzarches, et Cath. Bocquet, sa femme vendent à Fr. Carbonnier, musnier du moullin de Grez, 3 q. de t. à V., l. d. Six-Gerbes, mouvant de la seigneurie.

Témoins, Louis Lebel, proc. à Asnières, Michel Jeanne, march. hostellier à Luz. — 22 mai 1676.

— Autres ventes de terres au même Carbonnier dev. Robert Bonnefoy, bailli de Luzarches pour Messeigneurs du lieu, et Jean Prevost, tab. royal à L. ; témoins Jean Savaton, m' barbier chirurgien à L., et Michel Jeanne (9 avril 1678) ; le même bailli et Denis Douceur, substitut de J. Prevost ; tém. Denis Douceur, greffier de Viermes (district du précédent) et L. Bonnefoy, seig. à Luz (27 mai 1678) ; Denis Douceur, subst. de Claude Laversin, tab. ; tém. Nic. Laisné, cordier à Viarmes, et L. Bonnefoy. — (10 oct. 1683.)

— Devant Claude Laversin, not. royal à Luzarches, partage par Louis Douceurs, prestre, curé de Lamorlaye, et Suzanne D., veuve de Fr. Carbonnier, Denis D., greffier à Viermes, Ch. D., maître chandellier à Paris, fg Saint Denis, Ant. D., mercier à Paris, rue Saint Honoré, Pierre D., bourgeois, même rue ; Fr. Toquiny, marchand à Viermes, tuteur de Jean D., escolier privilégié de l'Univ. de Paris ; tous enf. de M' Denis Douceur, prévôt d'Epinay, et Suzanne Chartier, leurs père et mère ; le triage des lots en la man. accoutumée par Georges Judde, âgé de 5 ans. Tém. Pierre Prévost, sergent ; Ant. Delagarde, maréchal à Luzarches. — (26 déc. 1691.)

— Devant Jacques Dalischamps, tab. à Viarmes pour Mre Augustin Massé le Boulanger, chev., sgr barron de Mafliers, sgr de Quiquenpoix, Frion, la Boissière, Neufmoulin, Villaine en France, Seugy, terre et seig. dud. Viarmes, sgr haut justicier de Belloy en France et de moitié en la moy. justice dud. Belloy, cons. du roy en tous ses conseils et prés. en son grand conseil, Jean Carbonnier, bourgeois à Paris, rue aux Hours, par. St Nicolas des Champs, et Suzanne C., pensionnaire chez les Dames de Boran, cohéritiers de Fr. C. et Suzanne Douceur, partagent sa succession, en prés. de Louis et Jean D., prêtres, curés de La Morlaye et Viermes, et Denis D., greffier à V., leurs oncles. — (3 mars 1706.)

— Ch. Denis de Bullion, prévôt de Paris, notifie qué, devant J. Ant. Hurel et Alex. Le Maître, cons. du Roy, notaires au Châtelet, Suzanne Douceur, fille majeure, dem^t au couvent de Saint Martin les Nonnains, par. de Boran, étant à Paris, logée chez M. Pierre Douceur, proc. au Châtelet, rue aux Ours, fait donation entre vifs de tous ses biens à son fr. Jean, secrét. de M. de Bernière, intendant de Flandre, dem. à Valenciennes, moy^t 350 liv. de rente viagère. — (20 déc. 1710.)

— Devant Nicolas de Fourcroy et Charles Douce, notaires à Beaumont, Suzanne Carbonnier renonce à la succession de son frère Jean, décédé receveur de la gabelle de Saint-Valery-en-Caux, déclarant « qu'elle n'a point profité de lad. succession, non seulement pas jusqu'à la valeur de cinq sols suivant la coutume ». — (12 mai 1725.)

— Eustache Chedeville, cons^r et proc. du Roy, du baillage, de la police et de la maîtrise particulière des Eaux et Forrests de Beaumont sur Oize, bailly et garde du scel de Viermes p^r mess. J.-B.-Elie Camus de Pontcarré, chev., cons. du Roy en sa cour du Parlement de Paris, m^e des req. ord. de son autel, sgr chatelain dud

baillage et chatellenie, et à cause d'icelle sgr Hault
justicier de Belloy en France et de moitié en la moy.
justice dud. lieu, seig. de Sangy, notifle que dev. Ch.
Aug. Toquiny, tabelion juré aud. baillage, dam^lle Suz.
Carbonnier, fille majeure usante et jouissante de ses
droits, dem^te au mon. de Boran, estant ce jourd'huy
à Viermes, tant en son nom que comme créancière de
la succession de son frère Jean, suivant sentence du
Châtelet de Paris rendue à son profit le 22 déc. 1725, à
l'encontre de Ch. Roger, bourgeois de Paris, curateur à
la succession vacante de Jean, donne à bail pour 9 ans,
moy^t 300 liv. de rente à Simon Le Questier, lab. à Villaine, en France, tous ses biens à Villaine, Belloy,
Epinay et Villiers le Sec, dont il était déjà locataire par
bail consenti par le défunt le 8 janvier 1719. — Tém..
Ch. Durand, clerc de l'égl. de Viarmes ; Fr. Dyvary,
serrurier. — 17 sept 1726.

---

225. — *La prieure Etienne Le Vasseur et sa communauté acceptent la donation universelle de ses biens
que leur fait Suzanne Carbonnier, pensionnaire
depuis trente-cinq ans, étant sortie hors du parloir
pour éloigner tout soupçon de contrainte.*

(10 avril 1727.)

— Devant Charles Douce, notaire à Beaumont,
Suzanne Carbonnier, pensionnaire dans la communauté des Dames bénédictines de Boran, étant de présent hors de parloir, déclare que depuis 35 ans qu'elle
y réside elle n'a payé qu'une très modique pension, eu
égard à la grande dépense que ses maladies ont causé,
ayant formé le dessein de les dédommager, donne au
monastère de Boran, acceptant par dame Thémie le
Vasseur, prieure, sœurs Marg. de Noyer, sous prieure,
Elisabeth Gaytat, Agnès Terrier, Marie de Guiry, Anne
Courtin, Jeanne Angeroux, Cath. Bertin, Marg. du Por-

quier, Marie Lucas, Jeanne Louise de Bucquoy, Mad.
Ganneron, M. A. Dauthuille, Mad. Vatier, Fr. Delalande,
M. Marg. Robert, Eliz° de Chermont, Cath. Robineau,
Anne de la Viéville, Anne Herbin, Marg. Esmery, Gen
Darras et M. Mad. Laloi, douze arpents de terre situés,
savoir :

Un arp. à Franconville, l. d. le fief de Ricarville,
proche la Tour au Cerf ; 1/2 arp. aud⁺ t., proche la
Pierre Turquaut ;

3 qua. à Viermes, l. d. Six-Gerbes ou fond de Peray ;

50 p. à Belloy, l. d. le Poirier de Liscrivain ; 1 qu. 1/2
aud. t., l. d. le Noyer ; 1 arp. 10 p. l. d. le Champ Breton ;
1/2 a l. d. le Moulin ;

1/2 arp. à Attinville, l. d. le Haut Courtois ;

3 qu. 1/2 à Villaine, l. d. la Fosse d'Amilly ; 5 qu.
même l. ; 1 qu. l. d. le Moutier ;

La 1/2 de 2 a. 8 p. à Viermes, l. d. la Petite Croix ;

1 qu. 1/2 à Villiers le Sec, l. d. l'Ormeteau ; 2 a. 44 p.
l. d. le Coulombier ou le Chemin vendu ;

A charge sans augmenter sa pension, d'être entretenue et traitée comme religieuse de chœur et de fondation de messes pour son frère Jean et pour elle après
sa mort. Témoins, André Dubourc, m° chirurgien à
Boran, et Jean Moreau, tailleur d'habits.

---

226. — *Les héritiers Talvas reconnaissent tenir des
religieuses de Boran le moulin Barbault, à Beaumont-
sur-Oise, avec deux autres en une même cage, et le
droit de chasse dans la ville et comté de Beaumont.*

(1729.)

Titre nouvel pour la rente de 16 muids de grain sur
les moulins de Beaumont, donné aux religieuses, Patre
et Jacques de Saint Jean, notaires à Paris, par M° Nicolas Talvatz, avocat au Parlement, demeurant à Paris,
rue Salau Comte, paroisse S⁺ Leu S⁺ Gilles ; François
Talvatz, sieur d'Orsonville, dem⁺ rue Beaubourg, par.

St Martin des Champs ; Marie Talvatz, veuve de J.-B. Lamirault, greffier principal de la 1re Chambre des Requêtes, dem^t rue Ste Croix de la bretonnerie, par. St Merry ; Elisabeth Thérèse Talvatz, veuve de Jean Aubry, greffier de la 2e Chambre des Requêtes, dem^t rue Simon le Franc, en lad. paroisse ; et dame Heleine Pulchérie Talvatz, veuve de Benoît Noyel, procureur au Parlement, dem^t Me Geoffroy Lasnier, par. St Gervais: héritiers de Me Nicolas Talvatz, greffier de la 2e Chambre des Requêtes, et Marie Girard, leur père et mère ; comme possesseurs d'un moulin dit le Barbault, autrefois de l'Arche de Notre Dame, proche l'Arche Ste Catherine, sur et sous le pont de Beaumont, deux autres en une même cage sous deux autres arches du pont, appelés les Anciens moulin de B^t, avec le droit de chasse dans la ville et comté de B^t, — et la cage et maison qui renferme le haut et corps lesdits moulins. — 7 mai 1729.

------

227. — *La prieure Etienne Le Vasseur et sa communauté reçoivent un don de mille livres que M. Poiret, prêtre de la Mission, leur fait en considération de sa sœur Elisabeth, morte pensionnaire du Couvent.*

(7 juillet 1731.)

Nous soussignée prieure et religieuse de Saint Martin près Boran, diocèse de Bauvais ; sœur Margueritte Etiene Le Vasseur prieure, sœur Margueritte de Guiry souprieure, sœur Agnes Terier, sœur Anne Courtin, sœur Jeanne Angiroux, Catherine Bertin, sœur Margueritte Duparquier, Marie Lucas, Jeanne De Buquoy, Marie Ganeron, Margueritte Robere, Marie ânne Dautuille, Charlotte Dehalande, Elisabeth de Chermont, Catherine Robineau depositaire, Marie Anne Delavieville, ânne Herbin, Margueritte Hemery, Genevieve Daras, Madelaine Lalot, aitant assemblée capitulairement au son de la cloche, en la manière hordinaire, pour délibérée de nos affaire, ayant ecouté la proposition qui nous a etté fait par monsieur Lamy Preste de la congrégation de la Mission, disant qu'il est chargé de la part de Monsieur Poiret Preste de la même Congrégation, de donner à la communauté une somme de mil livre en consideration de la personne de feü Mademoiselle Elisabeth Poiret sa sœur, qui a demeuré plusieurs année dans notre Maison, en qualité de pensionnaire et encore à la charge de faire celebrer tous les ans, à perpetuité deux messes, pour ledit sieur Poiret donateur et pour le repos de l'âme de la ditte demoiselle Elisabeth Poiret, les quelles deux messes ce diront lune le cinq daoust feste de Notre Dame des Neige et l'autre le dix neufs novembre feste de Sainte Elisabeth, et affin que la ditte fondation des deux messes fus stable et à toujours le dit sieur Lamy a demendé quil fut fait une employe de la ditte somme et apprès avoir délibéré entre nous, nous avons accepté la ditte proposition, et pour surté de la ditte fondation, que nous prometton d'excecuter fidellement, nous avons affecté tous les bien de notre maison, et ladite somme de mil livre que nous reconoisons avoire receu tous presentement du dit sieur Lamy en louis dore et monouest ayent coure, nous lavons donnée à monsieur Charle Jérome Vautier, Prieur de Saint Sauve, pour le remboursé de pareille somme qu'il nous preta il y a une ans, dans le tems que nous étions pressé par des marchans de bois à qui nous payame des deniers du dit sieur Vautier pareille somme de mil livre, pour des fourniture quils nous avests fait les années présédent ; et ont les dits sieur Lamy et Vautier signée avec nous le présent acte capitulaire dont nous avons délivré un duplicata au dit sieur Lamy pour le remettre au dit sieur Poiret donateure. Fait dans notre monostère de Saint Martin près Boran, Diocèze de Bauvais, Orde de Saint Benoist, le sept juillet mil sept cent trent et un

[*Signatures autographes :*]
Sr Etienne le vasseur, prieure de St Martin ;
Sr Marie de Guiry, souprieure ; Sr Agnes Ter-

rier, discrette ; Sr Anne Courtin, discrette ;
Sr Jeanne Angiroux, discret ; Sr Catherine
Berton, Sr Marguerite Duparquier, Sr Marie
Lucas ; Sr Jeanne Loüise De Bucquoys ;
Sr Marie Ganeron ; Sr Marie Anne Dauthuille ;
Sr Marie Marguerite Robert ; Sr Charlotte de
La Lande ; Sr Catherine Robineau, dépositaire ;
Sr Marie Anne de lavieville ; Sr Elisabeth de
charmont ; Sr Anne herbin ; Sr Marguerite
esmery ; Sr Geneviève Darras ; Sr Marie Made-
leine La Lot.

Lamy. *Vautier*, Prieur de † S. Sauve.

Original, portef. 4. — L'orthographe de cette pièce a été
respectée.

228-236. — *Autres actes de la prieure Etienne Le Vasseur.*

(1733-1750.)

Devant Eustache Chefdeville, not. royal et garde du
scel à Beaumont, constitution de 150 liv. de rente à
Geneviève Pigeaux, fille émancipée, contre une somme
de 3.000 livres, par dame Estienne Le Vasseur prieure,
Marguerite de Givry (*sic*) sous prieure, Geneviève
Agnès Terrier, Marie Delalande, Marie Anne Courtin,
Jeanne Angiroust, Marie Lucas, Louise du Coin, Made-
leine Ganneron, Marie Anne Dauthville, Magdeleine
(*sic*) Robert, Elizabeth Charmont, Cath. Robineau,
Marie Anne de la Viéville, Marie Anne Harbain, Mar-
guerite Esmery, Genevieve Darras, Magdeleine Lalo,
Catherine de Vienne, Charlotte de Vienne, Magdeleine
Faugeroû. — 7 déc. 1733.

— Nous soussignées Etienne Le Vasseur, dame et
prieure du monastère de Saint Martin les Boranc, ordre
de saint Benoist, diocèse de Beauvais, et sœur Catrine
Robineau, dépositaire, après avoir pris l'avis de la

communauté, d'une part, et messire Martin Turpin
prestre et curé de la paroisse de Jouy le Comte, même
diocèse, d'autre part ; sommes convenus que moi
susdit curé payera tous les ans aux susdites Dames la
somme de cent livres dans le mois de janvier pour le
prix et valeur des dîmes et autres droits et revenus que
la communauté a droit de percevoir en ladite paroisse.
— 15 février 1734.

Portef. 4, liasse Jouy

— Devant François Pigory, garde du scel et notaire
à Beaumont, bail de terres à Bernes par dames Etienne
Le Vasseur, prieure, Marguerite de Guiry, sous-prieure,
et Catherine Robineau dépositaire, en présence de
Jean-Marie Balagny, homme d'affaires dudit couvent
— 5 octobre 1734.

Portef. 1, liasse Bernes.

— Déclaration censière faite au nom de la prieure, à
Luc-Hercule Bidaut, escuier, seigneur de Bouqueval,
Canderme, Carouge, Villers, etc., à cause de son fief de
Villers, pour des héritages sis à Crouy. — 5 mai 1740.

Portef. 4, liasse Crouy.

— Rachat, devant Jean Tondu de Maugis, notaire à
Précy, par « révérendes dames mères Estienne Le Vasseur, prieure, Marie de Guiry sous-prieure, Jeanne
Angiroux, Jeanne de Bucquoys, Marie Ganneron, discrettes et Catherine Robineau dépositaire » d'une rente
de 150 livres due à Martin Pigeaux, receveur de la terre
de Gouvieux, moy^t 3314 livres. — 29 mai 1741.
Témoins, François Claude Auxcousteaux, doyen rural
de B., chapelain des dames, et Jean Marie Balagny,
Portef. 1, liasse Asnières.

Portef. 4, liasse Saint-Martin de Boran.

— Bail des prés de Bernes, devant Santerre, notaire
à Beaumont, par Estienne Le Vasseur et Cath. Robineau,

à François Augér, maître de la porte de Beaumont sur Oise, et d^lle Heleine Cousin, son épouse. — 13 octobre 1749 (1).

Portef. 1, liasse Bernes.

— Bail de prés d'Asnières par « dames Estienne Le Vasseur, prieure du couvent et monastère de Boran, et Caterine Robineau, dépositaire » devant Claude François Guillaume Santerre, notaire royal à Beaumont Témoins, Charles de Basts, bourgeois, et François Lemaire, marchand. — 13 décembre.

Portef. 1, liasse Asnières.

— Bail de trois pièces de terre à Bruyères, par la prieure Estienne Le Vasseur et la dépositaire, Catherine Robinot (*sic*), devant Jean Tondu de Nangis, notaire à Précy. — 16 octobre 1749.

Portef. 4, liasse Bruyères.

— Bail d'autres pièces à Bruyères par la même prieure et la dépositaire Catherine Robineau, devant le notaire Santerre. — 9 octobre 1750. — (*Ibid.*) à Pierre Courtois, laboureur, de 5 arp. de terre, mesure de compte (*sic*), à Bruyères, l. d. les Plantes, tenant à l'alignement des bornes au territoire de Boran, moy. 40 l. de fermage. — 9 février 1750.

Ib.

237-239. — *Pièces diverses concernant la liquidation de la succession de Suzanne Carbonnier.*

(1730-1753.)

Quittance aux Religieuses de la somme de 410 l. 8 s. 8 z. pour droits d'amortissement sur les biens

---

(1) Ces terres étaient précédemment louées au maître de poste Charles Colleau, par baux de 1714 et 1734. Le bail fait à François Auger lui fut renouvelé le 27 juillet 1757.

donnés par S. Carbonnier en 1727, évalués 2.272 liv.,
et ceux donnés par Marie Langlois par contrat dev.
Le Jeune, not. à Précy le 4 déc. 1719, évalués à 750 liv.
— plus 40 l. 5 s. 8 d. pour les deux sols par livre, —
délivrée par le Receveur des Domaines et Bois de la
Génér. de Paris. — 13 fév. 1730.

Cette succession donna lieu à des contestations avec
François C., unique hér. de Suzanne sa sœur. Les religieuses réclamaient un arriéré de pension et des four-
nitures avancées pour la défunte, non comprises dans
son entretien. Elles avaient dressé inventaire des titres
laissés par Suzanne entre leurs mains et les avaient
conservés jusqu'à décision de justice. Un accord inter-
vint après une dizaine d'années.

— François Pigery, garde des sceaux de Beaumont,
notifie que dev. lui, agissant comme notaire royal, ont
comparu dame Estienne Le Vasseur prieure, Cath.
Robineau dépos., Anne Augiroux, Marg. Robert et Anne
Courtain, relig. de Boran, assemblées en la manière
ordinaire, et Fr. Carbonnier, marchand à Seugy, le
compte arrêté entre eux rend Fr. Carbonnier débiteur
de 2.254 liv. aux religieuses pour la pension de sa
sœur et autres charges ; comme il consent à en verser
2.000, elles réduisent le solde à 200 liv. pour lesquelles
elles donnent délai, et renoncent à toutes les oppositions et saisies de ses biens et créances. — 7 janvier 1739.

— Quittance au nom de François Joachim Potier, duc
de Gesvres, m^{is} de Fontenay, Mareil et seigneur de
Villiers le Sec, à Mad. de Valgibert (*sic*) prieure, de
202 l. 10 s. pour 22 années des cens dus sur 3 arp.
44 p. 1/2 de terre à Villiers le Sec donnés par Suz.
Carbonnier. — 2 avril 1753. — Aveu avait été rendu
pour ces terres au nom de la prieure et de Cath. Robineau, dépos., suivant pouvoir donné par elles le
21 juin 1752.

Portef. 1, liasse Belloy.

240-254. — *Actes de la prieure Madeleine Tauxier de Valzibert.*

(1751-1766.)

Aveu rendu pour 3 arpents de pré en la grande prairie d'Asnières, par « dame Madelaine Caterine Tauxier de Valzibert, prieure perpétuelle, et dame Caterine Robineau, dépositaire » à « Mgr Henry Marie Bernardin de Rosset de Fleury de Ceilhes, archevêque de Tours, abbé commanditaire de Royaumont », au grand parloir de St Martin, en prés. de André Franç. Dubois. procureur, et Fr. Lemaire, marchand à Beaumont. — 26 avril 1751.

Portef. 1, liasse Asnières.

— La prieure Madeleine Catherine de Valzibert fait un accord avec Me Louis Antoine Le Doux, prêtre, curé de Jouy-le-Comte, au sujet des dîmes. — 24 juin 1752.

Portef. 4, liasse Neuilly.

— Les religieuses sont maintenues en possession de faire pâturer leur bétail dans un canton de la seigneurie de Boran appelé la Grande Noue, droit que leur contestait Madame la comtesse de Parabère, acquéreur des terres de Boran et de Morancy la Ville. — Mémoire, signé Roberge ; procédures. — 1753.

Portef. 3, liasse Boran.

— Devant Guillaume Santerre, notaire, bail par Mme de Valzibert et Cath. Robincau, bail de 2 arpents 44 perches 1/2 à Villiers-le-Sec, lieudit l'Homme mort, d'un arpent à Franconville, lieudit le fief de Ricarville, proche la pièce aux Cerfs, d'un demi arpent à Belloy proche la Pierre-Turcault, d'une demi perche, lieudit le Poirier de l'Escrivain, et autres terres provenant de la donation Carbonnier, pour 42 livres de fermage et 4 setiers de blé de redevance, à Thomas Dufour, laboureur à Villiers-le-Sec. Témoins, Pierre François de Ferrière, secrétaire des Aides, et François Le Maire, marchand à Beaumont (1). — 1er mai 1755.

Portef. 1, liasse Belloy.

, — Titre nouvel de 45 l. de rente sur une maison, chambre et grenier, grange, étables, cour, rouilly, puis, cave, terre derrière contenant un quartier, sis à Boran, passé par Antoine Jérosme, maréchal à Boran, devant Santerre, notaire et g. du s., en présence de Estienne Jean Henry, licencié en théologie de la fac. de Paris, curé de Boran, et d'Emery Tauxier, dr ès lois, prévôt de St Ybard, dt à Paris, quai d'Anjou, isle et paroisse St Louis. — 30 sept. 1755.

Portef. 2, liasse Boran.

— Bail, devant Santerre, not. à Beaumont, de terres à Bernes, lieudit les Ageux, tenant aux terres de la Ferme blanche et à celle de l'église de Nointel, par madame de Valzibert et Catherine Devienne, « à François Auger, maître de la poste de Beaumont et dlle Heleine Cousin, son épouse ». — 27 juillet 1751.

Portef. 1, liasse Bernes.

— Bail des prés d'Asnières par « dame Madelaine Catherine Tauxier de Valzibert, prieure, et dame Charlotte Devienne, dépositaire » devant C. F. G. Santerre et Charles Forest, notaires à Beaumont. — 23 octobre 1757.

leur agent.

— Echange de terres rue des Aubains à Bruyères, et devant St Martin à Boran, entre Charles Carrier, fermier, et le couvent (sign.) de Mad. Cath. Tauxier de

---

(1) Cette location passa en 1761 à Michel Masson, laboureur, et Marie-Jeanne Sainte-Beuve, sa femme, demeurant à Vilennes, à qui elle fut renouvelée le 18 janvier 1771.

Valzibert, prieure perpétuelle, et Charlotte de Vienne, dépositaire. — 10 mai 1758.

Portef. 3, liasse Boran.

— Françoise Clotilde Honoré, veuvé de Mathieu Chevalier, ancien procureur au Châtelet, tutrice de Mathieu Augustin Ch., son fils mineur nommée par sentence du 6 février 1778, dem^t rue St Louis, paroisse St Paul, et messire Nicolas François Xavier Poirot d'Ogeron, chevalier c^{te} du St Empire, et Anne Clotilde Chevalier, son épouse, d^t à Paris, rue de la Muette, faub. St Antoine, par. Ste Marguerite, passent titre nouvel aux dames de Boran pour la rente de 12 muids de grain qui leur est due sur ces moulins adjugés à Mathieu Chevalier le 4 août 1758, après licitation entre Helaine Athanase Lamirault, greffier de la 1re chambre des requêtes, et consorts.

— Pouvoir en blanc de passer titre nouvel avec Saint Victor pour la rente due sur les dîmes d'Amblainville, donné par dame Madeleine Catherine Tauxier de Vaulzibert, prieure perpétuelle du couvent et monastère de Saint Martin les Boran, Catherine de Vienne, sous prieure, discrète, Elizabeth de Chermont, discrète, Anne de la Viéville, discrète, Anne Herbin, discrète, Charlotte de Vienne, dépositaire. (*Signatures autographes avec titres*). — Au parloir principal du couvent de St Martin les Boran, 25 octobre 1758.

Portef. 1, liasse Amblainville.

— « Alexandre de Ségur, seigneur de Callon, Taste, Queirac et autres lieux, prévost de la ville, prévôté et vicomte de Paris, conservateur des privilèges de l'Université de la même ville », notifie que devant Prévost et Nicolas Michel Le Roux, conseillers du Roy, notaires à Paris, « Mre François Contet, prêtre, docteur de la faculté de théologie de Paris, chanoine et chambrier de l'abbaye royale de Saint Victor, y demeurant », reconnaît devoir au prieuré de Boran « 16 septiers de grain dont 8 de bled meteil et 8 d'avoine, le tout mesuré de Beaumont sur Oise, et payable au jour de saint Remy de chacune année, à cause des grosses dixmes appartenantes auxdits sieurs de Saint Victor en la paroisse d'Amblainville ». — 2 mars 1759.

Expédition authentique, portef. 1, liasse Amblainville.

— Emery Pierre René Tauxier de Valzibert, prêtre, licencié ès lois, prévôt de St Ybard et chapelain de l'église de Paris, y dem^t quai d'Anjou, par. St Louis en l'Ile, au nom des Dames de Boran, se porte acquéreur de rentes sur le Trésor. — 1764.

— Bail de terres à Belloy par la prieure et Charlotte De Vienne, devant le notaire Santerre, en présence de J.-B. Chardon, receveur des aides à Beaumont. — 1761.

Portef. 1, liasse Belloy.

— Bail de terres au même lieu par les mêmes, en présence de Jean Taupin, jardinier, et Michel Lambert, sacristain des Dames. — 11 juillet 1764.

— Bail par la prieure et Charlotte de Vienne de terres à Bruyères, en présence de Jean l'Imagé, receveur des aides, et de François Le Prieur, praticien à Beaumont. — 6 octobre 1765.

Portef. 4, liasse Bruyères.

— Bail par la prieure et Charlotte de Vienne de 18 arpents de terre à Bernes, « lieudit les Ajeulz, au sieur Hubert Auger, maître de la poste de Beaumont et de l'hostellerie de la Grosse teste, et Marguerite Angélique Langlet sa femme », en présence de Claude Mouton, premier huissier à Beaumont. — 1er mai 1766 (1).

Portef. 1, liasse Bernes.

---

(1) Ce bail fut renouvelé aux mêmes preneurs le 26 février 1773.

255-256. — *Titre nouvel concernant la rente sur les moulins de Beaumont (1759). Accords concernant les suites de la destruction par mesure administrative du moulin Barbeau, conséquence de la reconstruction partielle du pont de Beaumont-sur-Oise.*

(1767.)

Alexandre de Segur notifie que dev. Jean Fr. Lescuyer, notaire au Châtelet, M⁰ Mathieu Chevalier, proc. au Parl., dem. rue du Mouton, par St Jean en Grève, se reconnaît détenteur d'une maison et moulin dit le Barbault, anc. appelé de l'Arche Notre Dame, sous et sur le pont de Beaumont, proche l'arche St Catherine, faisant de tous grains farine, et de deux autres arches du pont, appelés les Anciens moulins, avec le droit de chasse dans la ville et comté de Beaumont, à lui adjugés aux Requêtes le 4 aoust 1758 ; sur lesquels les Dames de Boran ont droit de prendre 16 mines de blé de mouture et sans triage, mesure de Beaumont ; lesd. moulins vendus sur Jean Trotin, curateur aux moulins déguerpis par Jacques Pajet, maître des requêtes, qui les avoit acquis de Jean Guérin, avocat en la cour, et venoient originairement de Marin Peltier et Jeanne Cleret, sa femme. — En présence de M⁰ Jean-Paul Blanchard, proc. au Parlement, demt rue des Rosiers, au Marais, paroisse St Gervais, fondé de pouvoir des Religieuses. — 13 septembre 1759.

A cet acte est joint un brouillon de convention : Messire Emery Pierre René Tauxier de Valzibert, prêtre, doct. ès lois, prévôt de St Ybard, chapelain de l'église de Paris et de la chapelle St Julien le Pauvre, consent, comme mandataire des Religieuses, que M⁰ Mathieu Chevalier, propriétaire de trois moulins, dont l'un est abattu, touche l'indemnité qu'il plaira au Roi lui accorder pour raison du moulin de Barbault, abattu à l'occasion du rétablissement du pont, à condition qu'il continue à payer la redevance de

24

10 mines de blé. — Sans date, mais nécessairement postérieur au 13 septembre 1759.

— En présence des conseillers du Roy notaires au Châtelet, soussignés (Nau et Belime) M° Mathieu Chevalier le Jeune, procureur au Parlement, demᵗ à Paris, rue du Battoir, par. Sᵗ Cosme, a reconnu avoir reçu du sʳ Pierre Pedemay, entrepreneur des ponts et chaussées demᵗ à Creil sur Oise, la somme de 14.686 liv. 10 s., qu'il a plu au Roy accorder au sʳ Chevalier pour partie de celle de 15.000 liv. pour la valeur d'un moulin dit le Moulin Barbeau, qui étoit situé à la seconde arche du pont de Beaumont sur Oise dite l'Arche Notre Dame, et a été démoli et supprimé à l'occasion du rétablissement nouvellement fait de partie dud. pont ; lequel moulin appartenoit au sʳ Chevalier en conséquence de l'adjudication faite à son profit le 4 aoust 1758, par command. dud. moulin avec deux autres moulins appelés le Moulin Neuf et le Petit Moulin, dits jadis les Anciens Moulins du Pont, lesquels actuellement subsistants, avoient été réédifiés par Jean Bachelier en conséquence du bail à rente à luy fait le 19 avril 1498 par les officiers du comté de Beaumont appartenant à Louis, lors duc d'Orléans et de Valois, comte de Beaumont, depuis roy de France, du lieu et place d'iceux moulins qui pour lors estoient ruinés et démolis ; le dit bail visé dans un arrêt de la Chambre des Comptes du 18 février 1543 et fait à la charge de payer et acquitter les rentes de bled et charges qui d'ancienneté estoient déüs sur lesd. moulins, et du tout rendre ledit comte de Beaumont quitte à toujours et, outre de payer 20 liv. par. de rente foncière à la recette ordinaire de Beaumont, lesquels lieu et moulins ont encore été reconstruits en conséquence de lettres patentes du mois de mars 1677, accordées sous les mêmes charges à Nicolas Talvas, qui en étoit propriétaire par décret des Requêtes du Palais du 11 juillet 1674 ; et le 3ᵉ dit le Moulin Ba[r]-beau actuellement démoli, avoit été rétabli en vertu

de lettres patentes du 21 novembre 1554, visées dans
un jugement des commissaires députés pour la vente
et revente du domaine du 16 mai 1654, lesd. lettres
patentes portant bail à cens à Martin Pelletier du pouvoir d'établir led. moulin à l'Arche Notre Dame, à
charge de payer au domaine de Beaumont 10 liv. par.
de rente. »

Moyennant l'abandon du solde des 15.000 liv.,
Bachelier assume la charge perpétuelle d'acquitter
12 muids de grain par an à St Martin de Boran. —
23 novembre 1767.

Portef. 1, liasse Beaumont.

257-259. — *Derniers actes de la prieure Madeleine-Catherine Tauxier.*

(1769-1774.)

— Acte portant la signature autographe de « Madeleine Catherine Tauxier de Valzibert, prieure perpétuelle ». — 9 janvier 1769.

— Devant François Thibault, notaire royal au bailliage de Senlis, résidant à Neuilly en Thelle, « très
haut et puissant sgr Mgr René de Maupeou, chevalier,
sgr comte de Bruyères, m^{is} de Morangle, sgr de
Noissy et autres lieux, chancelier de France, dem^t
ord^t à Paris, rue de Varenne, estant de présent en son
chateau de Bruyères », échange 80 p. de terre aux
Plantes, à Boran, et 3 quart. à la Mothe, à Bruyères,
pris en de plus grandes pièces, contre 3 quart. et 67 p.
au terroir de Bruyères, avec le couvent de Boran
dame Mad. Elis. Cath. Tauxier de Valzibert, prieure
perp^{lle}, Charlotte de Vienne, s. pr. et dép., Elisabeth
de Chermony, Madeleine Faugeroux, Jeanne Huë,
toutes discrettes et religieuses professes. — 14 octobre 1769.

Portef. 3, liasse Bruyères.

— Reçu d'une rente de 45 livres due par Nicolas Dubois, signée (d'une écriture vacillante) : Sr Madeleine Catherine Tauxier de Vaulzibert, prieure perpétuelle ». — 9 janvier 1770.

Portef. 2, liasse Morancy.

260-261. — *Actes consentis par la prieure Marie Galard de Pouyaux ou Marie de Galard de Béarn.*

— Devant Nicolas Bailly, notaire royal à Beaumont, dame Marie Gallard de Pouyaux, prieure perpétuelle de St Martin de Boran, et Charlotte Devienne, dépositaire, font bail de terres à Belloy, pour 105 livres, à Michel Masson, laboureur, et Marie Jeanne Sainte-Beuve, en présence de Jean L'Imagé, receveur des aides à Beaumont. — 18 janvier 1771.

Portef. 3, liasse Belloy.

— Devant Nicolas Bailly, notaire royal, garde-notes et des sceaux royaux au bailliage, ville et comté de Beaumont, bail de terres à Belloy par Marie de Gallard de Béarn, qualifiée « prieure perpétuelle du prieuré, monastère et couvent de Saint Martin lès Boran » et dame Charlotte de Vienne, dépositaire. — 22 avril 1774.

Portef. 1, liasse Belloy.

262-264. — *Actes de la prieure Charlotte de Roucy.*

(1777.)

« Nous soussigné dame Charlotte de Roussy, prieure perpétuelle du couvent de Saint-Martin de lès Boranc,

et dame Charlotte de Vienne, dépositaire, font bail
pour 9 ans à Antoine Gérosme, maréchal à Boranc, de
5 quartiers de terre à Bruyères. — 20 avril 1777. » —
(Signatures) (1).

Portef. 3, liasse Boran.

— Procuration donnée par dame Charlotte de Roucy,
prieure perpétuelle, et dame Charlotte de Vienne,
dépositaire, devant Nicolas Bailly, à Pierre Mazière,
procureur au bailliage et autres juridictions de Conflans St Honorine et prévôtés d'Andrésy, Osny et
Champagne, dem. à Beaumont, de faire procéder à la
vente par adjudication de la recette et perception de
tout ou partie des grosses dîmes de la paroisse de Jouy
le Comte, appartenant aux Dames de Boran. Adjugé à
230 liv. — 7 juillet 1777.

Portef. 4, liasse Jouy-le-Comte.

— Charlotte de Roucy, prieure, et Charlotte Devienne,
dépositaire, font bail à « Me Jean-Baptiste Barrière,
très digne prestre et curé de la paroisse de Jouy-le-
Comte, demeurant à Villers-sous-Saint-Leu d'Esserent » des grosses dîmes de Jouy pour 16 setiers de
blé, 14 setiers d'avoine de redevance et 130 livres de
fermage. — 14 novembre 1777.

Portef. 4, liasse Jouy-le-Comte.

265-266. — *Actes passés par la sous-prieure et la
dépositaire, en l'absence de Madeleine de Sabran
prieure non résidante.*

(1781-1786.)

---

(1) Prolongation de ce bail, consentie le 16 mars 1786, en
assemblée conventuelle, et signée par « Sr Devienne, souprieure,
Sr Jeanne Huë de la Félicité, sacristine, et Marie Bourdet, dite
sœur Adélaïde, sous dépositaire ». Le nom de la prieure n'est
point rappelé.

Devant Jean Pierre Tardu, notaire royal, tabellion garde-notes et garde du scel héréditaire de la paroisse de Précy-sur-Oise, bail de vignes à Bruyères, consenti à Jacques Grevin, laboureur, par « dame Charlotte Devienne, sous prieure et dépositaire, tant en son nom en ladite qualité que comme fondée de procuration de dame Madeleine Elisabeth Delphine de Sabran, prieure, et par dame Marie Bourdet, dite de Sainte Adélaïde, dépositaire, tant pour elles que pour les autres religieuses de ladite communauté où elles sont résidentes, excepté ladite dame de Sabran qui n'en est pas encore résidente » (1). — 16 septembre 1780.

Portef. 2, liasse Bruyères.

Ce bail est renouvelé par les mêmes bailleresses, avec une formule identique, devant le même notaire, audit Grevin, le 4 février 1786.

Ibid.

— Devant le notaire Tardu, bail par les sœurs Devienne et Bourdet auxdits noms, de terres à Belloy, pour 105 livres, à Charles Masson, garçon majeur, en présence d'Etienne Bellet, huissier, et Jean Boucherie, chirurgien, demeurants à Précy. — 25 avril 1781.

Portef. 1, liasse Belloy.

---

267. — *Titre nouvel de la rente sur les moulins de Beaumont.*
(1782.)

Anne Gabriel Henry Bernard de Boulainvilliers, chevalier seig^r de Passy, prévôt de Paris, notifie que

---

(1) Le même jour fut fait par la même dépositaire, devant Tardu, autre bail de terres à Viarmes et Belloy.

devant Martin Lagrenée et Fr. La Chaise, not. au Châtelet, reconnaissance d'une rente de 16 mines de blé sur deux moulins du pont de Beaumont, due aux Dames de Boran, a été passée par dame Françoise Clotilde Honoré, veuve de Mathieu Chevalier, anc. proc. au Parl.; dem. à Paris, rue St Louis, par. St Paul, comme tutrice de Mathieu Augustin Chevalier, son fils mineur, désignée par sentence homologatoire de l'avis des parents et amis, de son fils, du 6 février 1778 ; et par messire Nicolas François Xavier Poirot d'Ogeron, chevalier, comte de St Empire, et Anne Clotilde Chevalier, son épouse, demeurant rue de la Muette. faubourg St Antoine, par. Sainte Marguerite, pour les deux moulins provenant de leur père, propriétaire par adjudication à lui faite par sentence de licitation rendue aux Requêtes de l'Hôtel du Roy le 4 août 1768, entre Me Hilaire Athanase Lamirault, greffier de la 1re ch., et consorts. Témoin, Nic. Fr. Doin, bourgeois de Paris, dem. rue du Marché Neuf, par. St Germain le Vieil, mandataire du Prieuré. — 30 juin 1782.

Portef. 1, liasse Beaumont-sur-Oise.

268-269. — *Baux à Précy, faits au nom de Madame de Sabran.*

(1783-1785.)

Devant J.-P. Tardu, tabellion et garde du scel héréditaire de Précy, sr Charlotte Devienne, sous prieure et dépositaire du prieuré de St Martin, fondée de la procuration de Mad. Delph. Elis. de Sabran, prieure, et Marie Bourdet, dite sœur Adélaïde, sous dépositaire, au nom de la communauté en laquelle lad. Prieure n'est point encore résidente, font bail d'un arpent de terre ld. les Arches è Asnières, touchant à MM. de

Royaumont, moy' 8 livres, à Toussaint Quesmoy, vigneron, et Marie Nicole Bonnel, sa femme. Témoins, Etienne Bellet, huissier, Jean Boucherie, chirurgien à Précy. — 1" mai 1783.

— Continuation du bail (dans les mêmes termes, le fermage porté à 12 livres). Témoins, Pierre Champion et Charles-François Boutrois, marchands à Précy. — 13 décembre 1785.

Portef. 1, liasse Asnières.

TABLE DES MATIÈRES

ERRATA

P. 219, l. 1, regetis, *lisez* segetis. — Id. l. 4, Crispeto, *l.* Crispeio. P. 242, l. 10, annuatum, *l.* annuatim. — P. 270, dern. l. *après* maison, *ajouter* lieu. — P. 274, l. 18, fer, *l.* feu. — P. 276, l. 24, Perronel, *l.* Perronèle. — P. 291, l. 27, expuée, *l.* expirée. — P. 292, av. dern. l., et, *l.* est. — P. 293, av. dern. l., foit, *l.* fait. — P. 294, l. 18, tous, *l.* tout. — P. 306, dern. l., *ponctuer :* les ont décoiffées les aucunes d'elles batux — P. 319, l. 35, aseavoir, *l.* assavoir. — P. 339, l. 15, *après « Lescot »*, ajouter le renvoi (1). — P. 365, l. 31, Thénue, *l.* Thienne. — P. 369, l. 1, discret, *l.* Discrète. — P. 372, l. 15, Pigery, *l.* Pigory. — P. 375, l. 10, vicomte, *l.* vicomté. — P. 383, dern. l., è, *l.* à.

Imprimerie Départementale de l'Oise, 26, Rue de Malherbe, Beauvais